Hans Jonas

Das Prinzip Verantwortung

Versuch einer Ethik
für die technologische
Zivilisation

Insel Verlag

Siebte Auflage 1987

Druck: May u. Co., Darmstadt
Printed in Germany

Meinen Kindern
Ayalah, Jonathan, Gabrielle

Vorwort

Der endgültig entfesselte Prometheus, dem die Wissenschaft nie gekannte Kräfte und die Wirtschaft den rastlosen Antrieb gibt, ruft nach einer Ethik, die durch freiwillige Zügel seine Macht davor zurückhält, dem Menschen zum Unheil zu werden. Daß die Verheißung der modernen Technik in Drohung umgeschlagen ist, oder diese sich mit jener unlösbar verbunden hat, bildet die Ausgangsthese des Buches. Sie geht über die Feststellung physischer Bedrohung hinaus. Die dem Menschenglück zugedachte Unterwerfung der Natur hat im Übermaß ihres Erfolges, der sich nun auch auf die Natur des Menschen selbst erstreckt, zur größten Herausforderung geführt, die je dem menschlichen Sein aus eigenem Tun erwachsen ist. Alles daran ist neuartig, dem Bisherigen unähnlich, der Art wie der Größenordnung nach: Was der Mensch heute tun kann und dann, in der unwiderstehlichen Ausübung dieses Könnens, weiterhin zu tun gezwungen ist, das hat nicht seinesgleichen in vergangener Erfahrung. Auf sie war alle bisherige Weisheit über rechtes Verhalten zugeschnitten. Keine überlieferte Ethik belehrt uns daher über die Normen von »Gut« und »Böse«, denen die ganz neuen Modalitäten der Macht und ihrer möglichen Schöpfungen zu unterstellen sind. Das Neuland kollektiver Praxis, das wir mit der Hochtechnologie betreten haben, ist für die ethische Theorie noch ein Niemandsland.

In diesem Vakuum (das zugleich auch das Vakuum des heutigen Wertrelativismus ist) nimmt die hier vorgelegte Untersuchung ihren Stand. Was kann als Kompaß dienen? Die vorausgedachte Gefahr selber! In ihrem Wetterleuchten aus der Zukunft, im Vorschein ihres planetarischen Umfanges und ihres humanen Tiefganges, werden allererst die ethischen Prinzipien entdeckbar, aus denen sich die neuen Pflichten neuer Macht herleiten lassen. Dies nenne ich die

»Heuristik der Furcht«: Erst die vorausgesehene Verzerrung des Menschen verhilft uns zu dem davor zu bewahrenden Begriff des Menschen. Wir wissen erst, *was* auf dem Spiele steht, wenn wir wissen, *daß* es auf dem Spiele steht. Da es dabei nicht nur um das Menschenlos, sondern auch um das Menschenbild geht, nicht nur um physisches Überleben, sondern auch um Unversehrtheit des Wesens, so muß die Ethik, die beides zu hüten hat, über die der Klugheit hinaus eine solche der Ehrfurcht sein.

Die Begründung einer solchen Ethik, die nicht mehr an den unmittelbar mitmenschlichen Bereich der Gleichzeitigen gebunden bleibt, muß in die Metaphysik reichen, aus der allein sich die Frage stellen läßt, warum überhaupt Menschen in der Welt sein sollen: warum also der unbedingte Imperativ gilt, ihre Existenz für die Zukunft zu sichern. Das Abenteuer der Technologie zwingt mit seinen äußersten Wagnissen zu diesem Wagnis äußerster Besinnung. Eine solche Grundlegung wird hier versucht, entgegen dem positivistisch-analytischen Verzicht der zeitgenössischen Philosophie. Ontologisch werden die alten Fragen nach dem Verhältnis von Sein und Sollen, Ursache und Zweck, Natur und Wert neu aufgerollt, um die neu erschienene Pflicht des Menschen jenseits des Wertsubjektivismus im Sein zu verankern.

Das eigentliche Thema jedoch ist diese neu hervorgetretene Pflicht selber, die im Begriff der *Verantwortung* zusammengefaßt ist. Gewiß kein neues Phänomen in der Sittlichkeit, hat die Verantwortung doch noch nie ein derartiges Objekt gehabt, auch bisher die ethische Theorie wenig beschäftigt. Sowohl Wissen wie Macht waren zu begrenzt, um die entferntere Zukunft in die Voraussicht und gar den Erdkreis in das Bewußtsein der eigenen Kausalität einzubeziehen. Statt des müßigen Erratens später Folgen im unbekannten Schicksal konzentrierte sich die Ethik auf die sittliche Qualität des augenblicklichen Aktes selber, in dem das Recht des mitlebenden Nächsten zu achten ist. Im Zeichen der Technologie aber hat es die Ethik mit Handlungen zu tun (wiewohl nicht mehr des Einzelsubjekts), die eine beispiellose kausale Reichweite in die Zukunft haben, begleitet von einem Vorwissen, das ebenfalls, wie immer unvollständig, über alles ehemalige weit hinausgeht. Dazu die schiere Größenordnung der Fernwirkungen und oft auch ihre Unumkehrbarkeit. All dies rückt Verantwortung ins Zentrum der Ethik, und zwar mit Zeit- und Raumhorizonten, die denen der Taten entsprechen. Demgemäß bildet die bis heute fehlende Theorie der Verantwortung die Mitte des Werkes.

Aus der erweiterten Zukunftsdimension heutiger Verantwortung ergibt sich das abschließende Thema: die *Utopie*. Die weltweite technologische Fortschrittsdynamik birgt als solche einen impliziten Utopismus in sich, der Tendenz, wenn nicht dem Programm nach. Und die *eine* schon existierende Ethik mit globaler Zukunftssicht, der *Marxismus,* hat eben im Bunde mit der Technik die Utopie zum ausdrücklichen Ziel erhoben. Dies nötigt zu einer eingehenden Kritik des utopischen Ideals. Da es älteste Menschheitsträume für sich hat und nun in der Technik auch die Mittel zu besitzen scheint, den Traum in ein Unternehmen umzusetzen, ist der vormals müßige Utopismus zur gefährlichsten – gerade weil idealistischen – Versuchung der heutigen Menschheit geworden. Der Unbescheidenheit seiner Zielsetzung, die ökologisch ebenso wie anthropologisch fehlgeht (ersteres nachweislich, letzteres philosophisch aufzeigbar), stellt das Prinzip Verantwortung die bescheidenere Aufgabe entgegen, welche Furcht und Ehrfurcht gebieten: dem Menschen in der verbleibenden Zweideutigkeit seiner Freiheit, die keine Änderung der Umstände je aufheben kann, die Unversehrtheit seiner Welt und seines Wesens gegen die Übergriffe seiner Macht zu bewahren.

Ein »Tractatus technologico-ethicus«, wie er hier versucht wird, stellt seine Anforderungen an Strenge, die den Leser nicht weniger als den Autor treffen. Was dem Thema einigermaßen gerecht werden soll, muß dem Stahl und nicht der Watte gleichen. Von der Watte guter Gesinnung und untadeliger Absicht, der Bekundung, daß man auf seiten der Engel steht und gegen die Sünde ist, für Gedeihen und gegen Verderben, gibt es in der ethischen Reflexion unserer Tage genug. Etwas härteres ist vonnöten und hier versucht. Die Absicht ist überall systematisch und nirgends homiletisch, und keine (zeitgemäße oder unzeitgemäße) Löblichkeit der Gesinnung kann philosophischen Unzulänglichkeiten des Gedankenganges zur Entschuldigung dienen. Das Ganze ist ein Argument, das durch die sechs Kapitel schrittweise – und, ich hoffe, dem Leser nicht zu mühselig – entwickelt wird. Nur *eine* Lücke im theoretischen Gang der Entwicklung ist mir selber bewußt: zwischen dem dritten und vierten Kapitel wurde eine Untersuchung über »Macht oder Ohnmacht der Subjektivität« fortgelassen, worin das psychophysische Problem neu behandelt und der naturalistische Determinismus des Seelenlebens widerlegt wird. Obwohl systematisch notwendig (denn mit Determinismus keine Ethik, oder ohne Freiheit kein Sollen), wurde aus Gründen des Umfangs beschlossen, diese Abhandlung hier herauszulösen und statt dessen später gesondert vorzulegen.

Dieselbe Erwägung führte auch dazu, einen der gesamten systematischen Untersuchung angehängten »angewandten Teil«, welcher die neue Art von ethischen Fragen und Pflichten an einer Auswahl von jetzt schon konkreten Einzelthemen illustrieren soll, einer Sonderveröffentlichung binnen Jahresfrist vorzubehalten. Mehr als eine solche vorläufige Kasuistik kann gegenwärtig nicht versucht werden. Zu einer systematischen Pflichtenlehre (die schließlich anzustreben wäre) ist beim Werdestadium ihrer »Dinge« noch nicht die Zeit.

Der Entschluß, nach Jahrzehnten fast ausschließlich englischer Autorschaft dies Buch auf deutsch zu schreiben, entsprang keinen sentimentalen Gründen, sondern allein der nüchternen Berechnung meines vorgerückten Alters. Da die gleichwertige Formulierung in der erworbenen Sprache mich immer noch zwei- bis dreimal so viel Zeit kostet wie die in der Muttersprache, so glaubte ich, sowohl der Grenzen des Lebens wie der Dringlichkeit des Gegenstandes wegen, nach den langen Jahren gedanklicher Vorarbeit für die Niederschrift den schnelleren Weg wählen zu sollen, der immer noch langsam genug war. Dem Leser wird es natürlich nicht entgehen, daß der Verfasser die deutsche Sprachentwicklung seit 1933 nicht mehr »mitbekommen« hat. Ein »archaisches« Deutsch ist ihm bei Vorträgen in Deutschland von Freundesseite nachgesagt worden; und was den vorliegenden Text betrifft, so nannte ein überaus wohlwollender Leser des Manuskripts (von bewiesener Stilkundigkeit) die Sprache sogar stellenweise »altfränkisch« – und riet mir, sie von anderer Hand modernisieren zu lassen. Aber dazu hätte ich mich selbst bei Abwesenheit des Zeitfaktors und Anwesenheit des idealen Bearbeiters nicht bringen können. Denn wie ich mir bewußt bin, daß ich einem höchst zeitgemäßen Gegenstand mit einer durchaus nicht zeitgemäßen, fast schon archaischen Philosophie zu Leibe gehe, so scheint es mir nicht unangemessen, daß eine ähnliche Spannung sich auch im Stile ausdrücke.

Durch die Jahre des Werdegangs dieses Buches wurde manches aus verschiedenen Kapiteln schon in Aufsatzform in Amerika veröffentlicht. Nämlich: (aus Kapitel 1) »Technology and Responsibility: Reflections on the New Tasks of Ethics«, *Social Research* 40/1, 1973; (aus Kapitel 2) »Responsibility Today: The Ethics of an Endangered Future«, *ibid.* 43/1, 1976; (aus Kapitel 4) »The Concept of Responsibility: An Inquiry into the Foundations of an Ethics for our Age«, in *Knowledge, Value, and Belief*, ed. H. T. Engelhardt & D. Callahan, Hastings-on-Hudson, N. Y. 1977. Ich danke den betr. Publikationsorganen für ihre Erlaubnis zum jetzigen und von Anfang an vorgesehenen Gebrauch.

Dank sei hier zuletzt auch Personen und Institutionen ausgesprochen, die das Werden dieses Werkes durch Gewährung günstiger Umstände gefördert haben. *The National Endow-*

ment für the Humanities und *The Rockefeller Foundation* finanzierten großzügig ein akademisches Urlaubsjahr, in dem die Niederschrift begonnen wurde. In der schönen Abgeschiedenheit der Villa Feuerring in Beth Jizchak (Israel), die so manchen Geistesarbeiter beherbergt hat, durfte ich die ersten Kapitel schreiben. Der großherzigen Gastgeberin, Frau Gertrud Feuerring in Jerusalem, sei hierfür nun auch öffentlich gedankt. Mit gleicher Dankbarkeit gedenke ich weiterer behüteter Arbeitsklausuren in Freundeshäusern in Israel und der Schweiz, die über die Jahre wiederholt dem Werk zugute kamen, wenn geographische Ferne vom Amtssitz den besten Schutz gegen Übergriffe des Professorats in Ferien und Urlaube bot.

In der Widmung sind die genannt, denen im Sinne des Buches anderes geschuldet ist als Dank.

New Rochelle, New York, U.S.A. *Hans Jonas*
Juli 1979

Erstes Kapitel
Das veränderte Wesen menschlichen Handelns

Alle bisherige Ethik – ob als direkte Anweisung, gewisse Dinge zu tun und andere nicht zu tun, oder als Bestimmung von Prinzipien für solche Anweisungen, oder als Aufweisung eines Grundes der Verpflichtung, solchen Prinzipien zu gehorchen – teilte stillschweigend die folgenden, unter sich verbundenen Voraussetzungen: (1) Der menschliche Zustand, gegeben durch die Natur des Menschen und die Natur der Dinge, steht in den Grundzügen ein für allemal fest. (2) Das menschlich Gute läßt sich auf dieser Grundlage unschwer und einsichtig bestimmen. (3) Die Reichweite menschlichen Handelns und daher menschlicher Verantwortung ist eng umschrieben. Es ist die Absicht der folgenden Ausführungen, zu zeigen, daß diese Voraussetzungen nicht mehr gelten, und darüber zu reflektieren, was dies für unsere moralische Lage bedeutet. Spezifischer gefaßt ist meine Behauptung, daß mit gewissen Entwicklungen unserer Macht sich das Wesen menschlichen Handelns geändert hat; und da Ethik es mit Handeln zu tun hat, muß die weitere Behauptung sein, daß die veränderte Natur menschlichen Handelns auch eine Änderung in der Ethik erforderlich macht. Und dies nicht nur in dem Sinne, daß neue Objekte des Handelns stofflich den Bereich der Fälle erweitert hat, worauf die geltenden Regeln des Verhaltens anzuwenden sind, sondern in dem viel radikaleren Sinn, daß die qualitativ neuartige Natur mancher unserer Handlungen eine ganz neue Dimension ethischer Bedeutsamkeit aufgetan hat, die in den Gesichtspunkten und Kanons traditioneller Ethik nicht vorgesehen war.
Die neuartigen Vermögen, die ich im Auge habe, sind natürlich die der modernen Technik. Mein erster Punkt ist demgemäß, zu fragen, in welcher Weise diese Technik die Natur unseres Handelns affiziert, inwiefern sie Handeln in ihrem

Zeichen verschieden macht von dem, was es durch alle Zeiten gewesen ist. Da durch all diese Zeiten der Mensch niemals ohne Technik war, zielt meine Frage auf den menschlichen Unterschied moderner von aller früheren Technik.

I. Das Beispiel der Antike

Beginnen wir mit einer alten Stimme über des Menschen Macht und Tun, die in einem archetypischen Sinne selbst schon sozusagen eine technologische Note anschlägt – mit dem berühmten Chorlied aus Sophokles' Antigone.

> Ungeheuer ist viel, und nichts
> ungeheurer als der Mensch.
> Der nämlich, über das graue Meer
> im stürmenden Süd fährt er dahin,
> andringend unter rings
> umrauschenden Wogen. Die Erde auch,
> der Göttlichen höchste, die nimmer vergeht
> und nimmer ermüdet, schöpfet er aus
> und wühlt, die Pflugschar pressend, Jahr
> um Jahr mit Rössern und Mäulern.
>
> Leichtaufmerkender Vögel Schar
> umgarnt er und fängt, und des wilden Getiers
> Stämme und des Meeres salzige Brut
> mit reichgewundenem Netzgespinst –
> er, der überaus kundige Mann.
> Und wird mit Künsten Herr des Wildes,
> des freien schweifenden auf den Höhen,
> und zwingt den Nacken unter das Joch,
> den dichtbemähnten des Pferdes, und
> den immer rüstigen Bergstier.
>
> Die Rede auch und den luft'gen Gedanken und
> die Gefühle, auf denen gründet die Stadt,
> lehrt er sich selbst, und Zuflucht zu finden vor
> unwirtlicher Höhen Glut und des Regens Geschossen.
> Allbewandert er, auf kein Künftiges
> geht er unbewandert zu. Nur den Tod

ist ihm zu fliehen versagt.
Doch von einst ratlosen Krankheiten
hat er Entrinnen erdacht.

So über Verhoffen begabt mit der Klugheit
erfindender Kunst,
geht zum Schlimmen er bald und bald zum
Guten hin.
Ehrt des Landes Gesetze er und der Götter
beschworenes Recht –
hoch steht dann seine Stadt. Stadtlos ist er,
der verwegen das Schändliche tut.

1. Mensch und Natur

Diese beklommene Huldigung an des Menschen beklemmende Macht erzählt von seinem gewaltsamen und gewalttätigen Einbruch in die kosmische Ordnung, von der verwegenen Invasion der verschiedenen Naturbereiche durch seine rastlose Klugheit; aber zugleich auch davon, daß er mit den selbstgelehrten Vermögen der Rede, des Denkens und des sozialen Gefühls ein Haus für sein eigentliches Menschsein erbaut – nämlich das Kunstgebilde der Stadt. Die Vergewaltigung der Natur und die Zivilisierung seiner selbst gehen Hand in Hand. Beide bieten den Elementen Trotz, die eine, indem sie sich in diese vorwagt und ihre Geschöpfe überwältigt, die andere, indem sie in der Zuflucht der Stadt und ihrer Gesetze eine Enklave gegen sie errichtet. Der Mensch ist der Schöpfer seines Lebens als eines menschlichen; er fügt die Umstände seinem Willen und Bedürfen, und außer gegen den Tod ist er niemals ratlos.
Dennoch ist ein verhaltener und sogar ängstlicher Ton in diesem Preislied auf das Wunder des Menschen hörbar und niemand kann es für unbescheidenes Prahlen halten. Was ungesagt, aber für damals selbstverständlich dahinter steht,

ist das Wissen, daß aller Größe seiner schrankenlosen Erfindsamkeit ungeachtet der Mensch, gemessen an den Elementen, immer noch klein ist: eben dies macht seine Ausfälle in sie so verwegen und erlaubt es jenen, seinen Vorwitz zu dulden. Alle Freiheiten, die er sich mit den Bewohnern des Landes, des Meeres und der Luft herausnimmt, lassen doch die umgreifende Natur dieser *Bereiche* unverändert und ihre zeugenden Kräfte unvermindert. Ihnen tut er nicht wirklich weh, wenn er sein kleines Königreich aus ihrem großen herausschneidet. Sie dauern, während seine Unternehmen ihren kurzlebigen Lauf nehmen. So sehr er auch die Erde Jahr um Jahr mit seinem Pfluge plagt – sie ist alterslos und unermüdbar; ihrer ausdauernden Geduld kann und muß er trauen und ihrem Zyklus muß er sich anpassen. Und ebenso alterslos ist das Meer. Kein Raub an seiner Brut kann seine Fruchtbarkeit erschöpfen, kein Durchkreuzen mit Schiffen ihm Schaden tun, kein Abwurf in seine Tiefen es beflecken. Und für wie viele Krankheiten der Mensch auch Heilung finden mag, die Sterblichkeit selbst beugt sich nicht seiner List.

All dies gilt, weil vor unserer Zeit des Menschen Eingriffe in die Natur, so wie er selbst sie sah, wesentlich oberflächlich waren und machtlos, ihr festgesetztes Gleichgewicht zu stören. (Die Rückschau entdeckt, daß die Wahrheit nicht immer so harmlos war.) Auch ist weder im Antigone-Chorlied noch irgendwo sonst eine Andeutung zu finden, daß dies erst ein *Anfang* sei und daß Größeres an Kunst und Macht noch bevorstehe – daß der Mensch in einer endlosen Laufbahn der Eroberung begriffen sei. Gerade so weit ist er gegangen in der Bändigung der Notwendigkeit, gerade so viel hat er ihr durch seinen Witz abzuringen gelernt für die Menschlichkeit seines Lebens, und nachsinnend darüber überkam ihn ein Schauer über die eigene Verwegenheit.

Der Raum, den er sich so geschaffen hatte, wurde gefüllt von der Stadt der Menschen – deren Bestimmung es war, zu umschließen, und nicht sich auszudehnen – und hierdurch wurde ein neues Gleichgewicht im größeren Gleichgewicht des Ganzen hergestellt. Alles Wohl oder Übel, zu dem des Menschen erfinderische Kunst ihn ein um das andere Mal treiben mag, ist innerhalb der menschlichen Enklave und berührt nicht die Natur der Dinge.
Die Unverletzlichkeit des Ganzen, dessen Tiefen von des Menschen Zudringlichkeit ungestört bleiben, das heißt die wesentliche Unwandelbarkeit der Natur als der kosmischen Ordnung, war in der Tat der Hintergrund zu allen Unternehmungen des sterblichen Menschen einschließlich seiner Eingriffe in jene Ordnung selbst. Sein Leben spielte sich ab zwischen dem Bleibenden und dem Wechselnden: das Bleibende war die Natur, das Wechselnde seine eigenen Werke. Das größte dieser Werke war die Stadt, und ihr konnte er ein gewisses Maß von Dauer verleihen durch die Gesetze, die er für sie erdachte und zu ehren unternahm. Aber dieser künstlich hergestellten Dauer eignete keine Gewißheit auf lange Sicht. Als ein gefährdetes Kunstwerk kann das Kulturgebilde erschlaffen oder irregehen. Nicht einmal innerhalb seines künstlichen Raumes, bei aller Freiheit, die er der Selbstbestimmung gewährt, kann das Willkürliche jemals die Grundbedingungen des menschlichen Daseins außer Kraft setzen. Ja, gerade die Unbeständigkeit menschlichen Geschicks sichert die Beständigkeit des menschlichen Zustands. Zufall, Glück und Torheit, die großen Ausgleicher in den Angelegenheiten der Menschen, wirken wie eine Art Entropie und lassen alle bestimmten Entwürfe am Ende in die ewige Norm einmünden. Staaten steigen auf und fallen, Herrschaften kommen und gehen, Familien gedeihen und entarten – kein Wechsel ist für die Dauer und am Ende, im gegenseitigen Ausgleichen aller zeitweiligen Abweichungen,

ist der Zustand des Menschen, wie er von jeher war. So ist selbst hier, in seinem eigenen Kunstprodukt, der gesellschaftlichen Welt, die Kontrolle des Menschen gering und seine bleibende Natur setzt sich durch.

Immerhin bildete diese Zitadelle seiner eigenen Schöpfung, die klar geschieden war vom Rest der Dinge und seiner Obhut anvertraut, die vollständige und einzige Domäne menschlicher Verantwortlichkeit. Die Natur war kein Gegenstand menschlicher Verantwortung – sie sorgte für sich selbst und, mit entsprechender Überredung und Bedrängung, auch für den Menschen: nicht Ethik, sondern Klugheit und Erfindungsgabe war ihr gegenüber angebracht. Aber in der »Stadt«, das heißt im gesellschaftlichen Kunstgebilde, wo Menschen mit Menschen umgehen, muß Klugheit sich mit Sittlichkeit vermählen, denn diese ist die Seele seines Daseins. In diesem innermenschlichen Rahmen wohnt denn auch alle überlieferte Ethik und ist den hierdurch bedingten Abmaßen des Handelns angepaßt.

II. Merkmale bisheriger Ethik

Entnehmen wir dem Vorangegangenen diejenigen Merkmale menschlichen Handelns, die für einen Vergleich mit dem heutigen Stand der Dinge bedeutsam sind.

1. Aller Umgang mit der außermenschlichen Welt, das heißt der ganze Bereich der *techne* (Kunstfertigkeit) war – mit Ausnahme der Medizin – ethisch neutral – im Hinblick auf das Objekt sowohl wie auf das Subjekt solchen Handelns: Im Hinblick auf das Objekt, weil die Kunst die selbsterhaltende Natur der Dinge nur unerheblich in Mitleidenschaft zog und somit keine Frage dauernden Schadens an der Integrität ihres Objektes, der natürlichen Ordnung im Ganzen, aufwarf; und im Hinblick auf das handelnde Subjekt, weil *techne* qua Tätigkeit sich selbst als begrenzten Tribut an die Notwendigkeit verstand und nicht als selbst-rechtfertigenden Fortschritt zum Hauptziel der Menschheit, in dessen Verfolgung des Menschen höchste Anstrengung und Teilnahme engagiert sind. Der wirkliche Beruf des Menschen liegt anderswo. Kurz, Wirkung auf nichtmenschliche Objekte bildete keinen Bereich ethischer Bedeutsamkeit.

2. Ethische Bedeutung gehörte zum direkten Umgang von Mensch mit Mensch, einschließlich des Umgangs mit sich selbst; alle traditionelle Ethik ist *anthropozentrisch*.

3. Für das Handeln in dieser Sphäre wurde die Entität »Mensch« und ihr fundamentaler Zustand als im Wesen konstant angesehen und nicht selber als Gegenstand umformender *techne* (Kunst).

4. Das Wohl oder Übel, worum das Handeln sich zu kümmern hatte, lag nahe bei der Handlung, entweder in der *Praxis* selbst oder in ihrer unmittelbaren Reichweite und war keine Sache entfernter Planung. Diese Nähe der Ziele galt für Zeit sowohl als Raum. Die wirksame Reichweite der Aktion war klein, die Zeitspanne für Voraussicht, Zielsetzung und

Zurechenbarkeit kurz, die Kontrolle über Umstände begrenzt. Rechtes Verhalten hatte seine unmittelbaren Kriterien und seine fast unmittelbare Vollendung. Der lange Lauf der Folgen war dem Zufall, dem Schicksal oder der Vorsehung anheimgestellt. Ethik hatte es demgemäß mit dem Hier und Jetzt zu tun, mit Gelegenheiten, wie sie zwischen Menschen sich einstellen, mit den wiederkehrenden, typischen Situationen des privaten und öffentlichen Lebens. Der gute Mensch war ein solcher, der diesen Gelegenheiten mit Tugend und Weisheit begegnete, der die Fähigkeit dazu in sich selbst kultivierte und im übrigen sich mit dem Unbekannten abfand.

Alle Gebote und Maximen überlieferter Ethik, inhaltlich verschieden wie sie immer sein mögen, zeigen diese Beschränkung auf den unmittelbaren Umkreis der Handlung. »Liebe deinen Nächsten wie dich selbst«; »Tue Anderen, wie du wünschest, daß sie dir tun«; »Unterweise dein Kind im Wege der Wahrheit«; »Strebe nach Vorzüglichkeit durch Entwicklung und Verwirklichung der besten Möglichkeiten deines Seins qua Mensch«; »Ordne dein persönliches Wohl dem Gemeinwohl unter«; »Behandle deinen Mitmenschen niemals bloß als Mittel, sondern immer auch als einen Zweck in sich selbst«; und so fort. Man beachte, daß in all diesen Maximen der Handelnde und der »Andere« seines Handelns Teilhaber einer gemeinsamen Gegenwart sind. Es sind die jetzt Lebenden und in irgendwelchem Verkehr mit mir Stehenden, die einen Anspruch auf mein Verhalten haben, insofern es sie durch Tun oder Unterlassen affiziert. Das sittliche Universum besteht aus Zeitgenossen und sein Zukunftshorizont ist beschränkt auf deren voraussichtliche Lebensspanne. Ähnlich verhält es sich mit dem räumlichen Horizont des Ortes, worin der Handelnde und der Andere sich treffen als Nachbar, Freund oder Feind, als Vorgesetzter und Untergebener, als Stärkerer und Schwächerer, und in all den anderen Rollen, in denen Menschen miteinander zu tun haben. Alle Sittlichkeit war auf diesen Nahkreis des Handelns eingestellt.

Es folgt daraus, daß das *Wissen,* welches außer dem sittlichen *Willen* erfordert ist, um die Moralität der Handlung zu verbürgen, diesen Begrenzungen entsprach: Es ist nicht die Kenntnis des Wissenschaftlers oder Fachmanns, sondern Wissen einer Art, die allen Menschen guten Willens offensteht. Kant ging so weit zu sagen, daß »die menschliche Vernunft im Moralischen selbst beim gemeinsten Verstande leicht zu großer Richtigkeit und Ausführlichkeit gebracht werden kann«[1]; daß es »keiner Wissenschaft oder Philosophie bedürfe, um zu wissen, was man zu tun habe, um ehrlich und gut, ja sogar, um weise und tugendhaft zu sein . . . (Der gemeine Verstand kann) sich ebenso gut Hoffnung machen, es recht zu treffen, als es sich immer ein Philosoph versprechen mag«[2]; »Was ich . . . zu tun habe, damit mein Wollen sittlich gut sei, darzu brauche ich gar keine weitausholende Scharfsinnigkeit. Unerfahren in Ansehung des Weltlaufes, unfähig, auf alle sich eräugnenden Vorfälle desselben gefaßt zu sein,« kann ich doch wissen, wie ich in Übereinstimmung mit dem Sittengesetz zu handeln habe.[3]

Nicht jeder Theoretiker der Ethik ging soweit im Verkleinern der kognitiven Seite sittlichen Handelns. Aber selbst wenn sie weit größere Bedeutung erhielt, wie in Aristoteles, wo die Erkenntnis der Situation und dessen, was auf sie paßt, beträchtliche Anforderungen an Erfahrung und Urteil stellt, hat doch solches Wissen nichts mit theoretischer Wissenschaft zu tun. Es birgt natürlich in sich einen allgemeinen Begriff vom menschlichen Gut als solchen, bezogen auf die angenommenen Konstanten der menschlichen Natur und Lage, und dieser Allgemeinbegriff des Guten mag Ausarbeitung in einer eigenen Theorie finden oder nicht. Aber seine Übersetzung in die Praktik erfordert eine Kenntnis des Hier und Jetzt, und diese ist gänzlich untheoretisch. Diese der Tugend eigentümliche Kenntnis (des Wo, Wann, zu Wem und Wie man Was zu tun hat) bleibt beim unmittelbaren Anlaß, in dessen definiertem Zusammenhang die Handlung als die des individuellen Handelnden selbst ihren Lauf nimmt und in ihm auch zu ihrem Ende kommt. Das »gut« oder »schlecht« der Handlung ist völlig entschieden innerhalb dieses kurzfristigen Zusammenhangs. Ihre Autorschaft steht nie in Frage und ihre moralische Qualität wohnt ihr unmittelbar inne. Niemand wurde verantwortlich gehalten für die unbeabsichtigten späteren Wirkungen seines gut-gewollten, wohl-überlegten und wohl-ausgeführten Akts. Der kurze Arm menschlicher Macht verlangte keinen langen Arm vorhersagenden Wissens; die Kürze des einen war so wenig schuldhaft wie die des andern. Gerade weil das in seiner Allgemeinheit bekannte menschliche Gut dasselbe für alle Zeit ist, findet seine Verwirklichung oder Verletzung zu jeder Zeit statt, und sein vollständiger Ort ist immer die Gegenwart.

III. Neue Dimensionen der Verantwortung

All dies hat sich entscheidend geändert. Die moderne Technik hat Handlungen von so neuer Größenordnung, mit so neuartigen Objekten und so neuartigen Folgen eingeführt, daß der Rahmen früherer Ethik sie nicht mehr fassen kann. Der Antigone-Chor über das »Ungeheure«, über die wundersame Macht des Menschen müßte heute im Zeichen des ganz anders Ungeheuren anders lauten; und die Mahnung an den Einzelnen, die Gesetze zu ehren, wäre nicht mehr genug. Auch sind längst die Götter nicht mehr da, deren beschworenes Recht dem Ungeheuren menschlichen Tuns wehren könnte. Gewiß, die alten Vorschriften der »Nächsten«-Ethik – die Vorschriften der Gerechtigkeit, Barmherzigkeit, Ehrlichkeit, usw. – gelten immer noch, in ihrer intimen Unmittelbarkeit, für die nächste, tägliche Sphäre menschlicher Wechselwirkung. Aber diese Sphäre ist überschattet von einem wachsenden Bereich kollektiven Tuns, in dem Täter, Tat und Wirkung nicht mehr dieselben sind wie in der Nahsphäre, und der durch die Enormität seiner Kräfte der Ethik eine neue, nie zuvor erträumte Dimension der Verantwortung aufzwingt.

1. Die Verletzlichkeit der Natur

Man nehme zum Beispiel, als die erste größere Veränderung in dem überkommenen Bild, die kritische *Verletzlichkeit* der Natur durch die technische Intervention des Menschen – eine Verletzlichkeit, die nicht vermutet war, bevor sie sich in schon angerichtetem Schaden zu erkennen gab. Diese Entdeckung, deren Schock zu dem Begriff und der beginnenden Wissenschaft der Umweltforschung (Ökologie) führte, verändert die ganze Vorstellung unserer selbst als eines kausalen

Faktors im weiteren System der Dinge. Sie bringt durch die Wirkungen an den Tag, daß die Natur menschlichen Handelns sich de facto geändert *hat,* und daß ein Gegenstand von gänzlich neuer Ordnung, nicht weniger als die gesamte Biosphäre des Planeten, dem hinzugefügt worden ist, wofür wir verantwortlich sein müssen, weil wir Macht darüber haben. Und ein Gegenstand von welch überwältigender Größe, wogegen alle früheren Gegenstände menschlichen Handelns zwerghaft erscheinen! Die Natur als eine menschliche Verantwortlichkeit ist sicher ein Novum, über das ethische Theorie nachsinnen muß. Welche Art von Verpflichtung ist in ihr wirksam? Ist es mehr als utilitarisches Interesse? Ist es einfach die Klugheit, die gebietet, nicht die Gans zu schlachten, die die goldenen Eier legt, oder gar den Ast abzusägen, auf dem man sitzt? Aber das »man«, das hier sitzt und vielleicht ins Bodenlose fällt – wer ist es? Und was ist *mein* Interesse an seinem Sitzen oder Fallen?
Insoweit als der letzte Bezugspol, der das Interesse an der Erhaltung der Natur zu einem *moralischen* Interesse macht, das Schicksal des *Menschen* in seiner Abhängigkeit vom Zustand der Natur ist, ist auch hier noch die anthropozentrische Ausrichtung aller klassischen Ethik beibehalten. Selbst dann ist der Unterschied groß. Die Einhegung der Nähe und Gleichzeitigkeit ist dahin, fortgeschwemmt von der räumlichen Ausbreitung und Zeitlänge der Kausalreihen, welche die technische Praxis, auch wenn für Nahzwecke unternommen, in Gang setzt. Ihre Unumkehrbarkeit, im Verein mit ihrer zusammengefaßten Größenordnung, führt einen weiteren neuartigen Faktor in die moralische Gleichung ein. Dazu ihr kumulativer Charakter: ihre Wirkungen addieren sich, so daß die Lage für späteres Handeln und Sein nicht mehr dieselbe ist wie für den anfänglich Handelnden, sondern zunehmend davon verschieden und immer mehr ein Ergebnis dessen, was schon getan ward. Alle herkömmliche Ethik rechnete nur mit nicht-kumulativem Verhalten.[4] Die Grundsituation von Mensch zu Mensch, in der Tugend sich erpro-

ben und Laster sich entblößen muß, bleibt stets dieselbe und mit ihr fängt jede Tat von neuem an. Die wiederkehrenden Gelegenheiten, die je nach ihrer Klasse ihre Alternativen des Handelns stellen – Mut oder Feigheit, Maß oder Exzeß, Wahrheit oder Lüge, usw. – stellen jedesmal die Urbedingungen wieder her. Diese sind unüberholbar. Aber die kumulative Selbstfortpflanzung technologischer Veränderung der Welt überholt fortwährend die Bedingungen jedes ihrer beitragenden Akte und verläuft durch lauter präzedenzlose Situationen, für die die Lehren der Erfahrung ohnmächtig sind. Ja, die Kumulation als solche, nicht genug damit, ihren Anfang bis zur Unkenntlichkeit zu verändern, mag die Grundbedingung der ganzen Reihe, die Voraussetzung ihrer selbst, verzehren. All dieses müßte im Willen der Einzeltat mitgewollt sein, wenn diese sittlich verantwortlich sein soll.

2. *Die neue Rolle des Wissens in der Moral*

Unter solchen Umständen wird *Wissen* zu einer vordringlichen Pflicht über alles hinaus, was je vorher für seine Rolle in Anspruch genommen wurde, und das Wissen muß dem kausalen Ausmaß unseres Handelns größengleich sein. Die Tatsache aber, daß es ihm nicht wirklich größengleich sein *kann,* das heißt, daß das vorhersagende Wissen hinter dem technischen Wissen, das unserem Handeln die Macht gibt, zurückbleibt, nimmt selbst ethische Bedeutung an. Die Kluft zwischen Kraft des Vorherwissens und Macht des Tuns erzeugt ein neues ethisches Problem. Anerkennung der Unwissenheit wird dann die Kehrseite der Pflicht des Wissens und damit ein Teil der Ethik, welche die immer nötiger werdende Selbstbeaufsichtigung unserer übermäßigen Macht unterrichten muß. Keine frühere Ethik hatte die globale Bedingung menschlichen Lebens und die ferne Zukunft, ja Existenz der Gattung zu berücksichtigen. Daß eben sie heute im Spiele sind, verlangt, mit einem Wort, eine neue

Auffassung von Rechten und Pflichten, für die keine frühere Ethik und Metaphysik auch nur die Prinzipien, geschweige denn die fertige Doktrin bietet.

3. Sittliches Eigenrecht der Natur?

Und wie, wenn die neue Art menschlichen Handelns bedeuten würde, daß mehr als nur das Interesse »des Menschen« allein zu berücksichtigen ist – daß unsere Pflicht sich weiter erstreckt und die anthropozentrische Beschränkung aller früheren Ethik nicht mehr gilt? Es ist zumindest nicht mehr sinnlos, zu fragen, ob der Zustand der außermenschlichen Natur, die Biosphäre als Ganzes und in ihren Teilen, die jetzt unserer Macht unterworfen ist, eben damit ein menschliches Treugut geworden ist und so etwas wie einen moralischen Anspruch an uns hat – nicht nur um unsretwillen, sondern auch um ihrer selbst willen und aus eigenem Recht. Wenn solches der Fall wäre, so würde es kein geringes Umdenken in den Grundlagen der Ethik erfordern. Es würde bedeuten, nicht nur das menschliche Gut, sondern auch das Gut außermenschlicher Dinge zu suchen, das heißt die Anerkennung von »Zwecken an sich selbst« über die Sphäre des Menschen hinaus auszudehnen und die Sorge dafür in den Begriff des menschlichen Guts einzubeziehen. Für eine solche Treuhänderrolle hat keine frühere Ethik (außerhalb der Religion) uns vorbereitet – und die herrschende wissenschaftliche Ansicht der *Natur* noch viel weniger. Ja, die letztere versagt uns gerade mit Entschiedenheit jedes theoretische Recht, über die Natur noch als etwas zu Achtendes zu denken – hat sie diese doch zu der Indifferenz von Notwendigkeit und Zufall reduziert und aller Würde von Zwecken entkleidet. Und doch, ein stummer Appell um Schonung ihrer Integrität scheint von der bedrohten Fülle der Lebenswelt auszugehen. Sollen wir auf ihn hören, sollen wir seinen Anspruch als verbindlich, weil sanktioniert von der Natur der Dinge, anerkennen oder in ihm lediglich ein Sentiment unsererseits sehen, dem wir nachgeben mögen, wenn wir wollen und soweit wir's uns leisten können? Die erstere Alternative, in ihren theoretischen Implikationen ernst genommen, würde uns nötigen, das erwähnte Umdenken weit auszudehnen und über die Lehre vom Handeln, das heißt die Ethik, hinaus in die Lehre vom Sein, das heißt die Metaphysik, voranzutreiben, in der alle Ethik letztlich gegründet sein muß. Über diesen spekulativen Gegenstand will ich hier nicht mehr sagen, als daß wir uns offen halten sollten für den Gedanken, daß die Naturwissenschaft nicht die ganze Wahrheit über die Natur aussagt.

IV. Technologie als »Beruf« der Menschheit

1. *Homo faber über homo sapiens*

Kehren wir zurück zu strikt innermenschlichen Erwägungen, so gibt es noch einen weiteren ethischen Aspekt im Hinauswachsen der *techne* als menschlicher Bestrebung über die pragmatisch begrenzten Ziele früherer Zeiten. Damals, so fanden wir, war die Technik ein zugemessener Zoll an die Notwendigkeit, nicht die Straße zum erwählten Ziel der Menschheit – ein Mittel mit einem endlichen Grad der Angemessenheit an wohldefinierte naheliegende Zwecke. Heute, in der Form der modernen Technik, hat sich *techne* in einen unendlichen Vorwärtsdrang der Gattung verwandelt, in ihr bedeutsamstes Unternehmen, in dessen fortwährend sich selbst überbietendem Fortschreiten zu immer größeren Dingen man den Beruf des Menschen zu sehen versucht ist, und dessen Erfolg maximaler Herrschaft über die Dinge und über den Menschen selbst als die Erfüllung seiner Bestimmung erscheint. So bedeutet der Triumph des *homo faber* über sein äußeres Objekt zugleich seinen Triumph in der inneren Verfassung des *homo sapiens,* von dem er einst ein dienender Teil zu sein pflegte. Mit anderen Worten, auch abgesehen von ihren objektiven Werken nimmt die Technologie ethische Bedeutung an durch den zentralen Platz, den sie jetzt im subjektiven menschlichen Zweckleben einnimmt. Ihre kumulative Schöpfung, nämlich die sich ausdehnende künstliche Umwelt, verstärkt in stetiger Rückwirkung die besonderen Kräfte, welche sie hervorgebracht haben: das schon Geschaffene erzwingt deren immer neuen erfinderischen Einsatz in seiner Erhaltung und weiteren Entwicklung und belohnt sie mit vermehrtem Erfolg – der wieder zu dem gebieterischen Anspruch beiträgt. Dieser positive feed-back von funktioneller Notwendigkeit und Belohnung – in dessen

Dynamik der Stolz auf die Leistung nicht zu vergessen ist – nährt die wachsende Überlegenheit einer Seite der menschlichen Natur über alle anderen, und unvermeidlich auf ihre Kosten. Wenn nichts so gelingt, wie das Gelingen, so nimmt auch nichts so gefangen, wie das Gelingen. Was immer sonst zur Fülle des Menschen gehört, wird an Prestige überstrahlt durch die Ausdehnung seiner Macht, und so ist diese Ausdehnung, indem sie mehr und mehr der Kräfte des Menschen an ihr Geschäft bindet, begleitet von einer Schrumpfung seines Selbstbegriffs und Seins. In dem Bilde, das er von sich selbst unterhält – der programmatischen Vorstellung, die sein aktuelles Sein so sehr bestimmt wie sie es spiegelt – ist der Mensch jetzt immer mehr der Hersteller dessen, was er hergestellt hat, und der Tuer dessen, was er tun kann – und am meisten der Vorbereiter dessen, was er demnächst zu tun imstande sein wird. Doch wer ist »er«? Nicht ihr oder ich: es ist der kollektive Täter und die kollektive Tat, nicht der individuelle Täter und die individuelle Tat, die hier eine Rolle spielen; und es ist die unbestimmte Zukunft viel mehr als der zeitgenössische Raum der Handlung, die den relevanten Horizont der Verantwortung abgibt. Dies erfordert Imperative neuer Art. Wenn die Sphäre des Herstellens in den Raum wesentlichen Handelns eingedrungen ist, dann muß Moralität in die Sphäre des Herstellens eindringen, von der sie sich früher ferngehalten hat, und sie muß dies in der Form öffentlicher Politik tun. Mit Fragen von solcher Umfangsbreite und solchen Längen projektierender Vorwegnahme hatte öffentliche Politik es nie vorher zu tun. In der Tat, das veränderte Wesen menschlichen Handelns verändert das Grundwesen der Politik.

2. Die universale Stadt als zweite Natur und das Seinsollen des Menschen in der Welt

Denn die Grenze zwischen »Staat« (polis) und »Natur« ist aufgehoben worden: Die Stadt der Menschen, einstmals eine Enklave in der nichtmenschlichen Welt, breitet sich über das Ganze der irdischen Natur aus und usurpiert ihren Platz. Der Unterschied zwischen dem Künstlichen und dem Natürlichen ist verschwunden, das Natürliche ist von der Sphäre des Künstlichen verschlungen worden; und gleichzeitig erzeugt das totale Artefakt, die zur Welt gewordenen Werke des Menschen, die auf ihn und durch ihn selbst wirken, eine neue Art von »Natur«, das heißt eine eigene dynamische Notwendigkeit, mit der die menschliche Freiheit in einem gänzlich neuen Sinn konfrontiert ist.

Einstmals konnte gesagt werden *fiat iustitia, pereat mundus,* »Gerechtigkeit soll geschehen und gehe die Welt darüber zugrunde« – wo »Welt« natürlich die erneuerbare Enklave im nie-zugrundegehenden Ganzen bedeutet; dies Wort kann nicht einmal mehr rhetorisch gesagt werden, wenn das Zugrundegehen des Ganzen durch Taten des Menschen, seien sie nun gerecht oder ungerecht, eine reale Möglichkeit geworden ist. Fragen, die nie zuvor Gegenstand der Gesetzgebung waren, treten in den Umkreis der Gesetze ein, die die globale »Stadt« sich geben muß, auf daß es eine Welt für die kommenden Geschlechter der Menschen gebe.

Daß es in alle Zukunft eine solche Welt geben *soll* – eine Welt geeignet für menschliche Bewohnung – und daß sie in alle Zukunft bewohnt sein soll von einer dieses Namens würdigen Menschheit, wird bereitwillig bejaht werden als ein allgemeines Axiom oder als überzeugende Wünschbarkeit spekulativer Phantasie (so überzeugend und so unbeweisbar wie der Satz, daß die Existenz einer Welt überhaupt besser sei als die Existenz keiner): aber als *moralische* Proposition, nämlich, als eine praktische *Verpflichtung* gegenüber der Nachwelt einer entfernten Zukunft und als Prinzip der Entscheidung in gegenwärtiger Aktion, ist der Satz sehr verschieden von den Imperativen der früheren Ethik der Gleichzeitigkeit; und er hat die sittliche Bühne erst mit unseren neuartigen Kräften und der neuen Reichweite unseres Vorherwissens betreten. Die *Anwesenheit des Menschen in der Welt* war ein erstes und fraglos Gegebenes gewesen, von dem jede Idee der Verpflichtung im menschlichen Verhalten ihren Ausgang nahm: jetzt ist sie selber ein *Gegenstand* der Verpflichtung geworden – der Verpflichtung nämlich, die erste Prämisse aller Verpflichtung, das heißt eben das Vorhandensein bloßer Kandidaten für ein moralisches Universum in der physischen Welt, für die Zukunft zu sichern; und das heißt unter anderem, diese physische Welt so zu erhalten, daß die Bedingungen für ein solches Vorhandensein intakt bleiben; und das heißt, ihre Verletzlichkeit vor einer Gefährdung dieser Bedingungen zu schützen. Ich will den Unterschied, den dies für die Ethik macht, an einem Beispiel illustrieren.

V. Alte und neue Imperative

1. Kants kategorischer Imperativ sagte: »Handle so, daß du auch wollen kannst, daß deine Maxime allgemeines Gesetz werde.« Das hier angerufene »kann« ist das der Vernunft und ihrer Einstimmung mit sich selbst: Die Existenz einer Gesellschaft menschlicher Akteure (handelnder Vernunftwesen) *vorausgesetzt,* muß die Handlung so sein, daß sie sich ohne Selbstwiderspruch als allgemeine Übung dieser Gemeinschaft vorstellen läßt. Man beachte, daß hier die Grundüberlegung der Moral nicht selber moralisch, sondern logisch ist: das »wollen *können*« oder »nicht können« drückt logische Selbstverträglichkeit oder -unverträglichkeit, nicht sittliche Approbation oder Revulsion aus. Es liegt aber kein *Selbstwiderspruch* in der Vorstellung, daß die Menschheit einmal aufhöre zu existieren, und somit auch kein Selbstwiderspruch in der Vorstellung, daß das Glück gegenwärtiger und nächstfolgender Generationen mit dem Unglück oder gar der Nichtexistenz späterer Generationen erkauft wird – so wenig, wie schließlich im Umgekehrten, daß die Existenz und das Glück späterer Generationen mit dem Unglück und teilweise sogar der Vertilgung gegenwärtiger erkauft wird. Das Opfer der Zukunft für die Gegenwart ist *logisch* nicht angreifbarer als das Opfer der Gegenwart für die Zukunft. Der Unterschied ist nur, daß im einen Fall die Reihe weitergeht, im andern nicht. Aber daß sie *weitergehen soll,* ungeachtet der Verteilung von Glück und Unglück, ja selbst mit Übergewicht des Unglücks über das Glück, und sogar der Unmoral über die Moral[5], läßt sich nicht aus der Regel der Selbsteinstimmigkeit *innerhalb* der Reihe, so lange oder kurz sie eben dauert, ableiten: es ist ein außer ihr und ihr vorausliegendes Gebot ganz anderer Art und letztlich nur metaphysisch zu begründen.

2. Ein Imperativ, der auf den neuen Typ menschlichen Handelns paßt und an den neuen Typ von Handlungssubjekt gerichtet ist, würde etwa so lauten: »Handle so, daß die Wirkungen deiner Handlung verträglich sind mit der Permanenz echten menschlichen Lebens auf Erden«; oder negativ ausgedrückt: »Handle so, daß die Wirkungen deiner Handlung nicht zerstörerisch sind für die künftige Möglichkeit solchen Lebens«; oder einfach: »Gefährde nicht die Bedingungen für den indefiniten Fortbestand der Menschheit auf Erden«; oder, wieder positiv gewendet: »Schließe in deine gegenwärtige Wahl die zukünftige Integrität des Menschen als Mit-Gegenstand deines Wollens ein«.
3. Es ist ohne weiteres ersichtlich, daß kein rationaler Widerspruch in der Verletzung dieser Art von Imperativ involviert ist. Ich *kann* das gegenwärtige Gut unter Aufopferung des zukünftigen Guts wollen. Ich kann, so wie mein eigenes Ende, auch das Ende der Menschheit wollen. Ich kann, ohne in Widerspruch mit mir selbst zu geraten, wie für mich so auch für die Menschheit ein kurzes Feuerwerk äußerster Selbsterfüllung der Langeweile endloser Fortsetzung im Mittelmaß vorziehen.
Aber der neue Imperativ sagt eben, daß wir zwar unser eigenes Leben, aber nicht das der Menschheit wagen *dürfen;* und daß Achill zwar das Recht hatte, für sich selbst ein kurzes Leben ruhmreicher Taten vor einem langen Leben ruhmloser Sicherheit zu wählen (unter der stillschweigenden Voraussetzung nämlich, daß eine Nachwelt da sein wird, die von seinen Taten zu erzählen weiß); daß wir aber nicht das Recht haben, das Nichtsein künftiger Generationen wegen des Seins der jetzigen zu wählen oder auch nur zu wagen. Warum wir dieses Recht nicht haben, warum wir im Gegenteil eine Verpflichtung gegenüber dem haben, was noch garnicht ist und »an sich« auch nicht zu sein braucht, jedenfalls als nicht existent keinen *Anspruch* auf Existenz hat, ist theoretisch garnicht leicht und vielleicht ohne Religion überhaupt nicht zu begründen. Unser Imperativ nimmt es zunächst ohne Begründung als Axiom.

4. Es ist ferner offensichtlich, daß der neue Imperativ sich viel mehr an öffentliche Politik als an privates Verhalten richtet, welches letztere nicht die kausale Dimension ist, auf die er anwendbar ist. Kants kategorischer Imperativ war an das Individuum gerichtet und sein Kriterium war augenblicklich. Er forderte jeden von uns auf, zu erwägen, was geschehen würde, *wenn* die *Maxime* meiner jetzigen Handlung zum Prinzip einer allgemeinen Gesetzgebung gemacht würde oder es in diesem Augenblick schon wäre: die Selbsteinstimmigkeit oder Nichteinstimmigkeit einer solchen *hypothetischen* Verallgemeinerung wird zur Probe meiner *privaten* Wahl gemacht. Aber es war kein Teil dieser Vernunftüberlegung, es bestehe irgendeine Wahrscheinlichkeit dafür, daß meine private Wahl tatsächlich allgemeines Gesetz werde oder zu einem solchen Allgemeinwerden auch nur beitrage. In der Tat, *reale* Folgen sind überhaupt nicht ins Auge gefaßt und das Prinzip ist nicht dasjenige objektiver Verantwortung, sondern das der subjektiven Beschaffenheit meiner Selbstbestimmung. Der neue Imperativ ruft eine andere Einstimmigkeit an: nicht die des Aktes mit sich selbst, sondern die seiner schließlichen *Wirkungen* mit dem Fortbestand menschlicher Aktivität in der Zukunft. Und die »Universalisierung«, die er ins Auge faßt, ist keineswegs hypothetisch – das heißt die bloß logische Übertragung vom individuellen »Ich« auf ein imaginäres, kausal damit unverbundenes »Alle« (»wenn jeder so täte«): im Gegenteil, die dem neuen Imperativ unterworfenen Handlungen, nämlich Handlungen des kollektiven Ganzen, haben den universalen Bezug in dem tatsächlichen Ausmaß ihrer Wirksamkeit: sie »totalisieren« sich selbst im Fortschritt ihres Impulses und können nicht anders, als in der Gestaltung des universalen Zustands der Dinge zu terminieren. Dies nun fügt dem moralischen Kalkül den *Zeit*horizont hinzu, der in der logischen Augenblicksoperation des kantischen Imperativs gänzlich fehlt: extrapoliert der letztere in eine immer-gegenwärtige Ordnung abstrakter Kompatibilität, so extrapoliert unser Impe-

rativ in eine berechenbare wirkliche *Zukunft* als die unabgeschlossene Dimension unserer Verantwortlichkeit.

VI. Frühere Formen der »Zukunftsethik«

Nun ließe sich einwenden, daß wir mit Kant ein extremes Beispiel der Gesinnungsethik gewählt haben und daß unsere Behauptung von dem Präsenzcharakter aller früheren Ethik als einer Ethik der Gleichzeitigen durch verschiedene ethische Formen in der Vergangenheit zu widerlegen sei. An folgende drei Beispiele läßt sich denken: die Führung des irdischen Lebens, bis zur Aufopferung seines Glücks, im Hinblick auf das ewige Heil der Seele; die vorausschauende Sorge des Gesetzgebers und Staatsmanns für das künftige Gemeinwohl; und die Politik der Utopie mit der Bereitschaft, die jetzt Lebenden als bloßes Mittel für ein Ziel nach ihnen zu benützen oder als Hindernis dafür zu beseitigen – wovon der revolutionäre Marxismus das prominente Beispiel ist.

1. Ethik der jenseitigen Vollendung

Von diesen drei Fällen haben der erste und dritte gemeinsam, daß sie die Zukunft als möglichen Ort absoluten Wertes über die Gegenwart stellen und die Gegenwart zu einer bloßen Vorbereitung für die Zukunft herabdrücken. Ein wichtiger Unterschied ist, daß im religiösen Fall das jetzige Handeln den künftigen Zustand nicht etwa kausal herbeiführen, sondern nur die Person dafür qualifizieren soll, nämlich in den Augen Gottes, dem der Glaube die Herbeiführung überlassen muß. Die Qualifizierung besteht aber in einem gottgefälligen Leben, von dem sich im allgemeinen annehmen läßt, daß es schon in sich das beste, lebenswerteste Leben ist und also garnicht erst um der etwaigen ewigen Seligkeit willen gewählt zu werden braucht – ja mit dieser als Hauptmotivierung der Wahl nur von seinem Wert und damit sogar von seiner Qualifizierungsfähigkeit verlieren würde. Das heißt, die letztere ist desto besser, je unbeabsichtigter sie ist. Fragt man aber, worin die Qualifizierung inhaltlich besteht, so muß man sich die betreffenden Lebensvorschriften ansehen, und dann mag sich finden, daß es eben die Vorschriften der Gerechtigkeit, Nächstenliebe, Lauterkeit, usw. sind, die auch eine innerweltliche Ethik klassischen Stils vorschreiben würde oder könnte. Also haben wir es in der »gemäßigten« Version des Seelenheilsglauben, die, wenn ich nicht irre, zum Beispiel die jüdische ist, doch wieder mit einer Ethik der Gleichzeitigkeit und Unmittelbarkeit zu tun; und was für eine Ethik es im Einzelfall ist, ergibt sich nicht aus dem Jenseitsziel als solchen, von dessen Inhalt sich ohnehin keine Vorstellung machen läßt, sondern daraus, *wie* das gottgefällige Leben, das die Bedingung dafür sein soll, jeweils inhaltlich bestimmt war.

Allerdings nun kann die Bedingung inhaltlich so bestimmt sein – und das wird sie in den »extremen« Formen des Seelenheilsglaubens – daß ihre Erfüllung in keinem Fall als Wert in sich selbst, sondern ausschließlich als Einsatz in einer Wette betrachtet werden kann, mit deren Verlust, das heißt der Nichterlangung des ewigen Gewinns, alles verloren wäre. Denn in diesem Fall der – von Pascal ausgearbeiteten – grausigen metaphysischen Wette ist der Einsatz das ganze irdische Leben mit all seinen Glücks- und Erfüllungsmöglichkeiten, deren *Versagung* gerade die Bedingung für das ewige Heil wird. Hierher gehören alle Formen radikaler, sinnesabtötender und lebensverneinender Askese, deren Praktizierer sich beim Fehlschlag ihrer Erwartung um alles betrogen hätten. Von dem gewöhnlichen, diesseitigen hedonistischen Kalkül mit den Risiken seiner erwogenen Verzichte und zeitweiligen Aufschübe unterscheidet sich dieser nur durch die Totalität seines Quid-pro-quo und die Überschwenglichkeit der dem Einsatz gegenüberstehenden Chance. Aber eben diese Überschwenglichkeit rückt das ganze Unternehmen aus dem Bereich der Ethik heraus. Zwischen dem Endlichen und dem Unendlichen, dem Zeitlichen

und dem Ewigen, gibt es keine Kommensurabilität und daher auch keine sinnvolle Korrelation (das heißt weder einen qualitativen noch rechnerischen Sinn, in dem das eine dem andern vorzuziehen ist); und über den *Wert* des Zieles, dessen wissende Beurteilung doch ein Wesensstück *ethischer* Entscheidung bilden müßte, gibt es nicht mehr als die leere Aussage, daß er eben der absolute sei. Auch fehlt die jedenfalls für das *ethische* Denken notwendige *Kausal*verbindung zwischen der Handlung und ihrem (erhofften) Ergebnis, das der diesseitige Verzicht ja nicht etwa bewirken, sondern durch dessen anderweitige Gewährung er sich nur entschädigen lassen soll.
Fragt man daher, *warum* der radikale diesseitige Verzicht als so verdienstlich angesehen wird, daß er sich diese Entschädigung oder Belohnung versprechen darf, so kann *eine* Antwort sein, daß das Fleisch sündig, die Lust böse und die Welt unrein sei, und in diesem Fall (wie auch in dem etwas anderen, daß die Individuierung als solche schlecht sei) liegt allerdings in der Askese doch wieder eine echte Instrumentalität des Handelns und ein Weg innerer Zweckverwirklichung aus eigenem Tun – der Weg nämlich von Unreinheit zu Reinheit, von Sündigkeit zu Heiligkeit, von Knechtschaft zu Freiheit, von Selbstheit zu Entselbstung: insoweit sie dies ist, ist die Askese also in sich selbst schon die, unter solchen metaphysischen Bedingungen, *beste* Art des Lebens. Damit wären wir aber wieder bei der Ethik der Unmittelbarkeit und Gleichzeitigkeit angelangt – einer wenn auch hochegoistischen und extrem individualistischen Form der Ethik der Selbstvollendung, die dann auch in Momenten spiritueller Erleuchtung, wozu ihre Anstrengung es bringen kann, den künftigen Lohn als mystisches Erlebnis des Absoluten schon hier genießen darf.
In summa, so können wir sagen, insoweit dieser gesamte Komplex jenseitiger Ausrichtung überhaupt in die Ethik gehört – was er insbesondere in der ersterwähnten »gemäßigten« Form eines in sich gottgefälligen Lebens als Bedingung

ewigen Lohnes tut – so fügt auch er sich in unseren Satz vom Präsenzcharakter aller bisherigen Ethik.

2. *Die Zukunftsverantwortung des Staatsmannes*

Wie aber steht es mit den Beispielen von *innerweltlicher* Zukunftsethik, die allein wirklich zur rationalen Ethik gehören? Wir nannten an zweiter Stelle die vorausschauende Sorge des Gesetzgebers und Staatsmanns für das künftige Wohl des Gemeinwesens. Über den uns hier interessierenden *Zeit*aspekt ist antike Theorie im ganzen stumm, aber schon dies Schweigen ist aufschlußreich, und einiges läßt sich außerhalb der Philosophie dem Lob großer Gesetzgeber wie Solon und Lykurg oder auch dem Tadel eines Staatsmanns wie Perikles entnehmen. Das Lob des Gesetzgebers schließt wohl die Dauerhaftigkeit seiner Schöpfung ein, aber nicht sein Vorausplanen von etwas, das erst für die Späteren Wirklichkeit werden soll und für die Mitlebenden noch unerreichbar ist. Sein Bestreben ist, ein lebensfähiges politisches Gebilde zu schaffen, und die Probe der Lebensfähigkeit liegt in der Dauer – und zwar möglichst unveränderten Dauer – des Geschaffenen. Der beste Staat, so war die Vorstellung, ist auch der für die Zukunft beste, eben weil er in seinem jederzeit jetzigen inneren Gleichgewicht die Zukunft als solche verbürgt, und dann natürlich auch der *in* der Zukunft beste, weil die Kriterien einer guten Ordnung (von denen die Dauerhaftigkeit eines ist) sich nicht ändern. Und sie ändern sich nicht, weil die menschliche Natur sich nicht ändert, die mit ihren Unvollkommenheiten in die Konzeption einer lebensfähigen politischen Ordnung, welches die Konzeption des weisen Gesetzgebers sein muß, eingeschlossen ist. Diese zielt daher nicht auf den ideal vollkommenen, sondern auf den real besten, das heißt bestmöglichen Staat, der jetzt ebenso möglich, aber auch so gefährdet ist, wie künftig. Eben diese Gefährdung, die aller Ordnung von der Unord-

nung der menschlichen Leidenschaften droht, macht über die einmalige, gründende Weisheit des Gesetzgebers hinaus die stetige, regierende Weisheit des Staatsmannes nötig. Aber der Vorwurf des Sokrates gegen die Staatskunst des Perikles ist nicht, daß seine grandiosen Unternehmungen später, nach seinem Tode, fehlschlugen, sondern daß er durch solche grandiosen Entwürfe (samt ihren anfänglichen Erfolgen) schon zu seiner Zeit den Athenern den Kopf verdreht und die Bürgertugenden verdorben habe. Das jetzige Unglück Athens wird nicht dem Fehlschlage jener Politik, sondern der Schlechtigkeit ihrer Quelle zugeschrieben, die durch einen »Erfolg« auch im Rückblick nicht besser geworden wäre. Das damals Gute wäre auch heute noch das Gute und hätte mit größerer Wahrscheinlichkeit ins Heutige gedauert.
Die Voraussicht des Staatsmannes besteht also in der Weisheit und dem Maße, die er der *Gegenwart* widmet: Diese Gegenwart ist nicht um einer andersartigen Zukunft willen da, sondern bewährt sich günstigenfalls in einer gleichartigen Zukunft und muß schon in sich selbst so gerechtfertigt sein wie sie. Die Dauer ergibt sich als Nebenfolge des schon jetzt und jederzeit Guten. Gewiß hat das politische Handeln eine weitere Zeitspanne der Wirkung und Verantwortung als das private, aber seine Ethik ist nach vormoderner Ansicht dennoch keine andere als die Präsenzethik, angewandt auf ein Lebensgebilde größerer Dauer.

3. Die moderne Utopie

a. Dies ändert sich erst mit dem, was ich als drittes Beispiel die Politik der Utopie nannte, die ein durchaus modernes Phänomen ist und eine vorher unbekannte dynamische Geschichtseschatologie voraussetzt. Die religiösen Eschatologien früherer Zeit stellen diesen Fall noch nicht dar, obschon sie ihn vorbereiten. Der Messianismus zum Beispiel gebietet keine messianistische Politik, sondern stellt das Kommen des

Messias göttlichem Ratschluß anheim – und menschlichem Verhalten nur insofern in Aussicht, als es sich des Ereignisses würdig machen kann durch Erfüllung eben der Normen, die ihm auch ohne solche Aussicht zugemutet sind. Hier trifft im kollektiven Maßstab zu, was im persönlichen vorher über Jenseitserwartung gesagt wurde: das Hier und Jetzt ist zwar von der Enderwartung überragt, aber nicht mit ihrer handelnden Verwirklichung betraut. Es dient ihr umso besser, je treuer es seinem eigenen gottgegebenen Gesetz bleibt, dessen Erfüllung ganz in ihm selbst liegt.

b. Allerdings gab es auch hier die extreme Form, in der die »Bedränger des Endes« die Verwirklichung in die eigene Hand nahmen und das messianische oder tausendjährige Reich, für das sie die Zeit gekommen sahen, mit einem letzten Stoß irdischer Aktion herbeiführen wollten. In der Tat führen manche der chiliastischen Bewegungen besonders zum Beginn der Neuzeit schon in die Nähe utopischer Politik, besonders wenn sie sich nicht mit dem Stoß und der Wegbereitung begnügen, sondern schon positiv den Anfang mit der Errichtung des Gottesreiches machen, von dem sie eine *inhaltliche* Vorstellung haben. Sofern in dieser Vorstellung soziale Gleichheits- und Gerechtigkeitsideen eine Rolle spielen, ist auch die besondere Motivation moderner utopischer Ethik schon da. Aber noch nicht die für die säkularisierte Eschatologie, das heißt den modernen politischen Utopismus bezeichnende, über Generationen gähnende Kluft von Jetzt und Dann, von Mittel und Zweck, Handeln und Ziel. Es ist immer noch Gegenwarts-, nicht Zukunftsethik. Der eigentliche Mensch ist schon da, und in der kleinen »Gemeinde der Heiligen« auch schon das Gottesreich von dem Augenblick, da sie es, wie verlangt und für möglich gehalten, in ihrer eigenen Mitte schon verwirklichen. Das Anrennen aber gegen die seiner Ausbreitung noch entgegenstehenden Ordnungen der Welt geschieht in der Erwartung eines Jericho-Wunders, nicht als ein vermittelter Prozeß geschichtlicher Kausalität. Der letzte Schritt zur innerweltlich-utopischen Geschichtsethik war noch zu tun.

c. Erst mit dem modernen *Fortschritt,* als einer Tatsache und einer Idee, tritt die Möglichkeit auf, alles Frühere als Vorstufe zum Jetzigen und alles Jetzige als Vorstufe zum Künftigen aufzufassen. Wenn sich diese Vorstellung (die, als unbegrenzt, an sich keinen Zustand als endgültig auszeichnet und jedem seine Gegenwartsunmittelbarkeit beläßt) mit einer säkularisierten Eschatologie verbindet, die dem diesseitig definierten Absoluten eine endliche Stelle in der Zeit anweist, und dazu die Vorstellung einer teleologischen Dynamik des Prozesses kommt, der zum endgültigen Zustand hinführt – dann sind die begrifflichen Voraussetzungen für die utopische Politik gegeben. »Das Himmelreich auf Erden schon errichten« (Heine) setzt eine Vorstellung davon voraus, worin ein solches irdisches Himmelreich bestehen würde (oder so sollte man meinen – aber hierin zeigt die Theorie einen merkwürdigen Leerraum), und in jedem Fall, selbst in Ermangelung einer solchen Vorstellung, eine Auffassung von menschlichem Geschehen, die alles davor radikal mediatisiert, das heißt zur Vorläufigkeit verurteilt, seiner Eigengeltung entkleidet oder bestenfalls zum Vehikel für die Erreichung des erst noch bevorstehenden Eigentlichen macht, zum Mittel für den allein geltenden zukünftigen Zweck.

Hier nun in der Tat ist ein Bruch mit der Vergangenheit, und auf die Lehre, die ihn am reinsten darstellt, die marxistische Geschichtsphilosophie und die ihr entsprechende Ethik der Aktion, trifft denn auch das, was wir vom Präsenzcharakter bisheriger Ethik und der in ihr vorausgesetzten Beharrlichkeit der Menschennatur sagten, nicht mehr zu. Das Handeln geschieht um einer Zukunft willen, die weder Täter noch Opfer noch Mitlebende genießen werden; die Verpflichtung ans Jetzt geht von dort aus, nicht vom Wohl und Wehe seiner zeitgenössischen Welt; und die Normen des Handelns sind so vorläufig, ja so »uneigentlich«, wie der Zustand, den es in den höheren aufheben soll. Die Ethik der revolutionären

Eschatologie sieht sich selber als Übergangsethik an, während die eigentliche (und wesentlich noch unbekannte) Ethik erst in ihr Recht eintreten soll, nachdem jene die Bedingungen dafür geschaffen und damit sich selber abgeschafft hat. Es besteht also schon der Fall einer Zukunftsethik, mit einer Ferne der Vorausschau, Zeitspanne der übernommenen Verantwortung, Weite des Gegenstandes (die ganze zukünftige Menschheit) und Tiefe des Anliegens (das ganze künftige Wesen des Menschen) und, wie wir schon jetzt hinzufügen dürfen, mit einem Ernstnehmen der Mächte der Technik – die all dem in der Ethik nicht nachstehen, der wir hier das Wort reden wollen. Umso wichtiger ist es, das Verhältnis dieser beiden zu bestimmen, die als Antworten auf die präzedenzlose moderne Situation und speziell auf die Technologie so vieles gegenüber der vormodernen Ethik gemeinsam haben und doch unter sich so verschieden sind. Dies muß warten, bis wir noch etwas mehr über die Probleme und Aufgaben gehört haben, mit denen die hier ins Auge gefaßte Ethik es zu tun hat und die ihr von dem ungeheuerlichen Fortschritt der Technik gestellt werden: Deren Macht über das Menschenschicksal hat selbst die des Kommunismus überholt, der sich wie alle anderen ihrer nur zu bedienen dachte. Jetzt sei nur soviel im voraus gesagt, daß, während beide »Ethiken« es mit den utopischen Möglichkeiten dieser Technologie zu tun haben, die hier gesuchte *nicht* eschatologisch und in einem noch zu bestimmenden Sinn anti-utopisch ist.

VII. Der Mensch als Objekt der Technik

Unser Vergleich war mit den geschichtlichen Formen der Ethik der Gleichzeitigkeit und Unmittelbarkeit, für welche die Kantische nur als Beispiel diente. Nicht ihre Gültigkeit im eigenen Bereich, sondern ihr Genügen für die ihn überragenden neuen Dimensionen menschlichen Tuns steht in Frage. Unsere These ist, daß die neuen Arten und Abmaße des Handelns eine ihnen kommensurable Ethik der Voraussicht und Verantwortung erfordern, die so neu ist wie die Eventualitäten, mit denen sie zu tun hat. Wir haben gesehen, daß dies die Eventualitäten sind, die aus den Werken des homo faber im Zeitalter der Technik aufsteigen. Aber von diesen neuartigen Werken haben wir die potentiell ominöseste Klasse noch nicht erwähnt. Wir haben *techne* nur in ihrer Anwendung auf den *nicht*menschlichen Bereich erörtert. Doch der Mensch selber ist unter die Objekte der Technik geraten. Homo faber kehrt seine Kunst auf sich selbst und macht sich dazu fertig, den Erfinder und Verfertiger alles Übrigen erfinderisch neu zu fertigen. Diese Vollendung seiner Gewalt, die sehr wohl die Überwältigung des Menschen bedeuten kann, diese letzte Einsetzung der Kunst über die Natur, fordert die letzte Anstrengung ethischen Denkens heraus, das nie zuvor wählbare Alternativen zu dem, was für die definitiven Gegebenheiten der Menschenverfassung galt, ins Auge zu fassen hatte.

1. Lebensverlängerung

Man nehme zum Beispiel die fundamentalste dieser Gegebenheiten, die Sterblichkeit des Menschen. Wer je zuvor brauchte sich über ihr erwünschtes und erwählbares Maß schlüssig zu werden? Bezüglich ihrer obersten Grenze, den

»siebzig Jahren, und wenn es hoch kommt, achtzig«, gab es keine Wahl. Ihre Unverrückbarkeit war Gegenstand von Klage, Ergebung oder müßigen, um nicht zu sagen: törichten, Wunschträumen über doch mögliche Ausnahmen – seltsamerweise fast niemals von Bejahung. Die intellektuelle Phantasie eines G. B. Shaw und eines Jonathan Swift spekulierte über den Gewinn des Nicht-sterben-müssens oder über den Fluch des Nicht-sterben-könnens (Swift mit dem letzteren war der Klügere von den beiden). Mythos und Legende spielten mit solchen Themen vor dem nie bezweifelten Hintergrund des Unabänderlichen, das den ernsten Mann vielmehr mit dem Psalmisten beten ließ »Lehre uns unsere Tage zählen, auf daß wir uns ein weises Herz erwerben«. Nichts davon war im Bereich des Tuns und der wirksamen Entscheidung. Die Frage war nur, wie man sich zum Gegebenen stellt.

Aber heute winkt uns durch gewisse Fortschritte in der Zellbiologie die praktische Aussicht, den biochemischen Altersprozessen entgegenzuwirken und die menschliche Lebensspanne zu verlängern, vielleicht gar auf unbestimmte Zeit hinauszuziehen. Der Tod erscheint nicht mehr als eine zur Natur des Lebendigen gehörige Notwendigkeit, sondern als eine vermeidbare, jedenfalls im Prinzip traktable und lange aufschiebbare, organische Fehlleistung. Eine ewige Sehnsucht der Menschheit scheint ihrer Erfüllung näher zu kommen. Und zum ersten Mal haben wir uns im Ernst die Frage vorzulegen: »Wie wünschenswert ist dies? Wie wünschenswert für das Individuum, und wie für die Gattung?« Diese Fragen berühren nicht weniger als den ganzen Sinn unserer Endlichkeit, die Einstellung zum Tode, und die allgemeine biologische Bedeutung der Balance von Tod und Fortpflanzung. Noch vor solchen letzten Fragen stellen sich die mehr praktischen, wer zu dem vermeintlichen Segen Zutritt haben soll: Personen von besonderem Wert und Verdienst? von gesellschaftlicher Eminenz und Wichtigkeit? diejenigen, die dafür zahlen können? Jeder? Das letzte

möchte als das allein gerechte erscheinen. Aber dafür müßte am entgegengesetzten Ende, an der Quelle, bezahlt werden. Denn es ist klar, im bevölkerungsweiten Maßstab ist der Preis für ausgedehntes Alter eine proportionale Verlangsamung des Ersatzes, das heißt ein verminderter Zugang neuen Lebens. Das Resultat wäre eine abnehmende Proportion von Jugend in einer zunehmend alten Bevölkerung. Wie gut oder schlecht wäre dies für den allgemeinen Zustand des Menschen? Würde die Gattung dabei gewinnen oder verlieren? Und wie *recht* oder unrecht wäre es, den Platz der Jugend durch Vorbesitz zu sperren? Sterbenmüssen ist verknüpft mit Geborensein: Sterblichkeit ist nur die Kehrseite des immerwährenden Quells der »Gebürtigkeit« (um eine Prägung Hannah Arendts zu benutzen). So war es immer verfügt gewesen; jetzt muß sein Sinn im Raume der Entscheidung überdacht werden.
Um das Extrem zu nehmen: wenn wir den Tod abschaffen, müssen wir auch die Fortpflanzung abschaffen, denn die letztere ist des Lebens Antwort auf den ersteren, und so hätten wir eine Welt von Alter ohne Jugend, und von schon bekannten Individuen ohne die Überraschung solcher, die nie zuvor waren. Aber vielleicht ist eben dies die Weisheit in der harschen Fügung unserer Sterblichkeit: daß sie uns das ewig erneute Versprechen bietet, das in der Anfänglichkeit, der Unmittelbarkeit und dem Eifer der Jugend liegt, zusammen mit der stetigen Zufuhr von Andersheit als solcher. Es gibt keinen Ersatz dafür in der größeren Ansammlung verlängerter Erfahrung: niemals kann sie das einzigartige Vorrecht zurückgewinnen, die Welt zum ersten Male und mit neuen Augen zu sehen, nie das Staunen wiedererleben, das nach Platon der Anfang der Philosophie ist, nie die Neugierde des Kindes, die selten genug in Wissensdrang des Erwachsenen übergeht, bis sie auch dort erlahmt. Dies immer-wieder-Anfangen, das nur um den Preis des immerwieder-Endens zu haben ist, kann sehr wohl die Hoffnung der Menschheit sein, ihr Schutz davor, in Langeweile und

Routine zu versinken, ihre Chance, die Spontaneität des Lebens zu bewahren.
Auch muß die Rolle des memento mori im Leben des Einzelnen bedacht werden, und was seine Abschwächung zu unbestimmter Ferne ihr antun würde. Vielleicht ist eine unabdingbare Grenze der von uns zu erwartenden Zeit für jeden von uns notwendig als Antrieb, unsere Tage zu zählen und sie zählen zu machen.
So könnte es denn sein, daß, was der Absicht nach ein philanthropisches Geschenk der Wissenschaft an den Menschen ist, die Wahrmachung eines von Urzeiten gehegten Wunsches – dem Fluch der Sterblichkeit zu entrinnen – zum Nachteil des Menschen ausschlägt. Ich ergehe mich hier nicht in Prophezeiungen und, trotz meiner erkennbaren Vormeinung, nicht einmal in Wertungen. Meine These ist einfach, daß schon das in Aussicht gestellte Geschenk Fragen aufwirft, die nie zuvor im Raume praktischer Wahl gefragt wurden, und daß kein Prinzip früherer Ethik, die die menschlichen Konstanten für selbstverständlich nahm, der Auseinandersetzung mit ihnen gewachsen ist. Und doch muß man sich mit ihnen auseinandersetzen, ethisch und nach Prinzipien und nicht nach dem Druck der Interessen.

2. *Verhaltenskontrolle*

Ähnlich steht es mit all den anderen, quasi-utopischen Möglichkeiten, die der Fortschritt der bio-medizinischen Wissenschaften für schließliche Übersetzung in technisches Können teils schon zur Verfügung, teils in Aussicht stellt. Von diesen ist die Verhaltenskontrolle dem Stadium praktischer Fertigkeit schon erheblich näher als der vorläufig noch hypothetische Fall, den ich soeben erörtert habe, und die ethischen Fragen, die sie aufwirft, sind weniger profund, aber haben einen direkteren Bezug zur moralischen Konzeption des Menschen. Auch hier geht die neue Art von Intervention über die alten ethischen Kategorien hinaus. Diese haben uns zum Beispiel nicht dafür ausgerüstet, über Seelenkontrolle mittels chemischer Agenzien oder in direkter elektrischer Einwirkung aufs Gehirn durch implantierte Elektroden zu befinden – Einwirkungen, die, nehmen wir an, für vertretbare und sogar lobenswerte Zwecke vorgenommen werden. Die Mischung wohltätiger und gefährlicher Möglichkeiten ist offenkundig, aber die Grenzen sind nicht leicht zu ziehen. Die Befreiung geisteskranker Patienten von quälenden und funktonsstörenden Symptomen scheint eindeutig wohltätig zu sein. Aber von der Erleichterung des Patienten – einem Ziel durchaus im Einklang mit der ärztlichen Tradition – führt ein unauffälliger Übergang zu der Erleichterung der *Gesellschaft* von der Lästigkeit schwierigen individuellen Benehmens unter ihren Mitgliedern: das heißt der Übergang von ärztlicher zu sozialer Anwendung; und dies eröffnet ein undefinierbares Feld mit bedenklichen Potentialitäten. Die widerspenstigen Probleme der Herrschaft und Anomie in der modernen Massengesellschaft machen die Ausdehnung solcher Kontrollmethoden auf nicht-medizinische Kategorien äußerst verführerisch für die Zwecke sozialer Manipulation. Zahlreiche Fragen der Menschenrechte und menschlicher Würde erheben sich hier; das schwierige Problem von entmündigender gegenüber freigebender Fürsorge drängt auf konkrete Antworten. Sollen wir Lerneinstellungen in Schulkindern durch Massenverabfolgung von Drogen induzieren und so den Appell an autonome Motivation umgehen? Sollen wir Aggression durch elektronische Pazifizierung von Gehirnregionen überwinden? Sollen wir Glücks- oder wenigstens Lustgefühle durch unabhängige Stimulierung der Genußzentren erzeugen, das heißt unabhängig von den Gegenständen des Glücks und der Lust und von ihrer Beschaffung im persönlichen Leben und Leisten? Kandidaturen ließen sich vermehren. Geschäftsbetriebe könnten Interesse an manchen dieser Techniken für die Leistungssteigerung unter ihren Angestellten haben. Ganz abgesehen von der Frage von Zwang oder Zustimmung und auch unabhängig von der Frage unerwünschter Nebenwirkungen – jedesmal, wenn wir in solcher Weise den menschlichen Weg der Behandlung menschlicher Probleme umgehen und durch den Kurzschluß eines unpersönlichen Mechanismus ersetzen, haben wir etwas von der Würde persönlicher Selbstheit hinweggenommen und einen weiteren Schritt voran auf dem Wege von verantwortlichen Subjekten zu programmierten Verhaltenssystemen getan. Gesellschaftlicher Funktionalismus, wichtig wie er ist, ist nur eine Seite der Sache. Entscheidend ist die Frage, aus was für einer Art Individuen die Gesellschaft zusammengesetzt ist, um ihre Existenz als ganze wertvoll zu machen. Irgendwo entlang der Linie wachsender sozialer Manipulierbarkeit um den Preis individueller Autonomie muß sich die Frage nach dem Wert, dem Der-Mühe-Wertsein des ganzen menschlichen Unternehmens stellen. Ihre Beantwortung richtet sich nach dem Bilde des Menschen, dem wir uns verpflichtet fühlen. Wir müssen es neu überdenken im Lichte dessen, was wir heute mit ihm tun oder ihm antun können und nie zuvor tun konnten.

3. Genetische Manipulation

In noch höherem Grade gilt dies hinsichtlich des letzten Gegenstandes einer auf den Menschen angewandten Technologie – der genetischen Kontrolle zukünftiger Menschen. Dies ist ein zu großer Gegenstand für die beiläufige Behandlung dieser Vorbetrachtungen und wird in einem später erscheinenden »angewandten Teil« sein eigenes Kapitel finden. Hier sei lediglich auf diesen ehrgeizigen Traum des homo faber hingewiesen, der in der Redensart zusammengefaßt ist, daß der Mensch seine eigene Evolution in die Hand nehmen will, mit dem Ziel nicht bloß der Erhaltung der Gattung in ihrer Integrität, sondern ihrer Verbesserung und Veränderung nach eigenem Entwurf. Ob wir dazu das Recht haben, ob wir für diese schöpferische Rolle qualifiziert sind, ist die ernsteste Frage, die dem plötzlich im Besitz solch schicksalhafter Macht sich findenden Menschen gestellt sein kann. Wer werden die »Bild«-Macher sein, nach welchen Vorbildern, und auf Grund welchen Wissens? Auch die Frage nach dem moralischen Recht, mit künftigen menschlichen Wesen zu experimentieren, stellt sich hier. Diese und ähnliche Fragen, die eine Antwort verlangen, *bevor* wir uns auf eine Fahrt ins Unbekannte einlassen, zeigen aufs eindringlichste, wie weit unsere Macht des Handelns uns über die Begriffe aller früheren Ethik hinaustreiben.

VIII. Die »utopische« Dynamik technischen Fortschritts und das Übermaß der Verantwortung

Das ethisch wichtige gemeinsame Merkmal in all den angeführten Beispielen ist das, was wir den unserm Handeln unter den Bedingungen der modernen Technik innewohnenden »utopischen« Zug, oder seine utopische Treibtendenz *(drift)*, nennen können – ob es nun auf die nicht-menschliche oder menschliche Natur wirkt, und ob die »Utopie« am Ende des Weges geplant oder ungeplant sei. Durch die Art und die schiere Größe ihrer Schneeball-Effekte treibt technologische Macht uns vorwärts zu Zielen einer Art, die früher das Reservat von Utopien war. Anders ausgedrückt, technologische Macht hat das, was probierende und vielleicht erleuchtende Spiele spekulativer Vernunft zu sein pflegten, in konkurrierende Entwürfe für ausführbare Projekte verwandelt, und im Wählen zwischen ihnen müssen wir zwischen Extremen ferner und großenteils unbekannter Wirkungen wählen. Das Eine, was wir wirklich von ihnen wissen können, ist ihr Extremismus als solcher: daß sie den Gesamtzustand der Natur auf unserm Planeten betreffen und die Art der Geschöpfe, die ihn bevölkern oder nicht bevölkern sollen. Das unvermeidlich »utopische« Ausmaß moderner Technologie führt dazu, daß der heilsame Abstand zwischen alltäglichen und letzten Anliegen, zwischen Anlässen für gewöhnliche Klugheit und Anlässen für erleuchtete Weisheit stetig schrumpft. Da wir heute ständig im Schatten ungewollten, miteingebauten, automatischen Utopismus leben, sind wir ständig mit Endperspektiven konfrontiert, deren positive Wahl höchste Weisheit erfordert – eine unmögliche Situation für den Menschen überhaupt, weil er diese Weisheit nicht besitzt, und für den zeitgenössischen Menschen im besonderen, der sogar die Existenz ihres Gegenstandes leugnet, die

Existenz nämlich absoluten Wertes und objektiver Wahrheit. Wir haben Weisheit am nötigsten gerade, wenn wir am wenigsten an sie glauben.
Wenn denn also die neuartige Natur unseres Handelns eine neue Ethik weittragender Verantwortlichkeit verlangt, kommensurabel mit der Tragweite unserer Macht, dann verlangt sie im Namen eben jener Verantwortlichkeit auch eine neue Art von Demut – eine Demut nicht wie frühere wegen der Kleinheit, sondern wegen der exzessiven Größe unserer Macht, die ein Exzeß unserer Macht zu tun über unsere Macht vorherzusehen und über unsere Macht zu werten und zu urteilen ist. Angesichts des quasi-eschatologischen Potentials unserer technischen Prozesse wird Unwissen über die letzten Folgen selber ein Grund für verantwortliche Zurückhaltung – als das zweitbeste nach dem Besitz von Weisheit selbst.
Ein weiterer Aspekt der erforderlichen neuen Ethik der Verantwortung für eine entfernte Zukunft und der Rechtfertigung vor ihr ist der Erwähnung wert: der Zweifel an der Zulänglichkeit repräsentativer Regierung, nach ihren normalen Grundsätzen und mit ihren normalen Verfahren den neuen Anforderungen gerecht zu werden. Denn diesen Grundsätzen und Verfahren gemäß bringen sich nur *gegenwärtige* Interessen zu Gehör und machen ihr Gewicht geltend und erzwingen Berücksichtigung. Ihnen sind öffentliche Autoritäten Rechenschaft schuldig, und dies ist die Art und Weise, wie die Respektierung von Rechten konkret zustande kommt (im Unterschied zu ihrer abstrakten Anerkennung). Die »Zukunft« aber ist in keinem Gremium vertreten; sie ist keine Kraft, die ihr Gewicht in die Waagschale werfen kann. Das Nichtexistente hat keine Lobby und die Ungeborenen sind machtlos. Somit hat die ihnen geschuldete Rechenschaft vorerst noch keine politische Realität im gegenwärtigen Entscheidungsprozeß hinter sich, und wenn sie sie einfordern können, sind wir, die Schuldigen, nicht mehr da.
Dies erhebt die alte Frage nach der Macht der Weisen oder

nach der Kraft der Ideen im politischen Körper, wenn sie nicht mit der Selbstsucht verbündet sind, zu ihrer höchsten Schärfe. Welche *Kraft* soll die Zukunft in der Gegenwart vertreten? Das ist eine Frage für die politische Philosophie, zu der ich meine eigenen, wahrscheinlich chimärischen und sicher unpopulären Ideen habe. Diese können für jetzt auf sich beruhen. Denn noch bevor jene Frage der Durchsetzung praktisch ernsthaft werden kann, muß die neue Ethik ihre *Theorie* finden, auf der Gebote und Verbote, ein System von »du sollst« und »du sollst nicht« gegründet werden kann. Das heißt, vor der Frage, welche Vollstreckungsgewalt oder Einflußkraft, kommt die Frage, welche *Einsicht* oder welches *Wertwissen* soll die Zukunft in der Gegenwart vertreten?

IX. Das ethische Vakuum

Und hier ist es, wo ich stecken bleibe und wo wir alle stecken bleiben. Denn ebendieselbe Bewegung, die uns in den Besitz jener Kräfte gesetzt hat, deren Gebrauch jetzt durch Normen geregelt werden muß – die Bewegung des modernen Wissens in Gestalt der Naturwissenschaft – hat durch eine zwangsläufige Komplementarität die Grundlagen fortgespült, von denen Normen abgeleitet werden konnten, und hat die bloße Idee von Norm als solcher zerstört. Zwar zum Glück nicht das Gefühl für Norm und sogar für bestimmte Normen; aber dieses Gefühl wird seiner selbst unsicher, wenn das vermeintliche Wissen ihm widerspricht, zumindest ihm jede Sanktion versagt. Ohnehin hat dieses Gefühl einen genügend schweren Stand gegenüber den lauten Ansprüchen der Begehrlichkeit und der Furcht. Jetzt muß es sich auch noch seiner selbst als unbegründet und unbegründbar vor dem überlegenen Wissen schämen. Erst wurde durch dieses Wissen die *Natur* in Hinsicht auf Wert »neutralisiert«, dann auch der Mensch. Nun zittern wir in der Nacktheit eines Nihilismus, in der größte Macht sich mit größter Leere paart, größtes Können mit geringstem Wissen davon, wozu. Es ist die Frage, ob wir ohne die Wiederherstellung der Kategorie des Heiligen, die am gründlichsten durch die wissenschaftliche Aufklärung zerstört wurde, eine Ethik haben können, die die extremen Kräfte zügeln kann, die wir heute besitzen und dauernd hinzuerwerben und auszuüben beinahe gezwungen sind. Für die unmittelbar uns selbst bedrohenden, an uns selbst noch heimgesuchten Folgen kann es die Angst, so oft der beste Ersatz für wirkliche Tugend und Weisheit; aber dies Mittel versagt gegenüber den entfernten Perspektiven, auf die es hier vor allem ankommt, zumal die Anfänge in ihrer Kleinheit meist unschuldig erscheinen. Nur die Scheu vor der Verletzung eines Heiligen ist unabhängig von den Berechnungen der Furcht und dem Trost der Ungewißheit noch ferner Folgen. Aber eine Religion, die nicht da ist, kann der Ethik ihre Aufgabe nicht abnehmen; und während sich von jener sagen läßt, daß es sie als menschenbestimmende Tatsache gibt oder nicht gibt, gilt von der Ethik, daß es sie geben muß. Es muß sie geben, weil Menschen handeln, und Ethik ist für die Ordnung der Handlungen und für die Regulierung der Macht zu handeln. Es muß sie daher umsomehr geben, je größer die Mächte des Handelns sind, die sie zu regeln hat; und wie der Größe, so muß das Ordnungsprinzip auch der Art des zu Ordnenden zugepaßt sein. Daher erfordern neuartige Vermögen des Handelns neue Regeln der Ethik und vielleicht sogar eine neuartige Ethik. »Du sollst nicht töten« wurde gesagt, weil der Mensch die Macht hat, zu töten, und oft den Anlaß und auch die Neigung dazu – kurz, weil tatsächlich getötet wird. Es ist nur unter dem *Druck* wirklicher Handlungsgewohnheiten und allgemein der Tatsache, daß je schon gehandelt wird, ohne daß *dies* erst geboten zu werden braucht, daß die Ethik als die Regelung solchen Handelns unter dem Leitstern des Guten oder Erlaubten auf den Plan tritt. Ein solcher Druck geht von den neuen technologischen Handlungsvermögen des Menschen aus, deren Ausübung mit ihrem Dasein gegeben ist. Sind sie wirklich so neu in ihrer Natur, wie hier für sie behauptet, und ist wirklich von ihren potentiellen Folgen her die sittliche Neutralität aufgehoben, deren sich technischer Umgang mit der Materie früher erfreute, dann heißt ihr Druck nach Neuem in der Ethik suchen, das ihre Leitung übernehmen, zuvörderst aber sich selbst eben jenem Druck gegenüber in seiner Geltung theoretisch behaupten kann. Das Zutreffen der Voraussetzungen, nämlich daß das kollektiv-kumulativ-technologische Handeln nach Gegenständen und Abmaßen *neuartig,* und daß es nach seinen, von allen direkten Absichten unabhängigen, Wirkungen ethisch nicht mehr *neutral* ist, haben wir im Vorangegangenen gezeigt. Damit aber fängt die Aufgabe, nämlich nach einer Antwort zu suchen, eigentlich erst an.

Zweites Kapitel
Grundlagen- und Methodenfragen

I. Idealwissen und Realwissen in der »Zukunftsethik«

1. Vordringlichkeit der Prinzipienfrage

Zwei Fragen stellen sich, wenn wir an die theoretische Aufgabe herantreten: Was sind die Grundlagen einer solchen Ethik, wie das neue Handeln sie fordert? Und was sind die Aussichten, daß die Disziplin, die sie auferlegt, sich in den praktischen Angelegenheiten der Menschen durchsetzt? Die erste Frage gehört zur Prinzipienlehre der Moral, die zweite zur Lehre ihrer Anwendung – in unserem Fall, da er das öffentliche Handeln betrifft, zur Theorie der Politik. Die politisch-praktische Frage ist hier umso größer, als es sich um das entfernte Gute oder Notwendige handelt, von dem sich noch schwerer als vom nahen sagen läßt, wie sein etwaiges Wissen bei Wenigen Einfluß auf das Tun der Vielen gewinnen kann. Aber eben um dieses Einflusses willen, auf den schließlich alles ankommt, muß jenes Wissen zuerst bei seinen Sachwaltern selbst vor dem Verdachte der Willkür geschützt sein, das heißt es darf nicht dem Gefühl überlassen bleiben, sondern muß sich aus einem einsichtigen Prinzip theoretisch rechtfertigen. (Oder der Glaube, auf dem das Wertwissen mit all seinen Ansprüchen vielleicht doch letztlich ruht, muß ein wohldurchdachter Glaube sein.) Daher die Vordringlichkeit der Grundlagenfrage, deren bestmögliche Beantwortung, vom theoretischen Interesse abgesehen, praktisch wichtig schon um der Autorität willen ist, die ihre Folgerungen im Streite der Meinungen behaupten können, und für die die bloße Plausibilität oder Gefühlsevidenz eines Satzes wie, daß uns die Zukunft der Menschheit und des Planeten am Herzen liegen soll, nicht ausreicht. Die Frage »warum denn?« kann selbst hier in voller Freiheit und ohne Frivolität gefragt werden, und wenn wir ihr die Antwort (selbst eine unvollkommene) schuldig bleiben, haben wir wenig Recht, von einer verpflichtenden Ethik zu sprechen, und können uns höchstens auf die Überredungskraft unseres Gefühls verlassen. Diese reicht desto weniger aus, je mehr wir von dem – kaum strittigen und vielleicht zu willig zugegebenen – Grund-Satz, daß es überhaupt eine Zukunft geben soll (der kaum einer Überredung zu bedürfen scheint, obwohl er der ernsteste Anfang von Allem ist) zu spezifischeren Sätzen darüber fortschreiten, daß es eine so und so beschaffene Zukunft und nicht eine so und so beschaffene sein soll – denen gegenüber die Frage »warum? was ist das Recht gerade dieser Vorliebe? irgendeiner Vorliebe? ja, jeder Festlegung überhaupt?« sich mit immer größerem Recht wiederholt. Erreichbare Wahrheit hier, die Sache philosophischen Wissens ist, geht also allem anderen voran.

2. Tatsachenwissenschaft von den Fernwirkungen technischer Aktion

Aber gleich danach kommt eine ganz andere Wahrheit an die Reihe, die Sache wissenschaftlichen Wissens ist, nämlich Wahrheit betreffs der extrapolierbaren zukünftigen Zustände des Menschen und der Welt, die dem Urteil jener ersten, philosophischen Wahrheiten zu unterwerfen sind und von denen her rückläufig dann auch die gegenwärtigen Handlungen, aus deren vorwärtsgedachter Kausalität sie als sichere, wahrscheinliche oder mögliche Folge extrapoliert wurden, ihre Beurteilung erfahren. Dieses (immer noch theoretische) Real- und Eventualwissen bezüglich der Tatsachensphäre schiebt sich also zwischen das Idealwissen der ethischen Prinzipienlehre und das praktische Wissen bezüglich der politischen Anwendung, das erst mit diesen hypothetischen Befunden über das zu Erwartende – und entweder zu Befördernde oder zu Vermeidende – operieren kann. Es muß also eine Wissenschaft hypothetischer Vorhersagen, eine »vergleichende Futurologie«, ausgebildet werden.

3. Beitrag dieser Wissenschaft zum Prinzipienwissen: Die Heuristik der Furcht

Es ist jedoch keineswegs so, daß dies verbindende, konkretisierende Zwischenglied wirklich von dem Grundsatzteil getrennt ist; vielmehr ist es in diesem selbst schon *heuristisch* benötigt. So wie wir nicht um die Heiligkeit des Lebens wüßten, wenn es nicht das Töten gäbe, und das Gebot »Du sollst nicht töten« diese Heiligkeit ins Licht brächte; und nicht um den Wert der Wahrhaftigkeit, wenn es nicht die Lüge gäbe, nicht um die Freiheit, wenn nicht Unfreiheit, und so fort – so verhilft auch in unserm Fall einer noch gesuchten Ethik der Fernverantwortung, die keine jetzige Übertretung schon im Realen offenbar gemacht hat, uns erst die *voraus*gesehene *Verzerrung* des Menschen zu dem davor zu *bewahrenden* Begriff des Menschen, und wir brauchen die *Bedrohung* des Menschenbildes – und durchaus spezifische Arten der Bedrohung – um uns im Erschrecken davor eines wahren Menschenbildes zu versichern. Solange die Gefahr unbekannt ist, weiß man nicht, was es zu schützen gibt und warum: das Wissen darum kommt, aller Logik und Methode zuwider, aus dem Wovor. Dieses erscheint uns zuerst und lehrt uns durch die dem Wissen vorauseilende Auflehnung des Gefühls, den Wert zu sehen, dessen Gegensatz uns so affiziert. Wir wissen erst, *was* auf dem Spiele steht, wenn wir wissen, *daß* es auf dem Spiele steht.

Denn so ist es nun einmal mit uns bestellt: die Erkennung des *malum* ist uns unendlich leichter als die des *bonum;* sie ist unmittelbarer, zwingender, viel weniger Meinungsverschiedenheiten ausgesetzt und vor allem ungesucht: die bloße Gegenwart des Schlimmen drängt sie uns auf, während das Gute unauffällig da sein und ohne Reflexion (zu der wir besondere Ursache haben müssen) unerkannt bleiben kann. Über das Schlimme sind wir nicht unsicher, wenn wir es erfahren; über das Gute gewinnen wir Sicherheit meist erst auf dem Umweg über jenes. Es ist zu bezweifeln, ob je einer das Lob der Gesundheit gesungen hätte ohne wenigstens den Anblick der Krankheit, das der Redlichkeit ohne den der Schurkerei, und das des Friedens, ohne vom Elend des Krieges zu wissen. Was wir *nicht* wollen, wissen wir viel eher als was wir wollen. Darum muß die Moralphilosophie unser Fürchten vor unserm Wünschen konsultieren, um zu ermitteln, was wir wirklich schätzen[1]; und obwohl das am meisten Gefürchtete nicht notwendig auch das Fürchtenswerteste ist, und noch weniger notwendig sein Gegenteil das höchste Gut (das vielmehr von dem Gegensatz zu einem Übel völlig frei sein kann) – obwohl also die Heuristik der Furcht gewiß nicht das letzte Wort in der Suche nach dem Guten ist, so ist sie doch ein hochnützliches erstes Wort und sollte zum Vollen ihrer Leistung genutzt werden in einem Gebiet, wo uns so wenige Worte ungesucht gewährt werden.

4. Die »erste Pflicht« der Zukunftsethik: Beschaffung der Vorstellung von den Fernwirkungen

Ja, wo dieses Wort nicht ungesucht gewährt wird, wird es zur Pflicht, es zu suchen, weil auch dort die Leitung der Furcht unentbehrlich ist. Das ist der Fall bei der von uns gesuchten »Zukunftsethik«, wo das zu Fürchtende eben noch nicht erfahren ist und vielleicht gar keine Analogien in vergangener und gegenwärtiger Erfahrung hat. Da muß also das vorgestellte malum die Rolle des erfahrenen malum übernehmen, und diese Vorstellung stellt sich nicht von selbst ein, sondern muß absichtlich beschafft werden: also wird die vorausdenkende Beschaffung dieser Vorstellung selbst zur ersten, sozusagen einleitenden Pflicht der hier gesuchten Ethik.

5. *Die »zweite Pflicht«: Aufbietung des dem Vorgestellten angemessenen Gefühls*

Man sieht aber gleich, daß dies vorgestellte malum, da es nicht meines ist, gar nicht im gleichen selbsttätigen Sinne die Furcht hervorruft wie das erfahrene und mich selbst bedrohende. Das heißt, so wenig wie die Vorstellung des zu Fürchtenden stellt sich die Furcht davor von selbst ein. Auch sie muß erst »beschafft« werden. Die Sache liegt also nicht so einfach wie für Hobbes, der ja auch schon statt der Liebe zu einem *summum bonum* die Furcht vor einem *summum malum* zum Ausgangspunkt der Moral macht, nämlich die Furcht vor gewaltsamem Tode. Dieser ist wohlbekannt, ständig nahe und erregt die äußerste Furcht als unwillkürlichste, zwangsläufigste Reaktion des unserer Natur eingeborenen Selbsterhaltungstriebs. Das vorgestellte Geschick künftiger Menschen, zu schweigen von dem des Planeten, das weder mich noch irgendjemand trifft, der noch mit mir durch Bande der Liebe oder direkten Mitlebens verbunden ist, hat nicht von sich her diesen Einfluß auf unser Gemüt; und doch »soll« er ihn haben, das heißt sollen *wir* ihm diesen Einfluß einräumen. Es kann sich hier also nicht, wie bei Hobbes, um Furcht von der (mit Kant zu reden) »pathologischen« Art handeln, die uns vor ihrem Gegenstand eigenmächtig befällt, sondern um eine Furcht geistiger Art, die als Sache einer Haltung unser eigenes Werk ist. Die Einnahme dieser Haltung, das heißt die Selbstbereitung zu der Bereitschaft, sich vom erst gedachten Heil und Unheil kommender Geschlechter affizieren zu *lassen*, ist also die zweite »einleitende« Pflicht der gesuchten Ethik, nach der ersten, es zu einem solchen Denken erst einmal zu bringen. Unterrichtet von diesem, sind wir dazu gehalten, uns zu der passenden Furcht anzuhalten. Es ist klar, daß der Pflichtcharakter beider Pflichten zurückgeht auf ein ethisches Grundprinzip, das schon erkannt und bejaht sein muß, damit dergleichen als von ihm befohlen, das heißt eben als Pflicht, anerkannt werde. Hiervon bald.

6. Die Unsicherheit der Zukunftsprojektionen

Kehren wir erst noch einmal zu der uns auferlegten Denkpflicht (wenn sie dies denn ist) zurück. Wir sagten, daß die darin gesuchte Wahrheit eine Sache wissenschaftlicher Erkenntnis sei: denn so, wie die Unternehmungen, deren späte Folgen wir durch Extrapolation erkennen sollen, nur durch Wissenschaft möglich sind, so erfordert auch diese Extrapolation mindestens denselben Grad von Wissenschaft, wie er in jenen Unternehmen selber am Werke ist. Tatsächlich fordert sie jedoch einen höheren. Denn das, was für die Nahprognose ausreicht, mit der die betreffenden Werke der technischen Zivilisation jeweils unternommen werden, das kann grundsätzlich nicht ausreichen für die Fernprognose, die in der ethisch geforderten Extrapolation angestrebt ist. Die Sicherheit, die die eine hat und ohne welche das ganze technologische Unternehmen gar nicht funktionieren könnte, ist der andern auf immer versagt. Die Gründe dafür brauchen wir hier nicht auszuführen; genannt seien nur die jeder (auch elektronischen) Rechenkunst spottende Komplexität gesellschaftlicher und biosphärischer Wirkungsganzheit; die wesenhafte, stets mit Überraschungen aufwartende Unergründlichkeit des Menschen; und die Unvorhersagbarkeit, das heißt Nicht-Vorerfindbarkeit, künftiger Erfindungen. Hiervon werden wir später hören. Jedenfalls verlangt die geforderte Extrapolation einen größenordnungsmäßig höheren Grad von Wissenschaft, als er im technologischen Extrapolandum schon da ist; und da dies jeweils das Optimum vorhandener Wissenschaft darstellt, so ist das verlangte Wissen notwendig immer ein derzeit noch nicht und als Vorwissen überhaupt nie, höchstens erst der Rückschau verfügbares Wissen.

7. Das Wissen vom Möglichen heuristisch zureichend für die Prinzipienlehre

Das hindert aber nicht die Projektion wahrscheinlicher oder auch nur möglicher Endeffekte; und das bloße Wissen um *Möglichkeiten,* das zwar für Vorhersagen nicht ausreicht, genügt völlig für die Zwecke der heuristischen Kasuistik, die im Dienste der ethischen *Prinzipien*lehre angestellt wird. Ihr Mittel sind Denkexperimente, die nicht nur hypothetisch sind in der Annahme der Prämisse (*wenn* solches getan wird, dann folgt solches«), sondern auch konjektural im Schlusse vom Wenn zum Dann (». . . dann *kann* solches folgen«). Es ist der Inhalt, nicht die Sicherheit des so der Vorstellung als möglich dargebotenen Dann, in dessen Licht bis dahin unbekannte, weil nie benötigte Prinzipien der Moral sichtbar werden können. Schon die Möglichkeit liefert hier die Benötigung, und die Reflexion über das imaginativ voll entwickelte Mögliche den Zugang zu neuer Wahrheit. *Diese* Wahrheit gehört aber der Idealsphäre an, das heißt ist ebensosehr Sache des *philosophischen* Wissens, wie es die des begründenden ersten Prinzips war; und *ihre* Sicherheit ist nicht abhängig von dem Sicherheitsgrad der wissenschaftlichen Projektionen, die ihr den paradigmatischen Stoff lieferten. Mag diese Wahrheit nun ihre letzte Beglaubigung in der Selbstevidenz der Vernunft oder einem Apriori des Glaubens oder einem metaphysischen Willensentscheid haben – ihre Aussagen sind apodiktisch, während die der hypothetischen Denkexperimente bestenfalls Wahrscheinlichkeit beanspruchen können. Dies ist genug, wo sie nicht Beweismittel sondern Veranschaulichungen sein sollen. Es ist also von einer imaginativen Kasuistik die Rede, die nicht wie Kasuistik sonst in Recht und Moral der Erprobung schon bekannter Prinzipien dient, sondern der Aufspürung und Entdeckung noch unbekannter. Die ernste Seite der »science fiction« liegt eben in der Anstellung solcher wohlinformierter Gedankenexperimente, deren plastischen Ergebnissen die hier gemeinte heuristische Funktion zukommen kann. (Man vergleiche zum Beispiel A. Huxleys »Brave New World«.)

8. Jedoch anscheinend unbrauchbar für die Anwendung der Prinzipen auf die Politik

Allerdings wird die Unsicherheit der Zukunftsprojektionen, die für die Prinzipienlehre unschädlich ist, zur empfindlichen Schwäche dort, wo sie die Rolle von Prognosen übernehmen müssen, nämlich in der praktisch-politischen Anwendung (die überhaupt, wie wir noch sehen werden, der nicht nur theoretisch, sondern auch operativ schwächste Teil des ganzen Systems ist). Denn dort soll doch der vorgestellte Endeffekt zur Entscheidung darüber führen, was jetzt zu tun und zu lassen ist, und man verlangt schon beträchtliche Sicherheit der Vorhersage, um einen erwünschten und sicheren Naheffekt wegen eines ohnehin uns nicht mehr treffenden Ferneffekts aufzugeben. Zwar ist in den Fällen, auf die es wirklich ankommt, die Größenordnung der ungewollten Ferneffekte der des gewollten Naheffekts derart überlegen, daß mancher Gewißheitsunterschied dadurch aufgewogen werden sollte. Dennoch ist das »bloß möglich« der Projektionen, das unaufhebbar mit der theoretischen Schwäche aller hier verfügbaren Extrapolationsverfahren gegeben ist, leicht tödlich, denn es bedeutet natürlich, daß auch anderes möglich – und wer könnte nicht sagen »ebenso möglich«? – ist, und da kann dann jedesmal Interesse, Neigung oder Meinung ihrem ohnehin begünstigten Projekt unter den möglichen Prognosen die gnädigste aussuchen, oder sie insgesamt mit dem agnostischen Entscheid abtun, daß wir überhaupt zu wenig wissen, um Bekanntes für Unbekanntes hinzugeben, und im Übrigen es damit halten, daß immer noch »unterwegs« Zeit ist, wenn »wir« (das heißt Spätere) sehen, was wird. Damit wird aber das, was die Kasuistik an Einsichten etwa gewonnen haben mag, durch die Unschlüssigkeit der Prognostik um seine rechtzeitige Anwendung gebracht und die schönsten Prinzipien müssen müßig bleiben, bis es vielleicht zu spät ist.

II. Vorrang der schlechten vor der guten Prognose

Eben diese Ungewißheit nun aber, welche die ethische Einsicht für die hier gemeinte Zukunftsverantwortung unwirksam zu machen droht und natürlich nicht auf die Unheilsprophetie beschränkt ist, muß selber in die ethische Theorie einbezogen und in ihr zum Anlaß eines neuen Grundsatzes genommen werden, der nun seinerseits als praktische Vorschrift wirksam werden kann. Es ist die Vorschrift, primitiv gesagt, daß der *Unheilsprophezeiung mehr Gehör zu geben ist als der Heilsprophezeiung*. Die Gründe hierfür seien in Kürze angezeigt.

1. Die Wahrscheinlichkeiten bei den großen Wagnissen

Erstens steht es mit dem bloßen Wahrscheinlichkeitsverhältnis von unglücklichem und glücklichem Ausgang unbekannter Experimente ganz allgemein wie mit dem Treffen und Verfehlen eines Zieles: der Treffer ist nur eine von unzähligen Alternativen, die alle sonst mehr oder weniger weite Fehlschüsse sind; und obwohl man sich in kleinen Dingen deren viele um der selteneren Erfolgschance willen leisten kann, so doch in großen Dingen nur wenige, und in den ganz großen, irreversiblen, die an die Wurzeln des ganzen menschlichen Unternehmens gehen, eigentlich gar keine. Mit kleinen Dingen arbeitet die Evolution, die nie aufs Ganze geht und sich deshalb unzählige »Irrtümer« im einzelnen leisten kann, aus denen ihr geduldiges, langsames Verfahren die wenigen, ebenfalls kleinen, »Treffer« ausliest. Das Großunternehmen der modernen Technologie, weder geduldig noch langsam, drängt – als Ganzes und in vielen seiner Einzelprojekte – die vielen winzigen Schritte natürlicher Entwicklung in wenige kolossale zusammen und begibt sich damit des lebenssichernden Vorteils der tastenden Natur. Zum kausalen Umfang kommt also das kausale Tempo technologischer Eingriffe in das Lebensgefüge. Weit entfernt daher, daß »seine Entwicklung selber in die Hand nehmen«, das heißt den blinden und langsam arbeitenden Zufall im Vertrauen auf die Vernunft durch bewußte und rasch wirkende Planung ersetzen, dem Menschen eine sicherere Aussicht auf evolutionäres Gelingen gibt, erzeugt es eine ganz neue Unsicherheit und Gefahr, die im selben Verhältnisse steigt, wie es den Einsatz steigert und zugleich mit Abkürzung der Zeit zu den großen Zielen sich auch nicht mehr die Zeit zur Korrektur der – schlechthin unvermeidlichen und nicht mehr kleinen – Irrtümer läßt. Was die Unvermeidbarkeit der letzteren anlangt, so darf man bei dieser Ersetzung der Langfristigkeit natürlicher Evolution durch die relative Kurzfristigkeit menschlichen Planhandelns nicht übersehen, daß, was für die Evolution sehr kurze, für den Menschen sehr lange Frist ist und hier also die erwähnte Ohnmacht unseres Wissens hinsichtlich langfristiger Prognosen ins Spiel tritt. Nimmt man hierzu das oben angezeigte, an sich bestehende Mißverhältnis der Wahrscheinlichkeiten, so ergibt sich das Gebot, in Dingen dieser kapitalen Eventualitäten der Drohung größeres Gewicht als der Verheißung zu geben und apokalyptische Aussichten selbst um den Preis zu meiden, daß man eschatologische Erfüllungen etwa darüber verpaßt. Es ist das Gebot der Bedächtigkeit im Angesicht des revolutionären Stils, den die evolutionäre Entweder-Oder-Mechanik im Zeichen der Technologie, mit dem ihr immanenten und der Evolution fremden »aufs Ganze Gehen«, annimmt.

2. Die kumulative Dynamik technischer Entwicklungen

Zu dieser allgemeinen Erwägung kommt aber, zweitens, daß es mit dem »Unterwegs«, das ja immer noch da ist und dem man die Berichtigungen glaubt überlassen zu können, eine eigene Sache ist. Die Erfahrung hat gelehrt, daß die vom technologischen Tun jeweils mit Nahzielen in Gang gesetzten Entwicklungen die Tendenz haben, sich selbständig zu machen, das heißt ihre eigene zwangsläufige Dynamik zu erwerben, ein selbsttätiges Momentum, kraft dessen sie nicht nur, wie schon gesagt, irreversibel, sondern auch vorantreibend sind und das Wollen und Planen der Handelnden überflügeln. Das einmal Begonnene nimmt uns das Gesetz des Handelns aus der Hand, und die vollendeten Tatsachen, die das Beginnen schuf, werden kumulativ zum Gesetz seiner Fortsetzung. Mag es denn sein, daß wir »unsere eigene Evolution in die Hand nehmen«, so wird sie dieser Hand doch eben dadurch entgleiten, daß sie ihren Anstoß in sich aufgenommen hat, und mehr als irgendwo sonst gilt hier, daß, während der erste Schritt uns freisteht, wir beim zweiten und allen nachfolgenden Knechte sind. So kommt zu der Feststellung, daß die Beschleunigung technologisch gespeister Entwicklung sich zu Selbstkorrekturen nicht mehr die Zeit läßt, die weitere hinzu, daß in der dennoch gelassenen Zeit die Korrekturen immer schwieriger, die Freiheit dazu immer geringer werden. Das verstärkt die Pflicht zu jener Wachsamkeit über die Anfänge, die den ernsthaft genug begründeten (von bloßen Furchtphantasien verschiedenen) Unheilsmöglichkeiten einen Vorrang über die – sei es selbst nicht schlechter begründeten – Hoffnungen einräumt.

3. Die Sakrosanktheit des Subjektes der Entwicklung

Drittens dann, und auf einer weniger pragmatischen Ebene, ist zu bedenken, daß es das Erbe einer vorangegangenen Evolution zu wahren gibt, das schon deswegen nicht so ganz schlecht sein kann, weil es seinen jetzigen Inhabern die (sich selber zugesprochene) Fähigkeit vermacht haben soll, über gut und schlecht zu befinden. Dieses Erbe aber ist verlierbar. In einer allgemein miserablen Lage mag man sich von Veränderung als solcher Verbesserung versprechen, oder jedenfalls (so, wie »der Proletarier nichts zu verlieren hat als seine Ketten«) das Gegebene getrost aufs Spiel setzen für etwas, das, wenn es glückt, nur besser sein kann, und wenn es nicht glückt, auch mit dem Verlust des Einsatzes nicht viel verloren hat. Aber auf diese Logik können sich die Verfechter des utopischen Wagnisses nicht berufen. Denn ihr Beginnen ist beseelt von dem ganzen Stolz auf das Wissen und auf die Kapazität dafür, die doch nur die Frucht vergangener Naturentwicklung sein kann. Entweder also schmähen sie diese in der Bereitschaft, ihre Ergebnisse umzustoßen, die damit für unzulänglich erklärt sind, und dann haben sie – selber ein solches Ergebnis – sich für die Aufgabe disqualifiziert; oder sie behaupten die Qualifikation, und dann haben sie deren Voraussetzung gutgeheißen.[2]

Es gibt allerdings noch eine dritte Alternative, nämlich Schmähen und Qualifikationsanspruch zugleich zu unterlassen und einfach zu sagen: da nichts durch die Natur sanktioniert und daher alles erlaubt ist, besteht die Freiheit schöpferischen Spielens, die sich von der Laune des Spieltriebes allein leiten läßt und keinen anderen Anspruch erhebt als den, die Spielregeln zu beherrschen, das heißt den Anspruch technischer Kompetenz. Dieser Standpunkt nihilistischer, der Rechtfertigung enthobener Freiheit ist innerlich widerspruchslos, aber wir brauchen ihn nicht zu diskutieren, da wir der erklärten Verantwortungslosigkeit unser Schicksal gewiß nicht anvertrauen werden. Irgendeine Autorität muß schon behauptet werden für die Bestimmung von Leitbildern und sie kann sich – wenn nicht im dualistischen Stil eine völlige Herkunftsfremdheit des Erkenntnissubjekts von der Welt angenommen wird – nur auf eine wesenhafte Zulänglichkeit unseres innerweltlichen Gewordenseins stützen. Diese Zulänglichkeit der Menschennatur, die als Voraussetzung aller Ermächtigung zu schöpferischer Schicksalslenkung zu postulieren und nichts anderes ist als die Zulänglichkeit für Wahrheit, Werturteil und Freiheit, ist aber ein Ungeheures im Fluß des Werdens, aus dem es emportauchte und den es mit seinem Wesen übersteigt, von dem es aber auch wieder verschlungen werden kann. Sein Besitz, soviel davon gegeben ist, besagt also, daß es ein *Unendliches* in dem Flusse zu bewahren, aber auch ein Unendliches zu verlieren gibt. Vor allem kann die Ermächtigung, die es erteilt, niemals seine eigene Entstellung, Gefährdung oder »Umschaffung« einschließen. Kein Gewinn ist diesen Preis wert, keine Gewinnaussicht berechtigt zum Risiko desselben. Und doch droht eben dies Transzendente mit in den Schmelztiegel technologischer Alchemie hineingeworfen zu werden, als ob die Vorbedingung alles Revidierenkönnens mit zum Revidierbaren gehöre. Von der Fehlrechnung, die darin liegt, ganz abgesehen, verträgt sich die damit erzeigte Undankbarkeit gegen das Erbe schlecht mit dem äußersten Genuß seiner Gabe, die das Revisionswagnis selber doch darstellt. Von Dankbarkeit, Pietät, Ehrfurcht als Ingredienzien einer Ethik, die im technologischen Sturm die Zukunft hüten soll und dies ohne die Vergangenheit nicht kann, werden wir später mehr zu sagen haben. Jetzt kommt es nur auf die Feststellung an, daß sich unter den Einsätzen im Spiel ein, bei aller physischen Herkünftigkeit, metaphysischer Tatbestand befindet, ein Absolutum, das als höchstes und verletzliches Treugut uns die höchste Pflicht der Bewahrung auferlegt. Diese Pflicht überragt ohne Vergleich alle Gebote und Wünsche des Meliorismus in den Außenbezirken, und wo sie betroffen ist, handelt es sich nicht mehr um die Wägung endlicher Gewinn- und Verlustchancen, sondern um die keinem Wägen mehr unterwerfbare Gefahr unendlichen Verlustes gegen die Chancen endlicher Gewinne. Also ist für dies um jeden Preis in seiner Integrität zu erhaltende Kernphänomen, das sein Heil von keiner Zukunft zu erwarten hat, da es schon »heil« in seiner Anlage ist, in der Tat die genügend einleuchtende Unheilsprognose maßgeblicher als die vielleicht nicht weniger einleuchtende, aber auf eine essentiell niedrigere Ebene bezügliche Heilsprognose. Der Vorwurf des »Pessimismus« gegen solche Parteilichkeit für die »Unheilsprophetie« kann damit beantwortet werden, daß der größere Pessimismus auf seiten derer ist, die das Gegebene für schlecht oder unwert genug halten, um jedes Wagnis möglicher Verbesserung auf sich zu nehmen.

III. Das Element der Wette im Handeln

Soviel von den Gründen für die genannte Vorschrift. Formulieren wir jetzt das dahinter stehende ethische Prinzip, von dem auch die Gründe erst ihre Kraft beziehen. Wir gingen davon aus, daß die *Ungewißheit* aller Fernprognosen, die im Gleichgewicht ihrer Alternativen die Anwendung der Prinzipien auf die Tatsachensphäre zu lähmen scheint, ihrerseits als Tatsache zu nehmen ist, für deren richtige Behandlung die Ethik ein *selber nicht mehr ungewisses* Prinzip haben muß. Was wir bisher erörtert haben, war schon die praktische Vorschrift, in der sich das Prinzip ausspricht, nämlich daß in Dingen einer gewissen Größenordnung – solchen mit apokalyptischem Potential – der Unheilsprognose größeres Gewicht als der Heilsprognose zu geben ist. Die Voraussetzung der ganzen Erwägung war, daß wir es heute und fernerhin mit Handlungen eben dieser Größenordnung zu tun haben, was selber ein Novum in den menschlichen Angelegenheiten ist. Dieses Novum überholt den stillschweigenden Standpunkt aller früheren Ethik, bei der Unmöglichkeit aller langfristigen Vorausberechnung das jeweils Nächste allein zu bedenken und die fernere Zukunft für sich sorgen zu lassen. Dies gilt weiter für die private Handlungssphäre, wo lockende wie drohende Fernperspektiven gleichermaßen nicht mehr als müßige Phantasien sind, denen weder pragmatisch noch moralisch Einfluß auf das Entscheiden des Nächsten verstattet wird. Ihre Ignorierung, also die Ignorierung von eitler Hoffnung und Furcht, ist hier die einzige der Ungewißheit angemessene Vorschrift, und über das Unbekannte nicht zu grübeln eine Vorbedingung tatfähiger Tugend. In der neuen Handlungsdimension aber handelt es sich nicht mehr um müßige Phantasien; die Projektion in die Ferne gehört zu ihrem Wesen und ihrer Pflicht, und *ihrer* Ungewißheit muß daher eine andere Vorschrift begegnen.

Ihren Inhalt kennen wir; ihr Prinzip erfahren wir, wenn wir auf das Element des *Glücksspiels* oder der *Wette* reflektieren, das in allem menschlichen Handeln hinsichtlich des Ausgangs wie der Nebenwirkungen enthalten ist, und uns fragen, um welchen *Einsatz* man, ethisch gesprochen, wetten darf.

1. Darf ich die Interessen Anderer in meiner Wette einsetzen?

Da ergibt sich als erste Antwort, daß man, streng genommen, um nichts wetten darf, was einem nicht gehört (wobei offen bleibt, ob man um alles wetten darf, was einem gehört). Aber mit dieser Antwort ließe sich nicht leben, da bei der unlöslichen Verflechtung menschlicher Angelegenheiten wie aller Dinge es sich garnicht vermeiden läßt, daß mein Handeln das Schicksal Anderer in Mitleidenschaft zieht und so das aufs-Spiel-Setzen des Meinigen immer auch ein aufs-Spiel-Setzen von etwas ist, das Anderen gehört und worüber ich eigentlich kein Recht habe. Dies Element der Schuld muß in allem Handeln (wovon quietistisches Unterlassen auch nur eine Art wäre) übernommen werden; und das gilt nicht nur für die uns unbekannt bleibende Schuld, deren Unvermeidbarkeit wir generell unterstellen müssen, sondern auch für die bekannte und voraussehbare. »Der Handelnde«, so sagte Goethe, »ist immer gewissenlos«, und meinte damit wohl die Bereitschaft zu diesem Schuldigwerden. Wieviel von solcher Gewissenlosigkeit das höhere ethische Gewissen zulassen kann, das heißt wie weit wir in der bewußten Verletzung oder auch nur Gefährdung (als »Spieleinsatz«) fremder Interessen in unseren Projekten gehen dürfen, das auszumachen ist jeweils eine Aufgabe für die Kasuistik der Verantwortung und kann im allgemeinen nicht schon von der Prinzipienlehre festgelegt werden. Prinzipiell ist nur Mutwille und Leichtfertigkeit zu verwerfen, im Einsatz des Fremden wie des Eigenen – das heißt die Gewissenlosigkeit darf nicht gedankenlos sein; und mutwillig wäre zum Beispiel der Einsatz des Bedeutenden um nichtiger Ziele willen. Selbst da ist Leichtsinn mit dem eigenen Wohl und sogar Leben ein nicht wirklich zu bestreitendes Recht, von dem man höchstens sagen kann, daß es durch eine entgegenstehende Pflicht eingeschränkt, aber nicht, daß es durch sie aufgehoben wird. Erst die Einbeziehung der Anderen in meine »Wette« macht Leichtsinn unannehmbar.

2. Darf das Ganze der Interessen Anderer von mir aufs Spiel gesetzt werden?

Was aber, nun bei Wahrung dieser Bedingung, den Einsatz des Fremden im Spiel der Ungewissenheit angeht, so könnte eine Ergänzung zu der ersten, nicht unqualifiziert annehmbaren Antwort sein, daß der Einsatz nie das *Ganze* der Interessen der betroffenen Anderen sein darf, vor allem nicht ihr Leben. Und in der Tat, bei Verfolgung meines selbstischen Interesses gilt dies unbedingt, schon des Mißverhältnisses wegen, das hier zwischen der Partialität des verfolgten und der Totalität des riskierten Interesses besteht, aber auch da, wo es sich nicht nur um meinen Vorteil, sondern um mein Leben handelt. Aber gilt es auch in der Verfolgung selbstloser Ziele? Speziell solcher, die im Interesse der vom Wagnis Betroffenen selbst verfolgt werden? Man wird dem Staatsmann nicht das Recht bestreiten wollen, die Existenz der Nation für die Zukunft aufs Spiel zu setzen, wenn wirklich Äußerstes auf dem Spiele steht. So kommen die furchtbaren, aber moralisch vertretbaren Entscheidungen über Krieg und Frieden zustande, wo um der Zukunft willen der Einsatz die Zukunft selbst wird. Nur muß man hinzufügen, daß dies nicht wegen der Lockung einer herrlichen sondern nur unter der Drohung einer fürchterlichen Zukunft geschehen darf: nicht um ein höchstes Gut zu gewinnen (was vielleicht überhaupt eine Sache des Übermutes ist), sondern nur, um ein höchstes Übel abzuwenden. Die letztere Erwägung hat immer den Vorrang und allein die Entschuldigung der Notwendigkeit. Denn man kann ohne das höchste Gut, aber nicht mit dem höchsten Übel leben. Für die Alternative des Alles Gewinnens oder Alles Verlierens besteht nie ein guter Grund; aber das Unveräußerliche zu retten suchen mit der Gefahr, über dem Versuch alles zu verlieren, kann sittlich gerechtfertigt und sogar geboten sein. Mit diesem Vorbehalt ist also der Satz, daß in der Wette des Handelns der Einsatz nie das Ganze der Interessen der betroffenen Anderen sein darf, nicht unbedingt gültig.

3. Meliorismus rechtfertigt nicht totalen Einsatz

Dieser Vorbehalt aber – nämlich, daß es nur Abwehr größten Übels und nicht Herbeiführung größten Gutes ist, was unter Umständen den totalen Einsatz fremder Interessen in deren Interesse rechtfertigen kann – schließt die großen Wagnisse der Technologie von seiner Erlaubnis aus. Denn diese werden nicht zur Rettung des Bestehenden oder Behebung des Unerträglichen unternommen, sondern zur stetigen Verbesserung des je Erreichten, das heißt für den *Fortschritt,* der ehrgeizigstenfalls auf die Herbeiführung eines irdischen Paradieses zielt. Er und seine Werke stehen daher eher im Zeichen des Übermuts als der Notwendigkeit, und Verzichte in seinen Unternehmbarkeiten treffen den Überschuß über das Notwendige, während ihre Durchführung das Unbedingte selber treffen kann. Also gewinnt hier, wohin der Schutz des Proviso nicht reicht, der Satz, daß mein Handeln nicht »das *ganze*« Interesse der mitbetroffenen Anderen (die hier die Zukünftigen sind) aufs Spiel setzen darf, wieder Kraft.

4. Kein Recht der Menschheit zum Selbstmord

Und hierzu kommt nun als endgültiges Siegel, daß »das Ganze« der ins Wagnis der Wette gezogenen Interessen beim technologischen Fortschritt einen unvergleichlich umfassenderen Sinn hat als das, was sonst bei menschlichen Entscheidungen auf dem Spiele steht. Selbst wenn in der Stunde des Schicksals der politische Führer die ganze Existenz seines Stammes, seiner Stadt, seiner Nation wagt, so weiß er doch, daß auch nach deren etwaigem Untergang es weiterhin eine Menschheit und eine Welt des Lebens hier auf Erden geben wird. Nur im Rahmen dieser übergreifenden Voraussetzung ist das große Einzelwagnis in gewissen äußersten Fällen sittlich vertretbar. Aber selbst zur Rettung seiner Nation darf der Staatsmann kein Mittel verwenden, das die Menschheit vernichten kann. Und nun handelt es sich bei den möglichen Werken der Technologie um manche, die kumulativ eben diesen globalen Umfang und Tiefgang haben, nämlich entweder die ganze Existenz oder das ganze Wesen des Menschen in der Zukunft gefährden zu *können*. Der Staatsmann kann bei seinem Schicksalsentscheid idealiter das Einverständnis derer, für die er entscheidet, als deren Sachwalter annehmen. Kein Einverständnis zu ihrem Nichtsein oder Entmenschtsein ist von der Menschheit der Zukunft erhältlich noch auch supponierbar; und wollte man es dennoch supponieren (eine fast irrsinnige Annahme), so wäre es zurückzuweisen: denn es besteht (wie allerdings noch gezeigt werden muß) eine *unbedingte Pflicht* der Menschheit zum Dasein, die nicht verwechselt werden darf mit der bedingten Pflicht jedes Einzelnen zum Dasein. Über das individuelle Recht zum Selbstmord läßt sich reden, über das Recht der Menschheit zum Selbstmord nicht.

5. *Die Existenz »des Menschen« darf nicht zum Einsatz gemacht werden*

Hiermit haben wir endlich ein Prinzip gefunden, das gewisse »Experimente«, deren die Technologie fähig ist, verbietet, und dessen pragmatischer Ausdruck eben die vorher diskutierte Vorschrift ist, für die Entscheidung Unheilsprognosen vor Heilsprognosen den Ausschlag geben zu lassen. Der ethische Grundsatz, von dem die Vorschrift ihre Gültigkeit bezieht, lautet also: Niemals darf Existenz oder Wesen des Menschen im Ganzen zum Einsatz in den Wetten des Handelns gemacht werden. Daraus folgt ohne weiteres, daß hier bloße *Möglichkeiten* der bezeichneten Ordnung als unannehmbare Risiken anzusehen sind, die keine gegenüberstehenden Möglichkeiten annehmbarer machen. Für das Leben der Menschheit gilt (was für den Einzelpatienten nicht immer zu gelten braucht), daß auch unvollkommene Palliative der vielversprechenden Radikalkur vorzuziehen sind, über der der Patient sterben kann.

Wir haben es hier also mit einer Umkehrung des Descartes'schen Zweifelprinzips zu tun. Um das unzweifelhaft Wahre festzustellen, sollen wir nach Descartes alles irgendwie Bezweifelbare dem erwiesen Falschen gleichstellen. Hier dagegen sollen wir umgekehrt das zwar Bezweifelbare aber Mögliche, wenn es von einer bestimmten Art ist, für Zwecke der Entscheidung wie Gewißheit behandeln. Es ist auch eine Abart der Pascal'schen Wette ohne deren selbstisch eudaemonistischen und letztlich unethischen Charakter. Nach Pascal gebietet pure Berechnung, bei der Wette zwischen den kurzen und dazu fragwürdigen Genüssen des diesseitigen Lebens und der *Möglichkeit* jenseitiger ewiger Seligkeit und Verdammnis auf eben diese Möglichkeit zu setzen, weil ein Vergleich der beiderseitigen Gewinn- und Verlustchancen ergibt, daß in der zweiten Wahl selbst bei Nichtsein ihres Gegenstandes, des ewigen Lebens, mit dem Zeitlichen nur ein Kleines verloren, anderenfalls aber ein Unendliches gewonnen wäre; wogegen mit der Wahl zugunsten des zeitlichen Lebens bestenfalls (das heißt wenn es das ewige Leben gar nicht gibt) ein Kleines gewonnen, anderenfalls aber ein Unendliches verloren wäre. Diese – das Va-banque in Aussicht ziehende – Hasardrechnung ist, wie in mancher anderen Hinsicht, auch in der zu beanstanden, daß im Verhältnis zum *Nichts,* das hier unter die Risiken aufgenommen ist, jedes Etwas, also auch das des flüchtig-zeitlichen Daseins, eine unendliche Größe ist und hier also doch auch die zweite Wahl (das Setzen auf die mögliche Ewigkeit mit Opfer der gegebenen Zeitlichkeit) die Möglichkeit unendlichen Verlustes hat. Es muß schon mehr als die bloße Möglichkeit, es muß ein Glaube dafür sprechen, daß die Ewigkeit unser wartet, und dann ist die Option dafür keine pure Wette mehr. Die absolute Ungewißheit jedoch läßt sich überhaupt nicht gegen die relativen Gewißheiten des Vorhandenen verrechnen. *Unser* ethisches Prinzip der Wette unterliegt nicht diesem Einwand. Denn es verbietet gerade, das Nichts zu riskieren, das heißt seine Möglichkeit im Gewählten zuzulassen – es verbietet, kurz, in Sachen der Menschheit das Va-banque-Spiel überhaupt. Auch setzt es nicht das Unvorstellbare gegen das Vorstellbare, sondern nur das gänzlich Unannehmbare gegen das mehr oder weniger Annehmbare im Endlichen selbst. Vor allem aber verpflichtet es und präsentiert nicht eine Vorteilsrechnung an das Interesse; und es verpflichtet aufgrund einer primären Pflicht zum Sein gegen das Nichts.

Dieses Prinzip für die Behandlung der Ungewißheit hat selber nichts Ungewisses an sich, und es bindet uns unbedingt, das heißt nicht als bloßer Rat sittlicher Klugheit, sondern als unabweisliches Gebot, sofern wir die Verantwortung für das, was sein wird, annehmen. Unter solcher Verantwortung wird Behutsamkeit, sonst eine Sache des begleitenden Ungefähr, zum Kern moralischen Tuns. Daß wir aber überhaupt verantwortlich sind, wurde in allen vorigen Erörterungen stillschweigend vorausgesetzt, aber nirgends bewiesen. Das Prinzip von Verantwortung überhaupt – der Beginn der Ethik – wurde noch nicht gezeigt. Dieser Aufgabe, für die man früher wohl den Beistand des Himmels angerufen hätte, dessen sie nur zu sehr bedarf – und umso mehr, als ihr heute auch der Blick dorthin nicht mehr zugute kommen kann – wenden wir uns jetzt zu.

IV. Die Pflicht zur Zukunft

1. Fortfall der Reziprozität in der Zukunftsethik

Hier ist nun zuerst zu sagen, daß das, was wir von unserem Prinzip verlangen müssen, nicht durch die herkömmliche Idee von Rechten und Pflichten geleistet wird – die auf Reziprozität gegründete Idee, wonach meine Pflicht das Gegenbild fremden Rechtes ist, das seinerseits im Ebenbild meines eigenen gesehen wird: so daß, wenn erst einmal gewisse Rechte des Andern festgestellt sind, eben damit auch meine Pflicht festgestellt ist, sie zu respektieren und (unter Hinzuziehung einer Idee von positiver Verantwortung) womöglich auch zu fördern. Diese Idee versagt für unsern Zweck. Denn Anspruch hat nur das, was Ansprüche macht – was erst einmal *ist*. Alles Leben macht Anspruch auf Leben, und vielleicht ist dies ein zu achtendes Recht. Das Nichtexistierende stellt keine Ansprüche, kann daher auch nicht in seinen Rechten verletzt werden. Es mag sie haben, wenn es ist, aber hat sie nicht schon auf die Möglichkeit hin, daß es einmal sein werde. Vor allem hat es kein Recht darauf, überhaupt zu sein, bevor es in der Tat ist. Der Anspruch auf Sein beginnt erst mit dem Sein. Aber gerade mit dem noch-nicht-Seienden hat es die gesuchte Ethik zu tun und *ihr* Prinzip der Verantwortung muß unabhängig sein, wie von aller Idee eines Rechtes, so auch von der einer Reziprozität – so daß in ihrem Rahmen die scherzhaft für sie erfundene Frage »Was hat die Zukunft je für mich getan? respektiert sie denn meine Rechte?« schlechterdings nicht gefragt werden kann.

2. *Die Pflicht gegenüber den Nachkommen*

Nun gibt es schon in der herkömmlichen Moral *einen* (selbst den Beschauer tief bewegenden) Fall elementarer *nicht-reziproker* Verantwortung und Pflicht, die spontan anerkannt und praktiziert wird: die gegen die *Kinder,* die man gezeugt hat, und die ohne die Fortsetzung der Zeugung in Vor- und Fürsorge zugrunde gehen müßten. Zwar mag man für sein Alter von ihnen eine Gegenleistung für die aufgewandte Liebe und Mühe erwarten, aber dies ist gewiß nicht die Bedingung dafür, und noch weniger für die Verantwortung, die man für sie anerkennt und die vielmehr bedingungslos ist. Es ist dies die einzige von der *Natur* gelieferte Klasse völlig selbstlosen Verhaltens, und in der Tat ist dieses mit der biologischen Tatsache der Fortpflanzung gegebene Verhältnis zum unselbständigen *Nachwuchs,* und *nicht* das Verhältnis zwischen selbständigen Erwachsenen (aus dem zwar die Idee von gegenseitigen Rechten und Pflichten hervorgeht), der Ursprung der Idee von Verantwortung überhaupt, und seine ständig fordernde Handlungsphäre ist der ursprünglichste Ort ihrer Betätigung. Ohne diese Tatsache und das mit ihr verbundene Geschlechtsverhältnis wäre weder die Entstehung weitschauender Vorsorge noch diejenige selbstloser Fürsorge unter Vernunftwesen, seien sie noch so gesellschaftlich, zu verstehen. (Diese in der Moralphilosophie meines Wissens nie genug gewürdigte Beobachtung werden wir uns später zunutze machen.) Hier ist der Archetyp alles verantwortlichen Handelns, der zum Glück keiner Deduktion aus einem Prinzip bedarf, sondern uns (oder wenigstens dem gebärenden Teil der Menschheit) von der Natur mächtig eingepflanzt ist.

Achten wir aber dennoch, wie die ethische Theorie es verlangt, auf das hier geltende ethische Prinzip (und Männer müssen vielleicht doch manchmal daran erinnert werden), dann sehen wir, daß Pflicht gegen die Kinder und Pflicht gegen spätere Geschlechter nicht dasselbe ist. Die Pflicht der

Sorge für das von uns gezeugte und daseiende Kind läßt sich, auch ohne Antrieb des Gefühls, wohlbegründen aus der faktischen Verantwortung unserer *Urheberschaft* für sein Dasein und dann aus dem *Recht,* das diesem Dasein nun eignet – also trotz der Nichtreziprozität aus dem klassischen Prinzip von Rechten und Pflichten, die beide hier zwar einseitig sind. Aber ein anderes als die Pflicht *aus* Urheberschaft, der schon ein Recht aus Dasein gegenübersteht, wäre eine Pflicht *zu* solcher Urheberschaft, zum Zeugen von Kindern, zur Fortpflanzung überhaupt: diese Pflicht, wenn es sie gibt, ist ungleich schwerer und jedenfalls nicht aus demselben Prinzip zu begründen; und ein *Recht* Ungeborener auf Geborenwerden (genauer: Ungezeugter auf Zeugung) ist schlechterdings gar nicht zu begründen. Also würde es sich hier um eine Pflicht handeln, die nicht das Gegenbild eines fremden Rechts ist – es sei denn eines Rechtes des Schöpfergottes gegen seine Geschöpfe, denen mit der Verleihung des Daseins diese Fortsetzung seines Werkes anvertraut wurde.

3. Pflicht zum Dasein und Sosein einer Nachkommenschaft überhaupt

Um eine Pflicht solcher Art handelt es sich nun auch bei der Verantwortung für die künftige Menschheit, die ja in erster Linie sagt, daß wir eine Pflicht zum *Dasein* künftiger Menschheit haben – sogar unabhängig davon, ob sich Nachkommen gerade von uns darunter befinden – und in zweiter Linie dann auch eine Pflicht zu ihrem *Sosein.* Die erste Pflicht schließt die zur Fortpflanzung (wenn auch nicht notwendig die jedes Einzelnen) in sich und ist wie diese nicht einfach durch Erweiterung aus der Pflicht des Urhebers gegen das von ihm schon verursachte Dasein herzuleiten: wenn es sie gibt, wie wir supponieren möchten, so ist sie bisher noch gar nicht begründet.

a. Bedarf die Pflicht zur Nachkommenschaft einer Begründung?

Nun ließe sich sagen, daß wir die Frage, ob es sie gibt und damit auch die dornige Aufgabe ihrer Begründung, auf sich beruhen lassen können, da wir um die Beständigkeit des Fortpflanzungstriebes nicht zu fürchten brauchen und etwaige äußere Vernichtungsursachen (z. B. wirklich tödliche Vergiftung der Umwelt), wenn überhaupt, nur durch die unwahrscheinlichste Kombination unwahrscheinlichster und kolossalster Dummheiten unsererseits herbeigeführt werden könnten – die wir bei allem Respekt vor den Ausmaßen menschlicher Dummheit oder Unverantwortlichkeit denn doch nicht als ernstliche Möglichkeit in Betracht zu ziehen brauchen. Wir sollten also einfach den Weiterbestand unterstellen und uns damit für die inhaltsreichere Betrachtung der zweiten Pflicht, der zum Sosein künftiger Menschheit, freimachen, die den Vorzug hat, sich viel eher aus bekannten Prinzipien der Ethik ableiten zu lassen, und deren Beobachtung dazu ohnehin auch den puren Bestand der Menschheit, den sie voraussetzt, mit sicherzustellen hilft.

Beides ist richtig. Mindestens läßt sich sagen, daß die Gefahren, die das zukünftige *Sosein* bedrohen, im allgemeinen dieselben sind, die im größeren Maßstab das Dasein bedrohen, und die Vermeidung der einen ist daher a fortiori die Vermeidung der anderen. Und was die ethische Ableitung aus der Idee von Rechten und Pflichten anlangt, so könnte sie etwa so lauten: Da spätere Menschen auf jeden Fall da sein werden, gibt ihnen, wenn es so weit ist, ihr unerbetenes Dasein das Recht, uns Frühere als Urheber ihres Unglücks zu verklagen, wenn wir durch sorgloses und vermeidbares Tun die Welt oder die menschliche Konstitution für sie verdorben haben. Während sie für ihr Dasein nur ihre direkten Erzeuger verantwortlich halten können (und auch da ein Recht zu Klage nur haben, wenn deren Recht zu Nachwuchs aus spezifischen Gründen in Frage gestellt werden kann), können sie für die *Bedingungen* ihres Daseins entfernte Vorfahren oder allgemeiner die Urheber dieser Bedingungen verantwortlich halten. Also besteht für uns Heutige aus dem *Recht* des zwar noch nicht vorhandenen, aber zu antizipierenden Daseins Späterer eine antwortende *Pflicht* der Urheber, kraft deren wir ihnen mit solchen unserer Taten, die in die Dimension solcher Wirkungen hineinreichen, verantwortlich sind.

b. Priorität der Pflicht zum Dasein

So richtig und vielleicht praktisch auch ausreichend dies ist, so genügt es doch nicht für die ethische Theorie. Denn erstens könnte der gewissenhafte Pessimist bei genügend düsterer Prognose diejenigen für unverantwortlich erklären, die das Fortpflanzungsgeschäft »trotzdem« weiterbetreiben, und für die Früchte einer Verantwortungslosigkeit, deren er sich enthält, seinerseits die Verantwortung ablehnen. Mit anderen Worten, er kann von dem Standpunkt, daß es ja nicht unbedingt Menschen geben muß, die Wünschbarkeit oder Gebotenheit einer zukünftigen Menschheit von den voraussichtlichen Bedingungen ihrer Existenz abhängig machen, anstatt umgekehrt die Bedingungen von der unbedingten Gebotenheit solcher Existenz diktieren zu lassen. (Es ist eine Erweiterung des Arguments, das ich von verzweifelten Emigrantenpaaren der Hitlerzeit oft gehört habe, daß man »in eine solche Welt keine Kinder bringen« dürfe.)
Zweitens aber und entscheidender ist doch die vorweggenommene Verklagung durch unsere künftigen Opfer auf deren mutmaßliche Klage über ihr Los zurückzuführen, würde also fortfallen, wenn sie mit diesem einverstanden wären, ja sich sogar recht wohl dabei fühlten. Ein solches Einverständnis und Wohlgefühl könnte aber das letzte sein, was wir einer künftigen Menschheit wünschen dürfen, wenn es nämlich mit der Würde und Berufung des Menschen erkauft wäre. Es könnte also sein, daß wir uns vielmehr

dessen zu verklagen haben, daß von dort *keine* Anklage gegen uns kommt: die Abwesenheit von Beschwerde wäre dann selber die größte Anklage, aber der Kläger wäre gerade *nicht* der künftige Geschädigte, sondern – wir selbst.

Was bedeutet das?

Es bedeutet, daß wir im letzten nicht das antizipierte *Wünschen* der Späteren konsultieren (das unser eigenes Erzeugnis sein kann), sondern ihr *Sollen,* das nicht von uns gemacht ist und über uns beiden steht. Ihnen ihr Sollen unmöglich machen ist das eigentliche Verbrechen, dem alle Vereitelungen ihres Wollens, schuldhaft genug wie sie sein mögen, erst an zweiter Stelle folgen. Das bedeutet aber, daß wir nicht so sehr über das *Recht* künftiger Menschen zu wachen haben – nämlich ihr Recht auf Glück, das bei dem schwankenden Begriff des Glücks ohnehin ein mißliches Kriterium wäre – wie über ihre *Pflicht,* nämlich ihre Pflicht zu wirklichem Menschentum: also über ihre *Fähigkeit* zu dieser Pflicht, die Fähigkeit, sie sich überhaupt zuzusprechen, deren wir sie mit der Alchemie unserer »utopischen« Technologie vielleicht berauben können. Hierüber zu wachen ist *unsere* Grundpflicht gegenüber der Zukunft der Menschheit, von der alle Pflichten gegen die künftigen Menschen sich erst ableiten. Diese inhaltlichen Pflichten mögen sich dann unter der Ethik der Solidarität, der Sympathie, der Billigkeit, ja sogar des Mitleids subsumieren lassen, wonach wir durch Übertragung von unseren eigenen Wünschen und Ängsten, Freuden und Leiden jenen Künftigen, in einer Art fiktiver Gleichzeitigkeit, das Recht zuerkennen, das diese Ethik auch den Mitlebenden zuerkennt und zu achten uns auferlegt, und dessen Vorausachtung hier durch die ganz einseitige Kausalität unserer Urheberschaft zu unserer besonderen Verantwortung wird. Hier also handelt es sich, wie schon gesagt, immer noch um eine Pflicht, die einem auf der Gegenseite »bestehenden«, das heißt als bestehend vorweggenommenen, Recht antwortet: dem Recht auf ein bejahbares Sosein. Aber sie steht unter der Bedingung der vorbenannten Pflicht zum *Dasein* künftiger Rechtssubjekte, die überhaupt keinem Rechte antwortet, sondern uns unter anderem allererst das Recht gibt, Wesen wie uns ungefragt ins Dasein zu bringen. Das Recht im einzelnen folgt hier aus der Pflicht im allgemeinen, und nicht umgekehrt. Und während die Ausübung dieses Rechtes dann Pflichten im einzelnen gegen die ins Dasein Gebrachten nach sich zieht, mit deren Prinzip wir wohl vertraut sind, so unterliegen solche Pflichten einschließlich ihres Prinzips doch insgesamt jener primären Pflicht, die uns ganz und gar einseitig ermächtigt, allen nach uns Kommenden ihr Dasein nicht sowohl zu schenken (was sich mit Aufzwingen schlecht verträgt), als vielmehr zuzumuten – eben ein Dasein, das der Bürde fähig ist, für die die Pflicht gemeint ist. Ob sie diese Bürde auch wünschen, würden wir sie garnicht fragen, selbst wenn wir könnten. Aber sie aufzuerlegen setzt voraus, daß wir ihre Fähigkeit, sie zu tragen, nicht präjudizieren. Dies ist dann die erste Pflicht gegen das Sosein der Nachkommen, die sich aus der Pflicht zu ihrem Dasein also erst ableitet, und unter ihr stehen dann auch die anderen Pflichten gegen sie, zum Beispiel gegen ihre Glücksmöglichkeiten.

c. Der erste Imperativ: daß eine Menschheit sei

Also ist es doch nicht an dem, daß wir die Frage unserer Verantwortung für das Dasein einer künftigen Menschheit auf sich beruhen lassen können und uns einfach den Pflichten gegen die daseinwerdende zuwenden können, das heißt der Vorsorge für ihr Sosein. Vielmehr ist umgekehrt die erste Regel für das geforderte Sosein einzig und allein aus dem Imperativ des Daseins zu gewinnen, und alle weiteren unterliegen seinem Kriterium, das keine eudaemonistische Ethik allein, und auch keine des Mitleids, liefern kann. Vieles ist unter dieser möglich, was jener Imperativ verbietet, und manches abweisbar, was er gebietet. Die erste Regel ist, daß kein Sosein künftiger Abkömmlinge der Menschenart zulässig ist, das dem Grunde zuwiderläuft, warum das Dasein einer Menschheit überhaupt gefordert ist. Also ist der Imperativ, *daß* eine Menschheit sei, der erste, soweit es sich um den Menschen allein handelt.

4. Ontologische Verantwortung für die Idee des Menschen

So sind wir denn mit diesem ersten Imperativ gar nicht den künftigen Menschen verantwortlich, sondern der *Idee* des Menschen, die eine solche ist, daß sie die Anwesenheit ihrer Verkörperungen in der Welt fordert. Es ist, mit anderen Worten, eine *ontologische* Idee, die zwar nicht, wie im ontologischen Beweis angeblich der Begriff Gottes, die Existenz ihres Gegenstandes schon mit der Essenz verbürgt – weit entfernt! – aber die sagt, daß eine solche Anwesenheit sein *soll,* also gehütet werden soll, sie also uns, die wir sie gefährden können, zur Pflicht macht. Dieser ontologische Imperativ aus der Idee des Menschen ist es, der hinter dem zuvor unbegründet hingestellten Verbot des Va-banque-Spiels mit der Menschheit steht. Erst die Idee des Menschen, indem sie uns sagt, *warum* Menschen sein sollen, sagt uns damit auch, *wie* sie sein sollen.

5. Die ontologische Idee erzeugt einen kategorischen, nicht hypothetischen Imperativ

Auch auf die hier gesuchte Ethik der Zukunftsverantwortung trifft also die Kantische, auf die Gleichzeitigkeitsethik gemünzte Unterscheidung von hypothetischem und kategorischem Imperativ zu. Der hypothetische (von dem es viele gibt) lautet: *Wenn* es in Zukunft Menschen gibt – was von unserer Urheberschaft abhängt – *dann* gelten ihnen gegenüber die und die, von uns im voraus zu beobachtenden Pflichten ...; der kategorische gebietet einfach, *daß* es *Men-*

schen gebe, mit der Betonung gleicherweise auf dem Daß und auf dem Was des Existierensollens. Für mich, ich gestehe es, ist dieser Imperativ der einzige, auf den die Kantische Bestimmung des Kategorischen, das heißt Unbedingten, wirklich zutrifft. Da *sein* Prinzip nun aber nicht wie beim Kantischen die Selbsteinstimmigkeit der sich Gesetze des Handelns gebenden Vernunft ist, das ist, eine Idee des *Tuns* (von dem vorausgesetzt ist, daß irgendwelches stattfindet), sondern die auf der Existenz ihres Inhaltes bestehende Idee von möglichen Tätern überhaupt, die insofern eine ontologische ist, das ist, eine Idee des *Seins* – so ergibt sich, daß das erste Prinzip einer »Zukünftigkeitsethik« nicht selber *in* der Ethik liegt als einer Lehre vom Tun (wohin im übrigen alle Pflichten gegen die Zukünftigen gehören), sondern in der *Metaphysik* als einer Lehre vom Sein, wovon die Idee des Menschen ein Teil ist.

6. Zwei Dogmen: »keine metaphysische Wahrheit«; »kein Weg vom Ist zum Soll«

Dies läuft den befestigtesten Dogmen unserer Zeit zuwider: daß es metaphysische Wahrheit nicht gibt, und daß sich aus dem Sein kein Sollen ableiten läßt. Das letztere ist nie ernstlich geprüft worden und trifft nur auf einen Begriff von Sein zu, für den, da er schon in entsprechender Neutralisierung (als »wertfrei«) konzipiert ist, die Unableitbarkeit eines Sollens eine tautologische Folge ist – deren Ausdehnung aber zu einem allgemeinen Axiom der Behauptung gleichkommt, daß kein anderer Begriff von Sein möglich sei, oder: daß der hier zugrundegelegte (letztlich von den Naturwissenschaften erborgte) bereits der wahre und ganze Begriff des Seins sei. Also spiegelt die Trennung von Sein und Sollen, eben mit der Annahme eines solchen Seinsbegriffs, bereits eine bestimmte *Metaphysik* wieder, die nur den kritischen (Occamschen) Vorzug vor anderen für sich behaupten kann, daß sie

die sparsamste Annahme vom Sein macht (damit natürlich auch die ärmste für die Erklärung der Phänomene, also um den Preis von deren eigener Verarmung).
Wenn aber das Dogma, daß vom Sein kein Weg zum Sollen führt, gemäß seiner ontologischen Voraussetzung ein metaphysischer Satz ist, dann kommt es unter das Interdikt des ersten und fundamentaleren Dogmas, daß es keine metaphysische Wahrheit gibt. *Dieser* Satz hat seine eigene Voraussetzung, an die *seine* Gültigkeit gebunden ist. Wie das Dogma vom »Sein und Sollen« einen bestimmten Begriff von Sein, so setzt die Verneinung metaphysischer Wahrheit einen bestimmten Begriff von Wissen voraus, auf den es denn auch zutrifft: »Wissenschaftliche« Wahrheit ist über metaphysische Gegenstände nicht erlangbar – wieder ein tautologischer Schluß, da Wissenschaft es eben mit physischen Gegenständen zu tun hat. Solange nicht entschieden ist, daß dies den ganzen Begriff des Wissens erschöpft, ist also das letzte Wort über die Möglichkeit von Metaphysik noch nicht gesprochen. Aber wie es damit auch stehen mag, ihre selbst zugegebene Bestreitung wäre kein *spezieller* Einwand gegen die von uns gesuchte Ethik, da in jeder anderen Ethik auch, noch in der utilitarischsten, eudaemonistischsten, diesseitigsten, etc., stillschweigend eine Metaphysik drinsteckt (»Materialismus« zum Beispiel wäre eine), es also hierin um keine besser steht. Das Besondere unseres Falles ist nur, daß bei ihm die innewohnende Metaphysik nicht versteckt bleiben kann, sondern ans Licht muß – was für das rein ethische Geschäft taktisch ein Nachteil, für die Sache der Wahrheit aber zuletzt doch wohl ein Vorteil ist. Es ist der Vorteil des Zwanges, vom metaphysischen Grunde des Sollens Rechenschaft zu geben. Denn wenn die negative These bezüglich »Sein und Sollen« zwar ebenfalls eine metaphysische These impliziert, so kann ihr Vertreter es doch beim allerseits geteilten Nichtwissen in metaphysicis belassen und sich auf die dann geltende methodologische Überlegenheit der Minimalannahme, das heißt der Negation über die Affirmation,

zurückziehen. Der Affirmation ist diese Zuflucht versagt und ihr Vertreter muß, wo nicht einen Beweis, doch wenigstens ein vernünftiges ontologisches Argument für seine anspruchsvollere Annahme vorbringen. Also ist für ihn der metaphysische Versuch notwendig, den sich der »Minimalist« mit Anrufung Occams ersparen kann.

7. Zur Notwendigkeit der Metaphysik

Jedenfalls können wir um unseres ersten Prinzips willen – das uns sagen soll, warum es auf die künftigen Menschen ankommt, indem es zeigt, daß es auf »den Menschen« ankommt – uns den gewagten Ausflug in die Ontologie nicht ersparen, selbst wenn der Boden, den wir erreichen können, nicht sicherer sein sollte als jeder, bei dem die reine Theorie haltmachen muß: er mag wohl immer über einem Abgrund des Unerkennbaren hängen. Es wurde schon zu verstehen gegeben, daß religiöser Glaube hier schon Antworten hat, die die Philosophie erst suchen muß, und zwar mit unsicherer Aussicht auf Erfolg. (Zum Beispiel läßt sich aus der »Schöpfungsordnung« entnehmen, daß nach dem Willen Gottes Menschen in seinem Ebenbilde da sein sollen und daß die ganze Ordnung in ihrer Unverletzlichkeit sein soll.) Der Glaube kann also sehr wohl der Ethik die Grundlage liefern, ist aber selber nicht auf Bestellung da, und an den abwesenden oder diskreditierten läßt sich selbst mit dem stärksten Argument der Benötigung nicht appellieren. Die Metaphysik dagegen war von jeher ein Geschäft der Vernunft, und diese läßt sich auf Anforderung bemühen. Zwar ist eine haltbare Metaphysik so wenig wie Religion durch das Diktat der bitteren Notwendigkeit dafür zu beschaffen; wohl aber kann die Notwendigkeit danach suchen heißen, und der um eine Ethik sich mühende weltliche Philosoph muß zuvörderst die *Möglichkeit* einer rationalen Metaphysik einräumen, trotz Kant, wenn das Rationale nicht ausschließlich nach den Maßstäben der positiven Wissenschaft bestimmt wird.

Soviel zur Rechtfertigung des folgenden Versuchs. Nur zwei Dinge wissen wir bei ihm voraus: daß er bis zu der, nicht mehr beantwortbaren, letzten (ersten) Frage der Metaphysik zurückgehen muß, um dann aus dem *Sinn* des, selber zwar unbegründbaren, Seins von »Etwas überhaupt« vielleicht doch ein Warum für das Sollen bestimmten Seins zu erfahren; und zweitens, daß die hieraus etwa begründbare Ethik nicht bei dem rücksichtslosen Anthropozentrismus stehen bleiben kann, der die herkömmliche und besonders die hellenisch-jüdisch-christliche Ethik des Abendlandes auszeichnet: Die in der modernen Technologie gelegenen apokalyptischen Möglichkeiten haben uns gelehrt, daß die anthropozentrische Ausschließlichkeit ein Vorurteil sein könnte und zumindestens einer Überprüfung bedarf.

V. Sein und Sollen

Unsere Frage ist: Soll der Mensch sein? Um sie richtig zu stellen, müssen wir erst die Frage beantworten, was es heißt, von irgend etwas zu sagen, daß es sein solle. Und dies führt natürlich zurück auf die Frage, ob überhaupt etwas – anstatt nichts – sein *soll*.

1. Das Seinsollen von Etwas

Der Unterschied zwischen den beiden letztgenannten Fragen ist nicht gering. Die erste, bezüglich des Seinsollens von dem oder jenem, läßt sich relativ im Vergleich der Alternativen beantworten, die sich innerhalb des gegebenen Seins stellen: da etwas zu sein hat, dann besser dieses als das, also soll es sein. Die zweite Frage, wo die Alternative nicht ein anderes Sein, sondern das Nichtsein schlechthin ist, läßt sich nur absolut beantworten, zum Beispiel daß Sein an sich »gut« ist, denn mit dem Nichts ist kein Vergleich nach Graden möglich: also »soll« Dasein überhaupt im Vorzug vor seinem kontradiktorischen (nicht »konträren«) Gegensatz sein.
Der Unterschied für die Ethik in der Beantwortung der einen oder der anderen Frage läßt sich leicht am Beispiel der Eingangsfrage bezüglich des Menschen zeigen. Ein Zustand des Menschen kann für besser als ein anderer befunden werden und damit ein Soll für die Wahl darstellen; aber beiden gegenüber kann das Nichtsein des Menschen gewählt werden, das gewiß frei ist von allen Einwänden, denen *beide* Alternativen der vorigen Wahl ausgesetzt sind (das heißt, als in sich selbst vollkommen, ist das Nichtsein frei von allen Unvollkommenheiten, die jeder positiven Wählbarkeit anhaften) – ich sage, es kann das Nichtsein statt aller Alternativen des Seins gewählt werden, *wenn nicht* ein absoluter Vor-

rang des Seins vor dem Nichts anerkannt ist. Also ist die Beantwortung der allgemeineren Frage von wirklicher Bedeutung für die Ethik.

2. *Vorzug des Seins vor dem Nichts und das Individuum*

Die Anerkennung jenes Vorranges und damit eines *Sollens* zugunsten des Seins besagt natürlich ethisch nicht, daß der Einzelne unter allen Umständen für *sein* Weiterleben gegen einen möglichen oder sicheren Tod entscheiden, das heißt, sich an sein Leben klammern soll. Die Dahingabe des eigenen Lebens für die Rettung Anderer, für das Vaterland, für eine Sache der Menschheit ist eine Option für das Sein, nicht für das Nichtsein. Auch der überlegte Freitod zur Bewahrung der eigenen Menschenwürde vor äußerster Erniedrigung (wie der stoische Selbstmord, der immer *auch* eine »öffentliche« Tat ist) geschieht letztlich wegen des Überlebens von Menschenwürde überhaupt. In beiden Fällen gilt, daß »das Leben nicht der Güter höchstes« ist. Sogar das Recht der individuellen Verzweiflung zur Wahl der Selbstauslöschung, ethisch zwar anfechtbar, aber vom Mitleid bewilligt, negiert nicht den Primat des Seins als solchen: es ist ein Zugeständnis an die Schwäche im Einzelfall, als Ausnahme von der universalen Regel. Dagegen die Wählbarkeit eines Unterganges der Menschheit tangiert die Frage des Seinsollens »des Menschen«, und diese führt notwendig auf die Frage zurück, ob überhaupt etwas anstatt nichts sein soll.

3. *Sinn der Leibnizischen Frage »warum ist etwas und nicht nichts?«*

Dieses ist nun aber auch der einzig vertretbare Sinn der anderweitig so müßig erscheinenden Leibnizischen Grundfrage der Metaphysik, warum schlechthin »etwas und nicht nichts« *ist*. Denn das hier erfragte *Warum* kann ja nicht die vorhergehende Ursache meinen, die selber schon zum Seienden gehört, die also nur innerhalb desselben, aber nicht ohne Widersinn hinsichtlich der Gesamtheit des Seienden oder der Tatsache des Seins überhaupt erfragt werden kann. Diesen logischen Tatbestand ändert auch die Schöpfungslehre nicht, die zwar für die Welt als ganze die Antwort in der verursachenden göttlichen Tat hat, aber mit eben dieser doch wieder die Frage, nämlich für das Dasein Gottes selber, neu entstehen läßt. Hierauf gibt bekanntlich die rationale Gotteslehre die Antwort der *causa sui,* der Selbstverursachung. Aber der Begriff ist, um das Mindeste zu sagen, logisch fragwürdig; und das glühende Bekenntnis des Glaubens »Du bist von Ewigkeit zu Ewigkeit Gott« legt viel eher Zeugnis für die letzthinnige logische Kontingenz eines immer wieder Bejahung heischenden *factum brutum* als für eine unverneinbare Denknotwendigkeit ab. Dies können wir auf sich beruhen lassen. Denn selbst mit der Annahme eines Schöpfers, sei sie nun notwendig oder willkürlich, erhebt sich hinsichtlich der Welt, mit der doch unser Anliegen eigentlich zu tun hat, wieder die Frage, »warum« er sie geschaffen habe; und da ist die religiöse Antwort nicht etwa die kausale, daß die Macht des Könnens einfach von selbst die Tat zu Folge hatte (was die ganze Reihe zur roher Tatsächlichkeit verurteilen würde), sondern daß er sie *gewollt* habe, und zwar als etwas »Gutes« (siehe zum Beispiel Genesis und Platon's Timaeus). Dann müssen wir aber sagen, daß dies Gutbefinden Sache des göttlichen Urteils und nicht blinden Wollens war, das heißt, daß er sie wollte, weil ihre Existenz gut ist, nicht daß diese gut ist, weil er sie wollte (obwohl letzteres die bestürzende Ansicht des Duns Scotus war). So sehr nun der Fromme geneigt ist, dem geglaubten göttlichen Urteil schon aus Frömmigkeit und nicht erst aus Einsicht beizupflichten, so muß es sich grundsätzlich doch auch unabhängig gewinnen lassen *(fides quaerens intellectum)*. Mit anderen Worten, die

Frage des Seinsollens einer Welt läßt sich *trennen* von jeder These bezüglich ihrer Urheberschaft, eben mit der Annahme, daß auch für einen göttlichen Schöpfer ein solches Seinsollen gemäß dem Begriff des Guten der Grund für sein Schaffen war: er wollte sie, weil er fand, daß sie sein sollte. Ja, es läßt sich behaupten, daß die Wahrnehmung von Wert in der Welt einer der Beweggründe dafür ist, auf einen göttlichen Urheber zu schließen (früher sogar einer der Gottes-»Beweise«), und nicht umgekehrt die Vorwegsetzung des Urhebers der Grund, seiner Schöpfung Wert zuzuerkennen.
Unser Argument ist also nicht, daß die Metaphysik erst mit dem Schwund des Glaubens eine Aufgabe übernehmen mußte, die vorher die Theologie schon auf ihre Weise versehen konnte, sondern daß diese Aufgabe schon immer die ihre war, und ihre allein – unter den Bedingungen des Glaubens so gut wie des Unglaubens, deren Alternative die *Natur* der Aufgabe gar nicht berührt. Lernen kann die Metaphysik von der Theologie nur eine vordem unbekannte Radikalität des Fragens, wie denn eine Frage wie die Leibnizische in antiker Philosophie unmöglich gewesen wäre.

4. Die Frage eines möglichen Seinsollens ist unabhängig von der Religion zu beantworten

Um also nochmals auf das *Warum* in der berühmten Grundfrage zurückzukommen »warum überhaupt etwas ist«, so fanden wir, daß sein Verständnis im Sinne des ursächlichen Woher die Frage unsinnig macht für das Sein als Ganzes, aber sein Verständnis im Sinne rechtfertigender Norm (»ist es wert, zu sein?«) sie sinnvoll macht und zugleich von jedem Verhältnis der Urheberschaft, damit vom Glauben, ablöst. Also muß der Sinn der Frage, warum überhaupt etwas und nicht nichts *ist,* der sein: warum überhaupt etwas im Vorrang zum Nichts sein *soll,* was immer die Ursache sei, daß es wird. Auf den Sinn dieses »soll« kommt es allein an.

Mit oder ohne Glauben wird so die Frage eines möglichen Seinsollens – mindestens versuchsweise – eine Aufgabe unabhängigen Urteils, das heißt Sache der Philosophie, wo sie sich sogleich mit der Frage der Erkenntnis – ja, Bewertung – von *Wert* überhaupt verbindet. Denn Wert oder das »Gute«, wenn es dergleichen gibt, ist ja das Einzige, das von sich her aus der bloßen Möglichkeit auf Existenz dringt (oder aus gegebener Existenz rechtmäßig auf Weiterexistenz) – also einen Anspruch auf Sein, ein Sein*sollen* begründet und, wo das Sein von wahlfreiem Handeln abhängt, es diesem zur Pflicht macht. Es ist zu beachten, daß mit der bloßen *Zusprechbarkeit* von Wert an Seiendes, gleichgültig wie viel oder wenig davon aktuell vorhanden sein mag, der Vorrang des Seins über das Nichts – dem schlechterdings gar nichts, weder Wert noch Unwert, zusprechbar ist – bereits entschieden ist, und daß kein – zeitweiliges oder selbst permanentes – Übergewicht des Übels über das Gute in der Summe der Dinge diesen Vorrang aufheben, das heißt seine Unendlichkeit verkleinern kann. Die grundsätzliche Zusprechbarkeit als solche würde die entscheidende und keiner Abstufung unterliegende Auszeichnung bilden. Die Fähigkeit zu Wert ist selber ein Wert, der Wert aller Werte, damit sogar auch die Fähigkeit zu Unwert, insofern die bloße Zugänglichkeit für den *Unterschied* von Wert und Unwert allein schon dem Sein die absolute Wählbarkeit über das Nichts sichern würde. Also nicht erst der etwaige Wert, schon die Möglichkeit zu Wert überhaupt, als selber ein Wert, hat Anspruch auf Sein und beantwortet die Frage, warum das diese Möglichkeit Bietende existieren soll. All dies gilt aber nur, wenn der Begriff des Wertes gesichert ist.

5. Die Frage verwandelt sich in die nach dem Status von »Wert«

Alles spitzt sich damit auf die Frage zu, ob es denn so etwas wie »Wert« überhaupt *gibt,* nicht als hier und da Wirkliches, sondern als seinem *Begriff* nach Mögliches. Daher wird es von unabweisbarer Wichtigkeit, den ontologischen und epistemologischen Status von Wert überhaupt festzustellen und die Frage seiner *Objektivität* zu erkunden. Denn mit der bloßen und unbestrittenen Tatsache von subjektiven Wertungen, die in der Welt ihr Wesen treiben – daß es Begierde und Angst, Streben und Widerstreben, Hoffen und Fürchten, Lust und Qual, und damit Gewünschtes und Unerwünschtes, Hoch- und Geringgeachtetes, ja daß es Wollen überhaupt und in all dem den Willen zum eigenen Sein gibt – mit dem Hinweis auf diese Anwesenheit subjektiver Werthaltungen in der Welt ist an sich für die Radikaltheorie noch nichts gewonnen und dem Nihilisten nichts benommen. Denn da läßt sich immer zweifeln, ob es sich um all dies mühevolle und schreckliche Drama lohnt, ob die große Lockung nicht eine große Täuschung ist. Da läßt sich immer noch die Rechnung der Freuden und Leiden aufmachen: die Bilanz des Pessimismus aus ihrer Summe – des vulgären wie des Schopenhauer'schen – ist bekannt und, unbewiesen wie sie ist, von den subjektiven Phänomenen her schwerlich zu widerlegen. Leicht vielmehr kommt der Widerspruch hier in den Verdacht der Oberflächlichkeit. Ja, sogar ohne Bilanz sei die Qual des Willens an sich (auch des zum Ersatz der gefallenen Metaphysik beschworenen Willens zur Macht), von der das Nichtwollen und damit das Nichts eine Erlösung wäre, zugestanden. So kann selbst die Intensität des Fühlens, ja gerade die Übermächtigkeit des Strebens, zum Argument gegen seine Verführung werden. Nichts, mit einem Wort, in den darin agierenden Gefühlen als solchen schützt das ganze große Spectaculum davor, als leeres »sound and fury« und »an idiot's tale« erklärt zu werden; und nichts in der Tatsache seiner Aufführung hindert die gezwungenen Akteure, ihre Zuflucht im Nichts zu suchen.

Es ist also, wenn es um Ethik und Sollen geht, nötig, sich auf die Theorie der Werte, oder vielmehr die Theorie von Wert überhaupt einzulassen, von dessen Objektivität allein ein objektives Seinsollen und damit eine *Verbindlichkeit* zur Seinswahrung, eine Verantwortung gegen das Sein, abzuleiten wären. Hierin also – in die logische Frage nach dem Status von Werten als solchen – verwandelt sich jetzt unsere ethisch-metaphysische Frage nach einem Seinsollen des Menschen in einer seinsollenden Welt. Beim derzeitigen prekären und verwirrten Zustand der Werttheorie, mit ihrer letztlich nihilistischen Skepsis, ist dies kein hoffnungsvolles Unternehmen. Aber mindestens der Klarheit halber muß es unternommen werden. Dieser Aufgabe wenden wir uns jetzt zu.

Drittes Kapitel
Über Zwecke und ihre Stellung im Sein

Was zuerst geklärt werden muß, ist das Verhältnis von Werten und Zwecken (oder Zielen), die oft verwechselt werden, aber keineswegs dasselbe sind. Beginnen wir mit Zwecken. Ein Zweck ist das, um dessentwillen eine Sache existiert und zu dessen Herbeiführung oder Erhaltung ein Vorgang stattfindet oder eine Handlung unternommen wird. Er antwortet auf die Frage »Wozu?«. So existiert ein Hammer zum Hämmern, ein Verdauungskanal, um zu verdauen und dadurch den Organismus am Leben und in guter Verfassung zu erhalten; man geht, um irgendwohin zu gelangen; ein Gerichtshof sitzt, um Recht zu sprechen. Man beachte, daß die Zwecke oder Ziele, von denen wir in diesen Fällen sagen, daß sie die betreffenden Dinge oder Handlungen definieren, dies unabhängig von ihrem Status als Werte tun und ihre Erkennung als solche nicht schon Billigung besagt – daß also meine Feststellung, dies sei der Zweck von x, kein Werturteil meinerseits involviert. Ich mag einen Naturzustand ohne Hämmer besser finden, als einen Zustand der Zivilisation, in dem Nägel in Wände eingeschlagen werden; ich mag beklagen, daß Löwen nicht Vegetarier sind, und daher Verdauungssysteme mißbilligen, die auf die karnivore Lebensweise eingerichtet sind; ich mag es für besser halten, daß Leute bleiben wo sie sind, anstatt immer woandershin zu wollen; ich mag eine geringe Meinung von jeder Art Gerechtigkeit haben, die von Gerichtshöfen ausgeteilt wird – kurz, ich mag all jene Zwecke für *wertlos* in sich erklären. Nichtsdestoweniger muß ich sie immer noch *als* die Zwecke der betreffenden Dinge, für sich selbst genommen, anerkennen, wenn meine *Beschreibung* von ihnen richtig war. Indem ich sozusagen den »Gesichtspunkt« der Gegenstände selber einnehme, kann ich dann von der Erkennung ihrer innewohnenden Zwecke zu Urteilen über ihre größere oder geringere Angemessenheit an sie, das heißt über ihre Tauglichkeit für die Erreichung dieser Zwecke, fortschreiten und kann von einem besseren oder schlechteren Hammer, Verdauungszustand, Fortbewegungsakt, Justizsystem sprechen. *Dies* sind dann *Wert*urteile, aber sie beruhen gewiß nicht auf Wertentscheidungen oder Zielsetzungen meinerseits: sie sind vom Sein der betreffenden Dinge selbst abgeleitet und beruhen auf meinem Verständnis von ihnen, nicht auf meinen Gefühlen über sie. Derart können wir also den Begriff eines spezifischen »gut« und seines Gegenteils und der Grade dazwischen für verschiedene Dinge und Dingzusammenhänge bilden: *vorausgesetzt,* daß – und in dem Maße wie – wir »Zwecke« wirklich in den Dingen selbst, als ihrer Natur zueigen, wahrnehmen können. Es ist das »Gute« nach dem Maß der Tauglichkeit für einen Zweck (dessen Gutsein selber nicht beurteilt ist) – also relativer Wert für etwas.

Hier erheben sich nun offenbar sogleich zwei Fragen: *wessen* sind die Zwecke, die wir in den Dingen wahrnehmen? Und was ist der *Wert* dieser Zwecke selbst, hinsichtlich derer die betreffenden Dinge von Wert sind und besser oder schlechter, nämlich als Mittel, sein können? Können auch sie wieder besser oder schlechter sein? Die erste dieser Fragen zielt auf den Begriff eines Zweckes für sich selbst, die zweite auf den eines Wertes in sich selbst. Da wir es vorerst aber nur mit Zwecken und noch nicht mit Werten zu tun haben, bleiben wir hier bei der ersten Frage allein.

1. Der Hammer

1. Durch Zweck konstituiert

Für die Frage, »wessen« der Zweck ist, muß der Doppelsinn bemerkt werden, der in dem Ausdruck »einen Zweck *haben*« liegt. Der Hammer »hat« den Zweck des Mit-ihm-hämmern-Könnens: mit ihm und für ihn wurde er geschaffen; und er gehört zu seinem darauf eingerichteten Sein in ganz anderer Weise als der momentane Zweck des Werfens zu dem eben aufgerafften Stein, der des Hinausreichens zu dem dafür abgebrochenen Ast. Der Zweck, so können wir auch sagen, gehört zum *Begriff* des Hammers, und dieser Begriff ging, wie bei allen Kunstgegenständen, seiner Existenz *vorher* und war die Ursache seines Werdens. Das heißt der Begriff liegt hier dem Gegenstand zugrunde, nicht der Gegenstand dem Begriff, wie dies bei den, von schon existierenden Dingen abstrahierten, also nachträglichen Klassenbegriffen der Fall ist. Der Begriff der Zeitmessung zum Beispiel war die hervorbringende Ursache der Uhr und diese ist ganz und gar durch diesen Zweck definiert. Er ist buchstäblich ihre raison d'être. Also »hat« sie den Zweck wirklich als Bestimmung ihres Wesens und nicht bloß als Zufall der Verwendung (die sich einer zufälligen Tauglichkeit bedient) – die Zeitmessung ist ihre Bestimmung; ja, sie ist so sehr mit ihrem Zweck identisch, daß sie ohne ihn überhaupt nicht wäre.

2. Sitz des Zweckes nicht im Ding

Dennoch war jener ihr Sein verursachende und konstituierende Begriff nicht ihrer, sondern der ihres Herstellers, der ihn auch mit der Herstellung nicht auf sie übertragen konnte; die Zeitmessung war »sein« Zweck in diesem authentischen

Sinne, bleibt es und wird niemals der der Uhr selbst. In diesem zweiten Sinne von »haben« *hat* also die Uhr oder der Hammer ihren Zweck gar nicht selbst, sondern nur ihr Hersteller und Benutzer »hat« ihn. Dies ist so bei allen leblosen Geräten: der ihnen als Kunstprodukten *wesentliche* Zweck ist doch nicht der *ihre;* ihrer totalen Zweckhaftigkeit ungeachtet – oder gerade wegen ihrer – sind sie eigener Zwecke bar.

II. Der Gerichtshof

Gehen wir zum anderen Ende der Reihe, dem Gerichtshof. Auch er ist ein Kunstprodukt, nämlich eine menschliche Institution, und natürlich geht auch bei ihm der Begriff der Sache vorher: er wurde eingesetzt, *um* Recht zu sprechen. Die Begriffe des Rechts und der Rechtsprechung liegen der Existenz des Gebildes zugrunde. Aber nicht nur ging der Begriff hier der Sache ursächlich vorher, er muß auch in sie eingegangen sein, damit sie sein könne, *wozu* sie geschaffen wurde: durch Zweck-Kausalität ins Dasein gebracht, wird ein Gerichtshof auch durch diese allein, als in ihm wirkend, am Dasein erhalten.

1. Immanenz des Zweckes

Wie aber kann sie *in* ihm wirken? Indem die agierenden Teile (anders als bei der Uhr) selber von dem Zweck beseelt sind, das heißt ihn wollen und ihm gemäß handeln – wofür sie zu allererst zweckwollende und selbsthandelnde Wesen sein müssen. Das heißt, hier findet der Seinsunterschied von Hersteller und Hergestelltem nicht statt: jener (zum Beispiel der Gesetzgeber) und dieses (die gesellschaftliche Einrichtung) sind ontologisch, wenn auch nicht in persona, dasselbe Subjekt. Daher »haben« beide den Zweck im gleichen ursprünglichen Sinne. Wenigstens wird dies erwartet, und wenn sich in der Ausführung der Funktion andere Zwecke unterschieben, so ist auch dies nur möglich, weil es sich nicht, wie bei Geräten, einfach um ein zweckhaftes, sondern um ein selber Zwecke unterhaltendes Gebilde handelt, und die Abweichung vom ursprünglichen Zweck (vom gründenden Begriff) wird Anlaß zur Kritik. Die Kritik träfe hier nicht wie beim Gerät den Erzeuger, sondern das Erzeugte:

der Uhrmacher, nicht die Uhr ist schuldig, wenn die Uhr versagt; aber die Richter, nicht die Väter der Verfassung sind schuldig, wenn der Gerichtshof versagt. Das Wollen der instituierenden Gewalt setzt sich im Wollen der Institution fort, oder wird in ihr verkehrt, und so weiter; und wir brauchen auf die komplizierte Frage der Vertauschung, Vermischung und Überlagerung von Zwecken gar nicht einzugehen, und auch nicht auf die Frage, wie echt die Identifizierung der Sachwalter mit den Absichten des Gesetzgebers ist, um sagen zu können, daß Zwecke hier entlang der ganzen Reihe im gleichen primären Sinne am Werke sind.
Im Unterschied zum »Hammer« gilt denn also beim »Gerichtshof« (beides in gewissem Sinne »Werkzeuge«!), daß der Zweck nicht nur objektiv seine raison d'être, sondern auch subjektiv die fortgesetzte Bedingung seines Funktionierens ist, insofern als die Mitglieder des Gerichtshofs selber ihn sich zueigen gemacht haben müssen, damit er als solcher funktionieren kann.

2. Unsichtbarkeit des Zweckes im körperlichen Apparat

Ja, diese subjektive Seite, oder die von innen bestimmte *Idee,* ist sogar das *Einzige,* wodurch sich ein solches gesellschaftliches »Werkzeug« identifizieren läßt. Den Hammer kann ich, auch ohne seinen Zweck zu nennen (ja selbst zu kennen), allein nach seiner sichtbaren Gestalt, Zusammensetzung, Material und Form seiner Teile adäquat beschreiben, und so auch die Uhr (selbst wenn sie steht); und aus einer solchen rein physikalischen Inspektion, durch die die betreffenden Dinge im Bereich purer Objekte schon eindeutig bestimmt werden, läßt sich auch schon ihre Tauglichkeit zu dem oder jenem Zweck erkennen – und dann mit höchster Wahrscheinlichkeit vermuten, daß sie mit eben diesem geschaffen, für ihn *gedacht* waren. Das heißt die unsichtbare (»subjektive«) Absicht des Erzeugers ergibt sich aus der sichtbaren

(»objektiven«) Beschaffenheit des Gegenstandes; denn ich weiß natürlich, daß dergleichen Dinge nicht zufällig zustande kommen.[1]

Aber keine Beschreibung von Männern in Talaren und Perücken, in bestimmter Sitzordnung, mit bestimmter Reihenfolge von Sprechen, Hören und Schreiben, etc., kann den mindesten Begriff davon geben, was ein »Gerichtshof« ist und worum es hier geht. Ich muß schon dem, *was* da gesprochen wird, eine Zeit lang mit Verständnis folgen, um zu erkennen, daß es hier um Recht und Rechtsprechung geht, und ich muß diese *Begriffe* selbst verstehen, um die Einrichtung »Gerichtshof« (und dann auch den Vorgang »Gerichtssitzung«) überhaupt vor Augen zu bekommen. Aus dem ganz und gar Unsichtbaren der Zweckidee (hier der Rechtsidee) allein gewinnen all die äußeren Sichtbarkeiten – Talare, Perücken, Tische und Bänke, Papier und Federn – ihren Sinn als mehr oder minder zufällige Vehikel ihrer Verwirklichung. Die physische Bestandsaufnahme, wie vollständig sie auch sei, läßt hier den umgekehrten Schluß nicht zu.

3. Das Mittel überdauert nicht die Zweckimmanenz

Wie vollkommen im Falle menschlicher Institutionen das »Werkzeug« durch sein Wozu nicht nur definiert, sondern fortgehend konstituiert wird, kann man auch daraus ersehen, daß es nicht wie das materielle Werkzeug ein von Gebrauch und Zweckverständnis unabhängiges, in sich bestehendes Objekt ist, wenn es erst einmal da ist: der nicht benutzte Hammer kann noch nach tausend Jahren als physisches Objekt gefunden und vielleicht erkannt werden; das abgeschaffte Parlament ist ins Nichts verschwunden und hat nur seine Idee, aber kein ruhendes Objekt hinterlassen, das man zu gelegener Zeit wieder in den Dienst des Zweckes stellen kann. Dies ist nur eine Ausdehnung der vorigen Beobachtung. Der Hammer kann auch ohne Zwecknennung als ein

Ding beschrieben werden, das »so und so aussieht«, eben weil er eine vom Zweck trennbare *Existenz* hat; ein Parlament, eine Steuerbehörde, ein Rechtswesen haben kein solch unabhängig beschreibbares »Aussehen«, eben weil sie keine vom Zweck unterschiedene Existenz haben.[2]

4. Anzeige des Zwecks durch dingliche Instrumente

Nun ist aber zu bemerken, daß die undinglichen sozialen Instrumentalitäten sich dinglicher Instrumente des ersten Typs bedienen, aus deren erkennbarer Zweckhaftigkeit sich doch etwas auch über ihren eigenen Zweck ablesen läßt. Hier gibt es Unterschiede des Grades, die von der Art des Zweckes abhängen: je mehr er physisches Handeln einschließt, umso erkennbarer wird er aus seinen physischen Mitteln. Aus den Tonstücken des athenischen Scherbengerichts, ihrer Austeilung, Einsammlung, etc. hätte ein außerplanetarischer Besucher schlechterdings nichts (so wenig wie aus dem modernen Stimmzettel) über den Sinn und die Absicht der Institution entnehmen können; aber aus dem gleichzeitigen Arsenal der athenischen Armee schon erheblich mehr, zu schweigen von seinem Gebrauch in der Schlacht. Ein modernes Arsenal, in seinen technischen Zwecken aus seiner puren Physik entzifferbar, wäre noch um vieles eindrucksvoller. Dennoch ist selbst in einem so deutlichen Fall die Entität »Armee« in ihrem gesellschaftlich-politischem Wesen nicht aus den physischen Mitteln (»hardware«) und physischen Aktionen, das heißt dem bloßen Außenaspekt, wirklich erkennbar und es bleibt immer der innere, begriffliche Zweckwille des Ganzen und der Teile (zum Beispiel ein Wissen darum, was »Staat«, »Souveränität«, »nationaler Konflikt« ist) auch hier die letzte Instanz, aus der sich das soziale Mittel erklärt. In den meisten Fällen ist dieser Zweckwille hochabstrakt, und selbst die massivsten Marterwerkzeuge der Inquisition belehren uns nicht darüber, worum es in einem Ketzerprozeß ging, noch aller Austausch von Papieren und Unterschriften darüber, was ein Vertrag ist, noch – seinen Gegenstand betreffend – was Eigentum ist. Und selbst der klarste Zweck der Kernwaffen im eventuellen Gebrauch – nämlich Vernichtung – verrät nicht, daß der Zweck ihrer Anhäufung der Nichtgebrauch ist.

5. Gerichtshof und Hammer: Sitz des Zweckes bei beiden der Mensch

Brechen wir hier die recht elementare Überlegung der beiden Fälle ab und fassen zusammen, was wir von ihnen gelernt haben. Wir nahmen, wie zu erinnern ist, die entgegengesetzten Enden der Reihe »Hammer, Verdauungsorgan, Gehen, Gerichtshof« voraus und stellten sie zusammen, sowohl um ihres kardinalen Unterschieds wie auch um ihrer kardinalen Gemeinsamkeit willen. Die Gemeinsamkeit besteht darin, daß bei beiden kein Zweifel darüber ist, daß sie um des Zweckes willen geschaffen und darauf eingerichtet wurden, ihre Tauglichkeit also kein Zufall ist. Das heißt, beide sind menschliche Kunsterzeugnisse. Daraus folgt aber, daß die ihnen anvertrauten Zwecke selber menschliche sind, nämlich die ihrer Verfertiger und Benutzer, seien diese der Einzelmensch oder die Gesellschaft.

Dennoch aber war im Falle des Geräts der Zweck äußerlich, während er im Falle der nicht nur von, sondern auch aus Menschen gebildeten Zweckeinrichtung innerlich in dem beschriebenen Sinne ist – wobei doch auch sie fortfährt, Mittel zu sein, und auch mit der Innerlichkeit des Zweckes nicht selber zum Zweck wird. Wir sind also noch nicht beim Selbstzweck angelangt. Aber wir haben auf die Frage, »wessen« der Zweck ist, in beiden Fällen die Antwort erhalten: des Menschen; und wenn es hierbei bleibt, dann wäre Selbstzweck (der damit auch der Endzweck wäre) immer der Mensch oder im Menschen gelegen. Dies entspräche der modernen Überzeugung, daß »Zweck« überhaupt ein gänzlich menschlicher Begriff ist und nur von ihm anderen Dingen durch Herstellung mitgeteilt oder durch Interpretation imputiert wird – daß es ihn sonstwo in der Welt gar nicht gibt.

In jedem Fall trifft auf die besprochenen Gebilde zu: sowohl daß sie *eindeutig Zweckgebilde* sind, als auch, daß der Zweck von *menschlichen Subjekten* gesetzt und unterhalten wird. Hinzugefügt sei nur, daß »eindeutig ein Zweckgebilde sein« nicht notwendig Eindeutigkeit des Zweckes selbst besagt: mehrere Zwecke können sich in seiner ursprünglichen Konzeption vereinigen oder in seiner späteren Funktion hinzugesellen, einschleichen, usw., bis zur Entfremdung vom anfänglichen Zweck; und bei dem gesellschaftlich-personalen »Mittel«, dem Amt, ist es nicht ausgeschlossen, daß es sich, aller ursprünglichen Absicht zuwider, zum Selbstzweck macht.

III. Das Gehen

1. Künstliche und natürliche Mittel

Bei den verbliebenen Beispielen handelt es sich um nichtkünstliche, also natürliche Dinge und Funktionen. Es ist zu untersuchen, was der Unterschied von künstlich und natürlich für die Zusprechbarkeit von »Zweck« besagt. Dazu tut sich innerhalb dieser Beispielsklasse selbst, vertreten durch Verdauungsorgan und Gehen, der Unterschied zwischen willkürlich und unwillkürlich in der Funktion auf, so identisch die Naturgegebenheit der beiderseitigen »Werkzeuge« ist: auch dieser Unterschied ist auf die Bedingung für Zweck hin zu befragen, wobei man bemerkt, daß er sich mit dem zwischen Mensch und Tier überkreuzt. Der Bereich rein menschlicher *Absicht,* und vielleicht der von Absicht oder Vorsatz im strikten Sinn überhaupt, ist hier somit mehrfach überschritten – mit der natürlichen Existenz des Organs in jedem Fall und mit seiner Funktion, gleichviel ob unwillkürlich oder willkürlich, in allen nichtmenschlichen Fällen. Wir beginnen mit dem Gehen als Beispiel der »willkürlichen« Klasse, bei der menschliche Absicht mindestens Platz hat, insoweit nämlich das Gehende ein menschlicher Organismus sein kann.

2. Der Unterschied von Mittel und Funktion (Gebrauch)

Wir sagten »man geht, um irgendwohin zu gelangen«. Das »um zu« bezeichnet den Zweck. Man geht »mit« den Beinen; diese (mit dem ganzen, ihnen zugeordneten neuro-muskulären Apparat) sind das Mittel. Das Mittel ist naturgegeben und lebendig, ein Teil des lebendigen Benutzers selbst, setzt sich aber nicht selber in Tätigkeit und sein Besitz bedeutet nicht schon seine Betätigung. Nicht die Beine gehen, sondern der Gehende geht mit ihnen; nicht die Augen sehen, sondern der Sehende sieht mit ihnen; und das »um zu« zeigt außer dem Zweck auch eine Kontrolle seitens des Subjektes an, die wir den Willen nennen. So wenigstens wird für die extern-*motorischen* Verrichtungen allgemein, oder jedenfalls beim Menschen nach subjektiver Evidenz, angenommen. Bei den sensorischen geht es weniger willkürlich zu. Man sieht, hört, riecht, ohne es zu wollen. Die Sinnlichkeit wurde von jeher als ein Empfangen oder Erleiden verstanden (»affiziertwerden«, »Rezeptivität«). Aber auch hier kann das aktive und damit willkürliche Element hinzutreten: Hinblicken ist mehr als passives Sehen, Lauschen mehr als unfreiwilliges Hören, Schnuppern mehr als nur Riechen, usw; und beim Tasten, das ja *per se* motorische Tätigkeit einschließt, ist der willkürlich-aktive Anteil an der Wahrnehmung offenkundig. (Tatsächlich, wenn auch größtenteils unwillkürlich und unbemerkt, ist Motorisches – zum Beispiel durch Linseneinstellung – auch am absichtslosesten Sehakt beteiligt.) Hier tritt also das »um zu« als subjektiver Zweck auch in den Gebrauch der Sinnesorgane ein.

Der klarste Fall aber der Scheidung zwischen Besitz und Gebrauch des Organs, und damit zwischen Zweck des Organs selbst und Zweck seiner Betätigung, liegt bei den motorischen Ausrüstungen vor, wo wir sagen, daß es dem mit Beinen (»Gehwerkzeugen«) Begabten freisteht, zu gehen oder nicht zu gehen, und wenn er geht, hierhin oder dorthin zu gehen: dies alles mag ihm anderweitig vorgeschrieben sein, aber es ist ihm nicht durch den Besitz und das Können der Beine vorgeschrieben. »Es steht ihm frei« sagt also noch nichts über seine Freiheit im ganzen, aber es sagt, daß es »ihm« (was immer dies Subjekt selber sei) von seiten des betreffenden Organs freigestellt ist – daß *dieses* noch nicht über seinen Gebrauch entscheidet.

Hier sind wir also am nächsten dem Hammer. Auch er ist nur

zum Gebrauch fertig da, verursacht ihn aber nicht; und man braucht sich über die Freiheit oder Determiniertheit des Benutzers nicht den Kopf zu zerbrechen, um sagen zu dürfen, daß das Werkzeug »nach Belieben« benutzt werden kann – wobei das Belieben sehr wohl seine eigene Determination haben mag. Und auch dies ist beiderseits ähnlich in dieser Trennung von Werkzeug und Funktion, daß mit dem Zweck des Werkzeugs noch nicht der Zweck der Funktion angegeben ist. Der des Werkzeugs ist einfach die Funktion selbst, aber diese muß, als willkürliche, ihren eigenen Zweck haben, um unternommen zu werden, und er ist nur in seltenen Fällen sie selbst. Beine wie Hammer erfüllen ihren Zweck im Gehen bzw. Hämmern als solchen, aber ob dieses *seinen* Zweck erfüllt oder verfehlt, steht noch dahin; ja, das Werkzeug hat seine Pflicht getan, selbst wenn es völlig ziel- und zwecklos benutzt wurde. Man kann auch sagen, daß der Zweck des Werkzeugs beziehungsweise Organs generell, der Zweck seiner Betätigung speziell ist: die Spezifizierung des generellen Könnens tritt in der Aktion durch deren besonderes Ziel ein (natürlich auch durch die physischen Umstände).

3. Werkzeug, Organ und Organismus

In dieser Ähnlichkeit zwischen Gliedmaßen, das heißt äußeren Motor-Organen, und Werkzeugen haben wir den Grund, warum jene – und dann in Ausdehnung davon *alle* funktionellen Dienststrukturen des Körpers, innere nicht weniger als äußere, sensorische und chemische nicht weniger als motorische – »Organe« genannt wurden, was eben »Werkzeuge« heißt: etwas, das ein Werk verrichtet oder womit ein Werk verrichtet wird. Ja, Aristoteles in seiner berühmten Definition des Lebewesens *definierte* den lebendigen Körper geradezu als »organisch« *(soma organikon)*, das heißt als mit Werkzeugen begabt oder aus Werkzeugen bestehend; und mit gutem Grund nannte er die menschliche Hand das

»Werkzeug der Werkzeuge«, weil sowohl sie selber gewissermaßen das vorbildliche Werkzeug ist als auch durch sie die künstlichen geschaffen und als ihre Verlängerung gehandhabt werden.[3] Und so würden wir, wenn wir von »Organismus« reden, dem ursprünglichen Wortsinne nach bereits von einem Zweckgebilde reden, da der Begriff des Werkzeugs nicht ohne den des Zweckes gedacht werden kann. Aber das Glück eines Namens beweist natürlich nichts für die Sache, und ob auch beim natürlichen Werkzeug, wie beim künstlichen, der Zweck außer in der Verwendung schon in seinem Ursprung und Dasein liegt, steht allerdings noch dahin. Mit dieser Frage, deren Wichtigkeit hier noch nicht sichtbar ist, werden wir bei der letzten (durch »Verdauungssystem« vertretenen) Beispielsgruppe zu tun haben, wo Dasein *und* Funktion gleicherweise der Willkür entzogen sind, ja meist zusammenfallen, und daher für die Bestimmung des Zweckcharakters (wenn sie ihn haben) der Rekurs auf subjektive Zwecksetzung gänzlich fortfällt.

4. Subjektive Zweck-Mittel-Kette im menschlichen Handeln

Aber schon in der jetzigen (durch »Gehen« vertretenen) Beispielsgruppe ist trotz der »Willkürlichkeit« der Aktion die Rolle des subjektiven Zweckes keineswegs fraglos. Daß man geht, »um« irgendwohin zu gelangen, ist allerdings überzeugend, wo das Subjekt ein menschliches ist. Da kann man den Gehenden fragen, *warum* er geht, und eine ganze Serie von Antworten erhalten, in der die Nennung des Wohin nur die erste ist und immer ein »um-zu« in ein weiteres übergeht: um dorthin zu gelangen – um einen Freund zu treffen – um mit ihm etwas zu besprechen – um zu einem Entschluß zu kommen – um sich damit einer Pflicht zu entledigen . . . und so fort. Von jedem Objekt in der Reihe gilt, daß es je an seiner Stelle *gewollt* wird, und zwar bei einigermaßen rationalem Handeln das spätere jeweils vor dem früheren und dieses dann um des späteren willen. Es mag dahingestellt bleiben, ob wirklich (wie seit den antiken Philosophen meist dargestellt wurde) die Reihe notwendig in einem bestimmten Endobjekt als dem eigentlichen Worum-willen terminiert, oder nicht vielmehr sich im allgemeinen Labyrinth der Existenz verliert; auch ob die bewußten Gründe immer die einzigen oder die wahren sind; ob das entfernter Gewollte wirklich immer das Nähere als sein Mittel determiniert, oder nicht umgekehrt oft das Nächst-Gewollte die Fiktion des ferneren Zieles eingibt – gleichviel auch, ob überhaupt das lineare Bild der Serie nur ein idealisiertes Modell ist, dem ein sehr verschlungenes Netzwerk in der Wirklichkeit entspricht: klar ist mit all diesen Unklarheiten doch, daß es sich um eine wirkliche Zweckstruktur im subjektiven Sinne, das heißt mit vorgestellten Zielen, handelt – stammt doch hierher überhaupt der ganze Begriff von Ziel und Zweck – und daß hier das Worum-willen, die mehr oder weniger deutliche Absicht, wirklich Auskunft über den Sinn des Geschehens, nämlich qua Handelns, gibt.

5. Aufteilung und objektive Mechanik der Kette im tierischen Handeln

Ebenso klar aber ist (oder fast ebenso klar), daß eine derartig artikulierte Zweck-Mittel-Kette in tierischem Handeln, das doch auch *ziel*gerichtet ist, nicht zu unterstellen ist. Gewiß, das Vogelpärchen trägt die Halme herbei, *um* damit ein Nest zu bauen, und später die Würmer, *um* damit die Jungen zu füttern, aber niemand wird behaupten, daß das erste Um-zu schon über die Wochen hinweg das zweite – samt allem, was dazwischen liegt: Eierlegen, Brüten, Auskriechen, etc. – »im Auge« hat. Vielmehr sagt man, daß hier die ganze Reihe in jedem ihrer einzelnen Schritte »instinktiv«, aus dunklem Drang, erfolgt, das heißt nach einem zu bestimmter Zeit, Gelegenheit etc. auftretenden unwiderstehlichen Zwang, der jeweils eigentlich *nur sich selbst* befriedigt und insofern blind ist; aber doch auch wieder sehend, insofern als in der Ausführung dieser Schritte äußerste Diskrimination der Sinne und Herrschaft der Bewegung im Spiele sind, und ganz gewiß fühlend und »wollend«, wenn man die leidenschaftliche Erregung beobachtet, die insbesondere bei Widerständen zutage tritt. Das ist eine rätselhafte Sachlage, der mit dem Zauberwort »Instinkt« wenig geholfen ist. Kein Beobachter kann die ungeheure Anteilnahme des »Interesses«, die das »willkürliche« Handeln der wacheren Tierarten mit Zentralnervensystem durchtränkt, die tiefe Emotionalität ihrer Zielverfolgung in der Nahrungs-, Geschlechts- und Brutsphäre, ihr äußerstes Ja und Nein in physischer Bedrohung und Verteidigung übersehen: und doch muß er sie zugleich verleugnen, insofern er diesen subjektiven Vorgängen die wirklich lenkende und zielsetzende Kraft abspricht und sie als bloße Glieder in der Notwendigkeitskette von Reiz und Antwort sieht, die in all ihren Schritten letztlich rein objektiv determiniert ist. Hier sind verschiedene Schichten der Auslegung möglich.

a. Wenn die Katze die Maus belauert, so kann man sagen, daß sie es tut, »um« im geeigneten Augenblick auf sie zu springen; und wenn sie springt, sie *das* tut, um sie zu töten; und sie tötet, um sie zu fressen; und sie frißt, um ihren Hunger zu stillen: aber nicht, daß sie sich zum Belauern der Maus aufmacht, um ihren Hunger zu stillen – wenn nämlich das »um-zu« als *vorstellende Antizipation* verstanden wird. Das heißt, diese Antizipation (wenn sie überhaupt vorhanden ist) reicht gerade so weit, daß jedesmal das direkte, aber nicht das mittelbare und über mehrere mittelbare hinweg das schließliche Ziel schon in sie eingeschlossen ist – im Lauern also gerade noch das bevorstehende Springen – und das End- und Gesamtziel der ganzen Reihe ergibt sich nur additiv aus der Abfolge der Einzelschritte. Die erste Einschränkung tierischen Handelns auch bei den zerebral höheren Arten gegenüber menschlichem wäre also die Beschränkung des »Gewußten« und »Gewollten«, das heißt der subjektiven Vorwegnahme, auf das jeweils nächste Ziel, und damit die Aufteilung der ganzen Zweckserie in jeweils zum folgenden überleitende Einzelzwecke.

b. Aber der Gesamtzweck, hier die Stillung des Hungers – wodurch wurde er, wenn nicht durch Wissen und Wollen, »gesetzt«? Die natürliche Antwort ist hier: eben durch den Hunger, der – für jetzt als Gefühl genommen – die ganze Reihe in Bewegung setzt und durchherrscht. Da dies ein Gefühl ist, das, als »Leiden«, innerlich einen Drang hat, nämlich den zu seiner eigenen Aufhebung, so kann man sagen, daß *dies* das einigende subjektive Zweckmotiv der ganzen Serie ist, selbst ohne antizipatorische Vorstellung und davon abgeleitete Wahl der Mittel. *Mit* diesem Drang dahinter wird die Serie »im Ernst« eingeleitet und durchgehalten; ohne ihn können die Einzelakte auch unabhängig aus Reflex und »im Spiel« vollführt werden und sich dann leicht von anderen Reizen ablenken lassen, wie oft zu beobachten ist. Also ist allgemein das dem Bedürfen zugeordnete Gefühl der seelische Sachwalter des Zweckes im willkürlichen Verhalten vor-rationalen Lebens.

c. Das Gefühl aber treibt nur an und belehrt nicht über die seiner Befriedigung dienlichen Mittel. Woher kommt dann das zweckmäßige Verhalten der Tiere in den Einzelschritten und ihrer oft ausgedehnten Abfolge (Nestbau, und so weiter; Wahl und Beschleichen der Beute, und so weiter)? Hier ist die Antwort, daß die kleineren Handlungskomplexe, aus denen sich die längere Kette zusammensetzt, ihre in der Anlage des Organismus vorbereiteten *Schemata* haben, durch die der Antrieb des Gefühls kanalisiert wird. Das Schema tritt auf sein eigenes Stichwort (äußeren und inneren Reiz) hin in Kraft und seine Vollführung hat im Kleinen wieder die je eigene Gefühlsnötigung und -befriedigung, wie die ganze Serie sie im Großen hat. Der Zweck wohnt also einerseits in dem Antrieb, andererseits in den für diesen bereiten, vorgeprägten Verhaltensformen.

d. Wenn aber derart die Serie eigentlich mehr vom eigenmächtigen Impuls des Gefühls angetrieben als vom vorgesetzten Ziel seiner Befriedigung geleitet wird – also eher *aus* Hunger als *zur* Sättigung erfolgt – und im gleichen die Einzelschritte mehr vom »Stichwort« ausgelöst als vom Zweck eingegeben werden, dann gerät die Stellung des Zweckes in diesem Geschehen in das Zwielicht des Zweifels. Denn das Hungergefühl ist ja nur das psychische Äquivalent (oder sogar noch weniger: die symbolische Oberflächenerscheinung) eines physischen Mangelzustandes im Stoffwechselsystem, der durch seine eigenen, chemischen und neuralen Mechanismen *unterhalb* des Gefühls auch jene – wiederum physischen – Dispositionen erzeugt, die dem gefühlsgetränkten motorischen Verhalten »wirklich« zugrunde liegen. Wenn aber dies und nicht das (zum bloßen Symptom herabgesetzte) Gefühl die eigentliche Ursache des Verhaltens ist, dann muß der »Zweck«, wenn er überhaupt noch eine wirksame und nicht bloß dekorative Rolle spielen soll, seinen Sitz schon in eben *dieser* Kausalität und nicht erst in der Spiegelung des Gefühls haben – und wäre damit vom psychischen Bereich überhaupt abgelöst.

Damit erhebt sich die Frage, ob es Zweck in der objektiven, physischen Welt gibt oder nur in der subjektiven, psychischen – eine Frage, die wir für die letzte Beispielsgruppe vorbehalten. Wie aber auch die Antwort auf diese ontologische Kapitalfrage lauten mag, die Frage nach dem Status der Subjektivität stellt sich schon jetzt, und am deutlichsten für die *Einzelhandlungen,* die wir auf ihre Weise als »sehend« befanden, während das die ganze Handlungsfolge durchherrschende Gefühl – hinsichtlich seines Endzwecks wie der Zwischenglieder – sicherlich blind ist. Die erwähnte »Aufteilung« der langen Zweckserie in kurze selbstbezogene Einzelzwecke, die jeweils ihr direktes Objekt in Wahrnehmung und Wollen gegenwärtig haben, empfiehlt diese Befragung der Einzelglieder, das heißt der scharf intentionalen Verhaltenseinheiten.

e. Wir sagen, die Katze frißt die Maus, um ihren Hunger zu stillen, tötete sie, um sie fressen zu können, fing sie, um sie töten zu können, beschlich sie, um sie fangen zu können; aber vielleicht sollten wir lieber sagen: sie frißt sie *aus* Freßgier (nicht um sich zu sättigen), tötete sie aus Mordgier, fing sie aus Fanglust, beschlich sie aus Schleichlust. Das Ergebnis ist dasselbe, aber die Erklärung verschieden. Denn im zweiten Fall kann jedesmal die gefühlte Gier oder Lust genau so als bloß sekundäre Subjekterscheinung (psychisches Symbol) eines physiologischen Spannungszustandes angesehen werden, wie wir dies für das durchgehende Gesamtgefühl »Hunger« zugestanden hatten; und diese *physische* Vorbedingung im organischen Zustand zusammen mit dem sensorischen »Stichwort« wäre genug, das jeweils fällige Verhaltensschema *auszulösen*. Also zum Beispiel muß zwar die Maus zuerst »gesichtet« sein (Stichwort!), um die Lauerhaltung einzunehmen, und dann die Beschleichung ständig den gesehenen Bewegungen der Beute Rechnung tragen, um zum Ziel zu führen: insofern ist es richtig zu sagen, daß der Vorgang ein sehender und nicht ein blinder ist – daß er das Ziel »vor Augen« hat. Aber wie ernst ist »Sehen« hier als *mentales* Gewahrwerden zu nehmen? Nach cybernetischer Auslegung kann das Sichten als bloß objektiver Nervenreiz mit der Rolle des »trigger« verstanden werden, und die darauf folgenden Verhaltensanpassungen als ebenso objektiver sensorisch-motorischer feed-back-Mechanismus, so daß der ganze Vorgang etwa so zu beschreiben ist: physiologische Spannung (homeostatisches »Gefälle«); innere Sekretion und Nervenreizung; selektive Auslösebereitschaft des Verhaltensschemas; äußere (sensorische) Nervenreizung als Auslöser des passenden Verhaltensschemas; sensorisch-motorische Rückspeisung als Lenker des Verhaltensablaufs; Verhaltenserfolg als Spannungsausgleich (homeostatisches Gleichgewicht). Also folgendes Hin und Her in unserem Beispielsfall: Maus gesichtet – Belauern, Maus in geeigneter Stellung – Sprung, Maus in Klauen – Zerreißen, Maus zerrissen – Verspeisen; metabolischer Mangelzustand (Dishomeostasie) mit seinem inneren Melde- und Reizungssystem (»Hunger«) als unterliegende Allgemeinbedingung vorausgesetzt.

Hiernach hätte alle Bemühung tierischen Lebens nur ein Ziel, und ein negatives, nämlich Behebung einer Spannung; oder vielmehr, da das Wort »Ziel« hier unangemessen geworden ist, aller tierische Aktionsablauf folgt dem Gesetz des Ausgleichs, das heißt der Mechanik der Entropie: das *bonum desideratum* wäre die subjektive Darstellung der am Ende wartenden Indifferenz oder des Nichts; was sich als herbeiführendes Streben gibt, wäre das richtungs-einsinnige Gefälle der Entspannung, die Lust seiner Erreichung der positive Aufputz eines Verschwindens, das heißt des Eintritts der (momentanen) Spannungslosigkeit oder Ruhelage. Der Ablauf an sich wäre durch diese Gemüts- und Vorstellungszutaten nur indirekt repräsentiert, aber nicht eigentlich beschrieben.

f. Man beachte, daß in seiner »eigentlichen« Beschreibung keine psychologischen Ausdrücke (Subjektbegriffe) vorkamen: homeostatisches Gefälle, nicht Hunger; sensorische Reizung, nicht Sichtung; Spannungsausgleich, nicht Befriedigung. Wir fragen: Welche Rolle im *Zweck*charakter des Aktionsganzen ist dann noch dem Subjektiven, Erlebnishaften zuzusprechen, dessen pure *Anwesenheit* doch kein Zeuge der ausdrucksvollen Intensität tierischen Handelns und Erleidens verkennen kann? An der dogmatischen Gewaltsamkeit, die dazu gehört, sie dennoch zu leugnen, hat es bekanntlich in der Geschichte der Theorie nicht gefehlt. Aber der ganz und gar künstliche Grund einer solchen Leugnung, nämlich Descartes' Dekret, daß Subjektivität als solche nur vernünftig und folglich nur beim Menschen sein kann, bindet den vernünftigen Beobachter nicht und jeder Hundebesitzer kann ihn hinweglachen.

Ist also die Anwesenheit des Subjektiven als solche fraglos (einerlei, wo in der Entwicklungslinie sie beginnt), so ist die

Frage dann, was sie bedeutet. Bedeutet sie zum Beispiel (wie auf verschiedene Art der psychophysische Parallelismus und der Materialismus behaupten) nicht mehr als eine Begleitmusik ohne Einfluß auf das Begleitete? Es ist die Frage nach Macht oder Ohnmacht des Psychischen, die sich hier zu der Frage nach Einfluß oder Einflußlosigkeit des subjektiven *Zweckes* spezifiziert. Dieser selbst ist zugestanden mit dem Zugeständnis der Subjektivität überhaupt, mit ihrer Lust und Pein, Erstreben und Vermeiden. Ist aber der hier »erlebte« Zweck auch ein wirksamer Faktor im Geschehen? Es ist zu bemerken, daß diese Frage nur das *Verhältnis* zum Physischen betrifft, nicht aber die Natur des Physischen selbst. Das heißt die Frage, ob *dort* Zweck (in einem nicht-subjektiven Sinn) zu finden ist oder nicht, bleibt unberührt vom Entscheid der Frage nach der Kraft oder Ohnmacht *mentalen* Zweckes. Die letztere Frage taucht auf, wie zu erinnern ist, nur im Zusammenhang mit den *willkürlich* operablen Gliedmaßen des Körpers: wir sind immer noch beim Beispiel des »Gehens« und noch nicht bei dem des »Verdauens«. Das Adjektiv »willkürlich« darf nicht so verstanden werden, daß es die Antwort präjudiziert, das heißt als Feststellung, daß der subjektive Wille den Gebrauch des Organs beherrscht. Nicht einmal, daß überhaupt ein Wille da ist (und noch weniger, daß er »frei« ist), ist notwendig für die hier gemeinte Unterscheidung zwischen willkürlicher und unwillkürlicher Organfunktion: wie früher bemerkt, besagt sie zunächst nur, daß bei gewissen Organen – den äußeren Motororganen – der Gebrauch variabel, gelegentlich und der zentralen Kontrolle des Organismus anheimgestellt ist, während bei anderen der Gebrauch mit dem Besitz gegeben und automatisch ist: zum Beispiel Ballen der Faust einerseits – Schlagen des Herzens anderseits. Aber gegenwärtig haben wir mit der Annahme der Subjektivität überhaupt die Annahme des Willens (oder seines tierischen Analogons) schon gemacht und fragen nach seiner Rolle in den willkürlichen Bewegungen.

Und nun sei schließlich noch hinzugefügt (zur gebührenden

Beunruhigung derer, die sich mit der Nichtigkeit der Seele in der außermenschlichen Natur leicht abfinden zu können glauben), daß sich die Beantwortung der Frage vom Tier auf den Menschen ausdehnt – das heißt, daß die früher gemachte Unterscheidung zwischen den vielgliedrigen Zweck-Mittel-Ketten des denkenden Menschen und der jeweils eingliedrigen Zielbesessenheit des fühlenden Tieres vor der Grundfrage nach der Macht oder Ohnmacht der Subjektivität überhaupt zusammenbricht. Denn was wir in (e.) über die immanente cybernetische Suffizienz der rein physischen Reihe bei tierischem Handeln sagten, das läßt sich mit entsprechender Subtilisierung auch auf das Motivations-, Denk- und Entscheidungsleben des Menschen übertragen, und zwar bis in die reflektierteste Vorstellungstätigkeit des Bewußtseins hinein, die doch immer ihre zerebrale Unterlage hat. Auch dort wäre der Theorie gemäß das physiologische Geschehen, wenn erst vollständig bekannt, ausreichend für die kausale Erklärung des von außen sichtbaren, eben physischen »Verhaltens« (im umfassendsten, die verbale Äußerung einschließenden Sinne) und der im Bewußtsein erfahrene Innenaspekt, der sich dem Subjekt als Erklärung ausgibt, wäre kausal betrachtet nicht mehr als ein müßiges Ornament – und ein täuschendes dazu. In der Tat, nur die exorbitantesten metaphysischen ad-hoc Annahmen (vor denen allerdings die zu allem fähige Spekulation nicht zurückgeschreckt ist) kann den Menschen von der Regel ausnehmen, wenn in der übrigen Lebenswelt das Subjekt nichts als ineffektive Begleitmusik und daher in ihrem eigenen Künden bloßer Schein sein soll. Der Status der Subjektivität dort berührt also auch den Status von menschlichen Zwecken und damit den der Ethik. Wir werden später sehen, daß er außerdem »nach unten« auch den Status von Zweck im unbewußten, ja unbeseelten Sein, also in der Welt überhaupt berührt.

Dieser kritischen Stellung wegen wäre hier nun eigentlich, wenn wir der Systematik der Sache gerecht werden wollten, eine Sondererörterung der Frage nach der kausalen Stellung der Bewußtseinssphäre am Platze – mit andern Worten: des ganzen, seit Descartes die Philosophie plagenden und so widerspenstigen »psychophysischen Problems«. Doch mit einem so weitläufigen Exkurs können wir die gegenwärtige Untersuchung nicht belasten und begnügen uns daher damit, kurzweg das Ergebnis einer unabhängig veröffentlichten Studie über »Macht oder Ohnmacht der Subjektivität«[4] in das laufende Argument einzusetzen. Der mit der Beweisführung hier nicht versehene Leser möge es für den Augenblick und auf Widerruf hinnehmen.

6. Die kausale Macht subjektiver Zwecke

Das im weiteren unterstellte Ergebnis ist, kurz gesagt, die Wiederbeglaubigung des ursprünglichen Selbstzeugnisses der Subjektivität, das heißt ihrer vom Materialismus bestrittenen und zum »Epiphänomen« herabgesetzten Eigenwirklichkeit. Diese ist so »objektiv« in der Welt wie die Körperdinge. Ihre Wirklichkeit besagt Wirksamkeit, nämlich Kausalität nach innen *und* nach außen, also Kraft zur Selbstbestimmung des Denkens im Denken und zur Leibesbestimmung durch es im Handeln. Mit der Leibesbestimmung aber, die sich in die Welt fortsetzt, ist auch die objektive Rolle subjektiver Zwecke im Gesamtgefüge des Geschehens gesetzt, folglich Raum für ihre Dynamik in der Natur gemacht. Daß diese ihn prinzipiell versage, ist eine Überdeutung ihres Determinismus, welche die neueste Physik nicht mehr teilt. – Soweit das summarische Resultat. Über den Beweisgang sagen wir nur soviel, daß er in der Hauptsache negativ geführt ist: Die gegenteilige Annahme, die der Ohnmacht des Subjektiven, stellt sich als logisch, ontologisch und epistemologisch absurd heraus; außerdem aber auch als *unnötig* für den mit ihr beabsichtigten Zweck, nämlich die Wahrung der Integrität der Naturgesetze. Der Aufweis dieser Unnötigkeit führt über die bloß negative Argumentation hinaus, indem sie die *Vereinbarkeit* psychophysischer Wechselwirkung mit der Geltung der Naturgesetze mindestens an einem hypothetischen Denkmodell veranschaulicht. Für das frei konstruierte Modell wird nicht Wahrheit, sondern lediglich Möglichkeit behauptet in dem Sinne, daß es weder den Phänomenen noch sich selbst widerspricht. Da aber Unmöglichkeit – nämlich Undenkbarkeit einer Wechselwirkung bei Geltung des physikalischen Kausalprinzips – der ganze Grund für die Parforce-Tour des Parallelismus oder Epiphänomenalismus war, so genügt der Aufweis bloßer Möglichkeit in einem Denkbeispiel, um den Verzweiflungsausweg in die Ohnmachts- und Scheintheorie des Subjektiven als unnötig darzutun und damit seiner einzigen Entschuldigung zu berauben. Die Grunderfahrung fühlenden Lebens ist damit wieder in ihr Erstlingsrecht eingesetzt, einfach weil keine theoretische Notlage mehr (die übrigens auch beim radikalsten naturwissenschaftlichen Determinismus nie zwingender war als dessen – wesenhaft unbeweisbare – Annahme selber) das Denken zur Ungeheuerlichkeit ihrer Alternative zwingt: Die »Seele« und damit der »Wille« ist als ein Prinzip unter den Prinzipien der Natur vindiziert, ohne Zuflucht in den Dualismus nehmen zu müssen (eine Zuflucht, die zwar nicht gar so verzweifelt wie die in den materialistischen Monismus, aber doch theoretisch im höchsten Maße unbefriedigend ist). Wir können also mit einiger Zuversicht sagen, daß der Bereich willkürlichen Körperbewegens bei Mensch und Tier (am »Gehen« exemplifiziert) ein Ort wirklicher Determination durch Zwecke und Ziele ist, die von denselben Subjekten objektiv ausgeführt werden, die sie subjektiv unterhalten: daß es also »Handeln« in der Natur gibt. Darin ist enthalten, daß die Wirksamkeit von Zwecken nicht an Rationalität, Überlegung und freie Wahl, also an den Menschen, gebunden ist.

Sie ist allerdings im bisherigen Argument, der Beispielssphäre entsprechend, auf die es sich bezog, an »Bewußtsein« in irgendeinem Sinne, an Subjektivität und an »Willkür«

gebunden; und die Frage erhebt sich, ob auch unterhalb davon, im bewußtlosen und unwillkürlichen Lebensgeschehen (zu schweigen von dem, was noch unterhalb davon ist, der das Leben tragenden Natur im allgemeinen), so etwas wie »Zweck« am Werke ist. Dieser Frage, die für eine letztlich ontologische Basierung von »Wert« und damit von ethischer Obligation fundamental ist, für die wir aber bei weitem nicht dieselbe Sicherheit der Antwort wie bei der vorigen erwarten dürfen (außerdem jedes Vorurteil der Moderne gegen uns haben), wenden wir uns jetzt zu.

IV. Das Verdauungsorgan

1. Die These bloßer Scheinbarkeit des Zweckes im physischen Organismus

a. Jedes Organ in einem Organismus dient einem Zweck und funktionierend erfüllt es ihn. Der übergreifende Zweck, in dessen Dienst die Sonderfunktion steht, ist das Leben des Organismus als ganzes. Daß dieser einen solchen Zweck hat, kann in mehrfachem Sinn ausgesagt werden. Der neutralste und unverfänglichste ist der, daß in einem Organismus de facto alles so eingerichtet ist, daß es im Effekt zu seiner Erhaltung usw. beiträgt, so wie in einer Maschine alles so eingerichtet ist, daß es zu ihrer Gesamtfunktion beiträgt. Damit ist über die Art der Kausalität, z. B. ob Teleologie (Zielursachen: *causae finales*) am Werke ist, nichts ausgesagt. Für die Maschine wissen wir, daß dies zwar bei ihrer Herstellung, aber nicht bei ihrem Arbeiten der Fall ist. Für den Organismus hält die herrschende Theorie dafür, daß es nicht einmal bei dem, was hier der »Herstellung« entspricht, bei seiner Genese, der Fall ist. Genese hat hier den doppelten Sinn: Wachstum des Individuums (Ontogenie) und Entstehung der Art (Phylogenie). Die Ontogenie wird als die kausal zwangsläufige Auswirkung der im Keim gelegenen genetischen Determinationen verstanden, für die keine Teleologie (Entelechie) bemüht zu werden braucht; die Phylogenie wird durch die ineinandergreifende Mechanik von Zufallsänderungen solcher Determinationen und von natürlicher Auslese ihrer Ergebnisse erklärt, also ebenfalls unter Ausschaltung aller Teleologie. Für das »Arbeiten« der so entstandenen Gebilde gilt diese Ausschaltung ohnehin: Entstehung, Einrichtung und Funktion sehen alle nur so aus, *als ob* sie von Zwecken regiert seien. Danach wäre der Organismus noch weniger teleologisch als die Maschine, bei der wenigstens die Herstellung teleologisch determiniert war.

b. Nun hatte *diese,* von außen erborgte, Teleologie der Maschine aber doch ihren ursprünglichen Sitz in den herstellenden Organismen, den menschlichen Konstrukteuren, die demnach selber doch nicht ganz unteleologischer Natur sein können. *Deren* Teleologie wird jedoch von der herrschenden Theorie, so sahen wir, in ihre bloßen Vorstellungen, nicht in ihre tatsächliche Kausation verlegt: Auch diese sieht nur so aus, als ob sie von den subjektiven Zwecken regiert sei (ja, selbst die Vorstellungen sehen nach der Epiphänomen-Theorie nur so aus!). Die Subjektivität des Zweckes soll mit der Objektivität purer Kausalaktion irgendwie einhergehen, ohne ihr mehr als ein teleologisches Aussehen zu geben.[5] Das Subjekt aber, dem sein eigenes Denken und Tun »so aussieht«, ist dasselbe, dem – eben deshalb – auch das Sein und Wirken der Organismen in der Welt so aussieht.

2. *Zweckkausalität beschränkt auf subjektbegabte Wesen?*

Diese Als-ob und Lügenauffassung der Subjektivität unterstellen wir, wie gesagt, als widerlegt. Aber mit der Vindizierung subjektbestimmten Handelns haben wir den *Zweck* im Lebendigen erst so weit vindiziert, wie »Bewußtsein« reicht, das heißt nur für die damit begabten Lebensarten, und bei diesen nur für die vom Bewußtsein abhängigen, irgendwie »willkürlichen« Handlungen. Nicht aber zum Beispiel für das Verdauen und alle unterbewußte, nicht-spontane Organfunktion bei den betreffenden Arten, noch auch für das Gesamtleben bewußtloser (zum Beispiel nicht-zerebraler) Organismen überhaupt. Blieben wir dabei stehen, so würde dies uns mit einer seltsamen Teilung lassen, die in sich nicht unmöglich ist. Mit dem evolutionären Auftauchen der Subjektivität träte ein ganz neues, heterogenes Prinzip der Aktion in die Natur ein oder in ihr auf, und es bestünde ein *radikaler* (nicht nur gradueller) Unterschied – nicht allein zwischen den Kreaturen, die dieses Prinzips »Bewußtsein«

(dann in Graden) teilhaftig sind, und denen, die es nicht sind, sondern auch bei den Teilhaftigen selber zwischen dem, was dem Prinzip unterliegt (oder mitunterliegt), und dem viel breiteren Teil ihres Seins, das ihm nicht unterliegt.

a. Die dualistische Auslegung

Wie gesagt, dies ist an sich nicht undenkbar, und es kann auf zweierlei Weise gedacht werden, wie es denn auch geschehen ist. Entweder so, daß das fremde Prinzip (die »Seele«) sich gewisser ihm günstiger, aber anderweitig und nicht »dafür« bereitgestellter Konfigurationen des Stoffes bemächtigt (wofern es sie nicht selber mit herbeigeführt hat) und sie nach Maßgabe ihrer Eignung für sich ausnutzt – daß es also *bei* gegebener Gelegenheit *in* die Natur *eintritt;* oder aber, daß es *mit* der »Gelegenheit« *aus* der soweit gelangten Natur *hervorgeht*. Die erste Alternative ist die des Dualismus, die in sich sauber, aber mit all den Einwänden behaftet ist, die der Dualismus als solcher gegen sich hat. Ein solcher Einwand ergibt sich zum Beispiel aus der Allmählichkeit der Übergänge und der Minimalität der Anfänge in der Evolution: Es ist mißlich, nicht zu sagen grotesk, den Dualismus und damit einen Anteil von Transzendenz schon in die Amöbe hineinzutragen, oder wo sonst immer das »Fühlen« beginnt.[6] Vor allem aber setzt die »Ingressions«-Lehre doch voraus, daß Seele, oder was immer es sei, schon da ist und gewißermaßen darauf wartet, in die sich bietenden Gelegenheiten einzugehen – mit anderen Worten, daß sie eine unabhängige Transzendenz genießt, die nur für ihre physische Äußerung bestimmter physischer Bedingungen bedarf. Nun erinnern wir daran, was rein empirisch wohl als das stärkste Argument des Materialismus anzusehen ist: daß es nämlich nach aller menschlichen Erfahrung zwar Materie ohne Geist, aber nicht Geist ohne Materie gibt und kein Beispiel körperlosen Geistes bekannt ist. Eben diesen aber, das heißt ein selbständiges

Reich wirksamer, immaterieller Transzendenz, muß die Ingressionstheorie annehmen, und dies ist, obwohl logisch einwandfrei, doch die unbelegbarste und dazu ontologisch gewaltsamste aller denkbaren Hypothesen – was nicht gehindert hat, daß sie die mächtigste in der Geschichte denkender Bemühung um das Rätsel der Seele war.

b. Die monistische Emergenz-Theorie

So bleibt also die andere Alternative, daß Seele und Geist beim unabhängigen (wenngleich nicht zufälligen) Eintreten der passenden stofflichen Bedingungen, als *deren* eigene zusätzliche Seinsmodalität, *aus* der Natur selbst hervorgehen. Dies ist in der Tat die Theorie der *emergent evolution* von Lloyd Morgan und anderen, wonach neue, umgreifendere Kausalitätsstrukturen – zum Beispiel atomar, molekular, kristallisch, organisch ... – sich in Sprüngen den früheren Schichten, worin sie nicht vorgebildet waren, überlagern, wenn bestimmte kritische Schwellenzustände der Organisation erreicht werden.[7] Die wirkliche qualitative *Neuartigkeit* solcher »Emergenzen« wird zugleich mit ihrer *Nichttranszendenz*, das heißt ihrer strikt immanenten Herkunft, betont. Im Falle des Bewußtseins ist es ein mannhafter Versuch, die Vorteile des Dualismus – nämlich Anerkennung des nichtreduktiblen Eigenwesens der neuen Schicht – ohne die Nachteile seiner Metaphysik – nämlich Bindung an die Transzendenzthese – zu haben. Für unser Problem besagt dieser Vorschlag, daß das Auftreten der Subjektivität ein solcher evolutionärer »Sprung« ist, und daß die Auffassung der vorangehenden, sie unterliegenden Stufe nicht kontaminiert zu werden braucht durch die Imputierung von »Zweck«, der eben erst der neuen Stufe angehört. Dann würde zwar bewußtes Handeln zweckhaft sein, ganz wie wir behaupten, bewußtlose Organfunktion (worum jetzt unser Fragen geht) dagegen nicht. Eben dies ist der Sinn des »qualitativen Sprunges«.

Die Theorie ist bestechend, aber wenn die vorige ontologisch mißlich war, ist diese es logisch. Nicht nur, daß auch hier die Allmählichkeit der Übergänge dem Bilde des Sprunges widerstreitet – sie ist nur bei Unterschlagung des Kausalproblems selbsteinstimmig. Soll das neue Prinzip Macht haben, so bringt es seine primitivere Quelle unter die Bedingung, daß nichts das ihm *völlig* Fremde, seinem Eigengesetz Zuwiderlaufende aus sich hervorbringen und damit sich selbst Gewalt antun kann. (Wenn aber doch, dann müßte man einen Begriff des Seins, damit auch der »Materie« und der ganzen Natur ansetzen, einen dialektischen zum Beispiel, von dem die Emergenzlehrer sich gewiß nicht träumen lassen.) Handelte es sich beim Bewußtsein nur um eine neue *Qualität,* die der vorigen hinzugefügt (gewissermaßen übergelegt) wird, so möchte dies hingehen. Wir fanden aber, daß es auch eine neue *Kausalität* ist, die in die vorausliegende zurückwirkt, sie also verändert. Die physischen Dinge im Einflußbereich der Subjektivität verlaufen nicht mehr so, wie sie ohne sie verlaufen würden. Die neue Stufe hat also die Kraft, der Unterlage, aus der sie hervorgegangen ist, Gewalt anzutun, sie jedenfalls mitzubestimmen. Das verträgt sich aber nicht mit dem Gedanken des Hervorgangs, wonach das Neue eben zu dem Vorigen *hinzu*kommt, ohne es zu verändern, als zusätzlicher Ausdruck der in ihm erreichten Organisationsstufe. Eine bloße Qualität könnte dies tun, aber sie müßte kausal unschuldig sein, das heißt, sie dürfte trotz der neuartigen Wirkungs*formen* (einschließlich ihrer selbst), in denen das komplexere Kausalgefüge im Unterbau sich nun ausdrückt, nicht selber ein Faktor *in* diesem Gefüge werden. Nur neue Wirkungsstrukturen, nicht neue Wirkungen kann die Theorie erklären. Zum Beispiel die Zweckhaftigkeit des Bewußtseins, dem Unterbau fremd, müßte sich auf das Bewußtsein selber beschränken und könnte nicht in den Unterbau zurückschlagen. *Herrschaft* des Bewußtseins ist hierbei ausgeschlossen. Das heißt aber nichts anderes, als daß die Emergenztheorie, wenn sie ernsthaft an der wesentlichen

Andersartigkeit des Überlagernden festhält, sich mit einer Form des psychophysischen Parallelismus oder Epiphänomenalismus – ganz allgemein mit der These von der Ohnmacht des Bewußtseins als einer puren Qualität verbinden muß; und diese haben wir widerlegt.

Oder aber sie müßte sagen: Was wie ein Sprung aussieht, ist in Wahrheit eine Fortsetzung; die Frucht ist in der Wurzel vorgebildet; der in Fühlen, Wollen, Denken *sichtbar* werdende »Zweck« war unsichtbar schon in dem dahinführenden Wachstum vorhanden, und zwar nicht nur im Sinne eventueller permissiver Offenheit für ihn, wenn er erst einmal von oben in die physische Kausalität eingreifen sollte, sondern schon als positive Anlage und aussuchende Tendenz auf sein schließliches Sichtbarwerden hin, sofern die Bedingungen den Weg dazu öffneten: Das Wachstum war dann wirklich darauf zu. Mit anderen Worten, dem Hinführenden muß eine vorausliegende Potenzialität für das irgendwann auftauchende »Neue«, das demnach nicht total neu ist, zugeschrieben werden; dieses muß als Aktualisierung, als »Telos«, als Erfüllung gerichteter Hinbewegung verstanden werden. Kurz, nur in Verbindung mit einer generell »aristotelischen« Ontologie ist die Emergenzlehre logisch haltbar. Diese aber sollte gerade vermieden werden: Der Unterbau sollte davor bewahrt bleiben, vom Überbau her interpretiert zu werden; Erklärungskategorien des letzteren sollten *nicht* in den ersteren importiert werden müssen, die dort neu auftretende Kausalität nicht als schon hier vorgebildet und auf sie zielend angesehen werden. Mit einem Wort, Teleologie sollte vermieden werden. Das führt aber, wie wir zeigten, in die Sackgasse des absoluten Sprungs und der Ohnmacht des Geistes.

Also können wir sagen, daß das – theoretisch wertvolle – Prinzip auftauchender *Neuheit,* soll es nicht gänzlich willkürlich und damit irrational sein, temperiert werden muß durch das der *Kontinuität,* und zwar einer inhaltlichen, nicht bloß formalen Kontinuität – so daß wir uns *vom Obersten, Reichsten über alles Untere belehren lassen* müssen. Dies aber ist keineswegs eine Korrektur am Rande, sondern eine am Kern der Sache: Wie man weiß, besagt »Kontinuität« heute, daß man sich umgekehrt vom Untersten über alles Obere belehren läßt! Eben diesem Reduktionismus suchte die Emergenztheorie zu entgehen, ohne für die umgekehrte Richtung optieren zu müssen, das heißt unter Vermeidung einer lästigen Wahl. Hier aber gilt: *non datur*.

3. Zweckkausalität auch in der vorbewußten Natur

Damit ist unsere eigene Position angezeigt. Das Sein, oder die Natur, ist eines und legt Zeugnis von sich ab in dem, was es aus sich hervorgehen *läßt*. Was das Sein ist, muß daher seinem Zeugnis entnommen werden, und natürlich dem, das am meisten sagt, dem offenbarsten, nicht dem verborgensten, dem entwickeltsten, nicht dem unentwickeltsten, dem vollsten, nicht dem ärmsten – also dem uns zugänglich »Höchsten«.

a. Die naturwissenschaftliche Abstinenz

Dies Zeugnis unseres eigenen Seins wird von der Naturwissenschaft, unter dem wohlbegründeten Verbot des Anthropomorphismus ebenso wie dem Occamschen Gebot der Sparsamkeit, und zuguterletzt schon wegen der Nichtquantifizierbarkeit von »Zielen«, bewußt ignoriert; und das ist *methodisch* in Ordnung. Der Biologe, bei der Erforschung elementarer Lebensvorgänge, zum Beispiel auf der molekularen Ebene, verfährt, *als ob* er nicht wisse, daß es den ganzen Organismus gibt, in dem sie stattfinden; bei der Erforschung niederer Organismen, als ob er nicht wisse, daß es höhere gibt; bei der Erforschung der höheren, als ob er nicht wisse, daß ihnen eine Subjektivität eignet; bei der Erforschung des höchsten (und seines Gehirns), als ob er nicht wisse, daß Denken sein Sein bestimmt. Das heißt, er stellt sich auf den Standpunkt jener »Anfänge«, bei denen in der Tat niemand außer Gott vorhersehen konnte, was in der Evolution einmal daraus hervorgehen würde, oder jener Elementarkomponenten im Hervorgegangenen selbst, denen sich in der Tat nicht, außer von Gott, »ansehen« läßt, was ihnen an Nicht-»Sehbarem« komplementär beiwohnt. Und so geziemt es menschlicher Wissenschaft.

b. Der Fiktionscharakter der Abstinenz und seine Selbstberichtigung durch die wissenschaftliche Existenz

Aber nicht minder geziemt ihr, eingedenk zu sein, daß dies eine Fiktion ist. Die methodologische Nützlichkeit der Fiktion ist offenkundig und braucht hier nicht erörtert zu werden, da sie als solche nicht in Frage gestellt wird. Aber methodologischer Nutzen darf nicht mit ontologischem Entscheid verwechselt werden. Natürlich weiß der mit den Anfängen des Lebens beschäftigte Forscher um die ganze Reihe der Evolution, der mit dem Zellmetabolismus beschäftigte um den ganzen Organismus, der mit dem Gehirn beschäftigte um das Denken. Ja, aus diesem Wissen allein kommt sein *Interesse* an der Erforschung des Elementaren. Vor allem weiß er um dies sein Interesse und sein ihm gewidmetes denkerisches Tun. Dieses muß er in seiner Autonomie ernst nehmen, sonst könnte er nicht auf die Erlangung von Wahrheit, ja auch nur auf ihre Unterscheidung von Unwahrheit hoffen und seinem Denken irgendwelche Gültigkeit zutrauen. Aber indem er die Autonomie seines Denkens, das heißt dessen Macht nach innen, voraussetzt, hat er logischerweise (wie anderwärts gezeigt) auch schon seine Macht nach außen anerkannt, also auch die Macht des motivierenden Interesses, da mentale Selbstbestimmung nur im Verein mit kausaler Körperbestimmung möglich ist – Denken nur mit innerer *und* äußerer Freiheit: zum Beispiel im Niederschreiben seiner Denkergebnisse. Damit aber hat er (wenn er nicht Zuflucht in einen phantastischen Dualismus nimmt) den Geist, ja Subjektivität und *Interesse* überhaupt, als Wirkprinzip *in* der Natur anerkannt – also implicite seinen Naturbegriff über das eigene Modell hinaus erweitert. Sich selbst ernstnehmend (wie er muß) und zugleich nicht als einzigartige Ausnahme (wie er als Mitglied der Menschengemeinde nicht kann), kann er nicht umhin, der *Natur* die Erzeugung von Zielkausalität gutzuschreiben, diese also als jener nicht durchaus fremd anzusehen. Er mag dann in der Analyse des puren Stoffes (einer Abstraktion von der *plenitudo entis*) immer noch beim gewählten, rein »äußeren« Minimalbefund beharren, wie das Geschäft der Physik es verlangt, und muß nur der Versuchung widerstehen, auf die künstlich reduzierte Minimal-Evidenz hin zum reduktionistischen Metaphysiker zu werden – was schwerer zu sein scheint, als der umgekehrten Versuchung des Anthropomorphismus zu widerstehen.

c. Der Zweckbegriff jenseits der Subjektivität: Vereinbarkeit mit der Naturwissenschaft.

Dem Philosophen bleibt nur noch zu zeigen, was es für den Status von *Zweck* bedeutet, daß das Zeugnis der Subjektivität von seiner Existenz nicht auf sie selbst beschränkt bleibt, sondern den Naturbegriff im ganzen tangiert. Man beachte, daß wir am Naturbegriff um der Zwecklehre willen, nicht am Zweckbegriff um der Naturlehre willen interessiert sind. Wir wollen – letztlich um der Ethik willen – den *ontologischen Sitz* von Zweck überhaupt von dem in der Subjektspitze Offenbaren zu dem in der Seinsbreite Verborgenen erweitern, ohne das Verborgene dann in der *Erklärung* seines Bergenden – und mit ganz anderm Gesicht

Offenbaren – zu verwenden. Hierzu genügt folgende Überlegung.

Wie die Subjektivität in gewissem Sinne eine Oberflächenerscheinung der Natur ist – die sichtbare Spitze eines viel größeren Eisbergs – spricht sie für das stumme Innere mit. Oder: die Frucht verrät etwas von Wurzel und Stamm, aus denen sie erwuchs. Da die Subjektivität wirkmächtigen Zweck zeigt, ja ganz und gar daraus lebt, muß das stumme Innere, das durch sie erst zu Wort kommt, der Stoff also, in nichtsubjektiver Form schon Zweck, oder ein Analogon davon, in sich bergen.

Ist es aber sinnvoll, von »Zweck« zu sprechen, der nicht subjektiv, das heißt mental ist? Und würde Zweck im Stoffe nicht die Kausalerklärung der Physik durchkreuzen? Um die zweite Frage zuerst zu beantworten, so ist es natürlich einfach nicht wahr, daß ein »aristotelisches« Seinsverständnis der modernen Naturerklärung widerspricht oder sich mit ihr nicht verträgt, geschweige denn, daß es von ihr widerlegt worden sei. Der Einwand dagegen war, daß es nicht »erklärt«, daß Zweckursachen entbehrlich für die Kausalerklärung, ihre Annahme daher otios sei – ihre Anrufung aber sogar gefährlich, da sie das Noch-nicht-Wissen um die wahren Gründe in die Zuflucht eines vermeintlichen Wissens verleitet und der weiteren Suche enthebt (ein Fall dessen, was Spinoza das *asylum ignorantiae* nannte). Das ist methodisch völlig richtig und wird durch die alleinige Suffizienz der »Wirkursachen«, das heißt bloßer Kraftgrößen unter Konstanzgesetzen, in allen weit genug getriebenen *Einzel*erklärungen fortlaufend bestätigt. Ob die Suffizienz sich vom Einzelnen auch auf die Erklärung des Ganzen erstreckt, steht dahin. Erwiesen ist sie eigentlich nur für die künstlichen Vereinfachungen des Experiments oder für die extremsten, nämlich astronomischen, Vereinfachungen der Natur selbst.[8] Die Erwartung und auch Pflicht des Naturforschers geht darüber hinaus *ad infinitum* und wir brauchen keine Vorhersage über den Erfolg dieses nicht endenden Fortgangs reduktiver Analyse zu wagen. Ohnehin ist die Natur Erklären und sie Begreifen nicht dasselbe. Erinnern wir daran, daß wir nicht etwa die Natur mit mutmaßlichen Zwecken erklären wollen, sondern das erwiesene Vorkommen von Zwecken in ihr (das ihr also nicht widerspricht) für den Naturbegriff deuten wollen und dabei die Art, *wie* eine generalisierte »Zweckhaftigkeit« der Natur sich in ihrem deterministischen Kausalgetriebe – nicht so sehr gegen wie durch dieses – bewußtlos zur Geltung bringt, völlig offen lassen: so wie die Naturwissenschaft es offen lassen muß, wie dicht oder locker, wie ein- oder mehrdeutig das Kausalnetz am untersten Grunde der Dinge (unterhalb einer gewissen Größenschwelle) wirklich ist. Für sie genügt es, daß in den *meßbaren* Regionen die quantitativ-deterministische Rechnung immer aufgeht, das heißt, daß ihre Gleichungen stimmen, oder daß ihre Methode nicht désavouiert wird. Und das ist mit einer unterliegenden Teleologie des Geschehens wohl vereinbar. Wir sagen also eigentlich nicht mehr, als daß die Naturwissenschaft uns nicht Alles über die Natur sagt: wovon ihr Unvermögen, aus ihren Prämissen je vom Bewußtsein, ja auch nur vom elementarsten Fall des Fühlens (also vom bestbelegten Phänomen des ganzen Universums!) Rechnung zu geben, das allerseits zugestandene Zeugnis – eben die Spitze des Eisbergs – ist. Es ist dies ein essentielles, kein vorläufiges Unvermögen, und ein paradoxer Nebenerfolg davon ist, daß die Naturwissenschaft selbst, als ein Vorkommnis im zu erklärenden Universum, auf immer von dem, was *sie* erklären kann, ausgeschlossen bleibt.

d. Der Zweckbegriff jenseits der Subjektivität: Sinn des Begriffs

Es bleibt also die Frage, welchen Sinn es haben kann, von einem »Zweck« zu reden, der nicht von einem Subjekt in seiner Subjektivität unterhalten, der also nicht irgendwie

»gedacht« ist: ob man sinnvoll von nichtmentalem Zweck sprechen kann. Denn natürlich wäre es der Gipfel der Lächerlichkeit, Zweck- oder Zielimmanenz im Verdauungsorgan, in den Körperzellen, in primitiven Organismen, oder auch im Evolutionsprozeß zu behaupten, wenn dies *Mentalität* irgendwelcher Art – zu schweigen von bewußter Absicht mit entsprechender Zielvorstellung – einschlösse. Mit der Zuschreibung dieser Lächerlichkeit hat es sich aber die im Namen der Naturwissenschaft gegen den *Begriff* der Teleologie geführte Polemik (zu unterscheiden von der gegen ihren Erklärungsstatus) immer zu leicht gemacht. Freilich wissen wir von Ziel überhaupt zunächst und direkt durch das, was wir *wissen*, was also bewußt ist – also von bewußtem Ziel (sogar nur vom je eigenen): dies zu sagen ist fast eine Tautologie. Aber selbst in der Helle unserer hochgesteigerten Mentalität wissen wir um mehr und weniger Bewußtes, um Grade der Vorstelligkeit; und von dunklem Drang, ja von unbewußtem Wollen und Trachten zu sprechen gilt selbst für uns keineswegs als sinnlos. Und nun gebietet, wenn wir vom Menschen durch die Tierreihe herabsteigen, das Prinzip der Kontinuität die Einräumung unendlicher Schattierung, in der das »Vorstellige« wohl irgendwann verschwindet (vermutlich da, wo es noch keine spezifischen Sinnesorgane gibt), das Appetitive aber mit Sinnlichkeit überhaupt wohl nie.[9] Zwar sind wir auch hier noch bei der »Subjektivität«, aber bereits bei einer so ausgebreiteten, daß der Begriff eines individuellen Subjektes dabei allmählich verschwindet, und irgendwo verliert sich die Reihe im Subjektlosen. Damit auch im Ziellosen, Zweckfreien? Nicht notwendig. Im Gegenteil: in umgekehrter, aufsteigender Richtung ließe sich gar nicht begreifen, daß das subjekthafte Streben in seiner Partikularisierung völlig unstrebend emporgetaucht sei. Etwas schon von seiner Art muß es aus dem Dunkel in die größere Helle emporgetragen haben.

Ein »psychischer« Aspekt verbleibt dem »Streben« als solchem freilich immer. Und warum auch nicht? »Psyche« und

»Selbstheit« sind nicht identisch, und die erstere kann in generalisierter Form sehr wohl ein Zubehör allen Stoffes sein, oder aller Stoffverbände gewisser Ordnungsformen, lange bevor sie in hochorganisierten, stoffwechselnden, von der Umwelt sich absetzenden Einheiten, den »selbständigen« Organismen, Individuierung und damit den Horizont der *Selbstheit* gewinnt. Besteht man auch für das diffus Psychische unterhalb davon auf »Subjektivität«, so wollen wir darüber nicht streiten: Sie hätte dann entweder kein »Subjekt«, oder die »Natur« könnte ihr unpersönliches Subjekt genannt werden – ein bewußtloses Gesamtsubjekt, was immer dies heißen mag, nicht ein sich von anderen unterscheidendes Einzelsubjekt. Aber die diffus gedachte Appetition scheint mir eine solche Hypostasierung durchaus nicht zu erfordern, und gemäß der Anzeige des leblosen Stoffes und seiner Verteilung im All glaube ich eher an Subjektivität ohne Subjekt, das heißt an die Streuung keimhafter appetitiver Innerlichkeit durch zahllose Einzelelemente, als an ihre anfängliche Einheit in einem metaphysischen Totalsubjekt. (Das heißt, Pantheismus ist kein notwendiges Komplement des Panpsychismus.) »Einheiten« von diskreten Verbänden des Mannigfaltigen, ob organisch oder inorganisch, wären dann schon ein fortgeschrittenes Ergebnis, eine Kristallisierung sozusagen, jener gestreuten Zielung und unzertrennlich von Differenz oder Individuation. Aber solche Spekulationen gehen weit über das hinaus, was wir hier benötigen.

Jedenfalls, wiederholen wir, wie das manifest Subjektive (das immer auch partikular ist) so etwas wie eine hochgetriebene Oberflächenerscheinung der Natur ist, so ist es auch in dieser verwurzelt und in Kontinuität des Wesens mit ihr: so also, daß beide an »Zweck« partizipieren. Nach dem Zeugnis des Lebens (das zu verleugnen wir, seine selbstsichtig gewordenen Sprößlinge, die letzten sein sollten) sagen wir also, daß Zweck überhaupt in der Natur beheimatet ist. Und noch etwas mehr und inhaltliches können wir sagen: daß mit der Hervorbringung des Lebens die Natur wenigstens *einen* bestimmten Zweck kundgibt, eben das Leben selbst – was vielleicht nichts anderes heißt als die Befreiung von »Zweck« überhaupt zu definiten, auch subjektiv verfolgten und genossenen Zwecken. Wir hüten uns zu sagen, daß das Leben »der« Zweck oder auch nur ein Hauptzweck der Natur sei, worüber wir keine Vermutung haben können; es genügt zu sagen: ein Zweck. Wenn aber (nach nicht unvernünftiger Vermutung) das »Zwecksein« selber der Grundzweck wäre, gleichsam der Zweck aller Zwecke, dann allerdings wäre das Leben, in welchem Zweck frei wird, eine erlesene Form, *diesem* Zweck zur Erfüllung zu verhelfen.

e. Wollen, Gelegenheit und Kanalisierung der Kausalität

Ein klärendes Wort noch über die Art des »Wollens«, das hier der Natur zugeschrieben wird. Es ist ein Über-sich-Hinauswollen, doch braucht es nicht mit »Wissen« verbunden zu sein, gewiß nicht mit Vorauswissen und Zielvorstellung: wohl aber mit Unterscheidungsvermögen – so, daß beim Antreffen der physisch günstigen Konfiguration die Kausalität ihrer Einladung nicht indifferent gegenübersteht, sondern ihr mit Vorzug Folge leistet und in die dargebotene Öffnung einschießt, um sich dann durch jeweils weitere Gelegenheiten ihr Bett zu bahnen.[10] Wie weit die »Zielung« solche Gelegenheiten selber herbeizuführen vermag – das heißt, wo die direkte Macht des Interesses im Unterschied zu der indirekten bloßer Glücksnutzung beginnt – ist eine Frage für sich. Die vorsichtige Aussage ist, daß Zielorientierung da ist, die ihre Gelegenheiten wahrnimmt. Umgekehrt muß auch damit gerechnet werden, daß neue Gelegenheiten neue, vorher nicht gekannte Ziele erst hervorrufen, und es deshalb vielleicht besser wäre (jedenfalls noch vorsichtiger), von Zieldisposition statt von Zielorientierung zu sprechen. (Wie viele menschliche Unternehmungen verlaufen so!) Aber solche »Eingebung« von Zielen und die Neuheit des Eingegebenen würden doch wohl mehr das Einzelne als den Sinn des Ganzen betreffen; und auch am Auftreten der eingebenden Gelegenheit könnte schon frühere Zielorientierung, die dann allerdings durch die in ihrem Ergebnis sich auftuenden Möglichkeiten überrascht würde, mitgewirkt haben. Über dies Verhältnis läßt sich nur spekulieren, nichts ausmachen – besonders hinsichtlich der »ersten« Gelegenheit, mit der das »Leben« begann. Aber möge immerhin der erste Anfang, das Zusammentreten zu organischen Molekülen, reiner Zufall gewesen sein, dem keine sich darin erfüllende Tendenz vorangING (was mir schon ungereimt erscheint) – von da an jedenfalls wird Tendenz immer sichtbarer: und ich meine nicht nur Tendenz zur Evolution (die beliebig lange ruhen kann), sondern vor allem Tendenz des Daseins *in* ihren Erzeugnissen. Wie dann bereits im »einfachsten« wirklichen – nämlich stoffwechselnden und als solchem zugleich selbständigen und bedürftig-abhängigen – *Organismus* sich die Horizonte von Selbstheit, Welt und Zeit unter der gebieterischen Alternative von Sein oder Nichtsein schon in vorgeistiger Form abzeichnen, habe ich in einer eigenen ontologischen Studie zu zeigen versucht, auf die ich hier nur hinweisen kann.[11]

Es hat daher, um zum Schluß die Titelfrage von IV 2 (S. 131) zu beantworten, einen guten Sinn und ist nicht nur eine von unserer Subjektivität übertragene Metapher, vom immanenten, wenngleich durchaus bewußtlosen und unwillkürlichen *Zweck* der Verdauung und ihres Apparats im Ganzen des lebenden Körpers zu sprechen, und vom Leben als Selbstzweck eben dieses Körpers. Es hat Sinn, und die größere Wahrscheinlichkeit[12] als das Gegenteil für sich, von einem »Arbeiten« in der Natur zu sprechen und zu sagen, daß »sie« in ihren verschlungenen Wegen auf etwas hin arbeitet, oder daß »es« vielfältig in ihr daran arbeitet. Schon wenn dies erst mit dem »Zufall« des Lebens begänne, wäre es genug: »Zweck« ist damit über alles Bewußtsein hinaus, menschliches wie tierisches, in die physische Welt als ein ihr ursprünglich eigenes Prinzip ausgedehnt worden; und wie weit sein Walten unter das Lebendige hinunter in die Elementarformen des Seins hinab reicht, kann offen bleiben. Die Bereitschaft dafür muß dem Sein der Natur als solchem gutgeschrieben werden.

V. Naturwirklichkeit und Gültigkeit: Von der Zweckfrage zur Wertfrage

Aber ist »Zweck« mit dieser Ausdehnung über die Wirklichkeit vom Fluche der »Subjektivität« erlöst? Bedeutet Allgemeinheit des Vorkommens Sanktion der Gültigkeit? Haben wir also für die Ethik, der es doch auf die objektive Geltung von Werten ankommt, die eben darum Zwecke werden *sollen*, etwas gewonnen mit dem Nachweis, daß Zweck faktisch schon in der Natur vorhanden ist, ja in der Natur der Dinge liegt? Kann die Natur Zwecke, dadurch daß sie sie hat, legitimieren? Es ist die alte Frage, ob Sein überhaupt ein Sollen begründen kann. Damit muß sich das nächste Kapitel beschäftigen, das dem Status von *Werten* gewidmet ist. Zum Übergang wollen wir aber schon hier ein erstes über das Verhältnis von Universalität und Gültigkeit sagen, sowie über das Verhältnis »bloßer« Subjektivität und einer die Natur durchwaltenden.

1. Universalität und Rechtmäßigkeit

Alle Menschen, so sagt man, streben nach Glück, und sagt dies nicht als statistische Festellung, sondern mit dem Zusatz, daß dies in ihrer Natur liegt, also als Wesensfeststellung. Die so stipulierte Universalität des Glückseligkeitszieles ist zunächst nicht mehr als ein Faktum: man braucht, so scheint es, das dadurch notwendige Streben danach nicht notwendig zu billigen; man kann es verachten oder verwerfen. Soviel aber muß ihm zugestanden werden, daß es nicht willkürlich gewählt ist, und zumindest schafft die Tatsache, daß es unserer Natur so universal eingepflanzt ist, eine starke Präsumption dafür, daß es ein berechtigtes Streben ist und, wo nicht eine Pflicht, so doch ein Recht zu seinem Ziel anzeigt: daß wir also wenigstens (unter Einhaltung gewisser Bedingungen) nach ihm streben dürfen, wo nicht sollen. Dann aber ergäbe sich auch die Pflicht – also doch ein Sollen – dies Recht in Anderen zu respektieren, also es nicht zu hindern, vielleicht auch, es zu fördern. Und aus dem so zu achtenden Interesse Anderer könnte sich sogar mittelbar für mich die Pflicht ergeben (wenn es sie nicht schon unmittelbar gibt), auch meine eigene Glückseligkeit zu fördern, deren Verkümmerung eine Störung der allgemeinen wäre . . . Wenn sich so oder ähnlich argumentieren läßt, dann trägt die faktische und naturbedingte Universalität des Glücksstrebens, die der genannten Präsumption seiner Berechtigung zugute kommt, immerhin zur Legitimierung etwas bei. Wir sprechen von nicht mehr als Präsumption, denn dies ist erst eine vorläufige Erwägung und noch kein ernsthafter philosophischer Beweis. Denn daß es überhaupt so etwas wie Recht und Pflicht, Dürfen und Sollen gibt, geht aus dem Argument selber in keiner Weise hervor, sondern ist in ihm schon vorausgesetzt. Aber *wenn* es sie gibt, dann wird für ihre Bestimmung das Votum der Natur eine wichtige Anzeige und vielleicht sogar eine Sanktion. Diese Frage muß warten.

Achten wir aber in unserm, nur zur Illustration und konventionell gewählten, Beispiel auf den Unterschied zwischen universal und partikular: Es sind die partikularen Ziele und Willen der Einzelsubjekte und ihre eventuellen Konflikte, bei denen sich normalerweise die *Frage* nach Recht und nach Wert erhebt, während beide dem allen Gemeinsamen bereitwillig zugestanden werden; und es ist dort, in den partikularen Bestrebungen, wo wir am ehesten von »bloßer Subjektivität« der Zwecke und Wertungen, und dort allein, wo wir von Willkür sprechen, die sich erst rechtfertigen muß. Und nun wäre von einer »Subjektivität« der *Natur* bestimmt dies zu sagen, daß sie nicht partikular und nicht willkürlich ist, und daß sie vor unserm privaten Wünschen und Meinen alle Vorteile des Ganzen vor den Teilen, des Dauernden vor dem Flüchtigen, des Gewaltigen vor dem Winzigen hat.

Trotzdem kann ihrem Spruch, das heißt der Parteilichkeit ihrer Zwecke, widersprochen werden, wenn wir uns dabei auch *eines* dieser Zwecke, nämlich der *Freiheit,* bedienen würden. Es ist die Prärogative menschlicher Freiheit, zur Welt Nein sagen zu können. Daß die Welt Werte hat, folgt zwar direkt daraus, daß sie Zwecke hat (und in diesem Sinn kann nach dem Vorangegangenen von einer »wertfreien« Natur schon keine Rede mehr sein), aber ich brauche ihre »Werturteile« nicht zu teilen und kann sogar befinden »Drum besser wär's, daß nichts entstünde«. Und es ist zuzugeben, daß per se die Überlegenheit der Natur an Größe, Dauer und Macht, selbst an Pracht ihrer Hervorbringungen, noch keine *Autorität* begründet, selbst nachdem ihre angebliche »Entzauberung« (Max Weber) im entscheidenden Punkt, dem der Zweck- und Wertfremdheit, rückgängig gemacht ist – so wie, möchte man demagogisch hinzusetzen, auch unter Menschen die numerische Überlegenheit der Massenmeinung über die Minderheit noch keine Wahrheit begründet.

Aber erstlich ist es doch wohl qualitativ und keineswegs nur quantitativ ein sehr Anderes, ob man sich zum tiefstgegründeten und längstbekundeten Spruche der Natur, von der auch wir sind, in Widerspruch setzt, oder zum wankelmütigen und »oberflächlichen« Meinen der Menschen. Vor allem aber kann ich von der Natur doch *rechtmäßig* nur dissentieren, wenn ich eine Instanz außerhalb ihrer anrufen kann, das heißt eine Transzendenz, die ihrerseits die Autorität besitzt, die jener bestritten wird: also unter der Bedingung irgendeines Dualismus. (Denn Dissens des bloßen Geschmacks wäre leichtfertig.) Dieser Dualismus müßte mit der Theologie eines entweder für die Welt überhaupt nicht verantwortlichen, oder durch ein Gegenprinzip in ihrer Schöpfung durchkreuzten, oder sie mit höherer Absicht selber verkehrt schaffenden Gottes und einer entsprechend schlechten (nicht nur indifferenten) Welt arbeiten, dazu aber in jedem Fall mit der Lehre einer transzendenten Seele, die jenen Akt des Dissens vollzieht: mit einer »gnostischen« Theorie des Seins also, die wohl das letzte ist, wozu irgendeiner der an diesem Streit Beteiligten bereit wäre. Unter monistischen Bedingungen aber wäre legitimer Dissens nur im Einzelnen, nicht im Ganzen möglich.

3. Unerwiesenheit der Pflicht zur Bejahung des Spruches

Nun reicht immer noch die Unmöglichkeit legitimer *Verneinung* nicht aus, den Gegenstand selber zu legitimieren, das heißt legitim seine *Bejahung* zu fordern. (Mindestens fiktiv wäre ein Standpunkt genereller Neutralität denkbar, ganz wie bei einer wertfreien Natur, der dann wirklich für die Einzelfälle nur den persönlichen Geschmack übrigließe.) Selbst daß wir im uns-Dissoziieren vom Ganzen, als einer Ausübung der Freiheit, doch von der Wertentscheidung der Natur für Freiheit Gebrauch machen, verpflichtet uns nicht zu ihrer Bejahung, wie es nach rein logischer Konsequenz erscheinen möchte: Die Logik kann uns nur den Widerspruch unseres Verneinungs- oder Indifferenzurteils mit der darin praktizierten Bejahung des interessebetonten Augenblicks zu Last legen (wie bei jedem Gebrauch des Lebens außer dem Selbstmord), ohne im Namen der Folgerichtigkeit diese inkonsequente de-facto-Bejahung in eine authentische de-jure-Bejahung aus uns selbst verwandeln zu können. Hierzu, das heißt zu wirklicher, obligatorischer Bejahung, ist der Begriff des *Guten* vonnöten, der mit dem des Wertes nicht identisch ist, oder der, wenn man will, den Unterschied zwischen objektivem und subjektivem Status von Wert bezeichnet (oder kürzestens: zwischen Wert an sich und Wertung durch jemand) – und es ist das Verhältnis von Gut und Sein (von *bonum* und *esse*), mit dessen Klärung eine Wertlehre die etwaige Verbindlichkeit von Werten zu begründen hoffen kann, eben als Gründung des Guten im Sein. Erst von hierher ließe sich zeigen, daß die Natur, indem sie Werten anhängt, auch die Autorität zu ihrer Sanktion hat und ihre Anerkennung von uns und jedem wissenden Willen in ihrer Mitte fordern darf.

Unser bisheriger Nachweis also, daß die Natur Werte hegt, da sie Zwecke hegt, und daher alles andere als wertfrei ist, hat noch nicht die Frage beantwortet, ob es in unser Belieben gestellt oder unsere Pflicht ist, ihrer »Wertentscheidung« beizupflichten: ob also, paradox ausgedrückt, die unleugbar von ihr und für sie gesetzten Werte auch wertvoll sind (oder auch nur das Werte-Haben als solches!) – in welchem Fall allein die Beipflichtung Pflicht wäre. Diese Frage kann nicht mehr die Zwecklehre, die jenen Nachweis führte, sondern muß die Wertlehre beantworten, der wir uns jetzt zuwenden. Aber jener Nachweis – der Immanenz von Zwecken im Sein – machte die Stellung dieser Frage erst möglich, und es wird sich herausstellen, daß mit ihm für die Theorie der Ethik schon die entscheidende Schlacht gewonnen ist.

Viertes Kapitel
Das Gute, das Sollen und das Sein: Theorie der Verantwortung

I. Sein und Sollen

Das »Gute« oder den »Wert« im Sein gründen heißt die angebliche Kluft von Sein und Sollen überbrücken. Denn das Gute oder Wertvolle, wenn es dies von sich her und nicht erst von Gnaden eines Begehrens, Bedürfens oder Wählens ist, ist eben seinem Begriffe nach dasjenige, dessen Möglichkeit die Forderung nach seiner Wirklichkeit enthält und damit zu einem Sollen wird, wenn ein Wille da ist, der die Forderung vernehmen und in Handeln umsetzen kann. Wir sagen also, daß ein »Gebot« nicht allein von einem gebietenden Willen, zum Beispiel eines persönlichen Gottes, ausgehen kann, sondern auch vom immanenten Anspruch eines an-sich-Guten auf seine Wirklichkeit. An-sich-Sein des Guten oder Wertes heißt aber, zum Bestand des Seins zu gehören (nicht notwendig damit zur jeweiligen Aktualität des Daseienden), womit Axiologie ein Teil der Ontologie wird. Wie verhält sich dies zum bisherigen Befund über das Wesen der Natur?

1. »Gut« oder »Schlecht« relativ zum Zweck

Indem die Natur Zwecke unterhält, oder Ziele hat, wie wir jetzt annehmen wollen, setzt sie auch Werte; denn bei wie immer gegebenem, de facto erstrebten Zweck wird die jeweilige Erreichung ein Gut und die Vereitelung ein Übel, und mit diesem Unterschied beginnt die Zusprechbarkeit von Wert. Aber *innerhalb* der vorentschiedenen Zieleinstellung, in der es nur noch um Erfolg oder Mißerfolg geht, ist kein Urteil über die Güte des Zieles selber möglich und daher über das Interesse hinaus keine Verpflichtung aus ihm herzuleiten. Insoweit also Ziele tatsächlich in der Natur, einschließlich der unsrigen, angelegt sind, scheinen sie keine andere Würde als die der Tatsächlichkeit zu genießen und müßten dann nur nach der Stärke ihres Motivierens und vielleicht nach dem Lustertrag ihrer Erreichung (oder Schmerz ihrer Versagung) gemessen werden. Wir könnten dann nur sagen, daß es in ihrem Banne ein besser und schlechter gibt, nicht aber, daß hierin ein Gutes an sich unsere Zustimmung verlangt. Hat es dann Sinn zu sagen, daß irgendetwas sein *soll,* gleichviel ob es sein Zustandekommen durch Einfluß auf den Trieb, Instinkt oder Willen schon von selbst betreibt oder nicht? Ein »Gutes an sich«, so sagten wir, wäre ein solches Etwas. Aber bis jetzt hat sich Gut oder Übel erst als Korrelat im voraus *vorhandener* Zweckausrichtung gezeigt, der es überlassen bleibt, eben jene Macht über den Willen auszuüben, die in seinen »Entscheidungen« – ihrem Ergebnis – ex post facto zutage tritt. Der eingepflanzte Zweck setzt sich durch und bedarf keines Sollens, könnte es auch an sich garnicht begründen. Bestenfalls bediente er sich der Fiktion eines »Sollens« als Mittel seiner Macht.

2. Zweckhaftigkeit als Gut-an-sich

Aber gilt, was für den bestimmten Zweck gilt – daß nämlich seine Faktizität das erste und die Geltung von »gut« oder »schlecht« darauf bezüglich das zweite ist, von jenem zwar determiniert (de facto), aber nicht legitimiert (de jure) – auch für »Zweckhaftigkeit« selber als *ontologischen* Charakter eines Seins? Hier liegt, so scheint mir, die Sache doch anders. In der Fähigkeit, überhaupt Zwecke zu haben, können wir ein Gut-an-sich sehen, von dem intuitiv gewiß ist, daß es aller Zwecklosigkeit des Seins unendlich überlegen ist. Ich bin mir nicht sicher, ob dies ein analytischer oder synthetischer Satz ist, aber was er an Selbstevidenz besitzt, dahinter läßt sich schlechterdings nicht zurückgehen. Es läßt sich ihm nur die Lehre vom Nirvana entgegenstellen, die den Wert des Zweckhabens verneint, aber dann doch wieder den Wert der Befreiung davon bejaht und seinerseits zum Zweck macht.

Da hier Indifferenz offenbar nicht möglich ist (das Verneinte wird zum negativen Wert), so muß zumindest der, welcher dem Paradox vom zweckverneinenden Zweck nicht anhängt, dem Satz von der Selbstbeglaubigung des Zweckes als solchen im Sein beipflichten und ihn als *ontologisches Axiom* unterstellen.[1] Daß hieraus ein Sollen folgt, wenn jemals das derart selbstgültige erste Gute, in irgendwelchem von ihm abgeleiteten Gut, der Existenz nach in den Gewahrsam eines Willens gerät, das ergibt sich allerdings analytisch aus dem *formalen* Begriff des Guten an sich. Doch dessen erste Bestimmung selber seinem *Inhalt* nach, und zugleich seine Beheimatung in der Realität, ergibt sich aus nichts anderm als der Anschauung eben dieses, vom Sein schon exemplifizierten Inhalts in seiner axiomatischen Dignität: Überlegenheit von Zweck an sich über Zwecklosigkeit. Mag es sich bei ihrer Anerkennung qua Axiom (einem Akt zunächst der reinen Theorie) um eine letzte metaphysische Wahl handeln, die sich nicht weiter ausweisen kann (vielleicht so wenig wie die Selbstwahl des Seins, die sie übernimmt), so verfügt sie doch über ihre eigene evidenzielle Intuition, und diese läßt sich in etwa wie folgt artikulieren.

3. Selbstbejahung des Seins im Zweck

In der Zielstrebigkeit als solcher, deren Wirklichkeit und Wirksamkeit in der Welt nach dem Vorigen (Kapitel 3) als ausgemacht gelten soll, können wir eine grundsätzliche Selbstbejahung des Seins sehen, die es *absolut* als das Bessere gegenüber dem Nichtsein setzt. In jedem Zweck erklärt sich das Sein für sich selbst und gegen das Nichts. Gegen diesen Spruch des Seins gibt es keinen Gegenspruch, da selbst die Verneinung des Seins ein Interesse und einen Zweck verrät. Das heißt, die bloße Tatsache, daß das Sein nicht indifferent gegen sich selbst ist, macht seine Differenz vom Nichtsein zum Grundwert aller Werte, zum ersten Ja überhaupt. Diese

Differenz liegt also nicht so sehr im Unterschied eines Etwas vom Nichts (welcher bei Gleichgültigkeit des Etwas nur der selber gleichgültige Unterschied zwischen zwei Indifferenzen wäre), sondern im Unterschied eines Zweckinteresses überhaupt von der Indifferenz, als deren absolute Form wir das Nichts ansehen können. Ein indifferentes Sein wäre nur eine unvollkommenere, weil mit dem Makel der Sinnlosigkeit behaftete, Form des Nichts und eigentlich unvorstellbar. Daß es dem Sein um etwas geht, also mindestens um sich selbst, ist das erste, was wir aus der Anwesenheit von Zwecken in ihm über es lernen können. Dann wäre die Maximierung von Zweckhaftigkeit, das heißt der Reichtum erstrebter Ziele und damit möglichen Gutes oder Übels, der nächste Wert, der sich aus dem Grundwert des Seins als solchen in Steigerung seiner Differenz vom Nichtsein ergibt. Je mannigfaltiger der Zweck, umso größer die Differenz; je intensiver er ist, umso emphatischer die Bejahung und gleichzeitig deren Rechtfertigung: in ihm macht das Sein sich selber seines Aufwandes wert.

4. Das Ja des Lebens: emphatisch als Nein zum Nichtsein

Im organischen Leben hat die Natur ihr Interesse kundgegeben und in der ungeheuerlichen Mannigfaltigkeit seiner Formen, deren jede eine Art zu sein und zu streben ist, fortschreitend um den Preis entsprechender Vereitelung und Vernichtung befriedigt. Der Preis ist notwendig, da jeder Zweck nur auf Kosten anderer Zwecke verwirklicht werden kann. Die generische Mannigfaltigkeit ist selber eine solche Auswahl, von der sich unmöglich sagen läßt, ob sie immer die »beste« war, deren Erhaltung aber gewiß ein Gut gegenüber der Alternative der Vernichtung oder Verkümmerung ist. Aber mehr noch als in der Extensität des generischen Spektrums manifestiert sich das Interesse in der Intensität der Selbstzwecke der Lebewesen selber, in denen der Naturzweck zunehmend subjektiv, das heißt dem jeweiligen Vollzieher als der seine zueigen wird. In diesem Sinne ist jedes fühlende und strebende Wesen nicht nur ein Zweck der Natur, sondern auch ein Zweck an sich selbst, nämlich sein eigener Zweck.[2] Und eben hier, durch den Gegensatz des Lebens zum Tode, wird die Selbstbejahung des Seins emphatisch. Das Leben ist die explizite Konfrontation des Seins mit dem Nichtsein, denn in seiner konstitutionellen, durch die Notwendigkeit des Stoffwechsels gegebenen *Bedürftigkeit,* der die Erfüllung versagt bleiben kann, hat es die Möglichkeit des Nichtseins als seine ständig gegenwärtige Antithese, nämlich als Drohung, in sich. Der Modus seines Seins ist Erhaltung durch Tun. Das Ja allen Strebens ist hier verschärft durch das aktive Nein zum Nichtsein. Durch das verneinte Nichtsein wird das Sein zum positiven Anliegen, das heißt zur ständigen Wahl seiner selbst. Das Leben als solches, in der wesenseigenen Gefahr des Nichtseins, ist Ausdruck dieser Wahl. Also ist es, nur scheinbar paradox, der *Tod,* das heißt das Sterbenkönnen, und zwar als jederzeitiges Sterbenkönnen, und dessen ebenso jederzeitige Hinhaltung im *Akt* der Selbsterhaltung, was das Siegel auf die Selbstbejahung des Seins setzt: diese wird hierdurch zu geeinzelten Anstrengungen von Seienden.

5. Sollenskraft des ontologischen Ja für den Menschen

Obligatorische Kraft gewinnt dieses blind sich auswirkende Ja in der sehenden Freiheit des Menschen, die als höchstes Ergebnis der Zweckarbeit der Natur nicht mehr einfach deren weiterer Vollstrecker ist, sondern mit der vom Wissen bezogenen Macht auch ihr Zerstörer werden kann. Er muß das Ja in sein Wollen übernehmen und das Nein zum Nichtsein seinem Können auferlegen. Aber dieser Übergang vom

Wollen zum Sollen ist eben der kritische Punkt der Moraltheorie, an dem ihre Grundlegung so leicht zuschanden wird. Wieso wird zur Pflicht, was vom Sein seit je schon fürs Ganze betreut wird durch alles Einzelwollen hindurch? Wieso dies Herausstehen des Menschen aus der Natur, wonach er ihrem Walten durch Normen zu Hilfe kommen und dafür sein eigenes, einzigartiges Naturerbe, die Willkür, beschränken soll? Wäre nicht gerade deren vollste Ausübung die Erfüllung des Naturzwecks, der sie hervorbrachte – wohin immer sie führen mag? Eben dies wäre der Wert an sich, dem die Bewegung des Seins zugestrebt hatte; dies sein Spruch, der Beipflichtung verlangen könnte, sie aber durchaus nicht nötig hat.

6. Fraglichkeit eines Sollens im Unterschied vom Wollen

Zugegeben denn, daß Zweckhaftigkeit an sich das primäre Gute ist und als solches, abstrakt gesprochen, »Anspruch« auf Wirklichkeit hat, so bedeutet sie doch eben schon *Wollen* von Zwecken und durch sie, als Bedingungen des eigenen Fortbestehens, Wollen ihrer selbst als des Grundzweckes: sie selber, die naturgegebene Zweckhaftigkeit, versieht die Erfüllung ihres Seinsanspruches, der somit bei ihr in guten Händen ist. Schlicht gesagt: Selbsterhaltung braucht nicht geboten zu werden und bedarf keiner Überredung außer der der Lust, die ihr mitgegeben ist; ihr Wollen, mit seinem Ja und Nein, ist als das erste immer schon da und besorgt sein Geschäft – besser oder schlechter im Einzelfall, doch immer nach Vermögen. Selbst also wenn »wollen Sollen« ein sinnvoller Begriff wäre, so wäre er doch hier überflüssig und damit auch der (wirklich sinnvolle) Begriff des »tun Sollens«, da das schon vorhandene Wollen sein Tun automatisch mit sich führt. Wo aber ein besser oder schlechter (das heißt mehr oder weniger wirksam) zur *Wahl* steht, wie beim Menschen, da kann man zwar im Namen des Zweckwollens von einem Sollen des besseren Weges sprechen, also (mit Kant) vom »hypothetischen Imperativ« der Klugheit, der die Mittel und nicht den Zweck selbst betrifft. Aber so wichtig dieser Imperativ in der Wirrnis der menschlichen Angelegenheiten werden kann – mit dem unbedingten Imperativ der Sittlichkeit hat er wenig zu tun. Dieser muß sich auf die Zwecke miterstrecken, ja auf sie zu allererst. (Daß er sein eigener Zweck sei, wie letztlich Kant meinte, ist eine unhaltbare Konstruktion – siehe weiter unten.) Es hilft auch nichts, von der Überlegenheit »höherer« über »niedrigere« Zwecke als Bestimmungsgrund der Wahl zu sprechen, solange diese Unterscheidung nicht bereits ethisch definiert und so etwas wie eine Pflicht zum höheren Zweck ausgemacht ist. Man mag mit gutem Recht das Malen der sixtinischen Decke einen höheren Zweck nennen als die Stillung nagenden Hungers, aber man befrage Heines »Wanderratten« darüber, ob sich hieraus ein Gesetz des Handelns für sie ableiten läßt. Vom Ansichsein des Wertes oder des Guten, das wir hier mitsamt seinem abstrakten »Anspruch« schon voraussetzen dürfen, ist immer noch ein Schritt zu der *Aufgabe,* die dem Handeln hier und jetzt als *seine* auferlegt ist: der Schritt vom Zeitlosen in die Zeit. Hinter diesem Schritt aber lauert der Verdacht, daß selbst die wunderliche Selbsttäuschung der Moral, auch der asketischsten, mit all ihren »Aufgaben« und »Verzichten« noch eine verkappte Form der Selbstbefriedigung des Urdranges ist (zum Beispiel »Wille zur Macht«, »Lustprinzip«) – also alles selbstauferlegte, vermeintliche Sollen nur eine Verkleidung des Wollens, seine Verführung durch einen wirksameren Köder als den der gemeinen Lust. In diesem Fall hätte »Wert« oder »das Gute« nicht die Autorität des Gebietens, sondern die Kraft von Ursachen – finalen Ursachen natürlich, aber darum nicht weniger kausale Kraft. Dann wäre alles Wollen als solches, und als Teil der immanenten Teleologie des Seins überhaupt, eo ipso gerechtfertigt (zu bewerten vielleicht nach seiner Intensität, aber nicht nach seinem Ziel) und die Bemühung um eine Pflichtenlehre wäre eitel. Selbst das tönende Ja des *amor fati,* das leere Noch-einmal-wollen alles schon Gewollten und Getanen, fügte ihm nichts hinzu. – Wir müssen den Sinn von »Wert« und von »Gut« noch einmal befragen.

7. »Wert« und »Gut«

a. Sprachlich hat »das Gute« gegenüber »Wert« die größere Würde des An-sich-seins: Wir sind geneigt, es als etwas von unserm Wünschen und Meinen unabhängiges zu verstehen. »Wert« dagegen verbindet sich leicht mit der Frage »wem?« und »wieviel?«: das Wort stammt aus der Sphäre des Schätzens und des Tausches. Es bezeichnet also zunächst nur ein Maß des Wollens, nämlich des Aufwendenwollens, und nicht des Sollens. Ich setze mir etwas zum Zweck, weil es mir etwas wert ist, oder es ist mir etwas wert, weil es meiner bedürftigen Natur schon vor aller Wahl als Zweck gesetzt ist: im Handeln, soweit es im Wettbewerb der Zwecke frei ist, setze ich mir den Naturzweck noch einmal zum Zweck.[3] *Jeder* Zweck also, den ich mir setze, ist dadurch allein als »Wert« ausgewiesen, nämlich als mir jetzt der Mühe wert, ihn zu verfolgen (einschließlich des Verzichtes auf die dafür nicht verfolgbaren). Der Tauschwert für die Mühe – ihr »Lohn« – ist hierbei die Lust, einschließlich ihrer subtilsten Arten. Wenn der erreichte Zweck mich hierin enttäuscht und zum Urteil führt, daß er der Mühe doch nicht wert war, so wird mein besser belehrtes Wünschen auch weiterhin nur sich selbst hinsichtlich der lohnenderen Wahl von Zwecken konsultieren, nicht aber diese selbst hinsichtlich ihres Anspruchs auf meine Wahl. Auch das revidierte Urteil, obwohl besser unterrichtet und so vielleicht erfolgreicher, braucht nicht weniger subjektiv, daher nicht verbindlicher zu sein als das ursprüngliche.

b. Dennoch lassen wir uns nicht nehmen, zwischen werten

und unwerten Zwecken zu unterscheiden, und dies unabhängig davon, ob das Wünschen dabei auf seine Kosten kommt oder nicht. Wir postulieren mit dieser Unterscheidung, daß, was meiner Mühe wert ist, nicht ohne weiteres mit dem zusammenfällt, was *mir* gerade der Mühe wert ist. Was aber wirklich meiner Mühe wert ist, *sollte* doch zu dem werden, was auch mir der Mühe wert ist und deshalb von mir zum Zweck *gemacht* wird. »Wirklich« der-Mühe-wert nun muß bedeuten, daß der Gegenstand der Mühe *gut* ist, unabhängig vom Befinden meiner Neigungen. Eben dies macht ihn zur Quelle eines Sollens, mit dem er das Subjekt anruft in der Situation, in der die Verwirklichung oder Erhaltung *dieses* Guten durch *dieses* Subjekt konkret in Frage steht. Keine voluntaristische oder appetitive Theorie, die das Gute als das Erstrebte definiert, wird diesem Urphänomen des Forderns gerecht. Als bloßes Geschöpf des Willens mangelt das Gute der Autorität, die den Willen bindet. Anstatt seine Wahl zu bestimmen, ist es ihr unterworfen und jeweils dies oder das. Erst seine Gründung im Sein stellt es dem Willen gegenüber. Das unabhängig Gute verlangt, Zweck zu werden. Es kann den freien Willen nicht zwingen, es zu seinem Zweck zu machen, aber es kann ihm die Anerkennung abnötigen, daß dies seine Pflicht wäre. Wenn nicht im Gehorchen, zeigt sich die Anerkennung im Gefühl der Schuld: Wir sind dem Guten das Seine schuldig geblieben.

8. Tun des Guten und Sein des Täters: Die Prävalenz der »Sache«

a. Ebenso wenig aber wie die Unterscheidung zwischen Begehren und Sollen läßt sich unser Gefühl die Gewißheit nehmen, daß das Tun des Guten um-seiner-selbst-willen doch in irgendeinem Sinne auch dem Täter zugute kommt, und dies unabhängig vom Erfolg der Tat. Mag er am Genuß des vollbrachten Guten teilhaben oder nicht, es auch nur erleben oder nicht, ja selbst es mißlingen sehen – sein sittliches Sein hat gewonnen mit der befolgenden Annahme des Rufes der Pflicht. Dennoch darf nicht dies das Gut gewesen sein, das er wollte. Das Geheimnis oder die Paradoxie der Moral ist, daß das Selbst über der Sache vergessen werden muß, um ein höheres Selbst (das in der Tat auch ein Gut-an-sich ist) werden zu lassen. Wohl ist es statthaft zu sagen »Ich möchte mir selbst ins Auge sehen (oder: vor Gottes Prüfung bestehen) können«, aber eben dies wird mir nur möglich sein, wenn es mir um die »Sache« und nicht um mich selbst ging: dies letztere kann nicht selber die Sache werden und das Objekt der Tat nur die Gelegenheit dazu. Der gute Mensch ist nicht der, der sich gut gemacht hat, sondern der, der das Gute um seinetwillen getan hat. Das Gute aber ist die Sache in der Welt, ja die Sache der Welt. Moralität kann nie sich selber zum Ziel haben.

b. Also ist es nicht die Form, sondern der Inhalt des Handelns, was an erster Stelle steht. In diesem Sinne ist die Moral »selbstlos«, obwohl sie manchmal auch einen Zustand des Selbst – nämlich einen pflichtgemäßen und zur Weltsache gehörigen – zum Gegenstand haben kann (und ohne daß Selbstlosigkeit an sich moralisch wäre). Nicht die Pflicht selbst ist der Gegenstand; nicht das Sittengesetz motiviert das sittliche Handeln, sondern der Appell des möglichen An-sich-Guten in der Welt, das meinem Willen gegenübersteht und Gehör verlangt – *gemäß* dem Sittengesetz. Jenem Appell Gehör zu geben *ist* genau, was das Sittengesetz gebietet: dieses ist nichts anderes als die generelle Einschärfung des Rufes aller tat-abhängigen Güter und ihres jeweiligen Rechtes auf *meine* Tat. Es macht mir zur Pflicht, was die Einsicht als von sich her seinswürdig und meiner Leistung bedürftig aufweist. Damit dies mich erreicht und affiziert, so daß es den Willen bewegen kann, muß ich für dergleichen affizierbar sein. Unsere emotionale Seite muß ins Spiel kommen. Und nun liegt es im Wesen unserer moralischen Natur, daß der Appell, wie die Einsicht ihn vermittelt, eine Antwort in unserm Gefühl findet. Es ist das Gefühl der Verantwortlichkeit.

c. Wie jede ethische Theorie, muß auch eine Theorie der Verantwortung beides ins Auge fassen: den *rationalen* Grund der Verpflichtung, das heißt das legitimierende Prinzip hinter dem Anspruch auf ein verbindliches »Soll«, und den *psychologischen* Grund seiner Fähigkeit, den Willen zu bewegen, das heißt für ein Subjekt die Ursache zu werden, sein Handeln von ihm bestimmen zu *lassen*. Das besagt, daß Ethik eine objektive und eine subjektive Seite hat, deren eine es mit der Vernunft, die andere mit dem Gefühl zu tun hat. Geschichtlich hat manchmal die eine, manchmal die andere mehr im Mittelpunkt ethischer Theorie gestanden; und traditionell hat das Problem der *Gültigkeit*, das heißt die objektive Seite, die Philosophen mehr beschäftigt. Aber die beiden Seiten sind unter sich komplementär und beide sind integrierende Bestandteile der Ethik überhaupt. Wären wir nicht, mindestens nach Anlage, *empfänglich* für den Ruf der Pflicht durch ein antwortendes Gefühl, so wäre selbst der zwingendste Beweis seines Rechtes, dem die Vernunft zustimmen muß, doch machtlos, das Erwiesene auch zu einer motivierenden Kraft zu machen. Umgekehrt, ohne eine *Beglaubigung* ihres Rechtes wäre unsere faktische Empfänglichkeit für Appelle dieser Art ein Spielball zufälliger Prädilektionen (selber mannigfach vorbedingt) und die von ihr getroffene Wahl ermangelte der Rechtfertigung. Dies würde zwar immer noch Raum lassen für sittliches Verhalten aus einem naiv guten Willen, dessen unmittelbare Selbstgewißheit nach keiner weiteren Beglaubigung verlangt – und in der Tat auch nicht nötig hat in jenen glückhaften Fällen, wo die Eingebungen des Herzens »von Natur« im Einklang mit den Geboten des Sittengesetzes sind. Eine Subjektivität so begnadet (und wer wollte ihre Möglichkeit ausschließen?) könnte ganz aus sich selbst, das heißt aus dem Gefühl handeln. Keine ähnliche Selbstgenugsamkeit kann die objektive Seite je besitzen: ihr Imperativ, so evident seine Wahrheit sein möge, kann gar nicht wirksam werden, es sei denn er trifft auf eine Empfindungsfähigkeit für etwas seiner Art. Dies *faktische* Gegebensein des Fühlens, vermutlich ein allgemein menschliches Potential, ist demnach das kardinale datum der Moral und als solches auch im »Soll« schon impliziert. In der Tat, es gehört zum ureigenen *Sinn* des normativen Prinzips, daß sein Ruf sich an solche richtet, die nach ihrer Konstitution, das heißt von Natur, für ihn empfänglich sind (was natürlich noch nicht seine Befolgung sichert). Man kann wohl sagen, daß es kein »du sollst« gäbe, wenn es niemand gäbe, der es hören kann und von sich her auf seine Stimme abgestimmt ist, ja danach hinhorcht. Damit ist nichts anderes gesagt, als daß Menschen potentiell schon »moralische Wesen« *sind,* weil sie diese *Affizierbarkeit* besitzen, und nur dadurch auch unmoralisch sein können. (Der hierfür von Natur Taube kann weder moralisch noch unmoralisch sein.) Aber es ist ebenso wahr, daß das moralische Gefühl selber nach seiner Autorisierung von jenseits seiner verlangt, und zwar nicht bloß zum Schutz gegen Bestreitungen von außen (einschließlich solcher von konkurrierenden Motiven in derselben Seele), sondern aus einem inneren Bedürfnis jenes Gefühls an sich, in seinen eigenen Augen mehr als ein bloßer Impuls zu sein. Nicht die Gültigkeit also, wohl aber die Wirksamkeit des sittlichen Gebotes ist von jener subjektiven Bedingung abhängig: diese ist seine Prämisse und sein Objekt zugleich, von ihm angerufen, reklamiert und gedrängt – mit Erfolg oder vergebens. In jedem Fall, die Kluft zwischen abstrakter Sanktion und konkreter Motivation muß vom Bogen des Gefühls überspannt werden, das allein den Willen bewegen kann. Das Phänomen der Moralität ruht a priori auf dieser Paarung, obwohl eines ihrer Glieder nur a posteriori als ein Faktum unserer Existenz gegeben ist: die subjektive Anwesenheit unseres sittlichen Interesses.[4]

Nach logischer Ordnung würde die Gültigkeit von Verpflichtungen zuerst kommen und das antwortende Gefühl als zweites. Aber in der Reihenfolge des Zugangs hat es Vorteile, mit der subjektiven Seite zu beginnen, weil sie nicht nur das immanent Gegebene und Bekannte ist, sondern auch in dem transzendenten Anruf, der an sie ergeht, schon mitgemeint ist. – Nur in äußerster Kürze wollen wir einen Blick auf den emotionalen Aspekt des Sittlichen in früherer ethischer Theorie werfen.

9. Die Gefühlsseite der Sittlichkeit in bisheriger ethischer Theorie

a. Liebe zum »höchsten Gut«

Daß das Gefühl zur Vernunft hinzukommen muß, damit das objektiv Gute eine Gewalt über unsern Willen gewinne – daß also die Moral, die den Affekten gebieten soll, selber eines Affektes bedarf – war den Moralphilosophen seit jeher bewußt; und unter den Großen war Kant wohl der einzige, der sich dies als Zugeständnis an unsere sinnliche Natur abringen mußte, anstatt es als integrierende Komponente des Ethischen an sich anzusehen. Ausdrücklich oder unausdrücklich lebt die Einsicht in jeder Tugendlehre, so verschieden das hier postulierte Gefühl auch bestimmt wurde. Jüdische »Gottesfurcht«, platonischer »Eros«, aristotelische »Eudämonie«, christliche »Liebe«, Spinozas »amor dei intellectualis«, Shaftesburys »Wohlwollen«, Kants »Ehrfurcht«, Kierkegaards »Interesse«, Nietzsches »Willenslust«, sind Bestimmungsarten dieses affektiven Elements der Ethik. Wir können in ihre Diskussion hier nicht eintreten, bemerken aber, daß »Verantwortungsgefühl« sich nicht unter ihnen befindet. Wir müssen diese Abwesenheit später erklären, um unsere Wahl zu verteidigen. Wir bemerken ferner, daß die meisten (wiewohl nicht alle) der genannten Gefühle von der Art sind, die durch einen *Gegenstand* von höchstem Werte, ein »größtes Gut«, eingeflößt werden und darauf gerichtet sind. Traditionell hatte dieses summum bonum oft die ontologi-

sche Mitbedeutung (ein Korollar zur Idee der Vollkommenheit), daß dies etwas Zeitloses sein müsse, das unsere Sterblichkeit mit der Lockung der Ewigkeit anspricht. Das Ziel sittlichen Strebens ist dann, diesem höchsten Gegenstand den eigenen Zustand anzugleichen, sich ihn insofern »anzueignen« und auch seine Aneignung bei Andern zu fördern, überhaupt ihm einen Platz in der Welt des Zeitlichen zu schaffen. Das Unvergängliche lädt das Vergängliche zur Teilhabe ein und erregt in ihm die *Lust* danach.
Ganz im Gegensatz hierzu nun ist der Gegenstand der *Verantwortung* das Vergängliche qua Vergängliches – jedoch, trotz dieser *Gemeinsamkeit* zwischen mir und ihm, unpartizierbarer ein »Anderes« mir gegenüber als irgendeiner der transzendenten Gegenstände klassischer Ethik: ein Anderes nicht als überragend Besseres, sondern als lediglich-es-selbst in seinem ureigenen Recht, und ohne daß *diese* Andersheit überbrückt werden sollte durch eine Anähnlichung von mir zu ihm oder ihm zu mir. Gerade die Andersheit nimmt von meiner Verantwortung Besitz, und keine Aneignung ist hier intendiert. Und doch soll dieser von »Vollkommenheit« weit entfernte, in seiner Faktizität ganz kontingente Gegenstand, wahrgenommen gerade *in* seiner Vergänglichkeit, Bedürftigkeit und Unsicherheit, die Kraft haben, mich durch sein pures Dasein (nicht durch besondere Qualitäten) zu einer Verfügungstellung meiner Person, frei von jedem Aneignungsbegehren, zu bewegen. Und er kann dies offenbar, denn sonst gäbe es kein Verantwortungs*gefühl* für solches Dasein. Es gibt aber dieses Gefühl als eine Tatsache der Erfahrung und es ist nicht weniger wirklich als die *appetitiven* Gefühle der summum bonum-Erfahrung. Hiervon später. Achten wir jetzt nur darauf, was die zwei hier kontrastierten Typen dennoch gemein haben: Die bindende Kraft geht vom Anspruch eines *Gegenstandes* aus, und die Bindung ist an diesen Gegenstand, sei er ewig oder zeitlich. In beiden Fällen soll etwas ausgerichtet werden im Reich der Dinge.

b. Handlung um des Handelns willen

Diesen gegenstands-orientierten ethischen Haltungen, in denen zuhöchst der außer mir gelegene *Gehalt* des Zieles herrscht, stehen die gegenstandslosen Arten gegenüber, in denen die Form oder der Geist der Handlung selbst das Thema der Norm ist und der äußere Gegenstand, den die Situation liefert, mehr die Gelegenheit als das wirkliche Ziel für die Tat ist. Nicht auf das »was«, sondern auf das »wie« des Handelns kommt es dort an. Das moderne Extrem dieser Ethik subjektiver Gesinnung ist der Existentialismus (vgl. Nietzsches »Wille zum Willen«, Sartres »authentische Entscheidung«, Heideggers »Eigentlichkeit« und »Entschlossenheit«, und so weiter), wo das Objekt in der Welt nicht von sich her mit einem Anspruch an uns ausgestattet ist, sondern seine Bedeutsamkeit von der Wahl unseres leidenschaftlichen Interesses empfängt. Hier herrscht zuhöchst die Freiheit des Selbst. Ob dieser Standpunkt dem Buchstaben nach haltbar ist und nicht im Geheimen doch dem Objekt einen Wert zuerkennt (für das man sich deshalb entscheiden *soll*), und ob nicht eben *dies* der wahre Grund für die angeblich grundlose Wahl ist, stehe hier dahin. Worauf es für die Theorie der Ethik ankommt, ist die grundsätzliche Leugnung jeglicher den Dingen selbst innewohnender Ordnung von Rang oder Recht und somit überhaupt der Idee objektiv gültiger Verpflichtungen gegen sie, wovon sie selber die Quelle sein könnten.[5]

c. Kants »Ehrfurcht vor dem Gesetz«

Einzigartig, wie so oft, ist Kants Stellung in diesem Streit zwischen »materialen« und »formalen«, »objektiven« und »subjektiven« Prinzipien sittlicher Handlung. Während er einerseits nicht verneint, daß Gegenstände uns durch ihren Wert affizieren können, verneint er doch anderseits (um der

»Autonomie« der sittlichen Vernunft willen), daß solche »pathologische« Affektion des Gefühls das wahre Motiv sittlichen Handelns hergeben könne; und während er die in der Vernunft gegründete Objektivität eines universalen Sittengesetzes betont, räumt er doch dem Gefühl eine notwendige Rolle bei der Konformierung des Einzelwillens an das Gesetz ein. Das Einzigartige ist, daß dieses Gefühl keinem Gegenständlichen, sondern dem Gesetz selber gilt. In der Tat war es die tiefe Einsicht Kants – um so eindrucksvoller, als sie vom Verfechter unbedingter Autonomie der Vernunft in Sachen der Moral kommt – daß neben der Vernunft auch das Gefühl im Spiel sein muß, damit das Sittengesetz Kraft über unsern Willen gewinne. Nach ihm war dies ein Gefühl, welches nicht ein Objekt (womit die Moral »heteronom« würde), sondern die *Idee* der Pflicht oder des Sittengesetzes in uns hervorruft: das Gefühl der *Ehrfurcht*. Kant meinte: Ehrfurcht vor dem Gesetz, vor der Erhabenheit des unbedingten »du sollst«, das von der Vernunft ausgeht. Mit andern Worten: die Vernunft selber wird zur Quelle eines Affektes und ist dessen letzthinniger Gegenstand! Nicht natürlich die Vernunft als Erkenntnisvermögen, sondern als ein Prinzip der Universalität, dem der Wille sich konform machen soll; und dies nicht durch die Wahl seiner Objekte, sondern durch die Form ihres Wählens, das heißt durch die Weise der Selbstbestimmung im Hinblick auf die mögliche Universalisierung seiner Maxime. Diese innere Form des Wollens allein ist der Inhalt des kategorischen Imperativs, dessen Erhabenheit Ehrfurcht einflößt.

Aber dieser Gedanke, obwohl er selber der Erhabenheit nicht entbehrt, führt in eine Absurdität. Denn der Sinn des kategorischen Imperativs ist, wie all seine Anwendungen in der Kasuistik zeigen, nicht die Setzung von Zwecken, sondern die Selbstbeschränkung der Freiheit, durch die Regel der Selbsteinstimmigkeit des Willens, in der Verfolgung von Zwecken. Wenn aber dies die Idee des Sittengesetzes ist, dann kommt die Kantische Formel hinaus auf »Selbstbe-

schränkung der Freiheit aus Ehrfurcht vor der Idee der Selbstbeschränkung der Freiheit« – was offenbar ungereimt ist. Oder, da die Selbstbeschränkung im Hinblick auf Verallgemeinerungsfähigkeit erfolgen soll, läßt sich auch sagen: »Verallgemeinerung des partikularen Wollens aus Ehrfurcht vor der Idee der Allgemeinheit«, was nur wenig besser ist. Denn zwar ist weitere Allgemeinheit eine Tugend bei theoretischen Sätzen in einem System der Wahrheit, und ihre Gültigkeit für jeden andern Verstand versteht sich von selbst; aber bei individuellen Tatentscheidungen ist die etwa begleitende Gewißheit, daß jedes Vernunftwesen ihnen wegen der Allgemeinheit ihres Prinzips zustimmen muß, wohl eine willkommene Bestärkung (vielleicht sogar ein Kriterium ihrer Richtigkeit), aber doch unmöglich der erste Grund meiner Wahl, und ganz gewiß nicht die Quelle des *Gefühls* – sei es Ehrfurcht oder anderes, das hier und jetzt meinen Bund mit der Sache beseelt. Dieses Gefühl kann nur die Sache selber, keine Idee von Allgemeinheit, erzeugen, und zwar durch ihre durchaus einzige Selbstgültigkeit. Die letztere mag selber unter umfassenderen Prinzipien stehen, aber dies wären dann ontologische, und wenn solche das Gefühl affizieren, dann durch ihren *Inhalt,* und nicht durch den Grad ihrer Allgemeinheit. (Zu ähnlichen Ungereimtheiten wie dies größte Beispiel muß jeder Versuch führen, das Moralgesetz als seinen eigenen Zweck zu verstehen.)
In Wahrheit, so muß hinzugefügt werden, war Kants sittliche Einsicht größer als was die Logik des Systems diktierte. Die eigentümliche Leere, in welche der rein formale »kategorische Imperativ« mit seinem Kriterium widerspruchsloser Generalisierbarkeit der Willensmaxime führt, ist oft bemerkt worden.[6] Aber Kant selber erlöste die bloße Formalität seines kategorischen Imperativs durch ein »materiales« Prinzip des Verhaltens, das angeblich aus ihm folgt, in Wahrheit aber ihm hinzugefügt ist: Achtung vor der Würde von Personen als Zwecken an sich selbst. Hierauf trifft der Vorwurf der Leere gewiß nicht zu! Aber der unbedingte Selbstwert ver-

nünftiger Subjekte folgt aus keinem formalen Prinzip, sondern muß aus der *Anschauung* dessen, was ein freihandelndes Selbst in einer Welt der Notwendigkeit ist, den Wertsinn des urteilenden Betrachters überzeugen.

d. Standpunkt der folgenden Untersuchung

Unsere Gegenposition, die den folgenden Reflexionen über Verantwortung zugrundeliegt, sei hier einfach hingestellt: Worauf es ankommt, sind primär die Sachen und nicht die Zustände meines Willens. Indem sie den Willen engagieren, werden die Sachen zu Zwecken für mich. Zwecke können allenfalls erhaben sein – durch das, *was* sie sind; sogar manche Handlungen oder ganze Lebensläufe können es sein: aber nicht die Regel des Willens, deren Einhaltung für jedweden Zweck die Bedingung dafür ist, daß er ein moralischer sei – genauer: daß er kein unmoralischer sei. Das *Gesetz* als solches kann weder Ursache noch Gegenstand der Ehrfurcht sein; aber das *Sein,* erkannt in seiner Fülle oder einer Einzelerscheinung derselben, begegnend einem Sehvermögen, das nicht durch Selbstsucht verengt oder durch Stumpfheit getrübt ist, kann wohl Ehrfurcht erzeugen – und kann mit dieser *Affizierung unseres Gefühls* dem sonst kraftlosen Sittengesetz zuhilfe kommen, das da gebietet, dem innewohnenden *Anspruch* von Seiendem mit unserm eigenen Sein Genüge zu tun. »Heteronom« in diesem Sinne zu sein, nämlich sich vom rechtmäßigen Anruf wahrgenommener Entitäten bewegen zu lassen, braucht nicht dem Prinzip der Autonomie zuliebe gescheut oder geleugnet zu werden. Doch nicht einmal Ehrfurcht genügt, denn solche Gefühlsbejahung der wahrgenommenen Würde des Gegenstandes, so lebhaft sie sei, kann doch ganz untätig bleiben. Erst das hinzutretende *Gefühl der Verantwortung,* welches *dieses* Subjekt an dieses Objekt bindet, wird uns seinethalben handeln machen. Wir behaupten, daß es dies Gefühl mehr als irgendein anderes ist, welches eine

Willigkeit in uns erzeugen kann, den Anspruch des Objektes auf Existenz durch unser Tun zu unterstützen. Erinnern wir schließlich noch daran, daß Sorge um den Nachwuchs (siehe Kap. 2, S. 85 ff.), so spontan, daß sie der Anrufung des Sittengesetzes nicht bedarf, der elementarmenschliche Urtyp des Zusammenfalls von objektiver Verantwortlichkeit und subjektivem Verantwortungsgefühl ist, durch den uns die Natur für alle, vom Trieb nicht so gesicherten Arten der Verantwortlichkeit vorerzogen und unser Gefühl dafür vorbereitet hat. Wenden wir uns denn diesem Phänomen »Verantwortung« zu, über das ethische Theorie im ganzen so schweigsam gewesen ist.

II. Theorie der Verantwortung: Erste Unterscheidungen

1. Verantwortung als kausale Zurechnung begangener Taten

a. Bedingung von Verantwortung ist kausale Macht. Der Täter muß für seine Tat antworten: er wird für deren Folgen verantwortlich gehalten und gegebenenfalls haftbar gemacht. Dies hat zunächst rechtliche und nicht eigentlich sittliche Bedeutung. Der angerichtete Schaden muß gutgemacht werden, auch wenn die Ursache keine Übeltat war, auch wenn die Folge weder vorausgesehen noch beabsichtigt war. Es genügt, daß ich die aktive Ursache gewesen bin. Aber doch nur in enger kausaler Verbindung mit der Tat, so daß die Zuschreibung eindeutig ist und die Folge sich nicht im Unvorhersehbaren verliert. Der berühmte fehlende Hufnagel macht nicht wirklich den Schmiedegesellen verantwortlich für die verlorene Schlacht und den Verlust des Königreichs. Aber der direkte Kunde, Reiter des Pferdes, hätte wohl einen Regreßanspruch an den Schmied, der für die Nachlässigkeit seines Gesellen, ohne daß ihn selber ein Vorwurf trifft, »verantwortlich« ist. Die Nachlässigkeit ist hier das einzige, was allenfalls moralisch schuldhaft zu nennen ist, und das in einem trivialen Grade; aber das Beispiel zeigt (wie das alltägliche des Haftens von Eltern für ihre Kinder), daß zahlpflichtige Verantwortung von jeder Schuld frei sein kann. Das Prinzip der ursächlichen Zurechenbarkeit ist immer noch gewahrt in dem Verhältnis, kraft dessen der Vorgesetzte generell die Ursächlichkeit der Untergebenen in seiner Person vereinigt (für deren zuverlässige Leistung er ja auch das Lob erntet).

b. Nun hat sich frühzeitig mit der Idee der rechtlichen Bußeleistung die der Bestrafung vermischt, die moralischen Sinn hat und die ursächliche Tat als moralisch schuldhaft qualifiziert. Hier hat die Erklärung »schuldig!« einen andern Sinn als »Peter ist Paul Wiedergutmachung schuldig«. Bestraft wird die Tat mehr als die Folgen, wenn es sich um ein Verbrechen handelt, und nach ihr wird die Sühne bemessen. Hierfür muß die Tat selbst untersucht werden – Vorsatz, Überlegung, Motiv, Zurechenbarkeit: War die Tat verbrecherisch »in sich«? Die Abrede zur Begehung eines Verbrechens, die durch rechtzeitige Entdeckung folgenlos blieb, ist selbst ein Verbrechen und straffällig. Die hier bewirkte Sühne, mit der der Täter zur Verantwortung gezogen wird, dient nicht der Gutmachung des von andern erlittenen Schadens oder Unrechts, sondern der Wiederherstellung der gestörten moralischen Ordnung. Also ist hier die Qualität und nicht die Kausalität der Tat der entscheidend zu verantwortende Punkt. Dennoch bleibt zumindest potentielle Macht die conditio sine qua non. Niemand wird für das ohnmächtige Ersinnen gräßlichster Untaten zur Verantwortung gezogen, und die hierbei etwa auftretenden Schuldgefühle sind so privat wie das psychologische Delikt. Eine Tat in der Welt muß begangen oder mindestens begonnen sein (wie in der Abrede). Und es bleibt wahr, daß die gelungene Tat schwerer wiegt als die mißlungene.

c. Der angezeigte Unterschied zwischen legaler und moralischer Verantwortung spiegelt sich in dem Unterschied von Zivilrecht und Kriminalrecht, in deren divergenter Entwicklung die anfänglich vermischten Begriffe von Bußleistung (aus Haftpflicht) und Strafe (für Schuld) entmischt wurden. Beiden gemeinsam ist aber, daß die »Verantwortung« sich auf getane Taten bezieht und in Verantwortlich*machung* von außen real wird. Das hier beim Täter etwa mitgehende *Gefühl,* mit dem er die Verantwortung innerlich annimmt (Schuldgefühl, Reue, Sühnebereitschaft, aber auch trotziger Stolz) ist ebenso retroaktiv wie das objektive Verantwortenmüssen; und auch dessen Antizipation am Anfang des Handelns dient nicht als Tatmotiv, sondern (wirksamenfalls) als

Tatauslese, das heißt als Zulassungs- oder Ausscheidungsmotiv. Schließlich hat man umsoweniger zu verantworten, je weniger man tut, und bei Abwesenheit positiver Pflicht kann Tatvermeidung zum Rat der Klugheit werden. Kurz, »Verantwortung«, so verstanden, setzt nicht selber Zwecke, sondern ist die ganz formale Auflage auf *alles* kausale Handeln unter Menschen, daß dafür Rechenschaft verlangt werden kann. Sie ist damit die Vorbedingung der Moral, aber noch nicht selber Moral. Das mit ihr sich identifizierende Gefühl – Nachgefühl wie Vorgefühl – ist zwar moralisch (Bereitschaft, für sein Tun einzustehen), aber in seiner puren Formalität kann es nicht das affektive Prinzip für die ethische Theorie abgeben, die es zuerst und zuletzt doch mit der Präsentierung, Beglaubigung und Motivierung von positiven Zwecken auf das bonum humanum hin zu tun hat. Aus der Inspiration solcher Zwecke, aus der Wirkung des Guten auf das Gefühl, kann Verantwortungsfreudigkeit entstehen; ohne sie, das heißt ohne verpflichtende Werte, ist Verantwortungsscheu vielleicht zu bedauern (da die Vorsicht, rein hedonistisch, ein schlechtes Geschäft sein kann), aber nicht zu verurteilen.[7]

2. Verantwortung für Zu-Tuendes: Die Pflicht der Macht

Nun gibt es aber noch einen ganz andern Begriff von Verantwortung, der nicht die ex-post-facto Rechnung für das Getane, sondern die Determinierung des Zu-Tuenden betrifft; gemäß dem ich mich also verantwortlich fühle nicht primär für mein Verhalten und seine Folgen, sondern für die *Sache,* die auf mein Handeln Anspruch erhebt. Verantwortung zum Beispiel für die Wohlfahrt Anderer »sichtet« nicht nur gegebene Tatvorhaben auf ihre moralische Zulässigkeit hin, sondern verpflichtet zu Taten, die zu keinem andern Zweck vorgehabt sind. Das »für« des Verantwortlichseins hat hier offenbar einen völlig anderen Sinn als in der vorigen, selbstbezogenen Klasse. Das »wofür« liegt außer mir, aber im Wirkungsbereich meiner Macht, auf sie angewiesen oder von ihr bedroht. Ihr setzt es entgegen sein Recht auf Dasein aus dem, was es ist oder sein kann, und nimmt durch den sittlichen Willen die Macht in ihre Pflicht. Die Sache wird meine, weil die Macht meine ist und einen ursächlichen Bezug zu eben dieser Sache hat. Das Abhängige in seinem Eigenrecht wird zum Gebietenden, das Mächtige in seiner Ursächlichkeit zum Verpflichteten. Für das so ihr Anvertraute wird die Macht objektiv verantwortlich und durch die Parteinahme des Verantwortungsgefühls affektiv engagiert: in dem Gefühl findet das Verbindliche seine Verbindung zum subjektiven Willen. Die Parteinahme des Gefühls aber hat ihren ersten Ursprung nicht in der Idee der Verantwortung überhaupt, sondern in der erkannten selbsteigenen Güte der Sache, wie sie das Empfinden affiziert und die bloße Selbstsucht der Macht beschämt. Das Erste ist das Seinsollen des Objekts, das Zweite das Tunsollen des zur Sachwaltung berufenen Subjekts. Das Heischen der Sache einerseits, in der Unverbürgtheit ihrer Existenz, und das Gewissen der Macht anderseits, in der Schuldigkeit ihrer Kausalität, vereinigen sich im bejahenden Verantwortungsgefühl des aktiven, immer schon in das Sein der Dinge übergreifenden Selbst. Tritt Liebe hinzu, so wird die Verantwortung beflügelt von der Hingebung der Person, die um das Los des Seinswürdigen und Geliebten zu zittern lernt.

Diese Art Verantwortung und Verantwortungsgefühl, nicht die formal-leere »Verantwortlichkeit« jedes Täters für seine Tat, meinen wir, wenn wir von der heute fälligen Ethik der Zukunftsverantwortung sprechen. Und sie müssen wir mit dem bewegenden Prinzip früherer Moralsysteme und ihrer Theorien vergleichen. Wir kommen diesem substantiellen, zweckverpflichteten Begriff der Verantwortung empirisch am besten näher, wenn wir fragen (da wir im Sinne der zwei verschiedenen Verantwortungsbegriffe widerspruchslos sagen können, daß man noch für seine unverantwortlichsten Handlungen verantwortlich ist), was mit »unverantwortlichem Handeln« gemeint sein kann. Auszuschließen ist hierbei der formalistische Sinn von »unverantwortlich« = der Verantwortungsfähigkeit bar, daher nicht verantwortlich zu machen.

3. Was heißt »unverantwortlich handeln«?

Der Glücksspieler, der im Kasino sein Vermögen aufs Spiel setzt, handelt leichtsinnig; wenn es nicht seines sondern eines Andern ist, dann verbrecherisch; aber wenn er Familienvater ist, dann unverantwortlich auch bei unstreitigem Eigentum und einerlei, ob er verliert oder gewinnt. Das Beispiel sagt: Nur wer Verantwortungen hat, kann unverantwortlich handeln. Die hier verleugnete Verantwortung ist umfassendster und andauernder Art. Der waghalsige Fahrer ist leichtsinnig für sich, aber unverantwortlich, wenn er damit auch Passagiere gefährdet: durch ihre Aufnahme hat er auf Zeit und auf *eine* Sachwaltung beschränkt eine Verantwortung übernommen, die er sonst für diese Personen und für ihr sonstiges Wohlergehen nicht trägt. Gedankenlosigkeit, andernfalls unschuldig und manchmal liebenswert, wird hier Schuld in sich, auch wenn alles gut gehen sollte. In beiden Beispielen besteht ein definierbares, nicht-reziprokes *Verhältnis* der Verantwortung. Das Wohlergehen, das Interesse, das Schicksal Anderer ist, durch Umstände oder Vereinbarung, in meine Hut gekommen, was heißt, daß meine Kontrolle dar*über* zugleich meine Verpflichtung da*für* einschließt. Die Ausübung der Macht ohne die Beobachtung der Pflicht ist dann »unverantwortlich«, das heißt ein Bruch des Treueverhältnisses der Verantwortung. Eine deutliche Unebenbürtigkeit der Macht oder Befugnis gehört zu diesem Verhältnis. Der Kapitän ist Meister des Schiffes und seiner Insassen und trägt die Verantwortung dafür; der Millionär unter den Passagieren, der zufällig Hauptaktionär der Schiffahrtsgesellschaft ist und den Kapitän anstellen oder entlassen kann, hat im ganzen größere Macht, aber nicht innerhalb der Situation. Der Kapitän würde unverantwortlich handeln, wenn er dem Gewaltigen gehorchend gegen sein besseres Urteil handeln würde, zum Beispiel um einen Geschwindigkeitsrekord zu schlagen, obwohl er im anderen Verhältnis (dem des Angestellten) eben ihm »verantwortlich« ist und für seine gehorsame Unverantwortlichkeit von ihm belohnt, für seine ungehorsame Verantwortlichkeit bestraft werden kann. Im gegenwärtigen Verhältnis ist er der Überlegene und kann darum die Verantwortung haben.

4. Verantwortung ein nicht-reziprokes Verhältnis

Ob es zwischen völlig Ebenbürtigen (innerhalb der betreffenden Situation) Verantwortung im strikten Sinn geben kann, ist nicht ganz klar. Kains Gegenfrage an Gottes Frage nach Abel, »Bin ich meines Bruders Hüter?«, weist das (fingierte) Ansinnen einer Verantwortung für den Gleichen und Unabhängigen nicht ganz grundlos zurück. In der Tat will Gott ihn nicht der Verantwortungslosigkeit sondern des Brudermords verklagen. Gewiß lassen sich auch gegenseitige Verantwortungsverhältnisse beschreiben, wie in einem gefährlichen Team-Unternehmen, etwa einer Bergbesteigung, wo jeder sich für seine Sicherheit auf den Andern verlassen können muß, also alle untereinander »ihres Bruders Hüter« werden. Aber solche Solidaritätsphänomene, das Einstehen für einander in gemeinsamer Sache und Gefahr (die Kameradschaft im Krieg zum Beispiel, wovon Soldaten so eindrucksvoll zu berichten wissen) gehören doch mehr auf ein anderes Blatt der Ethik und des Gefühls; und der eigentliche Gegenstand der Verantwortung ist hier am Ende das Gelingen des gemeinschaftlichen Unternehmens, nicht das Wohl und Wehe der Genossen, vor denen ich nichts voraus habe, was mich zu besonderer Verantwortlichkeit für sie auswählt.[8] Die Zweck-Bruderschaft ist dem Zweck verantwortlich; unter Brüdern im natürlichen Sinne tritt Verantwortung erst ein, wenn einer von ihnen in Not gerät oder sonst spezieller Hilfe bedarf – also wieder mit der Einseitigkeit, die für das nicht-reziproke Verantwortungsverhältnis kennzeichnend ist. Immer wird solche »horizontale« Familienverantwortung schwächer, weniger unbedingt sein als die »vertikale« der Eltern für die Kinder, die für ihr jeweiliges Objekt nicht spezifisch sondern global ist (das heißt sich auf alles erstreckt, was an ihnen betreubar ist) und nicht gelegentlich sondern permanent, solange sie Kinder sind. Permanent ist daher hier auch die Gefahr der Verantwortungsversäumnis – eine Form der »Unverantwortlichkeit«, die keinen positiven Akt der Verleugnung wie den des Spielers, kein im üblichen Sinne unethisches Verhalten involviert. Diese unmerkliche, unachtsame, ungewollte Form der Unverantwortlichkeit, die deshalb umso gefährlicher ist und sich durch keine bestimmte Tat identifizieren läßt (da sie eben im nichttuenden Geschehenlassen besteht), wird uns später im weiteren Zusammenhang noch beschäftigen.

5. Natürliche und vertragliche Verantwortung

Die von der Natur instituierte, das heißt von Natur aus bestehende Verantwortung ist, in dem einzigen bisher erbrachten (und allein vertrauten) Beispiel der elterlichen Verantwortung, von keiner vorherigen Zustimmung abhängig, unwiderruflich und unkündbar; und sie ist global. Die »künstlich«, durch Erteilung und Annahme eines Auftrages instituierte, zum Beispiel die eines Amtes (aber auch die aus stillschweigender Vereinbarung oder aus Kompetenz sich ergebende), ist umschrieben durch die Aufgabe nach Inhalt und Zeit; die Übernahme enthält ein Element der Wahl, von der ein Rücktritt möglich ist, wie auf der Gegenseite Entbindung von der Pflicht. Wichtiger noch ist der Unterschied, daß hier die Verantwortung ihre verpflichtende Kraft von der Vereinbarung bezieht, deren Geschöpf sie ist, und nicht von der Selbstgültigkeit der Sache. Wer mit der Erhebung von Steuern betraut ist und sich hat betrauen lassen, ist für die *Ausführung* genuin verantwortlich, wie immer sich über den Wert dieses oder jedes Steuersystems urteilen läßt. In Ansehung solch lediglich stipulierter, nicht vom Eigenanspruch der Sache diktierter Verantwortlichkeiten ist nun zwar pflichtwidriges und pflichtvergessenes Verhalten möglich, aber nicht eigentlich »unverantwortliches«. Dieser Begriff in seinem starken Sinn ist reserviert für den Verrat an Verantwortungen unabhängiger Gültigkeit, durch den ein wahres Gut gefährdet wird. Dennoch läßt sich auch im Fall des Steuerbeamten, der unmittelbar in die schwache Klasse fällt, unsere Allgemeinthese verteidigen, daß das Seinsollen der Sache das Erste in der Verantwortung ist, insofern als der letzthinnige Gegenstand der Verantwortung über den direkten hinaus, also die eigentliche »Sache«, die Wahrung der Treueverhältnisse überhaupt ist, auf denen die Gesellschaft und das Zusammenleben der Menschen beruht: und dieses *ist* ein substantives, von sich her verpflichtendes Gut. (Der formale kategorische Imperativ kommt hier mit anderer Begründung – zumal ohne den letzten Satz! – zum gleichen Ergebnis.) Für dieses, in seiner Existenz immer unverbürgte, ganz und gar von uns abhängige Gut ist aber die Verantwortung so unbedingt und unwiderruflich wie nur jede von der Natur gesetzte sein kann – wenn sie nicht selber eine solche ist. So ist denn doch der ungetreue Beamte, dem unmittelbar nur Pflichtverletzung vorgeworfen werden kann, mittelbar auch verantwortungslos.

6. Die selbstgewählte Verantwortung des Politikers

Es bleibt noch der Fall, der über den Unterschied von Natur- und Vertragsverantwortung in eigenartiger, die menschliche Freiheit auszeichnender Weise hinausgeht. Bisher fanden wir: Ein Gut erster Ordnung, *wenn* und soweit es im Wirkungsfeld unserer Macht liegt, und besonders, wenn in dem unserer tatsächlich und ohnehin schon stattfindenden Aktivität, engagiert unsere Verantwortung ungewählt und kennt keine Entpflichtung von ihr. Die mindestens mitgewählte, sozusagen vertragsmäßige Verantwortung des vereinbarten (oder auch befohlenen) Auftrags hat per se kein solches gebieterisches Gut zum unmittelbaren Gegenstand und ist kündbar. Nun gibt es aber noch den eminenten Fall, wo auch ein Gut erster Ordnung und unbedingter Dignität, das *nicht* von selbst schon im aktuellen Umkreis unserer Macht liegt, für das wir daher noch gar nicht verantwortlich sein *können,* Gegenstand *freigewählter* Verantwortung werden kann – so, daß die Wahl zuerst kommt und sich dann, *um* der gewählten Verantwortung *willen,* die Macht erst verschafft, die zu ihrer Aneignung und Ausübung nötig ist. Der paradigmatische Fall ist der Politiker, der nach der Macht strebt, um Verantwortung zu gewinnen, und nach der höchsten Macht zum Zwecke höchster Verantwortung. Gewiß, die Macht hat ihre eigenen Anreize und Belohnungen – Ansehen, Glanz, Lust des Befehlens, der Einflußnahme, der Urheberschaft, die Einzeichnung der eigenen Spur in die Welt, ja der Genuß ihres bloßen Bewußtseins (von den vulgären Gewinnen zu schweigen) – und die Motive des Ehrgeizigen im Streben nach ihr sind wohl immer gemischt. Doch abgesehen vom nacktesten und selbstsüchtigsten Tyrannentum, das kaum noch in die Sphäre des Politischen fällt (außer durch das heuchlerische Vorgeben, es gehe ihm um das öffentliche Gut), ist die mit der Macht verbundene, durch sie *ermöglichte* Verantwortung im Trachten nach der Macht mitgewollt, vom echten homo politicus an erster Stelle gewollt; und der wirkliche Staatsmann wird seinen Ruhm (um den es ihm durchaus zu tun sein kann) eben darin sehen, daß von ihm gesagt werden kann, er habe zum Besten derer gewirkt, über die er Macht hatte: *für* die er sie also hatte. Daß das »über« zum »für« wird, macht das Wesen der Verantwortung aus. Hier haben wir ein einzigartiges Vorrecht menschlicher Spontaneität: Ungefragt, »ohne Not«, ohne Auftrag und ohne Abkommen (die legitimierend dazu kommen können) bewirbt sich der Anwärter um die Macht, um sich Verantwortung aufbürden zu können. Gegenstand der Verantwortung ist die res publica, die öffentliche Sache, die in einer Republik latent die Sache Aller ist, aber aktuell doch nur in den Grenzen der Erfüllung der allgemeinen Bürgerpflichten. Die Übernahme der Führung in den öffentlichen Angelegenheiten gehört hierzu nicht: Niemand ist formell verpflichtet, sich um die öffentlichen Ämter[9] zu bewerben, meist nicht einmal, die ungesuchte Berufung dazu anzunehmen. Aber der, der sich dazu berufen fühlt, sucht eben die Berufung und fordert sie als sein Recht. Besonders die Gefahr des Gemeinwesens, zusammentreffend mit der Überzeugung, den Weg zur Rettung zu *wissen* und ihn *führen* zu können, wird zum mächtigen Antrieb für den Mutigen, sich anzubieten und zur Verantwortung zu drängen. So kam die Stunde Churchills im Mai 1940, als er in völlig verfahrener und fast verzweifelter Lage die Führung der Geschäfte übernahm, die kein Schwachherziger begehren konnte: Nachdem er die ersten nötigen Anordnungen getroffen, so erzählt er, ging er zu Bett mit dem Bewußtsein, daß die richtige Aufgabe den richtigen Mann gefunden habe, und schlief einen ruhigen Schlaf. Hier begegnet uns ein sehr anderer Begriff von Verantwortungslust (und entsprechender Verantwortungsscheu) als der früher erwähnte. Und doch hätte es sein können, daß Churchill nicht der richtige Mann war; daß er, wenn nicht die Situation, sich selbst falsch eingeschätzt hatte. Hätte dies sich in der Folge herausgestellt, so würde die Geschichte ihn schuldig sprechen samt seiner irrigen Überzeugung.

Aber so wenig ihm diese zur Entschuldigung dienen kann, so wenig kann das Setzen auf ihre Wahrheit im Griff nach der Macht, der die Aufgabe womöglich besserer Anwärter beraubt, zur schlichten moralischen Pflicht gemacht werden. Denn keine allgemeine Moralvorschrift kann aus dem bloßen Kriterium subjektiver Gewißheit zur möglichen Begehung verhängnisvollsten Irrtums auf fremde Rechnung verpflichten – dessen nie auszuschließende Eventualität vielmehr der auf die eigene Gewißheit Setzende auf sein eigenes Gewissen nehmen muß. Hierfür gibt es kein allgemeines Gesetz, sondern nur die freie Tat, die in der Unverbürgtheit ihrer erst ausstehenden Rechtfertigung (ja, schon in der bloßen Anmaßung ihres Selbstvertrauens, die gewiß in keiner moralischen Vorschrift enthalten sein kann) ihr gänzlich eigenes moralisches Wagnis ist. Nach diesem Moment der Willkür tritt das Gesetz wieder in sein Recht. Der Freie nimmt die herrenlos wartende Verantwortung für sich in Anspruch und steht dann allerdings unter ihrem Anspruch. Indem er sie sich angeeignet hat, gehört er ihr und nicht mehr sich selbst. Die höchste und anmaßlichste Freiheit des Selbst führt ins gebieterischste und unnachsichtigste Muß.

7. Politische und elterliche Verantwortung: Kontraste

Nun ist es von äußerstem theoretischen Interesse, zu sehen, wie diese Verantwortung aus freiester Wahl und die aus gebundenstem Naturverhältnis, die des Staatsmanns und die der Eltern, über das ganze Spektrum hinweg, an dessen entgegengesetzten Enden sie liegen, gerade am meisten miteinander gemein haben und *zusammen* am meisten über das Wesen der Verantwortung lehren können. Die Unterschiede springen in die Augen. Die eine ist jedermanns Sache, die andere die des herausgehobenen Einzigen. Objekt der einen sind die wenigen, engstverbundenen, je in ihrer Einzelidentität geltenden, doch unfertigen Früchte eigener Zeugung; Objekt der andern die Vielen, Namenlosen, je für sich Selbständigen der schon vorbestehenden Gesellschaft, welche doch in ihrer Einzelidentität gerade ignoriert werden (»ohne Ansehen der Person«). Ursprung der einen ist die unmittelbare Urheberschaft – ob gewollt oder nicht – des vergangenen Zeugungsakts, zusammen mit der völligen Abhängigkeit der Erzeugten; Ursprung der andern ist die spontane, zu möglicher Urheberschaft erst führende Übernahme des Kollektivinteresses zusammen mit dessen – mehr oder weniger freiwilliger – Überlassung seitens der Interessenten (negotiorum gestio): Also elementarste Natürlichkeit der einen, äußerste Künstlichkeit der andern; daher die eine ausgeübt im direkten intimen Umgang, die andere durch das Medium und in der Distanz organisatorischer Instrumentalitäten: das Objekt im einen Fall dem Verantwortlichen gegenwärtig im Fleische, im andern nur in der Idee. Ja, wenn der Staatsmann auch den Gesetzgeber einbegreift, dann steht hier die abstrakteste, vom wirklichen Objekt entfernteste Form der Verantwortung der konkretesten, ihm nächsten konträr gegenüber. Was kann bei so extremem Unterschied das Gemeinsame sein, das beide zur integralen Darstellung des Urphänomens der Verantwortung zusammenfließen läßt?

III. Theorie der Verantwortung: Eltern und Staatsmann als eminente Paradigmen

1. Primär ist Verantwortung von Menschen für Menschen

Das Gemeinsame läßt sich zusammenfassen in den drei Begriffen »Totalität«, »Kontinuität« und »Zukunft«, bezogen auf das Dasein und Glück von Menschenwesen. Nehmen wir den Bezugspol »Menschenwesen« als das Fundamentale zuerst. Er hat das Prekäre, Verwundbare, Widerrufliche – den ganz besonderen *Vergänglichkeits*modus – alles *Lebendigen,* auf das allein so etwas wie Obhut anwendbar ist; und darüber hinaus die Gemeinsamkeit des *humanum* mit dem Verantwortlichen, das den ursprünglichsten, wenn vielleicht auch nicht alleinigen, Anspruch auf ihn hat. Jedes Lebendige ist sein eigener, keiner weiteren Rechtfertigung bedürftiger Zweck und hierin hat der Mensch nichts vor anderen Lebewesen voraus – außer daß *er* allein *auch* für sie, das heißt für die Hütung ihres Selbstzwecks, Verantwortung haben *kann.* Aber die Zwecke seiner Mit-Teilhaber am Menschenlos, ob er selber sie teilt oder ihnen nur zuerkennt, und der ultimative Selbstzweck ihres Daseins als solchen, können in einzigartiger Weise in den eigenen Zweck aufgenommen werden: Das Urbild aller Verantwortung ist die von Menschen für Menschen. Dieser Primat der Subjekt-Objekt-Verwandtschaft im Verantwortungsverhältnis liegt unwidersprechlich in der Natur der Sache. Er besagt unter anderem, daß das Verhältnis, einseitig wie es an sich selbst und in jedem Einzelfall ist, dennoch umkehrbar ist und die mögliche Gegenseitigkeit einschließt. Ja, generisch ist die Gegenseitigkeit immer da, insofern ich, der für jemand Verantwortliche, unter Menschen lebend allemal auch jemandes Verantwortung bin. Dies folgt aus der Nicht-Autarkie des Menschen;

und die Ur-Verantwortung der elterlichen Fürsorge hat *jeder zuerst* an sich selbst erfahren. In diesem Grundparadigma wird die Knüpfung der Verantwortung an Belebtes am überzeugendsten klar. Nur das Lebendige also in seiner Bedürftigkeit und Bedrohtheit – und im Prinzip alles Lebendige – *kann* überhaupt Gegenstand von Verantwortung sein, muß es aber darum noch nicht sein: ein Lebendes zu sein ist erst die notwendige Bedingung dafür im Gegenstande. Doch die Auszeichnung des Menschen, daß nur er allein Verantwortung *haben* kann, bedeutet zugleich, daß er sie für andere *seinesgleichen* – selber mögliche Verantwortungssubjekte – auch haben *muß* und im einen oder andern Verhältnis immer schon hat: die Fähigkeit dazu ist die zureichende Bedingung ihrer Tatsächlichkeit. Für irgendwen irgendwann irgendwelche Verantwortung de facto zu haben (nicht darum auch, sie zu erfüllen, selbst nur zu fühlen) gehört so untrennbar zum Sein des Menschen, wie daß er der Verantwortung generell fähig ist – so untrennbar in der Tat, wie daß er ein sprechendes Wesen ist, und ist daher in seine Definition aufzunehmen, wenn einem um dies zweifelhafte Geschäft zu tun ist. In diesem Sinne ist ein Sollen ganz konkret im Sein des existierenden Menschen enthalten; seine kausalfähige Subjektqualität als solche führt objektive Verbindlichkeit in der Form äußerer Verantwortung mit sich. Damit ist er noch nicht moralisch, aber ein moralisches Wesen, das heißt ein solches, das moralisch oder unmoralisch sein kann. Auch ist die Tatsache bestimmter manifester Verantwortungen mit ihrem je konkreten Sollen noch nicht identisch mit dem abstrakten Sollen, das vom ontologischen Anspruch der Idee des Menschen (s. Kap. 2, S. 91) insgeheim an alle ergeht und sich unter ihnen ihre Vollstrecker oder Hüter sucht.

2. *Existenz der Menschheit: das »Erste Gebot«*

Vom Vorrang des Menschen unter den Anwärtern auf menschliche Verantwortung ist noch zu sagen, daß er nichts mit einer Wertbilanz der Aufführung der Menschheit auf Erden zu tun hat. Der Sokratischen Existenz oder Beethovenschen Symphonie, die wohl zur Rechtfertigung des Ganzen zitiert werden können, läßt sich immer ein solcher Katalog fortwährender Scheußlichkeiten entgegenstellen (mit deren Benennung man den Tiernamen nicht beleidigen darf), daß je nach der Disposition des Beurteilers die Bilanz sehr negativ ausfallen kann. Mitleid und Empörung des Pessimisten sind hier nicht zu widerlegen, der Preis ist in jedem Fall ungeheuer, die Erbärmlichkeit des Menschen hat mindestens das Maß seiner Größe, und im ganzen, glaube ich, hat der Verteidiger der Menschheit, trotz der großen Entsühner wie Franz von Assisi auf seiner Seite, den schwereren Stand. Doch der ontologische Befund hat mit solchen Wertrechnungen nichts zu tun, so wenig wie mit der hedonistischen Bilanz der Leiden und Freuden (die auch gewöhnlich negativ ausfällt, wenn man – und *weil* man! – sie erst einmal anstellt). Wenn von der »Würde des Menschen« per se die Rede ist, kann sie immer nur potentiell verstanden werden, oder es ist die Rede unverzeihlicher Eitelkeit. Gegenüber alledem kommt die *Existenz* der Menschheit immer zuerst, gleichviel ob diese sie nach dem bisher Vollführten *und* seiner wahrscheinlichen Fortsetzung verdient: Es ist die selbstverbindliche, immer transzendente *Möglichkeit,* die durch die Existenz offengehalten werden muß. Eben die Wahrung dieser Möglichkeit als kosmische Verantwortung bedeutet Pflicht zur Existenz. Zugespitzt läßt sich sagen: die Möglichkeit, daß es Verantwortung gebe, ist die allem vorausliegende Verantwortung.

Existenz der Menschheit heißt einfach: daß Menschen leben; daß sie gut leben, ist das nächste Gebot. Das nackte ontische Faktum, daß es sie überhaupt gibt, wird für die darin vorher nicht Befragten zum ontologischen Gebot: daß es sie weiter geben soll. Dies an sich namenlos bleibende »erste Gebot« ist ungesagt in allen weiteren enthalten (wenn diese nicht das Nichtsein zu ihrer Sache gemacht haben). In seiner unmittelbaren Ausführung dem Fortpflanzungstrieb anvertraut, kann es hinter seine mittelbare Wahrnahme durch die partikularen Gebote menschlicher Tugend zurücktreten, die seinen weiteren Sinn herausarbeiten. Es bedarf schon sehr besonderer Umstände, zum Beispiel der heutigen, daß dies Urgebot selber mit seinem Elementarinhalt ausdrücklich werden muß. Aber es steht immer sanktionierend hinter jenen als allen gemeinsame Prämisse. In seiner eigenen Grundlosigkeit (denn es konnte kein Gebot geben, solche Wesen zu erfinden) instituiert das ontisch hervorgebrochene ontologische Gebot die grundlegende – darum natürlich nicht die einzige – »Sache in der Welt«, der die nun einmal existierende Menschheit, sollte selbst blinder Zufall sie im Gesamt der Dinge haben erscheinen lassen, hinfort verpflichtet ist. Es ist dies die Ur-Sache aller Sachen, die je Gegenstand gemeinmenschlicher Verantwortung werden können.

3. »Verantwortung« des Künstlers für sein Werk

Innerhalb dieses generischen Rahmens, der somit Verantwortung jeder Art originär an das Leben bindet, kann gewiß auch Nichtlebendes zur Sache werden, um die es geht, und nicht einmal, wenigstens subjektiv, im Dienste eines lebensfördernden Zwecks, sondern ganz um ihrer selbst willen, ja unter Mißachtung alles dessen, was im üblichen Sinne Lebensinteresse heißt. Man denkt an den Künstler. Es gibt so etwas wie die schwer faßbare, in ihrer Art höchste »Verantwortung« des Genius für sein Werk, die den mit der Fähigkeit Begnadeten oder Geschlagenen imperativ in Besitz nimmt. Was hier an »Soll« vorliegen mag, wird für ihn zum alles andere vergessenmachenden Muß. Glück oder Erbauung der Sterblichen braucht ihn nicht zu kümmern; der Egoismus seiner selbstlosen Hingabe an die Sache kann vollkommen sein. Dies liegt jenseits der Moral, und wenn der Schöpfer sein Werk vernichtet, bevor es jemand sah, macht er sich an niemand schuldig. Selbst dann ließe sich sagen, daß ein Sinn des ontologischen Versuches, den das Sein mit dem Menschen unternahm, sich darin erfüllt, daß es solche gibt, und sich in dem verdeutlicht, was sie tun, selbst wenn es keine Spur hinterläßt. Oder besser vielleicht, daß eben hierdurch der offene Möglichkeitsversuch rückläufig einen Sinn erhält, den er vorgreiflich nicht haben konnte: denn dergleichen stand in keinen Sternen oder Genen geschrieben, als der erste Werkzeugmacher sich von der Tierheit löste, davon zu schweigen, daß kein Überlebensgesetz es verlangte. Das reine opus supererogativum (was die Moral gewiß nicht ist) ist an sich selbst ein Zeugnis für die Transzendenz des Menschen, was immer weiterhin seine Wirkung in der Welt sei. Als Teil der Welt aber, wenn es das erst wird (und wofür es in der Regel auch gemeint war), ist das Kunstwerk doch nur für Menschen da und ihretwegen und nur solange es sie gibt. Das größte Meisterwerk wird zum stummen Stück Materie in einer menschenlosen Welt. Ohne es und seinesgleichen wiederum ist die menschenbewohnte Welt eine weniger menschliche Welt und das Leben ihrer Bewohner dürftiger im Menschlichen. So gehört die Hervorbringung des Kunstwerks doch mit zum weltstiftenden Tun des Menschen und seine Anwesenheit zum Bestand der selbstgeschaffenen Welt, in der allein menschliches Leben seine Stätte haben kann. Dem Künstler selbst ist ein Motiv wie Vermehrung des Kunstgutes oder Förderung der Kultur natürlich nicht zu imputieren; er denkt besser an nichts als sein Werk. Was aber dann die Erhaltung des Geschaffenen durch Andere als Gut für die Menschheit anlangt (zweifellos eine Pflicht), so genießt *sie* nicht die Immunität, mit der sein Schöpfer, *nur* dem Werk verantwortlich, sich vielleicht über alle anderen Pflichten hinwegsetzen durfte. Bei dem berühmten (nach meinem Dafürhalten perversen) kasuistischen Dilemma vom brennenden Haus, aus dem nur eins von zweien gerettet werden kann: Raffaels Sixtinische Madonna oder ein Kind, ist die moralisch selbstverständliche Entscheidung für das Kind[10] von keinem Vergleich des beiderseitigen »Wertes« für künftige Menschen abhängig (was moralisch durchaus zuläßt, daß einer *sich selbst* für die Rettung des Kunstwerks opfert, wie vielleicht schon der Künstler für seine Hervorbringung tat). – In summa, vom kaum kategorisierbaren Fall künstlerischen Schaffens abgesehen, bleibt es dabei, daß das, worauf Verantwortung sich sinngemäß bezieht, aktuelles oder potentielles Leben ist, und zuallererst menschliches.

4. Eltern und Staatsmann: Totalität *der Verantwortungen*

Hieraus, so sagten wir, ragen zwei Arten der Verantwortung hervor, die elterliche und die staatsmännische, die allen anderen gewisse Eigenschaften voraus und miteinander gemein haben, worin sich das Wesen der Verantwortung am vollständigsten darstellt. Gehen wir diese Eigenschaften durch. An erster Stelle nannten wir die *Totalität*. Damit meinen wir, daß diese Verantwortungen das totale Sein ihrer Objekte umspannen, das heißt alle Aspekte desselben, von der nackten Existenz zu den höchsten Interessen. Für die elterliche Verantwortung, die wirklich – in der Zeit und im Wesen – der Archetyp aller Verantwortung ist (und außerdem, wie ich glaube, auch genetisch der Ursprung aller Disposition für sie, gewiß ihre elementare Schule), ist dies klar. Das Kind als ganzes und in allen seinen Möglichkeiten, nicht nur den unmittelbaren Bedürfnissen, ist ihr Gegenstand. Natürlich kommt das Leibliche zuerst, im Anfang vielleicht sogar allein; aber dann kommt mehr und mehr dazu – all das, was unter »Erziehung« in jedem Sinn fällt: Fähigkeiten, Verhalten, Beziehung, Charakter, Wissen, die in ihrer Ausbildung

überwacht und gefördert werden müssen; und zusammen mit alledem, wenn möglich, auch das Glück. Mit einem Wort: das pure Sein als solches und dann das beste Sein dieser Wesen ist es, was elterliche Fürsorge in toto im Auge hat. Doch das ist genau, was Aristoteles von der ratio essendi auch des Staates sagte: daß er ins Dasein kam, damit menschliches Leben möglich ist, und im Dasein fortfährt, damit gutes Leben möglich ist. Und so ist dieses eben auch die Sorge des wahren Staatsmanns.
Der archaische Herrscher gefiel sich darin, sich als »Vater« seiner Untertanen betrachten zu lassen (Väterchen Zar), und darin liegt etwas von Entmündigung, das nicht zum Wesen des Politischen gehört. Aber ein gewisses Recht bleibt dem Symbol selbst in aufgeklärten Republiken, überall da, wo die Regierungsspitze führt und nicht nur den Majoritätswillen ausführt. Lassen wir den erblichen Landesvater beiseite, so hat der »Staatsmann« im Vollsinn des Wortes für die Dauer seines Amtes oder seiner Macht die Verantwortung für das Lebensganze des Gemeinwesens, das sogenannte öffentliche Wohl. (Für »Staatsmann« kann beliebig »Regierendes Kollegium« eingesetzt werden.) Wie er zu seinem Mandat gekommen ist, ist hierbei eine Sache für sich. Selbst Usurpation verschafft mit der Macht die Verantwortung; und der Erwerb der Macht um der Verantwortung willen kann sehr wohl das Motiv des Staatsstreiches sein. Aber selbst wenn nur die Macht gesucht war, führt diese dann doch die Verantwortung objektiv mit sich. Deren Umfang rückt sie in die Analogie der elterlichen: wieder reicht sie von der physischen Existenz zu den höchsten Interessen, von Sicherheit zu Fülle des Daseins, von Wohlverhalten zu Glück.

5. Überschneidung der beiden im Gegenstand

Und nun durchdringen sich die beiden von den entgegengesetzten Polen größter Einzelheit und größter Allgemeinheit her in bemerkenswerter Weise. Zuerst im Gegenstand: die Aufzucht des Kindes schließt die Einführung in die Welt der Menschen ein, beginnend mit der Sprache und fortgehend in der Übermittlung des ganzen Kodex gesellschaftlicher Überzeugungen und Normen, durch deren Aneignung das Individuum Mitglied der weiteren Gemeinschaft wird. Das Private öffnet sich wesenhaft zum Öffentlichen und schließt es, als zum Sein der Person gehörig, in seine eigene Vollständigkeit ein. Mit anderen Worten, der »Bürger« ist ein immanentes Ziel der Erziehung, somit Teil der elterlichen Verantwortung, und dies nicht erst kraft Auferlegung durch den Staat. Andrerseits, wie die Eltern ihre Kinder »für den Staat« erziehen (wenn auch für manches mehr), so übernimmt der Staat von sich her Verantwortung für die Erziehung der Kinder. Die früheste Phase ist in den meisten Gesellschaften dem Elternhaus allein überlassen, aber alle folgenden kommen unter die Aufsicht, die Vorschrift und die Hilfe des Staates[11] – so daß es also eine »Erziehungspolitik« geben kann. Mit anderen Worten, der Staat will seine Bürger nicht nur fertig übernehmen, sondern an ihrer Heranbildung mitwirken. Ja, er kann sogar notfalls den Schutz des Kindes *gegen* seine Eltern auf sich nehmen, die Erfüllung elterlicher Verantwortung erzwingen, und so weiter, und dies gerade in den Frühphasen, die normalerweise (außer bei extremer Kollektivisierung, siehe unten) von öffentlicher Einmischung frei sind. Doch das Hauptbeispiel ist natürlich der allgemeine Schulzwang, und was immer die Theorie (zum Beispiel das Postulat der »Vorurteilslosigkeit«) hier wahrhaben möchte, so ist ein gewisses Maß ideeller Indoktrination als Zurüstung zur Gesellschaftseinordnung von der Vermittlung des »Lehrstoffes« einfach nicht zu trennen.

So zeigt die Erziehungssphäre aufs deutlichste, wie sich elterliche und staatliche Verantwortung – die privateste und die öffentlichste, die intimste und die allgemeinste – eben durch die Totalität ihres beiderseitigen Gegenstandes überschneiden (und im übrigen ergänzen). Allerdings kann bei extremer Kollektivisierung die Totalität auf der öffentlichen Seite so weit gehen, daß sie sich völlig an die Stelle der privaten setzt und, mit der elterlichen Macht, die elterliche Verantwortung abschafft. Das wäre das Gegenextrem zu einem Frühzustand, in dem die Eltern- oder Familiengewalt vollkommen war und niemand ihr dareinreden konnte, außer der damals allerdings mächtigen Sitte. Was die Abschaffung der Familie als Grundform generationsübergreifenden menschlichen Zusammenlebens – darauf käme es hinaus – auf die Dauer für den Menschen bedeuten würde, müßte sich erst herausstellen. Gewiß eine enorme Schrumpfung der Privatsphäre (die übrigens nicht notwendig die individuelle allein zu sein braucht), nahezu die Aufhebung des Unterschieds zwischen ihr und der öffentlichen. Der »Staatsmann« hätte dann für *alles* zu sorgen. Dies ist *ein* Sinn von »Totalitarismus«, der demnach vom radikalen Kommunismus untrennbar scheint. Aber dieser Extremfall verstärkt nur, was wir von der Verantwortung des Staatsmannes überhaupt und ihrer Verwandtschaft mit der elterlichen behaupten. Ja, es läßt sich in seinem Lichte wohl sagen, daß die Geschichte des Politischen eine zunehmende Verschiebung der Kompetenzverteilung zugunsten des Staates zeigt, also die wachsende Übertragung elterlicher Verantwortung auf ihn: so daß der moderne Staat, sei er kapitalistisch oder sozialistisch, liberal oder autoritär, egalitär-demokratisch oder elitistisch, im Effekt immer »paternalistischer« wird.

6. Analogien der beiden im Gefühl

a. Aber nicht nur von der Gegenstandsseite her, auch seitens der Bedingung im Subjekt hängen die beiden Totalverantwortungen zusammen. Jeder weiß, was die subjektiven Bedingungen im Falle der Eltern sind: das Bewußtsein der eigenen totalen Urheberschaft; die unmittelbare Anschauung der anrufenden totalen Hegebedürftigkeit des Kindes; und die spontane Liebe – zuerst als postparturaler, »blinder« Gefühlszwang der Säugetiermutter zum Neugeborenen als solchem, dann mit dem Sichtbarwerden der Person immer mehr die sehende, persönliche Liebe der Eltern zu diesem Subjekt einmaliger Identität. In solcher wahllosen Wucht des Unmittelbaren ist die subjektive Bedingung ebenso wenig wie die objektive in anderen, weniger ursprünglichen Verhältnissen replizierbar, und es verbleibt in allen Analogien dem Fortpflanzungsverhältnis eine Erstlingsstellung, der nichts sonst in den menschlichen Beziehungen an Evidenz der Verantwortung gleichkommen kann. Der Staatsmann ist nicht Urheber der Gemeinschaft, für die er sich die Verantwortung beimißt, vielmehr ist ihr Schondasein ein Grund dafür, daß er es tut und sich die Macht dazu verschafft. Er ist nicht Quelle ihrer Nahrung (wie die säugende Mutter es buchstäblich und der versorgende Vater funktionell ist), sondern bestenfalls Bewahrer und Ordner ihrer Fähigkeit zur Selbsternährung – das heißt allgemeiner, er hat es mit selbständigen Wesen zu tun, die zur Not auch ohne ihn auskommen könnten; und »Liebe« im eigentlichen Sinne ist zu einem Allgemeinen, Nicht-Individuellen nicht möglich. Dennoch – um das letzte und fundamentalste zuerst zu nehmen – besteht ein der Liebe vergleichbares Gefühlsverhältnis des politischen Individuums zu der Gemeinschaft, deren Geschicke er zum Besten zu lenken wünscht, denn es ist »seine« in einem viel ursprünglicheren Sinn als dem der Interessengemeinschaft: er ist (im Normalfall) aus ihr hervorgegangen und durch sie er selbst geworden, ist also zwar nicht Vater, aber »Sohn« seines Volkes und Landes (auch Standes, und so fort) und hierin all den Anderen, die dazugehören – lebenden, kommenden, selbst gewesenen – »verschwistert«. Dies begründet, wie bei der Familie, der die Symbolik entlehnt ist, mehr als nur ein Pflichtverhältnis, nämlich jene emotionale Identifizierung mit dem Ganzen, die gefühlte »Solidarität«, die der Liebe zum Einzelnen analog ist. Ja, selbst Solidarität des Schicksals kann für das Gefühl die Stelle der gemeinsamen Herkunft einnehmen.[12] Trifft beides zusammen – ein metaphysischer Zufall das eine wie das andere – so ist die Kombination übermächtig. Das Faktum des Gefühls macht dann das Herz für die Pflicht empfänglich, die von sich aus danach nicht fragt, und beseelt die übernommene Verantwortung mit ihrem Impuls. Es ist schwer, wenn auch nicht unmöglich, Verantwortung zu tragen für etwas, das man nicht liebt, so daß man sich eher die Liebe dazu erzeugt als die Pflicht »frei von Neigung« zu tun. Natürlich kann, vielleicht muß, die Parteilichkeit der (immer partikularen) Liebe dem noch darüber hinausliegenden Ganzen menschlicher Verantwortlichkeit auch unrecht tun. Aber selektiv ist die Übernahme in jedem Fall, und die Wahl für das dem Herzen Nahe ist der menschlichen Endlichkeit gemäß. So ist denn ein natürliches Element auch in dem künstlich geschaffenen officium des Staatsmannes enthalten, wenn er aus der Gleichheit der Brüder- und Bürgergemeinschaft heraustretend für sie Alle eine Rolle übernimmt, die in den Verantwortungen vaterähnlich ist – obwohl natürliche Elternschaft mit Solidarität nichts zu tun hat.

b. Auch für den Anblick totaler *Abhängigkeit* des Kindes gibt es ein, wenn auch abstrakteres, Analogon im politischen Subjekt: das allgemeine, aber stets am Besonderen anschaulich werdende Wissen, daß die Dinge des Gemeinwohls sich nicht einfach »selber machen«, »von selbst gehen«, sondern bewußter Leitung und Entscheidung, fast immer der Besserung und manchmal der Rettung bedürfen – mit einem Wort, daß auch die res publica ein Geschöpf der Notdurft ist. Also auch hier der Tatbestand der Verletzlichkeit und Gefährdetheit in dem, womit das Gefühl sich identifiziert und dessen »man« sich annehmen muß. Aus diesem jedermann angehenden »man« wird das selbstwählende »ich« des Staatsmannes, der da glaubt, daß in diesem Augenblick er am besten weiß, was am besten für »Alle« ist, oder er am besten ein schon bestehendes Einverständnis darüber in die Tat umsetzen kann. Ob der Glaube zurecht besteht, bleibt objektiv auf immer offen (denn die Besetzung der Rolle durch ihn verhindert die Ausprobierung Anderer), aber subjektiv gehört jener Glaube unveräußerlich zum Totalitätscharakter staatsmännischer Verantwortung in Erwiderung auf den Anruf öffentlicher Notwendigkeit. Daß der Sich-Wählende dieser Notwendigkeit als Glied der Gemeinschaft selber unterworfen ist, also letztlich doch Gleicher unter Gleichen ist und in der öffentlichen Sache seine eigene mitbetreibt, unterscheidet seine Rolle von derjenigen der Eltern, welche die Notdurft des Kindes nicht teilen, sondern ihr eben entwachsen sein müssen, um sie bei ihm betreuen zu können: über diese stets schon erfüllte Bedingung hinaus ist keine Auszeichnung durch besonderes Können erforderlich, womit der Staatsmann seine Rolle erst legitimieren muß.

c. Was in der politischen Sphäre denn auch durchaus kein Äquivalent hat, ist das einseitige und absolute *Urheber*verhältnis, worin ohne weitere Zutat die vollgültige Qualifizierung und Pflicht zur Elternrolle gründet, und kein entsprechendes Gefühl vereint die politische Verantwortung mit der elterlichen. Der Staatsmann, wie gründerhaft er auch wirke, ist nie der erste Schöpfer, sondern immer schon selber Geschöpf der Gemeinschaft, deren Sache er in seine Hände nimmt. Verpflichtet ist er also nicht dem, was er gemacht hat, sondern dem, was ihn gemacht hat – den Ahnen, die das Gemeinwesen an die Jetztzeit haben kommen lassen, der Erbengemeinschaft der Zeitgenossen als seinen unmittelbaren Mandanten, und der Fortsetzung des Überkommenen in die unbestimmte Zukunft. Etwas davon gilt auch für die Elternrolle, in Einschränkung der absoluten Urheberschaft, die ein nie zuvor gewesenes, neues Leben erst hat entstehen lassen. Hiermit jedoch haben wir bereits die beiden anderen Elemente unserer Verantwortungsmodelle angeschnitten, »Kontinuität« und »Zukunft«, die sich aus dem der »Totalität« fast von selbst ergeben und wovon wir die erste sehr kurz behandeln können.

7. Eltern und Staatsmann: Kontinuität

Kontinuität ergibt sich aus der totalen Natur der Verantwortung zunächst in dem fast tautologischen Sinn, daß ihre *Ausübung* nicht aussetzen darf. Weder Eltern- noch Regierungssorge kann sich Ferien erlauben, denn das Leben des Gegenstandes geht unausgesetzt weiter und gebiert seine Anforderungen von Mal zu Mal neu. Wichtiger noch ist die Kontinuität dieser betreuten *Existenz* selbst als ein *Anliegen,* das beide hier betrachteten Verantwortungen bei jedem Einzelanlaß ihrer Aktualisierung im Auge haben müssen. Partikulare Verantwortung ist nicht nur auf einen einzelnen Aspekt, sondern auch auf einen einzelnen Zeitausschnitt einer solchen Existenz beschränkt. Der Schiffskapitän fragt bei seinen Passagieren nicht, was sie vorher getan haben, noch was sie nachher tun werden, ob sie die Reise mit guter oder böser Absicht, zu ihrem Heil oder Unheil, zum Vorteil oder Nachteil Dritter unternehmen – all dies geht ihn nichts an. Wie es seine Sache nur ist, sie sicher von einem zum andern Ort zu befördern, so beginnt und endet seine Verantwortung auch mit ihrer Anwesenheit auf dem Schiff. Oder, um das geläufigste Beispiel einer zugleich hohen und strikt begrenzten Verantwortung zu nehmen: die mit dem Behandlungsverhältnis begonnene Verantwortung des Arztes erstreckt sich auf Heilung, Leidensminderung, Lebensverlängerung des Patienten, unter Ausschluß all seines sonstigen Wohl und Wehes und ohne Rücksicht darauf, was die so gewonnene Existenz »wert« ist; auch sie endet mit dem Abschluß der Behandlung. Totale Verantwortung aber muß immer fragen: »Was kommt danach? Wohin wird es führen?«; und zugleich auch »Was ging vorher? Wie vereinigt sich das jetzt Geschehende mit dem ganzen Gewordensein dieser Existenz?« Mit einem Wort: totale Verantwortung muß »geschichtlich« verfahren, ihren Gegenstand in seiner Geschichtlichkeit umgreifen, und dies ist der eigentliche Sinn dessen, was wir hier mit dem Element der »Kontinuität«

bezeichnen. Hierin natürlich hat die politische Verantwortung die ungleich weitere Spanne in beiden Richtungen der Zeit, entsprechend der historischen Gemeinschaft, und wir wollen hier nicht viele Worte machen über die offenbaren Ansprüche der Tradition – alles aus den Werken (aber auch Versäumnissen und Sünden) der Vorfahren Ererbten – noch über die ebenso offenbaren Ansprüche einer Zukunft des Gemeinwesens über die jetzt Lebenden hinaus. Der Aspekt der Zukunft wird uns ohnehin gesondert beschäftigen. Sagen wir nur, daß es in der Kontinuität durch die Zeit eine *Identität* zu wahren gibt, die ein integrierender Teil der Kollektivverantwortung ist.

Bei der elterlichen, die so ungeheuer konzentriert auf das je einzige Individuum gerichtet ist, verdoppeln sich dann die Horizonte der Verantwortung. Der erste, engere umspannt das individuelle Werden des Kindes, das seine eigene persönliche Geschichtlichkeit hat und geschichtlich seine Identität gewinnt. Hiervon weiß jeder Erzieher. Aber darüber hinaus und untrennbar davon ist die Mitteilung der kollektiven Überlieferung vom ersten Sprachlaut an und die Zubereitung zum Leben in der Gesellschaft, und hiermit erweitert sich der Horizont der Kontinuität in die der historischen Welt: die eine geht in die andere über, und so kann die erzieherische Verantwortung nicht umhin, auch noch im privatesten eine »politische« zu sein.

8. Eltern und Staatsmann: Zukunft

Vor allem aber ist es die *Zukunft,* mit der es die Verantwortung für ein Leben, sei es individuelles oder kommunales, über dessen unmittelbare Gegenwart hinaus zu tun hat. In einem trivialen Sinn, nämlich den Fortgang und Ausgang der jeweils unternommenen Sachwaltung betreffend, ist dies bei jeder, auch der partikularsten Verantwortung der Fall: die Fieberkurve des nächsten Tages, die noch bevorstehende

Wegstrecke der Fahrt, sind in die Sorge des Augenblicks eingeschlossen. Aber dieser selbstverständliche Einschluß des Morgen in die Sorge des Heute, die mit der Zeitlichkeit als solcher gegeben ist, gewinnt eine ganz andere Dimension und Qualität im Zusammenhang »totaler Verantwortung«, wie wir sie hier erwägen. Da wird die Zukunft der ganzen Existenz, jenseits der direkten Einwirkung des Verantwortlichen und damit jenseits der konkreten Berechenbarkeit, zum Mitgegenstand aller Einzelakte der Verantwortung, die jeweils immer das gerade Nächste besorgen. Dieses liegt im Bereich kundiger Voraussicht; das andere ist für sie unabsehbar, und dies nicht nur wegen der unbekannt vielen Unbekannten in der Gleichung der objektiven Umstände, sondern ebenso wegen der Spontaneität oder *Freiheit* des betreffenden Lebens – der größten aller Unbekannten, die dennoch gerade in die totale Verantwortung mit einbezogen sein muß. Also gerade das, was der Verantwortliche selber in seinen *Wirkungen* nicht mehr verantworten kann: die Eigenursächlichkeit der betreuten Existenz, ist ein letzthinniger Gegenstand seiner Betreuungspflicht. Hinsichtlich dieses transzendenten Horizontes kann also die Verantwortung, eben in ihrer Totalität, nicht so sehr bestimmend wie nur ermöglichend (das heißt bereitmachend und offenhaltend) sein. Die eigene Zukünftigkeit des Verantworteten ist der eigentlichste Zukunftsaspekt der Verantwortung. Ihre höchste Erfüllung, die sie wagen können muß, ist ihre Abdankung vor dem Rechte des noch nicht Gewesenen, dessen Werden sie gehegt hat. Im Lichte solcher selbstübersteigenden Weite wird deutlich, daß Verantwortung überhaupt nichts anderes ist als das moralische Komplement zur ontologischen Verfassung unseres *Zeitlich*seins.

IV. Theorie der Verantwortung: Der Horizont der Zukunft

1. Das Ziel der Aufzucht: Erwachsensein

Gewisse Unterschiede des Zukunftsverhältnisses zwischen elterlicher und politischer Verantwortung springen in die Augen. Elternschaft hat es mit erst werdenden Menschen zu tun, und dies Werden hat seine vorbestimmten Phasen, die je zu ihrer Zeit zu durchlaufen sind, und sein vorbestimmtes Ende, das Erwachsensein, mit dem wie das Kindesverhältnis so auch die elterliche Verantwortung aufhört. (Was an die Stelle tritt, gehört nicht mehr hierher.) All dies ist in seiner strukturellen Allgemeinheit vorhergewußt und, in Bejahung der selbsttätigen biologischen Dynamik, auch mit vorhergewollt. Die Erziehung hat also inhaltlich ein bestimmtes Ziel – die Selbständigkeit des Individuums, die wesentlich Verantwortungsfähigkeit einbegreift – und mit seiner Erreichung (oder der seiner Zumutbarkeit) ein bestimmtes Ende in der Zeit. Dies Ende kommt nach eigenem Gesetz und nicht nach dem Gutbefinden der Erzieher – nicht einmal nach dem Maße ihres Erfolges, denn die Natur hat die Hand im Spiele und gewährt einmalig eine bestimmte Spanne, innerhalb deren die Erziehung ihr Geschäft getan haben muß. Danach wird das bisherige Objekt selber Subjekt von Verantwortungen, und obwohl eben dies in seiner unvorgreiflichen Offenheit in den Zukunftshorizont der Elternverantwortung mit eingeschlossen war, so bedeutet seine Offenheit doch eben, daß die Verantwortung nun als Aufgabe nicht mehr besteht und sich nur noch beim Fortgang der so emanzipierten Existenz rückläufig fragen kann, ob sie einst ihre Sache gut oder schlecht gemacht hat. Aber ob gut oder schlecht, sie hat sich der Zeitfolge des organischen Wachstums anpassen müssen, an das auch das personale gebunden ist, so daß hier Geschichtlichkeit und Natur sich im Gegenstande tief durchdringen.

2. *Geschichtliches mit organischem Werden nicht vergleichbar*

Zu diesen Tatsachen definiten individuellen Werdens bietet die öffentlich kollektive Sphäre nichts wirklich Vergleichbares. Bekennen wir gleich, daß diese Blankoverneinung gegen einflußreiche Geschichtstheorien und eine verführerische Metaphorik verteidigt werden muß. Dies lassen wir für später; hier nur die negative Behauptung: Die Geschichte der Gesellschaften, Nationen oder Staaten – kurz: »die Geschichte« – hat kein vorgezeichnetes Ziel, dem sie zustrebte oder entgegengeführt werden sollte; von Kindheit, Reife, Greisenalter kann bei ihnen in keinem legitimen Sinn die Rede sein; alle organischen Vergleiche, besonders die des Wachstums, so groß die Versuchung dazu, sind hier fehl am Platze und letztlich irreführend. Jede Gesellschaft hat von jeher aus allen Altersstufen bestanden, geherrscht haben immer die Erwachsenen und meist, gerade in den frühen Gesellschaften, die »Ältesten« als die an Erfahrung, Wissen und Urteil Reifsten. Mit der »Primitivität« des Kulturzustandes (ein höchst relativer Begriff) hat dies nichts zu tun, und auch nicht mit der Geschichtslosigkeit mancher Gesellschaften. Von einem »Kindesalter« der Menschheit läßt sich nur mythologisch oder mit poetischer Lizenz reden. Der palaeolithische Mensch, ja, die berühmte und auf ewig unbekannte »Urhorde« mußten den harten Anforderungen ihres Daseins begegnen; und wenn sie es wie Kinder getan hätten, wir wären heute nicht da. Die Mythen der Völker sind alles andere als kindlich, die Riten alles andere als spielerisch, die Magie alles andere als naiv, die Furcht vor dem Unbekannten alles andere als unreif, die Tabuordnung der Gesellschaftsverhältnisse (Verwandtschaftssysteme, Exogamie etc.) alles andere als unkompliziert oder einfältig; und – nicht zu vergessen – die Technik ist *immer,* auf jeder Stufe der Entwicklung, ingeniös, die Schläue in der Überlistung der Natur wohl meist dem überlegen, was der moderne Durchschnittsstädter noch aufbringen kann. Die Herablassung früherer Missionare und Forschungsreisender (auch Sklavenhalter), die von ihren Primitiven oder »Wilden« als von Kindern sprachen, ist längst aus der Anthropologie verschwunden. Aber nicht weniger sollte man denen mißtrauen, die um eine Bestimmung ihrer oder aller Gesellschaft in der Zukunft zu wissen vorgeben, um ein Ziel der Geschichte, wofür alles Bisherige nur die Vorbereitung und das Jetzige eine Übergangsphase ist. Man sieht schon, woher der Widerspruch gegen unseren Standpunkt zu erwarten ist: von den politisch-utopischen Geschichtseschatologien[13] und vom unpolitischen endlosen Fortschrittsglauben. Damit, wie gesagt, werden wir uns noch beschäftigen. Unsere These ist klar: Die Zukunft (von ihrer wesenhaften Unbekanntheit zu schweigen) ist nicht weniger, aber auch nicht mehr, »sie selbst« als jede Teilstrecke in der Vergangenheit es war.[14] Das Werden in der Geschichte, das es natürlich gibt, wenn auch keineswegs unausgesetzt – das Werden der Menschheit, wenn man will – hat einen ganz anderen Sinn als das Werden des Individuums vom Keim zum Erwachsenen. Die Menschheit, seit sie da ist (was entwicklungsgeschichtlich vorherging, entzieht sich jeder Vorstellung von innen), ist immer schon da und nie erst herbeizuführen[15]; und obwohl sie *in* ihrem Sein durch Zwang der Umstände und freies Tun mannigfachem Werden unterworfen ist, das heißt der immer schon im vollen Sinne menschlichen Geschichte, so ist sie hierbei doch nicht Gegenstand eines programmierten Ganzwerdens, vom Unfertigen zum Fertigen, vom Vorläufigen zum Endgültigen, wie ihre jeweils neu beginnenden Einzelwesen es sind. Von der Menschheit läßt sich (anders als müßig-spekulativ) nie sagen, was sie »noch nicht« ist, nur rückblickend, was sie zu dieser oder jener Zeit noch nicht war: zum Beispiel der mittelalterliche Mensch »noch« kein wissenschaftlicher, das Goldgrundbild »noch« nicht perspektivische Raumdarstellung, der Nomade »noch« nicht Landbebauer. Aber das Menschsein, anders zwar, war darum jedesmal nicht »unfertiger« als es heute ist.

3. »Jugend« und »Alter« als geschichtliche Metaphern

Will man aber von Jugend und Alter im Kollektivsinne sprechen, so muß man zuerst daran erinnern, daß die Menschheit schon lange besteht und jede Gesellschaft, die uns überhaupt vor Augen kommen kann, schon alt ist, besonders die statischen, »geschichtslosen«, wie es charakteristischerweise die »primitiven« sind. (Wir meinen natürlich mit dem »Alter« mehr als die triviale Tatsache, daß die biologische Ahnenreihe bei allen gleich lang ist.) Einigermaßen anfänglich und in diesem Sinne jung sind höchstens Gesellschaften, die von Kolonisten eines relativ leeren Raumes mitten im Geschichtsverlauf neu gebildet werden, wie die der weißen Siedler in Nordamerika – womit es zwar seit der vollständigen Besiedlung des Globus wohl auf immer vorbei ist, was sich aber in der bisherigen Geschichte eben noch sehr »spät« hat ereignen können. »Jung« in ähnlichem Sinne sind neugegründete Staaten, besonders bisher staatenloser oder eben befreiter Völker, wo Impulsfrische, Unerfahrenheit und Wagnis sich notgedrungen zu einem quasi-jugendlichen Zustand vereinigen, mit dessen Tugenden und Schwächen, und zum Beispiel der Vergleich von »Kinderkrankheiten« naheliegt. Aber ernst und erwachsen geht es dabei doch von Anfang an zu, wie fast immer, wo es sich sichtbar um die kollektive Existenz handelt. Andererseits kann zu jeder Zeit, selbst in der fortgeschrittensten Zivilisation, ein kindisches Geschlecht auf kurze Zeit (und immer durch Schuld der Staatskunst) die öffentliche Bühne überfluten und dann für Alle die bittere Frucht seines Unverstan-

des ernten – wie wir Heutigen sattsam wissen sollten. Auch sonst läßt sich von politischer Reife und Unreife ganzer Gemeinschaften sprechen. Aber nicht solche kurzen Fluktuationen sind im allgemeinen bei dem Lebensaltervergleich und anderen wachstumsgesetzlichen Formeln gemeint, sondern viel längere Einheiten geschichtlicher »Biographie«, und da wird die Sprache ernstlich falsch.
Es ist das unschuldige Privileg des Historikers (und der poetischen Phantasie), zum Beispiel aus dem Nachwissen des Imperiums zurück in die Anfänge schauend, von der Kindheit Roms zu sprechen und in der frühen Siebenhügelstadt die Anlage, den »Keim«, der künftigen Größe zu entdecken. Aber der Politiker zur Zeit der Tarquinier und selbst noch der Licinischen Ackergesetze, der die Herrschaft über Italien, das Mittelmeer und schließlich den orbis terrarum als Bestimmung der Vaterstadt proklamiert hätte und danach römische Politik hätte führen wollen, wäre wegen Verrücktheit mit Recht von jedem Staatsamt ausgeschlossen worden. Und während dies wenigstens im Begriffskreis der Zeit lag (denn Herrschaft eines Volkes über andere hatte es schon gegeben), so daß zwar nicht ein Staatsmann, aber ein Seher es »mit rasendem Munde« hätte sagen können, so hätte in der Zeit Calvins nicht einmal ein Prophet auch nur den Gedanken des industriellen Europas des 19. Jahrhunderts fassen können. Und doch, wer wollte es leugnen, besteht ein »Zusammenhang«, aber eben nicht einer der Voraussicht oder irgendwelcher Vorhersehbarkeit. Dieses also kann nicht der Zukunftshorizont politischer Verantwortung sein, für die Vorwissen und kausale Kontrolle – mindestens als Meinen des Subjektes – wesentliche Vorbedingungen sind.

4. Die geschichtliche Gelegenheit: Erkennung ohne Vorwissen (Philipp von Mazedonien)

Etwas ganz anderes ist die Ergreifung von geschichtlichen *Gelegenheiten,* bei der es durchaus bewußt sein kann, daß hiermit das kollektive Schicksal auf Generationen, vielleicht Jahrhunderte entschieden wird. So hatte Philipp von Mazedonien aus dem Zustand des persischen Reiches, der griechischen Welt und der mazedonischen Macht deutlich begriffen, was nun möglich war, und der Erfolg des von ihm politisch und militärisch sorgfältig vorbereiteten Alexanderzuges gab ihm recht; selbst sein immerhin mögliches Mißlingen hätte ihm nicht durchaus unrecht gegeben. Was die weiteren Folgen des Gelingens waren, konnte er natürlich weder im Einzelnen noch im weltgeschichtlichen Ganzen voraussehen, und jede Vorstellung, die er davon etwa hatte, war sicher falsch. Aber daß eine große Wende der Herrschaftsverhältnisse zugunsten der eigenen Monarchie und des unter ihrer Hegemonie geeinigten Griechentums als erreichbarer Preis winkte, war wirklich sichtbar geworden. Auch über die Erwünschtheit dieses Preises an sich – worüber schon Zeitgenossen auf der eigenen Seite anders dachten (zum Beispiel Demosthenes), vom persischen Hof und den asiatischen Völkern ganz zu schweigen – konnte bei ihm kein Zweifel bestehen. Der Rückblickende, der die geschichtlichen Alternativen zu einer Vergleichung der Wünschbarkeiten gar nicht konstruieren kann, wird sagen müssen, daß eine Gelegenheit größter Tragweite mit richtigem Blick und entschlossenem Tun ergriffen wurde, ohne darüber die – eigentlich selbstverständliche – Wahrheit zu vergessen, daß Zufall und Glück auch hierbei noch das Ihrige tun mußten. (Zum Beispiel das Genie des Alexander war in den Berechnungen Philipps, dessen Ermordung sonst sehr wohl das Ende des Traumes hätte bedeuten können, schlechterdings nicht vorauszusehen.)

5. Die Rolle der Theorie in der Voraussicht: Das Beispiel Lenins

Theorie aber hatte an dieser Erkenntnis des Augenblicks keinen Anteil. Für die Antike, die keine Theorie der politisch-gesellschaftlichen Zukunft kannte, versteht sich dies von selbst. Bei dem modernen Beispiel – etwa eines Lenin in *seinem* Augenblick, dem des Jahren 1917 – verhält es sich scheinbar anders. Aber doch nur scheinbar. Die marxistische Theorie vergewisserte ihn zwar des Zieles, aber nicht des Augenblickes der Aktion für seine Realisierung. Im Gegenteil: dafür hatte gerade die Theorie ganz anderes vorgesehen, und der durch die Tat demonstrierten Möglichkeit einer Realisierung auf diesem Wege, in diesem Augenblick und an diesem Ort mußte die Lehre erst nachträglich angepaßt werden. Lenins politisches Genie zeigt sich gerade darin, daß er im gegebenen Augenblick eine unorthodoxe Erreichbarkeit des orthodoxen Zieles entdeckte (nämlich vom rückständigsten Ende der industriell-kapitalistischen Skala her) und, entgegen dem Buchstaben der Theorie, die einzigartige Chance für den Beginn der kommunistischen Revolution wahrnahm. Der Erfolg der Aktion bewies die Richtigkeit seines Blickes für diesen kritischen Moment, und nichts anderes als der Erfolg konnte seine Tat für die spätere Beurteilung von einem Abenteuer unterscheiden. Wie weit darüber hinaus seine Voraussicht im Ganzen ging (das Einzelne ist in jedem Fall der Improvisation überlassen), muß offen bleiben; sicher ist, daß zum Beispiel das Ausbleiben der deutschen Revolution eine weitreichende Revision des Gesamtprogrammes erzwang, ganz gewiß hinsichtlich des Weges, wenn auch nicht der leitenden Endsicht, die allein schon durch ihre Ferne (fast wie die »regulative Idee« Kants) vor solchen Kontaminationen der Wirklichkeit geschützt ist. Aber bei einem so langen Unterwegs wird das vorderhand Erreichbare selbst zum Ziel, vergoldet von der darüber hinausweisenden Verheißung. Unentscheidbar ist auch, ob das tatsächlich Erreichte schließlich das war, was Lenin gewollt hatte, oder heute noch von ihm dafür angesehen würde – zu schweigen von der Wünschbarkeit des einen oder anderen an sich, die auf immer strittig sein wird. Aber daß mit seiner Tat eine weltgeschichtliche Wende geschah, durch die auf Generationen, wenn nicht auf immer, dem Lauf der Dinge eine neue Richtung gegeben wurde, und zwar auf ein definiertes und gewolltes Ziel hin – darin hat Lenin sich nicht getäuscht. So hätten wir hier einen Fall, wohl den ersten in der Geschichte, wo der praktische Staatsmann Zukunftsfernen im Blick haben konnte, im abstrakten wenigstens, und damit auch zu verantworten hatte, die früherer Staatskunst gänzlich verschlossen waren.

6. Vorhersage aus analytischem Kausalwissen

Die Rolle der Theorie ist hierbei nicht zu verkennen, aber sie ist verwickelt. Offenkundig zunächst und generell ist die moderne Analyse sozialer und ökonomischer Kausalitäten allem früheren Wissen davon unvergleichlich überlegen und gestattet Extrapolationen in die Zukunft, die, unsicher wie sie sein mögen, das Zukunftsdenken als solches von der bloßen Analogie der Vergangenheit befreien und aus der wiederholenden Induktion der Erfahrung in die Deduktion des noch-nicht-Gewesenen überleiten; also aus dem Erraten in die Berechnung der Zukunft. Gleichzeitig – nicht unverbunden mit dem Wissen, aber als Tatsache sui generis – ist die Macht öffentlicher Kontrollen über das soziale Geschehen, das heißt die intervenierende Eigenkausalität des politischen Willens, kurz, die Macht des Staates über die Gesellschaft, außerordentlich gewachsen, was wiederum der Kraft des Vorhersagens und Vorherplanens zugute kommt. Ingenieurartiges Konstruieren künftiger Zustände scheint im Prinzip möglich geworden und Gedankenmodelle dafür sind zur Hand. Dem steht allerdings die immer unübersichtlicher werdende Komplexität des theoretisch und praktisch zu meisternden Gesellschaftsgeschehens gegenüber (also auch der erforderten Modelle); die Zahl der Unbekannten steigt zugleich mit dem Inventar der bekannten Größen – ein eigentümlicher Wettlauf zwischen dem Wissen und der Eigenbewegung des Gegenstandes, wobei zum Überfluß noch der psychologische feedback des jeweiligen (vermeintlichen oder wirklichen) Wissens sich den Unbekannten in seiner eigenen Rechnung hinzufügt. Ob im Nettoertrag die soviel besser informierten Vorhersagen tatsächlich sicherer geworden sind, steht dahin.[16] Aber das ändert nicht, daß heute ein viel größerer Einschuß theoretischen Wissens mit viel weiterem Zeithorizont nach vorne in die Lenkung der kollektiven Geschicke verwoben ist und es verantwortungsgemäß sein soll, als je frühere Staatskunst sich träumen ließ.

7. Vorhersage aus spekulativer Theorie: Der Marxismus

Hierzu kommt nun aber noch, illustriert durch das Beispiel Lenins, ein prädiktives Phänomen, das mit der kausalen Analyse im Einzelnen wenig zu tun hat: die umfassende spekulative Geschichtstheorie, die um so etwas wie eine Gesamtgesetzlichkeit ihres Gegenstandes in der Zeit weiß und aus ihr die vorbestimmte Zukunft in den Hauptzügen ableitet. Dergleichen ist erst durch die vollständige Säkularisierung, das heißt das an die Stelle transzendenter Heilsgeschichte tretende Prinzip totaler Immanenz, möglich geworden und ist historisch ein kaum weniger neuartiges Phänomen[17] als die nüchternere, am naturwissenschaftlichen Vorbild orientierte Kausalanalyse konkreter Gesellschaften. Sein eminentes Beispiel ist natürlich der Marxismus. Hier haben wir weltgeschichtliche Prognose auf rationaler Grundlage – und zugleich, durch die einzigartige Gleichung dessen, was sein muß, mit dem, was sein soll, eine Zielsetzung für den politischen *Willen,* der hierdurch selbst zum Faktor in der Bewahrheitung der Theorie gemacht wird, nachdem deren zuvor erkannte Wahrheit ihn ihrerseits motiviert hatte. Es ergibt sich für das so bestimmte politische Tun, das herbeiführt, was kommen muß, eine höchst merkwürdige Mischung von kolossalster Verantwortung für die Zukunft mit deterministischer Verantwortungsfreiheit. Die Ethik der Geschichtseschatologie wird uns gesondert beschäftigen. Jetzt haben wir nur mit der Funktion der Theorie in der Projektion der Zukunft zu tun, die zu der angezeigten immensen Ausdehnung des Horizontes möglicher Verantwortung führt.

Die marxistische Theorie, als eine Theorie der ganzen Geschichte, der bisherigen und noch kommenden, definiert die Zukunft in Einheit mit der Erklärung der Vergangenheit aus einem durchgehenden Prinzip, also als das nach dem schon Durchlaufenen noch Ausstehende. Alle bisherige Geschichte, ihrer wesentlichen Dynamik nach eine Geschichte der Klassenkämpfe, wird in die nunmehr auf der Tagesordnung des Gesamtprozesses stehende klassenlose Gesellschaft aufgehoben werden. Und sie soll es auch: der politische Wille soll sich mit der Geschichtsnotwendigkeit identifizieren, mindestens bei der zu ihrer Durchsetzung berufenen Klasse, dem Proletariat. Die Koinzidenz des Interesses mit dem Ziele bringt es in diesem Fall mit sich, daß das Interesse – selbst ein Teil der Notwendigkeit – die Funktion des Soll übernimmt, womit die mißliche Kluft von Sein und Sollen umgangen, der Idealismus abstrakter moralischer Forderung (der nach der Theorie selber ohnmächtig sein muß) vermieden ist. Dennoch – da besagte Koinzidenz nicht automatisch einsichtig ist, auch nicht Jeder nach seinem sogar schon eingesehenen »besten Interesse« handelt, und außerdem die es ihm einsichtig Machenden nach aller Erfahrung aus anderen Klassen kommen müssen, also selber den Vorteil der Koinzidenz nicht genießen – ist jenes »Soll« in seiner verbleibenden Unentbehrlichkeit ein Rätsel im Determinismus der

Theorie (siehe unten). In jedem Fall aber spielt, beim totalen Charakter der Theorie, die Frage der Wahrheit hier eine entscheidendere Rolle als beim partikularen analytischen Wissen, dessen Projektionen, ohnehin qualifiziert durch die Mitwirkung zahlloser anderer Faktoren, jederzeit ohne Schaden am Ganzen der Methode korrigiert werden können. Das integrale System hingegen steht und fällt mit seiner unbedingten Richtigkeit, also der Wahrheit seines Prinzips und dessen Ergiebigkeit sowohl für die unzweideutige Erklärung des Gewesenen wie die Vorhersage des Kommenden. Aber was bedeutet hier »Wahrheit«, und wie wird sie bewiesen?

8. Selbsterfüllende Theorie und Spontaneität des Handelns

Strenggenommen ist die Theorie nur an der ihr vorausliegenden Vergangenheit zu prüfen, die von ihr noch nicht beeinflußt sein konnte. Und wie immer sie bei dieser Prüfung fahren mag, so ist doch schon der bloße Schluß von da auf die Zukunft ein Sprung, der logisch nicht mehr als eine Hypothese ergeben kann, psychologisch aber, bei der dabei beobachteten Entschlossenheit, von außertheoretischen Faktoren der Gefühls- und Willensphäre mitbeflügelt sein muß – also ein Sprung des Glaubens.[18] (Tatsächlich war dergleichen schon bei der Interpretation der Vergangenheit am Werke, und sogar entscheidend, denn kein Unvoreingenommener wird behaupten, daß diese vom Intellekt *nur so* gesehen werden *kann*.) So ist bereits an diesem Punkt der Extrapolation von Gewesenem zu Kommendem ein Element der Freiheit im Spiele. Wie aber wird dann die Richtigkeit der Hypothese oder des Glaubens im Fortgang der Dinge bewiesen? Nicht wie in den Naturwissenschaften durch das Eintreffen der deduzierten Vorhersagen. Denn hier, wo Menschen über Menschen nachdenken, und zwar öffentlich, *ändert das Dasein der Theorie als selber geschichtlicher Tatsache die Bedingungen des*

Erkenntnisgegenstandes. Da sie selber kausale Kraft gewinnt, um ihrer Wahrheit zur Wirklichkeit zu verhelfen, also der Absicht nach zum Eintreffen ihrer Prognosen beiträgt, so könnte sie zu den selbsterfüllenden Prophetien gehören: ihr Rechtbehalten bewiese nicht ihre Wahrheit, sondern ihre Macht über die Gemüter, durch die sie die Ursache bestimmter Handlungen wird. Das Praktischwerden der Theorie also, das in diesem Fall sogar durchaus in ihr selbst vorgesehen ist, schafft Verifizierungsbedingungen höchst eigentümlicher Art. (Übrigens auch Falsifizierungsbedingungen: Wie das Gelingen, so ließe sich auch das Mißlingen dem Einfluß der Theorie zuschreiben – etwa so: wäre sie nicht ausgeplaudert worden, hätte sich der Kapitalismus nicht so gut gegen ihre Drohung schützen können.)
Dem läßt sich allerdings entgegnen, daß eben jene Macht über die Gemüter ihrerseits bereits die Theorie bestätigt, welche die Bereitschaft dazu aus ihrer Geschichtslogik demonstrieren kann; ja, daß das Auftreten der Theorie selber zu dieser Zeit, als nun geschichtsfällig, in ihrem eigenen Raisonnement »vorhergesagt« ist, also gewissermaßen schon ihr Dasein ihre Richtigkeit bestätigt. Es soll nicht geleugnet werden, daß eine Theorie, die sich selbst einbegreift, die ihre eigene Denkbarkeit und sogar das Gerade-jetzt derselben und ihrer Aktualisierung erklären kann (die spekulative Erfindung Hegels), sich in einer logisch eindrucksvollen Position befindet. Wir wollen uns nicht mit der Untersuchung aufhalten, wie weit hier etwa die Trügerischkeit des »ontologischen Beweises« wiederholt wird[19], weil es im Grunde darauf nicht ankommt. Denn selbst wenn der Theorie ihre Logik zugestanden ist, bleibt doch die schon kurz gestreifte Tatsache, daß Manche die Wahrheit annahmen, Manche nicht, und beides entweder im Einklang oder im Widerstreit mit ihrem Interesse, so daß also mindestens hier wieder ein theoretisch nicht determiniertes Element der Freiheit obwaltete. *Warum* aber wurde die Botschaft angenommen oder abgelehnt? Das Allgemeine der Antwort ist nicht zweifelhaft.

Die Theorie, von aller Vergangenheitsdeutung abgesehen, setzt ein *Ziel,* dessen nahegerückte Möglichkeit, Geschichtsnotwendigkeit und Erwünschtheit sie aufzeigte. Ist es zuviel, anzunehmen, daß die *Erwünschtheit* an sich, also der Eigenappell des Zieles, als persönliche Option in der Regel der erste Grund für die Bejahung der sie legitimierenden Theorie war? Mit der bloßen Geschichtsnotwendigkeit ist kein Hund hinter dem Ofen hervorzulocken. Und natürlich kann kein moralischer Gerichtshof die Selbstabsolution des politisch Handelnden, daß er nur Vollstrecker der Geschichtsnotwendigkeit sei und eigentlich nicht er selbst, sondern durch ihn »die Geschichte« handle, annehmen. Im Gegenteil muß der Täter nicht nur sein Tun sondern auch die Überzeugung, die es ihm in diesem Licht erscheinen läßt, verantworten. Diese Zuerkennung wird ihm gerechter als er sich selbst und nimmt ihn gegen die eigene Selbstverkleinerung in Schutz. Denn kein größeres Unrecht könnte denen geschehen, die sich um die Fahne des Sozialismus scharten, als zu verkennen, daß sittliche Empörung, Mitleid, Gerechtigkeitsliebe und Hoffnung auf ein besseres, menschenwürdigeres Leben für Alle sie beseelten (und meist ohne Aussicht, die Erfüllung noch zu erleben). Das Wort vom »wissenschaftlichen Sozialismus«, durch den die Marxisten sich von den anderen, »utopischen« Sozialisten unterscheiden wollten, ist nicht allzu ernst zu nehmen. »Sozialismus« bleibt das Hauptwort – ein *Ideal,* das Hingabe hervorrufen kann und dann auch die wissenschaftliche Stütze willkommen heißen läßt. Lenin, Trotzki, Rosa Luxemburg sind ohne Leidenschaft im höchsten Sinne nicht vorzustellen – Leidenschaft für das von ihnen gesehene *Gute:* sie waren moralische, dem überpersönlichen Zweck verpflichtete Naturen (allerdings mit der moralisch gefährlichen Überzeugung, daß der Zweck die Mittel heiligt), und ohne diesen Quell freiester Spontaneität, der aller Voranschläge spottet, wäre es um jede Sache, sei ihre Lehre deterministisch oder das Gegenteil, übel bestellt.

Solche Leidenschaft, gekühlt vom Urteil, macht den Staatsmann. Urteil wiederum ist Freiheit. Das Urteil emanzipiert sich vom Rezept der Theorie. Im Falle Lenins, wie wir sahen, wählte das Urteil den unorthodoxen Augenblick der Aktion. Von da an gab es kein Zurück, und der eigenwillige Fortgang der Ereignisse diktierte ihm und den Diadochen die immer erneute Ausübung des freien, häufig getrübten Urteils. Ginge alles nach dem Buch der Theorie, die ja in diesem Fall außer dem Ziel auch den Weg vorgezeichnet hatte, bedürfte es keiner Staatskunst: der Machthaber, ein bloßer Funktionär, brauchte bloß nachzuschlagen. Die Geschichte des nachrevolutionären Rußland, der Fall vielleicht größter offizieller Buchstabenfrömmigkeit in der Geschichte der Politik, demonstriert das Gegenteil umso eindrucksvoller. Die offiziell immer sakrosankt bleibende Theorie wird der Widerspenstigkeit des Wirklichen angepaßt (eine besondere Kunst der Hermeneutik im Dienste der Staatskunst) und der Umweg wird der allein gangbare Weg zum einigermaßen festgehaltenen Ziel. Der Umweg aber ist das Kind der Umstände und nicht des Programms. Industrialisierung zum Beispiel als sozialistische Leistung und um des Sozialismus willen hatte die Theorie nie vorgesehen, vielmehr umgekehrt den Sozialismus als dialektische Frucht des kapitalistisch vollendeten Industrialismus.[20]

Die Frage der »Korrektheit« interessiert dabei niemanden als die amtlichen Exegeten. Wie weit sie Lenin interessiert hätte, wissen wir nicht. Aber ob er mehr Pragmatiker oder mehr Dogmatiker war, macht kaum einen Unterschied für die Feststellung, daß auch sein Genie, trotz dem Wissen um die enorme Zukunfts*dimension* seines Unternehmens, das meiste von dem, was wirklich kam, unmöglich hat vorhersehen können. Die einzige, paradoxe Sicherheit, die es hier gibt, ist die der Unsicherheit. Sie besagt, daß das stets Unerwartete, wesenhaft Unvorwegnehmbare in den menschlichen Affären den Staatsmann nie entbehrlich werden läßt, auch nicht in der »verwirklichten« klassenlosen Gesellschaft – so daß wir von der vielzitierten Waschfrau, die dann die Geschäfte des Staates nach Feierabend leiten könne, getrost sagen dürfen: Hier irrte Lenin. (Dies, beachten wir es, ist selber eine Vorhersage!)[21]

V. Wie weit reicht politische Verantwortung in die Zukunft?

1. Alle Staatskunst verantwortlich für die Möglichkeit künftiger Staatskunst

Wie steht es also um die Zukunftsweite politischer Verantwortung, die, im Unterschied zur elterlichen, keinen von der Natur des Gegenstandes gesetzten Abschlußtermin hat, aber andererseits vom Überschuß der kausalen Reichweite über die des Vorwissens geplagt ist, also in den großen Fällen immer mehr auf sich nimmt, als dem Handelnden formell noch zurechenbar ist? Hier gibt unsere letzte Beobachtung immerhin einen Fingerzeig. Denn wenigstens *ein* sehr allgemeines, sehr grundsätzliches *Wissen* haben unsere im ganzen skeptischen Betrachtungen über das Maß sicherer Geschichtsvorhersagen doch erbracht, nämlich das um die immer (wegen der prinzipiellen Programmwidrigkeit des Geschehens) verbleibende *Notwendigkeit staatsmännischer Freiheit*. Und hieraus ergibt sich ein wiederum sehr allgemeiner, doch keineswegs leerer Imperativ gerade für den Staatsmann, dessen Handeln bewußt diese gewaltig ins Unbekannte überschießende Zukunftsdimension hat: nämlich nichts zu tun, was das weitere Auftreten von seinesgleichen verhindert; also den dafür unentbehrlichen, wenn auch unvoranschlagbaren Quell der Spontaneität im Gemeinwesen, woraus sich die zukünftigen Staatsmänner rekrutieren müssen, nicht zu verstopfen – also weder im Ziel, *noch auch im Wege dazu* einen Zustand herzustellen, in dem die möglichen Kandidaten für eine Wiederholung seiner eigenen Rolle Lakaien oder Roboter geworden sind. Kurz, *eine* Verantwortung der Staatskunst ist, darauf zu achten, daß künftige Staatskunst möglich bleibt. Niemand kann sagen, daß dieser Grundsatz – ein dem Nichtwissen abgewonnenes Wissen –

inhaltsleer ist und nicht durchaus der absichtsvollen Verletzung fähig, was ja eines der Kriterien für die Nichttrivialität eines Prinzips ist. Das Prinzip ist hier, daß jede totale Verantwortung bei all ihren Einzelaufgaben immer auch dafür verantwortlich ist, daß über die eigene Erfüllung hinaus die Möglichkeit verantwortlichen Handelns auch künftig bestehen bleibt. Im übrigen wird uns, generalisiert, dies Prinzip der Verantwortung für die *Erhaltung der eigenen Voraussetzung* (dessen formale Ähnlichkeit mit dem Selbsteinstimmigkeitsprinzip des Kategorischen Imperativs, wegen der hier allesbedeutenden Zukunftsperspektive, nur scheinbar ist) im konkreten Zusammenhang ökonomischer, ökologischer, technologischer, biologischer, psychologischer (usw.) »Politik« noch ausgiebig, besonders im kasuistischen Teil, beschäftigen.

2. *Nah- und Fernhorizonte bei Herrschaft fortwährender Veränderung*

Was sonst läßt sich über die Zeitspanne politischer Verantwortung sagen? Sie hat es natürlich zunächst immer mit dem Nächsten zu tun, denn die Nöte des Augenblicks verlangen nach Abhilfe, wie die Gelegenheit des Augenblicks nach Ergreifung. Aber Weitsichtigkeit gehört selbst dazu und ist überdies durch die spezifische kausale Tragweite *moderner* Aktionen in neuartigem Umfang geboten. Dieser Umfang der Weitsicht hat aber, wie aus dem Bisherigen hervorgeht, zwei verschiedene Horizonte: den näheren, innerhalb dessen sich mit dem analytischen Wissen, das verfügbar ist und Extrapolationen gestattet, die Wirkungen des Einzelbeginnens (zum Beispiel Hebung oder Senkung von Steuern) jenseits der unmittelbaren Situation mehr oder weniger hypothetisch vorausberechnen lassen; und den weiteren Horizont, in dem das Momentum des jetzt Begonnenen in kumulative Größen der Wechselwirkung mit *allen* Faktoren der

condition humaine führt, über die sich, bei den vielen Unbekannten der Rechnung, nichts eigentlich Schlüssiges mehr ausmachen läßt – außer zweierlei: gewisse kausal einsichtige *Möglichkeiten* (Eventualitäten), die dann der Kontrolle entwachsen sein werden; und die enorme, das ganze Menschenlos betreffende *Größenordnung* dieser Möglichkeiten. Diesen bisher nur gestreiften Fernhorizont einzigartig moderner Menschenmacht und daher Menschenverantwortung (mit den besonderen Gefahren selbst wohlmeinendster Menschenverachtung) lassen wir für später, wenn wir solche irgendwie schon projektiv unterscheidbaren Möglichkeiten betrachten und die ethischen Implikationen für den Jetztpunkt erörtern werden – auf der Suche nach einer Ethik des wißbaren (daher in die politische Verantwortung einbezogenen) Überschusses der Macht über das Wissen.
Was aber den näheren Horizont betrifft, so sagten wir schon, daß auch er heute weit über das hinausgeht, was früherer Staatskunst oder überhaupt menschlicher Planung zugänglich war. Aber hier ist ein Paradox nicht zu übersehen. Wir wissen einerseits mehr, anderseits weniger über die Zukunft als unsere vormodernen Ahnen. Mehr, weil unser analytisch-kausales Wissen mit seiner methodischen Anwendung auf das Gegebene viel größer ist; weniger, weil wir es mit einem konstitutionellen Zustand der *Veränderung* zu tun haben, während die Früheren es mit einem im ganzen bleibenden (oder so erscheinenden) zu tun hatten. Sie konnten sicher sein, daß Sitte, Gefühle und Anschauungen, Herrschaftsverhältnisse, Wirtschaftsformen und Naturquellen, Kriegs- und Friedenstechnik in der nächsten Generation nicht viel anders sein würden als in der ihren. Wir wissen, wenn nichts sonst, daß das Meiste *anders* sein wird. Es ist der Unterschied zwischen statischer und dynamischer Situation. Dynamik ist die Signatur der Moderne; sie ist nicht Akzidenz sondern immanente Eigenschaft der Epoche und bis auf weiteres unser Schicksal.[22] Sie besagt, daß wir mit immer Neuem rechnen müssen, ohne es errechnen zu können; daß Veränderung

sicher ist, aber nicht, was das Andere sein wird. Kommende Erfindungen und Entdeckungen zum Beispiel sind nicht antizipierbar und können nicht schon eingerechnet werden. Nur daß es irgendwelche dauernd geben wird und darunter manche von großer, gelegentlich sogar umwälzender praktischer Bedeutung, ist nahezu sicher. Aber darauf läßt sich keine Rechnung gründen. Dies unbekannte »x« permanenter Neuerung geistert durch alle Gleichungen. Unter diesem Caveat stehen alle Projektionen, die wir mit Hilfe unserer Analytik und des Computers zu einer solchen Kunst entwickelt haben. Sie sagen uns mehr und präziser und weiter voraus, als frühere Schätzungen der Zukunft es vermochten, aber müssen auch mehr offenlassen. Sie lauten also etwa so: Aus den jetzigen Daten und Trends (die Dynamik als solche wird eingerechnet) ergibt sich für 1985 die und die Lage der Energieversorgung, für das Jahr 2000 etwa die; bei gewissen Fortschritten einer sich erst entwickelnden Technik, zum Beispiel der atomaren – an deren Beschleunigung zu arbeiten dann die vorige Rechnung einen Grund liefert – kann das Bild sich so und so verbessern. Mit solchen Fortschritten ist bei genügender Anstrengung erfahrungsgemäß zu rechnen: nicht ganz sicher zwar, doch sicher genug, um jedenfalls die Anstrengung zu gebieten und (bei entsprechender Wichtigkeit der Sache) das Risiko auch kostspieliger Fehlversuche zu rechtfertigen. Damit schlägt Vorhersage in praktische Politik um (siehe »Manhattan-Projekt«), nämlich in dem Sinne, daß das von der Vorhersage eingegebene Handeln ihr Eintreffen befördern oder verhindern soll. Besonders das Letztere ist in der Regel die prima causa, da die Vorhersage als Warnung mit Recht ein stärkeres Motiv staatsmännischer Vorkehrungen ist, bestimmt ein zwingenderes Gebot an die Verantwortung, als die Verheißung. Jedenfalls ist es heute dazu gekommen, worüber früher (s. Kap. 2) schon manches gesagt wurde. So ist die Funktion der Bevölkerungsschätzungen für die nächsten Jahrzehnte und ins kommende Jahrtausend hinein zu verstehen. Was davon nach den schon im Rennen befindlichen Größen unabänderlich ist (außer durch Massenvernichtung), verlangt nach rechtzeitiger Vorsorge für die dann gegebenen Nahrungsbedürfnisse usw. unter Vermeidung des Ruins der Umwelt. Was darüber hinaus der Einwirkung noch offensteht, verlangt nach einer Politik rechtzeitiger Ablenkung der Kurve von der Katastrophenrichtung weg. Die Unheilsprophezeiung wird gemacht, um ihr Eintreffen zu verhüten; und es wäre die Höhe der Ungerechtigkeit, etwaige Alarmisten später damit zu verspotten, daß es doch gar nicht so schlimm gekommen sei: ihre Blamage mag ihr Verdienst sein.

3. Erwartung wissenschaftlich-technischer Fortschritte

Um noch einmal auf die Vorausbudgetierung künftiger Fortschritte zurückzukommen, so ist dies notwendig eine Zwielichtzone, in der die Grenzen des Erlaubten, das heißt Verantwortlichen, nicht scharf zu ziehen sind. Über methodischen Fortschritt im Bekannten hinaus, der fast schon zur Routine des wissenschaftlich-technologischen Komplexes gehört und sich sehr bewußt (zum Beispiel durch entsprechende Dotierung) in gewünschte Richtungen lenken läßt, sind von Zeit zu Zeit nach der Erfahrung der Forschung auch sogenannte »Durchbrüche« zu erwarten, wenn darauf schon hingearbeitet wird, nachdem die Theorie die Richtung gewiesen und die prinzipielle Möglichkeit beglaubigt hat (wie zum Beispiel heute bezüglich der kontrollierten Kernfusion); aber einplanen kann man sie nicht schon. Wohl kann die nicht unbegründete Hoffnung auf sie und ihr fortgesetztes Vorkommen überhaupt mitzählen bei der philosophischen Wägung der Chancen in der großen Wette, die das menschliche Unternehmen als Ganzes geworden ist. Aber der Staatsmann, der im bestimmten Fall die Hoffnung teilen darf, soll nach Möglichkeit nicht wetten, obwohl ihm manchmal nichts anderes übrig bleibt. Er braucht es hier auch nicht und kann dennoch das durchaus nicht Vorwegnehmbare in den Kreis seiner Vorsorge einbeziehen. Denn immerhin sind die konkret erhofften »Durchbrüche« schon etwas, an dessen Schwelle man sich gewissermaßen befindet, und es läßt sich, wie bei den mehr routinemäßigen Fortschritten, allerhand dafür tun.[23] Damit wird also auch das, worauf man noch nicht wetten, geschweige denn rechnen darf, doch schon Gegenstand vorausschauender Politik. Oder die »Wette«, wenn man will, wird nur mit dem Einsatz überschüssiger Mittel und nicht dem der Substanz eingegangen, das heißt, des Gemeinwohls selber, um das es in der politischen Planung geht: bei ihm darf die Spieleraussicht, jene Seitenwette zu gewinnen, eben keine Rolle spielen. In ganz unbestimmter und unvorgreiflicher Weise trifft dies dann auf die staatliche Unterstützung der sogenannten »Grundlagenforschung«, das heißt der reinen Theorie zu, bei der gar kein Ziel definiert ist, von der man sich nur allgemein »etwas« verspricht, was irgendwann auch irgendeinem praktisch-öffentlichen Interesse zugutekommen kann. Einen unbestimmteren und doch dabei realistischen Horizont politischer Verantwortung kann man sich nicht denken.

Etwas anderes sind vom Wunsche und der Not eingegebene, oft vom Aberglauben an das Allvermögen der Wissenschaft genährte Wundererwartungen. Daß zum Beispiel ganz neuartige Energiequellen entdeckt werden, oder ganz neue Vorkommen schon bekannter – daß überhaupt der willkommenen Überraschungen des Fortschritts kein Ende ist und die eine oder andere uns schon rechtzeitig aus der Klemme helfen wird: das ist zwar nach allem Erlebten des letzten Jahrhunderts keineswegs auszuschließen, aber darauf zu bauen, wäre gänzlich unverantwortlich.[24] Ebenso unverantwortlich aber wäre es, auf die Vorhersage zu bauen, daß der Mensch sich an alles gewöhnen kann (bezw. dazu gebracht werden kann), obwohl *sie* höchstwahrscheinlich richtig ist und in der Tat, wenn Leben hauptsächlich Anpassung bedeutet, die beste und schrecklich verläßliche Überlebensversicherung darstellt, welche die Unaufhaltsamkeitsapostel technologischer Verwandlung der Daseinsbedingungen anzubieten haben. Wir sagen, daß auf diese (einmal eingeräumte) Gewißheit bauen mindestens so unverantwortlich ist wie bei der vorigen Beispielssphäre der Verlaß auf das Ungewisse. Denn hier ist die Frage nicht: wird es klappen? (man muß fürchten, es wird), sondern: woran *darf* sich der Mensch gewöhnen? woran zu gewöhnen darf man ihn nötigen oder ihm erlauben? Welche Bedingungen daher als Woran seiner Anpassung darf man aufkommen lassen? Diese Fragen bringen die Idee des Menschen ins Spiel: auch sie gehört zur Verantwortung des Staatsmannes, ihr letzter und zugleich nächster Inhalt, der Kern ihrer Totalität, der eigentliche Horizont ihrer Zukünftigkeit. Doch hiervon später.

4. Allgemein erweiterte Zeitspanne heutiger Kollektiv-Verantwortung

Aus alledem folgt, daß es zwar auch heute noch kein Rezept für die Staatskunst gibt, aber doch die Zeitspannen der Verantwortung sowohl wie des wissenden Planens sich ungeahnt erweitert haben. Der Überschuß der ersteren über die letztere, das moralische Korrelat zum Überschuß der kausalen Wirkungsgewalt über das Vorwissen, wurde erwähnt und wird uns noch viel beschäftigen. Aber schon die Reichweite konkreter, wohl-definierter Zielsetzung, bescheiden im Verhältnis zum etwaigen »utopischen« Fernziele, hat ganz neue Dimensionen angenommen. Fünfjahrespläne gehören, wenn das politische Regime die manipulative Voraussetzung dafür bietet, beinahe zum täglichen Brot und haben von Anfang an bereits ihre Wiederholung vom nächsten Niveau aus im Auge. Die Führer neu befreiter Nationen, in den sogenannten »Entwicklungsländern«, können ihnen das Ziel des Aufholens mit den fortgeschrittenen Industrieländern setzen und dafür zwei Generationen oder mehr in Anschlag bringen. Obwohl in diesem Fall erprobte Vorbilder nachgeahmt werden und das Wagnis einer neuen Konzeption fortfällt, auch die Stadien des Weges einigermaßen vorgezeichnet sind, gibt es doch der Unbekannten genug in der Rechnung, und das Überraschende wäre, wenn es ohne Überraschungen für die Planer abginge. Natürlich werden die Nöte des Augenblicks immer die Priorität haben, außer bei den erbarmungslosesten Regimen, die um des Endzieles willen ganze Volksteile ihrer eigenen Subjekte hinzuopfern bereit sind. Doch genug von diesem Wohlbekannten. Der Punkt, auf den es bei alledem ankommt, ist der, daß die Natur menschlichen Handelns sich derart verändert hat, daß damit erst *Verantwortung* in einem bisher unanwendbaren Sinn, mit ganz neuen Inhalten und nie gekannter Zukunftsweite, in den Umkreis politischen Tuns und damit politischer Moral eingetreten ist.

VI. Warum »Verantwortung« bisher nicht im Zentrum ethischer Theorie stand

1. Engerer Umkreis von Wissen und Macht; das Ziel der Dauerhaftigkeit

Und hier haben wir eine erste Antwort auf die von uns aufgeworfene und dann liegengelassene Frage, warum der *Begriff* der Verantwortung, dem wir hier eine Zentralstellung in der Ethik zuteilen wollen, nicht diese Rolle, ja überhaupt keine ausdrückliche Rolle in den überlieferten Moraltheorien spielt, und infolgedessen auch nirgends das Verantwortungs*gefühl* als affektives Moment sittlicher Willensbildung erscheint, sondern ganz andere Gefühle, wie Liebe, Ehrfurcht usw. dies Amt versehen (s. S. 165). Verantwortung, so sahen wir, ist eine Funktion von Macht und Wissen, wobei diese beiden in einem keineswegs einfachen Verhältnis zueinander stehen. Beide jedoch waren früher so beschränkt, daß von der Zukunft das meiste dem Schicksal und der Beständigkeit der Naturordnung überlassen werden mußte und alle Aufmerksamkeit sich darauf richtete, das Jetzige und Jeweilige recht zu tun. Das rechte Tun aber ist am besten aufgehoben beim rechten Sein: darum hatte die Ethik es vornehmlich mit der »Tugend« zu tun, die eben das bestmögliche Sein des Menschen darstellt und wenig über ihre Betätigung hinaus auf das entferntere Danach blickt. Gewiß gab es die Sorge von Herrschern um den »ewigen« Fortbestand der Dynastie, aber was dafür zu tun war, bestand doch wesentlich in der Festigung der institutionellen und sozialen Herrschaftsverhältnisse (einschließlich ihrer ideellen Sanktionen), die einen solchen Fortbestand gewährleisten würden, also in der Konsolidierung des Jetztzustandes, und außerdem noch in der richtigen Erziehung des Thronerben, der dasselbe dann bei seinem Nachfolger wiederholen würde. Letzten Endes wird

immer die nächste Generation vorbereitet und die künftigen werden als ihre Wiederholung angesehen, die im selben Haus mit denselben Einrichtungen leben können. Dieses eben muß von Anfang an gut gebaut sein; und am Ziel seiner Erhaltung orientiert sich auch der Begriff der Tugend.
Nicht anders auch bei nicht-erblichen und republikanischen Regierungssystemen. Wo immer die klassischen Philosophen, denen wir die Wissenschaft vom Staat überhaupt verdanken, über die relative Güte der Verfassungen nachdachten, war Dauerhaftigkeit ein entscheidendes Kriterium und hierfür das richtige Gleichgewicht von Freiheit und Disziplin das sozusagen natürliche Mittel. Die beste Verfassung ist die dauerhafteste, und Tugend ist die beste Garantie der Dauerhaftigkeit. Also muß die gute Verfassung durch sich selbst die Tugend der Bürger befördern. Daß hierbei das wahre Gut des Individuums (zwar nicht notwendig das aller Individuen) und das pragmatische Gut des Staates zusammenfallen, macht den Staat zu einer immanent moralischen, nicht bloß utilitarischen Einrichtung. Der tugendhafte Bürger wird seine besten Kräfte entwickeln (wofür Freiheit erforderlich ist) und bereit sein, sie, wo immer nötig, in den Dienst des Staatswohles zu stellen, aber dabei imstande, ihren Besitz und ihre Ausübung per se auch als Selbsterfüllung zu genießen. Die Politie wird davon fortlaufend profitieren, ohne sich an die Stelle der persönlichen Eudämonie zu setzen. Alle Tugenden – Weisen persönlicher Vortrefflichkeit – zeigen diesen Doppelaspekt. Der Mut stellt dem Staate die Verteidiger gegen äußere Feinde zur Verfügung und das Ehrgefühl die Anwärter auf die höchsten Ämter; die Besonnenheit hält ihn von tollkühnen Abenteuern zurück; die Mäßigung zügelt die Gier, die dazu treiben könnte; die Weisheit wendet den Blick auf Güter, deren Besitz nicht präemptiv ist, also nicht Streitobjekt werden kann (dies hat später die »alleinwahre« Religion gründlich geändert!); die Gerechtigkeit, die »jedem das Seine gibt«, verhindert oder vermindert die Unbilligkeitsgefühle, die zu Empörung und

Bürgerkrieg führen können. Gerechtigkeit überhaupt gehört vorzüglich zu den Bedingungen der Dauer, aber nie wird um der absoluten Gerechtigkeit willen die Erschütterung des ganzen Baues empfohlen: sie ist eben eine Tugend, das heißt eine Verhaltensform, nicht ein Ideal der objektiven Ordnung der Verhältnisse. Durchaus aber gilt: was jetzt für den Menschen als persönliches und öffentliches Wesen gut ist, wird es auch in Zukunft sein; daher liegt die beste Vorbereitung der Zukunft in der Güte des gegenwärtigen Zustandes, der durch seine inneren Eigenschaften sich fortzusetzen verspricht. Dies Gute kann die Staatskunst also nicht auf die nächste oder übernächste Generation vertagen, sondern muß es, so weit es da ist, hüten, soweit es fehlt, jeweils im Jetzt zustandebringen. Im übrigen war man sich der Unsicherheit der menschlichen Dinge, der Rolle des Zufalls und Glückes bewußt, denen man nicht zuvorkommen, für die man sich nur durch gute Verfassung der Seelen und möglichst widerstandsfähige Verfassung des Gemeinwesens rüsten konnte.

2. *Abwesenheit der Dynamik*

Voraussetzung für dies Rechnen mit dem wesentlich Selben, das nur von der Unberechenbarkeit des Schicksals bedroht wird, ist natürlich die *Abwesenheit jener Dynamik,* die alles moderne Sein und Bewußtsein beherrscht. Die menschlichen Dinge sah man als nicht anders im Fluß als die der Natur, das heißt, wie alles in der Welt des Werdens: dieser »Fluß« hat keine bestimmte Richtung, es sei denn zum Verfall, und gegen den ist eben das Bestehende durch gute Gesetze zu befestigen (so wie der Kosmos sein Bestehen durch die Kreisgesetze seiner bewahrenden Ordnung befestigt). Darum ist für uns Heutige, solange unser Sein im Zeichen sich fortwährend selbst erzeugender Veränderung steht, die immer wirklich Neues, Nie-Dagewesenes als ihr »natürliches« Produkt hervorbringen muß, die Staatsweisheit der Alten unnachahmbar. Und darum war für Jene, deren Gegenwart nicht solchen Zukunftsschatten warf, sondern wesentlich für sich selber zählte, »Verantwortung für das Kommende« keine natürliche Norm des Tuns – sie hätte keinen dem unsern vergleichbaren Gegenstand gehabt und eher für Hybris als für Tugend gelten müssen.

3. »Vertikale«, nicht »horizontale« Ausrichtung früherer Ethik (Platon)

Aber man kann noch etwas tiefer gehen als zu mangelnder Macht (Schicksals- und Naturkontrolle), beschränktem Vorwissen und fehlender Dynamik – lauter negative Züge. Wenn die condition humaine, zusammengesetzt aus der Natur des Menschen und der Natur der Umwelt, im wesentlichen immer die gleiche ist, anderseits der Fluß des »Werdens«, in das sie eingetaucht ist, wesentlich irrational und kein schöpferischer oder gerichteter oder sonstwie transzendierender Prozeß ist, dann kann das Eigentliche, worauf der Mensch hinzuleben hat, gar nicht in der »Horizontale«, im Fortgang des Zeitlichen, sondern muß in der »Vertikale«, im Ewigen gesehen werden, das die Zeitlichkeit überwölbt und natürlich in jedem Jetzt unverkürzt da ist. Sehen wir uns daraufhin Platon an, der immer noch das mächtigste Gegenbild zum Seinsverständnis und zur Ethik der Moderne ist. Zur Abhebung unseres Standpunktes ist er auch darum der beste Probierstein, weil sein »Eros«, als der affektive Antrieb zum Guten, unter allen Mitbewerbern am meisten von der »Sache« bestimmt ist und nicht sich selbst zur Tugend macht – und wir sagten ja auch vom »Verantwortungsgefühl«, dem wir nun unsere Stimme für dies entscheidende Amt in der Subjektivität geben, daß es ihm jeweils um eine als Gut und Pflicht erkannte Sache geht – allerdings mit dem Zusatz: um eine »Sache in der Welt«, hyperbolisch sogar: um »die Sache der Welt«. Und hier liegt der Unterschied. Die »Sache« des Eros ist das Gute an sich, und dieses ist nicht von dieser Welt, das heißt der Welt des Werdens und der Zeit. Der Eros ist relativ Streben zum Besseren, absolut Streben zum vollkommenen Sein. Ein Maß der Vollkommenheit ist das Immerwähren. Darauf arbeitet schon der blinde Eros in der tierischen Fortpflanzung hin. Das »immerfort das Selbe« ist die erste Annäherung an das wahre Sein. Der sehende Eros des Menschen übersteigt sie in direkteren Annäherungen, beim Weisen schließlich in direktester Intention. Der Eros ist also nach Ursprung und Gegenstand ontologisch begründet, wie auch wir von der Ethik verlangen. Aber die Ontologie ist eine andere geworden. Die unsere ist nicht die der Ewigkeit, sondern die der Zeit. Nicht mehr Immerwähren ist Maß der Vollkommenheit: fast gilt das Gegenteil. Dem »souveränen Werden« (Nietzsche) verschrieben, zu ihm verurteilt, nachdem wir das transzendente Sein »abgeschafft« haben, müssen wir in ihm, das heißt im Vergänglichen, das Eigentliche suchen. Damit erst wird Verantwortlichkeit zum dominierenden Moralprinzip. Der platonische Eros, auf Ewigkeit und nicht auf Zeitlichkeit ausgerichtet, ist für seinen Gegenstand nicht verantwortlich. Das in ihm Angestrebte ist ein überlegenes Was, das nicht »wird«, sondern »ist«. Ein solches aber, dem die Zeit nichts anhaben kann, dem nichts widerfährt, kann nicht Gegenstand von Verantwortung sein. Das Ewige, das ἀεὶ ὄν, bedarf ihrer nicht; es wartet, daß man an ihm partizipiere, und sein im Medium der Welt gebrochenes Erscheinen erregt das Verlangen danach. Verantwortlich kann man nur für Veränderliches sein, für das von Verderbnis und Verfall Bedrohte, kurz für Vergängliches in seiner Vergänglichkeit (wie denn auch für unser Gefühl, bezeichnenderweise, nur ein Vergängliches geliebt werden kann). Wenn dies allein geblieben ist und zugleich unsere Macht darüber so gewaltig gestiegen, dann sind die Folgen für die Moral unermeßlich, aber bisher noch undeutlich, und eben damit beschäftigen wir uns. Der platonische Standpunkt war klar: er will nicht etwa, daß das Ewige zeitlich wird, sondern daß mittels des Eros das Zeitliche ewig werde (»soweit ihm möglich«). Letztlich ist dies der Sinn des Eros, so sehr er von vergänglichen Abbildern angestachelt wird: Durst nach Ewigkeit. Unsere Sorge um die Erhaltung der Art ist im Gegenteil Durst nach Zeitlichkeit in ihren immer neuen, aus keinem Wesenswissen deduzierbaren, jedesmal präzedenzlosen Zeitigungen. Ein solcher Durst erlegt seine eigenen, neuartigen Pflichten auf, worunter sich die zur Anstrebung des Vollkommenen, innerlich Endgültigen nicht befindet.

4. Kant, Hegel, Marx: Geschichtsprozeß als Eschatologie

a. Besonders deutlich wird der Umschlag vom früheren Standpunkt (vom »platonischen« im erweiterten Sinn einer tausendjährigen Typologie) zum jetzt herrschenden in *Kants* »regulativer Idee«, die insofern ein Äquivalent von Platons »Idee des Guten« ist, als ja auch diese (obwohl eine »konstitutive«) praktisch als Grenzziel einer unendlichen Annäherung verstanden werden kann. Aber die Achse der Annäherung ist von der Vertikalen zur Horizontalen heruntergeklappt, die Ordinate zur Abszisse geworden: Das angestrebte Ziel, zum Beispiel das »höchste Gut«, liegt in der *Zeitreihe,* die sich vor dem Subjekte endlos in die Zukunft erstreckt und soll durch die kumulative – erkennende oder sittliche – Tätigkeit vieler Subjekte entlang dieser Reihe zunehmend angenähert werden. Hier wird also dem äußeren Geschichtsverlauf anvertraut oder zugemutet, was im platonischen Schema dem inneren Aufstieg des Individuums aufgegeben war; und der Anteil des Einzelsubjekts am Gesamtertrag des Prozesses kann, wie bei allen »Fortschritts«-Modellen, immer nur Stückwerk sein. Freilich konnte Kant auch so den geschichtlichen Prozeß noch nicht als zulängliches Vehikel für das Ideal anerkennen. Denn die Zeit, nicht eigentlich wirklich, gehört ja nur zur phänomenalen Welt, und von deren Kausalität ist nicht zu erwarten, daß sie die im »höchsten Gut« geforderte Koinzidenz von Glückseligkeit und sittlicher Würdigkeit dazu jemals als Allgemeinzustand herbeiführen, ja bei ihrer Indifferenz zu Werten auch nur die Richtung daraufhin begünstigen werde. Also mußte hier, im Wege eines »Postulats der praktischen Vernunft«, die Hoffnung des Glaubens aushelfen, daß die *transzendente* Ursache (ein Überbleibsel aus der vertikalen Seinsordnung) mit ihrer nichtphänomenalen, sittlichen Kausalität die phänomenal-physische sozusagen mit ihren eigenen Mitteln überlisten werde, auf daß der sittliche Wille in der Welt nicht vergebens sei. Die Säkularisierung ist hier noch halbherzig, und das Subjekt kann unter dem regulativen Ideal sein sittliches Verhalten wenigstens so ansehen, *als ob* es über seine innere Qualität hinaus auch zur Versittlichung der Welt beitrüge. Es ist, wenn man will, eine fiktive, nichtkausale Verantwortung, die den wahrscheinlichen Lauf der irdischen Dinge ignorieren darf, aber doch die einzelne Tat mit einem quasi-eschatologischen Horizont ausstattet.

b. Erst *Hegel* tat den Schritt zur radikalen Immanentisierung. Die regulative Idee wird über die Köpfe der Wollenden und Handelnden hinweg konstitutiv und die Zeit, keineswegs bloße Erscheinung, zum echten Medium ihrer Verwirklichung, die durch die Selbstbewegung der Idee geschieht. Die »List« der Vernunft waltet nicht von außen, sondern durch die Geschichtsdynamik selbst und mittels der ganz anderen Absichten der ausführenden Subjekte: das moralische Ziel ist sicher aufgehoben bei der autonomen Macht dieser Dynamik und niemand ist dafür verantwortlich, niemand auch kann an seiner etwaigen Vereitelung schuldig werden. Hier ist das Prinzip der Selbstbewegung der Geschichte erkannt, aber das der konkreten Kausalität der Subjekte darin verschlungen.

c. Dann kam, mit *Marx,* das berühmte »vom Kopf auf die Füße«-Stellen der Hegelschen Dynamik und in eins damit die

Einschaltung bewußten Handelns als Mitwirker bei ihrem nun fälligen revolutionären Schub. Die List der Vernunft fällt endlich mit dem Wollen der Akteure, die sich mit ihrer bisher verborgenen, nun offenbar gewordenen Absicht identifiziert haben, zusammen; das Erkanntwerden der Absicht im richtigen Moment durch die richtigen Subjekte war der letzte Akt der List, mit dem sie als hinfort unnötig abdanken konnte. Und obzwar die jetzt ihr Mandat sehend übernehmenden Akteure der Revolution nicht die Richtung des Prozesses bestimmen, als deren Ausführer sie sich vielmehr betrachten, so können (und »sollen«!) sie doch bei seiner nächsten Geburt Hebammendienste leisten. Hier zum ersten Mal wird *Verantwortung für die geschichtliche Zukunft im Zeichen der Dynamik* mit rationaler Einsichtigkeit auf die ethische Landkarte gesetzt, und schon deshalb muß der Marxismus immer wieder zum Gesprächspartner in unserer theoretischen Bemühung um eine Ethik geschichtlicher Verantwortung werden. Aber indem er um Richtung und Ziel zu wissen glaubt, ist der Marxismus noch Erbe der Kantischen regulativen Idee, ihrer Unendlichkeit entkleidet und ganz in die Endlichkeit verlegt und mit der Hegelschen Immanentisierung aus der Trennung von der Weltkausalität erlöst, das heißt zum logischen Gesetz ihrer Dynamik ernannt. Wir Postmarxisten (ein vielleicht noch kühn erscheinendes und sicher von Vielen nicht gern gehörtes Wort) müssen die Dinge anders sehen. Mit der Machtergreifung der Technologie (dies eine von niemand geplante, gänzlich anonyme und unwiderstehliche Revolution) hat die Dynamik Aspekte angenommen, die in keine frühere Vorstellung von ihr eingeschlossen waren und in keiner, auch nicht der marxistischen, Theorie vorgesehen sein konnten – eine Richtung, die statt zu einer Erfüllung zu einer universalen Katastrophe führen könnte, und ein Tempo, dessen mit Schrecken wahrgenommene reißende, exponentielle Beschleunigung jeder Kontrolle zu entgleiten droht. Sicher ist, daß wir keiner immanenten »Vernunft in der Geschichte« mehr trauen können, daß von einem selbstwirksamen »Sinn« des Geschehens zu reden schierer Leichtsinn wäre: daß wir also *ohne gewußtes Ziel* den vorwärtstreibenden Prozeß auf ganz neue Weise in die Hand nehmen müssen. Dies antiquiert alle früheren Einsichten und stellt der Verantwortung Aufgaben, nach deren Maß selbst die große, die Gemüter bewegende Frage, ob eine sozialistische oder individualistische, eine autoritäre oder freie Gesellschaft für »den Menschen« besser wäre, sich in die zweitrangige Frage verwandelt, welche besser geeignet ist, mit den kommenden Situationen fertig zu werden: eine Frage der Zweckmäßigkeit, vielleicht des Überlebensdiktates, aber nicht mehr der Weltanschauung.[25] Doch diese Bemerkung ist nicht unsere letzte Begegnung mit dem Marxismus.

5. Die heutige Umkehrung des Satzes »Du kannst, denn du sollst«

Die ethische Neuartigkeit unserer Lage möge noch an einer Gegenüberstellung illustriert werden, nämlich mit Kants Diktum »Du kannst, denn du sollst«. Wie wir immer wiederholen, ist Verantwortung ein Korrelat der Macht, so daß Umfang und Art der Macht den Umfang und die Art der Verantwortung bestimmen. Wächst die Macht und ihre laufende Ausübung zu gewissen Dimensionen an, dann ändert sich nicht nur die Größe, sondern auch die qualitative Natur der Verantwortung dahin ab, daß die Taten der Macht den *Inhalt* des Sollens erzeugen, dieses also wesentlich eine Antwort auf das ist, was geschieht. Dies kehrt das übliche Verhältnis von Sollen und Können um. Primär ist nicht mehr, was der Mensch sein und tun soll (das Gebot des Ideals) und dann entweder kann oder nicht kann, sondern das Primäre ist, was er de facto schon tut, weil er es kann, und die Pflicht folgt aus dem Tun: sie wird ihm vom kausalen Fatum seiner Taten zugesagt. Kant sagte: Du kannst, denn du sollst. Wir müssen heute sagen: Du sollst, denn du tust, denn du kannst, das heißt dein exorbitantes Können ist schon am Werk. Freilich ist in den beiden Fällen ein anderer Sinn und Gegenstand des Könnens gemeint; bei Kant: die Neigung der Pflicht unterordnen, und dies nicht-kausale, innere Können ist generell beim Individuum vorauszusetzen, an das allein die Pflicht sich ja richtet (beim Kollektiv allerdings, sollte dieses der Adressat von Pflichten werden, ist solches Können höchst zweifelhaft, weshalb hier Regierungszwang nötig wird). In unserem Gegendiktum meint das »Können«: die kausalen Wirkungen in die Welt entlassen, die dann das Soll unserer Verantwortung konfrontieren. Wenn mit diesen Wirkungen die Bedingungen des Daseins überhaupt auf dem Spiele stehen, dann könnte es sein, daß für eine Weile das höhere Streben nach Vollkommenheit, nach dem besten Leben, ja auch nur nach dem »guten Willen« (Kant) in der Ethik zurücktreten muß hinter die vulgäreren Pflichten, die unsere ebenso vulgäre Kausalität in der Welt uns auferlegt. Niemand kann im Augenblick sagen, ob Platons Weg nicht einmal für künftige Menschen wieder gangbar wird, und es muß offen bleiben, ob er nicht der Wahrheit des Seins mehr entspricht als der unsere. Vorläufig »hat« uns die horizontale Dynamik, die wir selber entfesselt haben. Auch der Verdacht, es könnte das, was ich die Abschaffung der Transzendenz nannte, vielleicht der kolossalste Irrtum der Geschichte gewesen sein, suspendiert uns nicht davon, daß derzeit und bis auf weiteres die Verantwortung für das, was einmal im Gange ist und von uns selbst in Gang gehalten wird, an erster Stelle kommt.

6. Die Macht des Menschen – Wurzel des Soll der Verantwortung

Zugleich aber mit dem, was wir auf unserem verschlungenen Weg durch die Gefilde der Verantwortung gelernt haben, haben wir auch die Antwort auf die eingangs (S. 157 f.)

unsern Weg verstellende, als »kritischer Punkt der Moraltheorie« bezeichnete Frage erfahren, wie es überhaupt *vom Wollen zum Sollen* kommt: vom Wollen, das doch in jedem Fall schon, als zweckverfolgendes, den Naturzweck der Zweckhaftigkeit überhaupt betreibt, also ein »Gut« an sich ist, zum Sollen, das ihm bestimmte Zwecke erst gebietet oder verbietet. Der Übergang ist vermittelt durch das Phänomen der *Macht* in ihrem einzigartig menschlichen Sinn, wo sich Kausalgewalt mit Wissen und Freiheit verbindet. »Macht« als kausale Zweckkraft ist durch das ganze Lebenreich verbreitet. Groß ist die Macht von Tigern und Elefanten, größer die von Termiten und Heuschrecken, größer noch die von Bakterien und Viren. Aber sie ist blind und unfrei, obwohl zweckgetrieben, und findet ihre natürliche Grenze im Gegenspiel aller Kräfte, die den Naturzweck ebenso blind und wahllos betreiben und eben dadurch das vielfältige Ganze symbiotisch im Gleichgewicht halten. Hier, so kann man sagen, ist der Naturzweck streng, aber gut, verwaltet, das heißt das innere Sollen des Seins erfüllt sich von selbst. Nur beim Menschen ist die Macht durch Wissen und Willkür vom Ganzen emanzipiert und kann ihm und sich selbst verhängnisvoll werden. Sein Können ist sein Schicksal und wird immer mehr zum allgemeinen Schicksal. Also erhebt sich bei ihm, und ihm allein, aus dem Wollen selber das Sollen als Selbstkontrolle seiner bewußt wirkenden Macht; und zuerst in Bezug auf sein eigenes Sein: da in ihm das Prinzip der Zweckhaftigkeit durch die Freiheit, sich Zwecke zu setzen, und die Macht, sie auszuführen, seine höchste und zugleich selbstbedrohende Spitze erreicht hat, so wird im Namen des Prinzips er sich selber zum ersten Gegenstand des Sollens, nämlich jenes erwähnten »ersten Gebots«, nicht das in ihm Erreichte, wie er *auch kann,* durch die Art seiner Nutzung zu verderben. Darüber hinaus wird er zum Treuhänder aller anderen Selbstzwecke, die irgend unter das Gesetz seiner Macht kommen. Wir schweigen von dem, was über dies Bewahrende hinausgeht: das Sollen hinsichtlich von

Zwecken, die er sozusagen aus dem Nichts erst schafft; denn Schöpfung liegt jenseits des Kreises der Verantwortung, die sich nicht weiter erstreckt als auf ihre Ermöglichung, das heißt auf die Hütung des Menschseins als solchen. Dies ist ihr bescheideneres, aber strengeres »Soll«. – Das also, was Wollen und Sollen überhaupt verknüpft, die *Macht,* ist ebendasselbe, was Verantwortung ins Zentrum der Moral rückt.

VII. Das Kind – Urgegenstand der Verantwortung

1. Das elementare »Soll« im »Ist« des Neugeborenen

Zum Abschluß dieser zum Teil zeitgebundenen Reflexionen zur Theorie der Verantwortung kehren wir noch einmal zum zeitlosen Urbild aller Verantwortung zurück, der elterlichen für das Kind. Urbild ist sie in genetischer und typologischer Hinsicht, aber auch gewissermaßen in »erkenntnistheoretischer«, nämlich wegen ihrer unmittelbaren Evidenz. Der Begriff der Verantwortung impliziert den des Sollens, zuerst des Seinsollens von etwas, dann des Tunsollens von jemand in Respons zu jenem Seinsollen. Das innere Recht des Gegenstandes geht also voran. Erst ein seinsimmanenter Anspruch kann objektiv eine Pflicht zu seinstransitiver (vom einen Sein zum andern gehender) Kausalität begründen. Die Objektivität muß wirklich vom Objekt kommen. Daher, wie sich (nach Kant) alle Gottesbeweise auf den ontologischen reduzieren oder von ihm abhängig zeigen lassen, so lassen sich alle Gültigkeitsbeweise von moralischen Vorschriften am Ende auf den etwa erlangbaren Ausweis eines »ontologischen« Sollens zurückführen. Stünde es um diese Ausweisbarkeit nicht besser als um jene, so wäre es um die Theorie der Ethik übel bestellt, wie es ja heute der Fall ist. Denn die heutige Crux der Theorie ist ja die angebliche Kluft von Sein und Sollen, die nur durch ein, sei es göttliches, sei es menschliches, *fiat* überbrückt werden könne – beides höchst problematische Quellen der Gültigkeit, die eine wegen bestrittener Existenz bei hypothetisch zugestandener Autorität, die andere wegen fehlender Autorität bei faktisch vorliegender Existenz. Verneint wird, daß von irgendeinem Seienden an sich, in seinem schon gegebenen oder erst möglichen Sein, so etwas wie ein »Soll« emanieren kann. Zugrunde liegt hier der Begriff des nackten »ist« – vorhandenen, gewesenen oder noch kommenden. Nötig ist daher ein *ontisches* Paradigma, in dem das schlichte, faktische »ist« evident mit einem »soll« zusammenfällt – also den Begriff eines »bloßen Ist« für sich gar nicht zuläßt. Gibt es denn ein solches Paradigma, wird der rigorose Theoretiker fragen, der sich stellen muß, als ob er nicht wüßte. Ja, wird die Antwort lauten: das, was der Anfang von jedem von uns war, als wir es nicht wissen konnten, aber immer wieder dem Anblick sich darbietet, wenn wir blicken und wissen können. Denn auf die Aufforderung: Zeigt uns einen einzigen Fall – ein einziger genügt, um das ontologische Dogma zu brechen! – wo jener Zusammenfall stattfindet, so kann man auf das Allervertrauteste hinzeigen: das Neugeborene, dessen bloßes Atmen unwidersprechlich ein Soll an die Umwelt richtet, nämlich: sich seiner anzunehmen. Sieh hin und du weißt. Ich sage »unwidersprechlich«, nicht »unwiderstehlich«: denn natürlich läßt sich der Kraft dieses wie jedes Soll widerstehen[26], sein Ruf kann auf Taubheit stoßen (obwohl mindestens im Falle der Mutter dies als Entartung angesehen wird) oder durch andere »Rufe« wie etwa vorgeschriebene Kindesaussetzung, Erstgeburtsopfer und dergleichen, ja schon durch den nackten Selbsterhaltungstrieb übertönt werden – an der Unwidersprechlichkeit des Anspruchs als solchen und seiner unmittelbaren Evidenz ändert dies nichts. Ich sage auch nicht: eine »Bitte« an die Umwelt (»nehmt euch meiner an«), denn der Säugling kann noch nicht bitten; und vor allem, eine Bitte, auch die beweglichste, verpflichtet noch nicht. So ist auch von Mitgefühl, Erbarmen, oder welche Gefühle unserseits ins Spiel kommen mögen, sogar von der Liebe hier nicht die Rede. Ich meine wirklich strikt, daß hier das Sein eines einfach ontisch Daseienden ein Sollen für Andere immanent und ersichtlich beinhaltet, und es auch dann täte, wenn nicht die Natur durch mächtige Instinkte und Gefühle diesem Sollen zuhilfe käme, ja meist das Geschäft ganz abnähme. Aber wieso »ersichtlich?«, wird besagter Theoretiker fragen: Was wirklich und objektiv »da« ist, ist ein Konglomerat von Zellen, welche ihrerseits Konglomerate von Molekülen sind, mit ihren physiko-chemischen Transaktionen, die sich als solche nebst den *Bedingungen ihrer Fortsetzung* erkennen lassen; aber daß diese Fortsetzung sein *soll* und deshalb irgendwer irgendetwas dafür tun soll, gehört nicht zum Befund und läßt sich ihm auf keine Weise »ansehen«. Allerdings nicht. Aber ist es der Säugling, der hier gesehen wird? *Ihn* bekommt der analytische Blick des mathematischen Physikers gar nicht zu Gesicht, sondern mit Absicht nur einen äußersten Rand seiner im übrigen abgeblendeten Wirklichkeit.[27] Und selbstverständlich verlangt noch die hellste Sichtbarkeit den Gebrauch des Sehvermögens, für das sie da ist. An dieses richtete sich unser »Sieh hin und du weißt«. Daß dies Sehen der vollen Sache weniger Wahrheitswert besitzt als das ihres letzten Überrestes im Filter der Reduktion, ist ein Aberglaube, der nur vom Erfolgsprestige der Naturwissenschaft jenseits ihres selbstgesteckten Erkenntnisfeldes lebt.

Es ist nur noch auseinanderzulegen, *was* hier gesehen wird: welche Züge – außer der fraglosen Unmittelbarkeit selbst – die hier angebotene Evidenz vor allen sonstigen Bekundungen eines Sollens im Sein auszeichnen und sie nicht nur zum empirisch ersten und intuitiv offenbarsten, sondern auch zum gehaltlich vollkommensten Paradigma, buchstäblich zum Prototyp, eines Objektes der Verantwortung machen. Wir werden finden, daß die Auszeichnung in dem einzigartigen Verhältnis zwischen Besitz und Nichtbesitz des Daseins liegt, das nur dem beginnenden Leben eigen ist und die Ursächlichkeit seiner Erzeugung, als eine auch erst begonnene, zu jener Fortsetzung verpflichtet, die eben der Inhalt der Verantwortung ist. Das Besondere und Exemplarische dieser Situation muß gezeigt werden.

2. *Weniger eindringliche Anrufe eines Seinsollens*

a. Es ist zwar nicht Unsinn, aber hat doch wenig Sinn, zu fragen, ob die Welt sein soll, da die Antwort, sei sie positiv oder negativ, keine Folgen hat: die Welt ist schon da und fährt fort zu sein; ihr Dasein ist nicht gefährdet, und selbst dann könnten wir nichts dazu tun. Hat Gott sie geschaffen, so »sollte« sie wohl sein, aber an der Erfüllung dieses Soll sind wir nicht beteiligt. Allgemein: was von sich her und völlig unabhängig von uns existiert, dessen eventuell erkanntes Seinsollen kann zwar für unser metaphysisches Bewußtsein von Bedeutung sein – sicher wenn es, wie hier, unsere Existenz einbegreift – aber nicht für unsere Verantwortung. Etwas anderes ist die Frage, ob die Welt mehr auf diese als auf jene Weise sein soll, mehr so oder so, denn da könnte eine Mitwirkung unserseits Raum haben, dann auch eine Verantwortung, und das verweist uns auf den engeren Bereich menschlicher Kausalität. Aber ein solches qualitatives Seinsollen, wenn es das für die Welt oder für einen Teil von ihr gibt (doch durch den Teil dann eben auch für das Ganze), ist gewiß nicht unmittelbar evident und müßte erst in einem ontologischen Argument ans Licht gebracht werden, von dessen angeborener logischer Gebrechlichkeit unser eigener Versuch zu Beginn dieses Kapitels eine Probe gegeben hat. Und in der Hauptsache sorgt die Natur doch für sich selbst und fragt nicht nach unserer wertenden Billigung oder Mißbilligung. Zumindest ist die etwaige Pflicht, ihr in diesem oder jenem zu Hilfe zu kommen, eine anonyme und entbehrt der Dringlichkeit des Augenblicks. »Man« sollte sich um dies oder das kümmern, aber nicht gerade und einzig ich; und nicht notwendig heute, sondern vielleicht von übermorgen an, oder sonstwann in den kommenden Jahren, denn das aus eigener Stärke Bestehende – die Welt, wie sie ist – kann über die Augenblicksnöte des Menschen hinaus warten und hält im allgemeinen sich selbst die Chance offen, daß ihr besseres

Sosein »früher oder später« gegen das schlechtere Unterstützung gewinnt. Das »Bessere« ist hier, notabene, nicht notwendig das erst Künftige: es kann auch das zu Erhaltende sein vor einem Kommenden, das schlechter wäre (wie zum Beispiel das mutwillig verursachte Aussterben hoher Tierarten).

b. Wie steht es dann, entgegen diesem selbstmächtigen Schonsein, mit dem, was noch nicht ist, was es in der Welt noch nie gab, aber sein könnte und nur durch uns werden kann? Auch hier müßte es sich um einen zukünftigen *Zustand* handeln, sei es der Natur oder der Gesellschaft, nicht um individuelle Existenzen (s. w. u.). Wenn ein solcher als realisierbar vorschwebt – und es braucht nicht gerade »das höchste Gut« zu sein – so könnte sein Werden nach dem Maße des Wissens um sein Seinsollen wohl die Aufgabe menschlicher Verantwortung sein, nämlich um der Sache des schon seienden und bekannten Ganzen willen. Für sich selbst hat nichts, das (noch) nicht existiert, ein Recht auf Dasein und einen Anspruch an uns, ihm zum Dasein zu verhelfen (es sei denn, wir hypostasieren seine Möglichkeit zu einem abwartenden schon-Sein in einem zeitlosen Reich). Die Sache der Welt aber, um deretwillen der Zustand sein soll, steht wiederum in der angezeigten Undeutlichkeit und muß für den bestimmten Fall erst bewiesen werden. Vor allem aber ist der Zustand etwas allgemeines: die bestimmten, jetzt noch nicht existierenden Individuen, aus denen er bestehen wird, sind in keiner Weise antizipierbar, die Frage eines »Seinsollens« hat hier im voraus keinen Sinn, und die Existenz keines von ihnen – hinsichtlich des Zustandes beliebig austauschbar – ist in irgendeine erdenkliche Zukunftsverantwortung eingeschlossen. Ja, die Planung eines (anders als sofort realisierbaren) Zustandes, zum Beispiel »der Gesellschaft«, ist überhaupt nur unter der Bedingung möglich, daß er von der einmaligen Identität seiner Konstituenten unabhängig ist. So hat es denn zwar Sinn zu sagen, daß künftig Menschen sein sollen, nachdem es »den Menschen« schon gibt, aber »wer«

die jeweiligen Menschen sein werden, muß zum Glück offen bleiben; und zu sagen, daß dieser oder jener sein soll, bevor er ist, hat keinen Sinn.[28] So auch kann man richtig sagen, daß es weiterhin aktuell »Freiheit« in der Welt geben soll (oder »Verantwortung«, etc.), da die ontologische Möglichkeit dazu durch die Tatsache offenbar geworden ist; und mit der Anerkennung dieses abstrakten »Soll« kann man, wenn die Umstände danach sind, auch eine konkrete Verantwortung dafür anerkennen; aber was die Taten dieser Freiheit jeweils sein werden, dafür ist nach dem Wesen des hier zu Sichernden schlechterdings keine Verantwortung möglich. Oder, um ein letztes Beispiel zu nehmen, man kann sagen, daß es Kunst und Wissenschaft geben soll, nachdem es sie gibt (vorher konnte man es nicht), und das Seinige dazu tun, daß es sie weiter geben kann; aber die schließlichen Werke kommender Künstler, die Entdeckungen künftiger Forscher sind nicht nur unvorherbestimmbar und daher kein möglicher Gegenstand der Verantwortung – ihre Nichtplanbarkeit ist geradezu ein essentieller Bestandteil dessen, für das man sich hier verantwortlich fühlt (ein Memento für die Gründer von Stiftungen). Unter eben dieser Bedingung der Abstraktheit steht aber auch die Planung und Vorbereitung noch nicht dagewesener, über alles Bisherige hinausgehender Zustände des Menschen, wenn wir das Recht der Utopie und eine ihr angemessene menschliche Macht einmal voraussetzen. So schulden wir denn, in all diesen Fällen, der anonymen Zukunft immer nur das Allgemeine, nicht das Besondere, die formale Möglichkeit und nicht die bestimmte inhaltliche Wirklichkeit. Der Staatsmann zwar, im konzentrierenden Brennspiegel der Situation und ihrer Unaufschiebbarkeit, hat es gewöhnlich mit viel konkreteren Verantwortungen innerhalb solcher abstrakter Rahmenhorizonte zu tun, aber doch auch er trifft nur in den seltenen, zugespitztesten Entscheidungsmomenten, wo es um Sein oder Nichtsein der Gemeinschaft geht, auf ein praktisches Soll von schlechthin zwingender Unmittelbarkeit. Gerade dies jedoch ist nun nicht die

Ausnahme, sondern die unausgesetzte Regel in dem einen und urtümlichen Gegenbeispiel, das wir hier als Prototyp jedweder Verantwortung herausstellen wollen.

3. Archetypische Evidenz des Säuglings für das Wesen der Verantwortung

Denn vom eben skizzierten Hintergrund vagerer Verantwortungen hebt sich die jederzeit akute, eindeutige und wahllose, die das Neugeborene für sich reklamiert, in ihrer ganzen Unvergleichlichkeit ab. Der Säugling vereinigt in sich die selbstbeglaubigende Gewalt des Schondaseins und die heischende Ohnmacht des Nochnichtseins, den unbedingten Selbstzweck jedes Lebendigen und das Erstwerdenmüssen des zugehörigen Vermögens, ihm zu entsprechen. Dies Werdenmüssen ist ein Dazwischen – ein Hängen des hilflosen Seins über dem Nichtsein –, das eine fremde Kausalität füllen muß. In der radikalen Insuffizienz des Erzeugten als solchen ist die Abwehr des Rückfalls ins Nichts durch die Erzeuger, die Wartung seines weiteren Werdens ontologisch sozusagen vorgesehen. Die Zusage dazu war in der Zeugung enthalten. Ihre Einhaltung (selbst durch Andere) wird zur unabweisbaren Pflicht gegenüber dem nun selbstgültig bestehenden Sein in seiner totalen Angewiesenheit darauf. So wird das immanente Seinsollen des Säuglings, das jeder Atemzug verkündet, zum transitiven Tunsollen Anderer, die allein dem so verkündeten Anspruch laufend zu seinem Recht verhelfen und die allmähliche Wahrmachung des ihm mitgegebenen teleologischen Versprechens ermöglichen können. Sie müssen dies fortwährend tun, damit das Atmen fortfahre und darin auch der Anspruch sich stetig erneuere, bis die Erfüllung seines immanent-teleologischen Versprechens schließlicher Eigenmacht sie davon entbindet. Ihre Macht über das Objekt ist hierbei nicht nur die des Tuns, sondern auch des Unterlassens, das allein schon tödlich wäre.

Sie sind also total verantwortlich, und dies ist mehr als die gemeinmenschliche Pflicht gegenüber nebenmenschlicher Not, deren Grundlage etwas anderes als Verantwortung ist. Verantwortung im ursprünglichsten und massivsten Sinn folgt aus der Urheberschaft des Seins, an der über die aktuellen Erzeuger hinaus alle beteiligt sind, die der Fortpflanzungsordnung durch Nichtwiderruf ihres Fiat im eigenen Fall beipflichten, also alle, die sich selber das Leben erlauben – kurz, die jeweils seiende Menschenfamilie als solche. Darum ist auch der Staat für die Kinder seines Bereiches in ganz anderer Weise verantwortlich als für die Wohlfahrt seiner Bürger im allgemeinen. Kindermord ist ein Verbrechen, wie jeder Mord[29], aber ein verhungerndes Kind, das heißt das Zulassen, daß es verhungert, ist eine Versündigung an der ersten, grundlegendsten aller Verantwortungen, die es überhaupt für den Menschen geben kann.
Mit jedem Kinde, das geboren wird, fängt die Menschheit im Angesicht der Sterblichkeit neu an, und insofern ist hier auch Verantwortung für den Fortbestand der Menschheit im Spiel. Aber dies ist schon zu abstrakt für das jetzt betrachtete Urphänomen äußerster Konkretheit. Unter jener abstrakten Verantwortung, die uns noch beschäftigen wird, bestand zwar (nehmen wir an) die Pflicht, »ein« Kind zu zeugen, aber nicht die mindestmögliche, *dieses* zu zeugen, weil seine Diesheit gänzlich unvorhersehbar war. *Dieses* aber in seiner absolut kontingenten Einzigkeit ist es, dem jetzt die Verantwortung gilt – der einzige Fall, wo die »Sache« nichts mit einer Beurteilung der Würdigkeit zu tun hat, nichts mit einem Vergleich, und nichts mit einem Vertrag. Ein Element unpersönlicher Schuld wohnt der Seinsverursachung (der radikalsten aller Kausalitäten eines Subjektes) bei und durchdringt alle persönliche Verantwortung gegenüber ihrem vorher nicht befragten Objekt.[30] Mitschuldig sind alle, denn die Tat der Erzeuger war generisch und nicht von ihnen erdacht (vielleicht nicht einmal gewußt), und die Anklage der Kinder und Enkel wegen versäumter Verantwortung – die umfas-

sendste und praktisch vergeblichste aller Anklagen – kann jeden jetzt Lebenden treffen. Ebenso auch der Dank.
So besitzt das im Säugling sich manifestierende »Sollen« fraglose Evidenz, Konkretheit und Dringlichkeit. Äußerste Faktizität der Diesheit, äußerstes Recht darauf und äußerste Fragilität des Seins fallen hier zusammen. In ihm zeigt sich exemplarisch, daß der Ort der Verantwortung das ins Werden eingetauchte, der Vergänglichkeit anheimgegebene, vom Verderb bedrohte Sein ist. Nicht *sub specie aeternitatis,* vielmehr *sub specie temporis* muß sie die Dinge ansehen, und sie kann ihr Alles in einem Augenblick verlieren. Im Falle anhaltend-kritischer Seinsverletzlichkeit, wie hier gegeben, wird die Verantwortung ein Kontinuum solcher Augenblicke.
Wie dann dieses Urbeispiel nicht nur an Evidenz und Inhalt der Archetyp aller Verantwortung ist, sondern auch ihr Keim[31] und sich sinngemäß in andere Verantwortungshorizonte erweitert, sei hier nicht ausgeführt, mag aber bei der kommenden Erörterung solcher Horizonte miterkennbar werden. Diesen müssen wir uns jetzt zuwenden.

Fünftes Kapitel
Verantwortung heute: Gefährdete Zukunft und Fortschrittsgedanke

I. Zukunft der Menschheit und Zukunft der Natur

1. *Solidarität des Interesses mit der organischen Welt*

Die Zukunft der Menschheit ist die erste Pflicht menschlichen Kollektivverhaltens im Zeitalter der modo negativo »allmächtig« gewordenen technischen Zivilisation. Hierin ist die Zukunft der Natur als *sine-qua-non* offenkundig mitenthalten, ist aber auch unabhängig davon eine metaphysische Verantwortung an und für sich, nachdem der Mensch nicht nur sich selbst, sondern der ganzen Biosphäre gefährlich geworden ist. Selbst wenn sich beides trennen ließe – das heißt, auch wenn mit einer verödeten (und großenteils durch Kunst ersetzten) Lebensumwelt ein menschlich zu nennendes Leben für unsere Nachkommen möglich wäre – hätte doch die in langem Schöpfertum der Natur hervorgebrachte und jetzt uns ausgelieferte Lebensfülle der Erde um ihrer selbst willen Anspruch auf unsere Hut. Da beides sich jedoch, ohne eine Karikatur des Menschenbildes, in der Tat nicht trennen läßt, da vielmehr im Entscheidenden, nämlich der Alternative »Erhaltung oder Zerstörung«, das Interesse des Menschen mit dem des übrigen Lebens als seiner Weltheimat im sublimsten Sinn zusammenfällt, so können wir die beiden Pflichten unter dem Leitbegriff der *Pflicht zum Menschen* als eine behandeln, ohne darum in anthropozentrische Verengung zu fallen. Die Verengung auf den Menschen allein und als von aller übrigen Natur verschieden kann nur Verengung, ja Entmenschung des Menschen selbst bedeuten, die Verkümmerung seines Wesens auch im Glücksfall biologischer Erhaltung – widerspricht also ihrem vorgeblichen, eben von der Würde seines Wesens beglaubigten Ziel. Im wahrhaft menschlichen Blickpunkt bleibt der Natur ihre

Eigenwürde, die der Willkür unserer Macht entgegensteht. Als von ihr hervorgebracht schulden wir dem verwandten Ganzen ihrer Hervorbringungen eine Treue, wovon die zu unserem eigenen Sein nur die höchste Spitze ist. Diese aber, recht verstanden, befaßt alles andere unter sich.

2. Egoismus der Arten und sein symbiotisches Gesamtergebnis

In der Wahl zwischen Mensch und Natur, wie sie sich im Daseinskampf von Fall zu Fall immer wieder stellt, kommt allerdings der Mensch zuerst und die Natur, auch wenn ihre Würde zugestanden ist, muß ihm und seiner höheren Würde weichen. Oder, wenn die Idee irgendeines »höheren« Rechtes hier bestritten wird, so geht doch, gemäß der Natur selbst, der Egoismus der Art immer voran und die Ausübung der Menschenmacht gegen die übrige Lebenswelt ist ein natürliches, aus dem Können allein begründetes Recht. Das war praktisch der Standpunkt aller Zeiten, in denen die Natur im Großen unverletzlich und deshalb in allem Einzelnen dem Menschen zum unbekümmerten Gebrauch freizustehen schien. Aber selbst wenn weiterhin die Pflicht zum Menschen als die absolute gilt, so schließt sie doch nun die zur Natur als der Bedingung seiner eigenen Fortdauer *und* als einem Element seiner eigenen existentiellen Vollständigkeit ein. Wir gehen darüber hinaus und sagen, daß die in der Gefahr neuentdeckte Schicksalsgemeinschaft von Mensch und Natur uns auch die selbsteigene Würde der Natur wiederentdecken läßt und uns über das Utilitarische hinaus ihre Integrität bewahren heißt. Es braucht kaum gesagt zu werden, daß ein sentimentales Verständnis dieses Gebotes ausgeschlossen ist durch das Gesetz des Lebens selbst, das offenbar in die zu erhaltende »Integrität« mit einbezogen ist, also selber erhalten werden muß. Denn Übergriff in anderes Leben ist mit der Zugehörigkeit zum Lebensbereich eo ipso gegeben, da jede Art von anderen lebt oder deren Umwelt mitbestimmt und daher die bloße, von Natur betriebene Selbsterhaltung einer jeden einen fortwährenden Eingriff in das übrige Lebensgefüge darstellt. Simpel gesagt: Fressen und Gefressenwerden ist Existenzprinzip eben der Mannigfaltigkeit, die das Gebot um ihrer selbst willen bejaht. (Stoffwechsel lediglich mit der anorganischen Natur – womit das Ganze einmal begonnen haben muß – findet nur an der untersten Grenze statt.) Die Summe dieser gegenseitig limitierenden, immer mit Vernichtung im Einzelnen einhergehenden Eingriffe ist im Ganzen symbiotisch, obwohl nicht statisch, mit jenem Kommen, Gehen und Bleiben, das uns aus der Dynamik vormenschlicher Evolution bekannt ist. Das harte Gesetz der Ökologie (zuerst von Malthus gesehen) verhinderte jeden übermäßigen Raub der einzelnen Lebensform am Ganzen, jedes Überhandnehmen eines »Stärksten«, und der Bestand des Ganzen war sicher im Wandel seiner Teile. Hiervon machte selbst das zunehmend einseitige Eingreifen des Menschen bis vor kurzem noch keine entscheidende Ausnahme.

3. Störung des symbiotischen Gleichgewichts durch den Menschen

Erst mit der Überlegenheit des Denkens und mit der Macht der hierdurch ermöglichten technischen Zivilisation ist *eine* Lebensform, »der Mensch«, in die Lage versetzt worden, alle anderen (und damit auch sich selbst) zu gefährden. Kein größeres Wagnis konnte »die Natur« eingehen, als den Menschen entstehen zu lassen, und jede aristotelische Vorstellung von der sich selbst dienenden und zum Ganzen integrierenden Teleologie der Gesamtnatur (*Physis*) ist durch dies, das auch ein Aristoteles noch nicht ahnen konnte, widerlegt. Für ihn war es die *theoretische* Vernunft im Menschen, die über die Natur hinausragt, ihr aber mit ihrer Kontemplation gewiß nichts zuleide tut. Der emanzipierte praktische Intellekt, den die »Wissenschaft«, ein Erbe jenes theoretischen Intellekts, erzeugt hat, stellt der Natur nicht nur sein Denken sondern auch sein Tun in einer Weise gegenüber, die mit dem unbewußten Funktionieren des Ganzen nicht mehr vereinbar ist: Im Menschen hat die Natur sich selbst gestört und nur in seiner moralischen Begabung (die wir wie das andere ihr noch zuschreiben dürfen) einen unsicheren Ausgleich für die erschütterte Sicherheit der Selbstregulierung offengelassen. Es hat etwas Erschreckendes an sich, daß hierauf nun ihre Sache stehen soll – oder sagen wir bescheidener: so viel von ihrer dem Menschen sichtbaren Sache. Nach den Zeitmaßen der Evolution und sogar den soviel kürzeren der Menschengeschichte ist dies eine fast plötzliche Wendung im Schicksal der Natur. Ihre Möglichkeit lag im Wesen des weltunabhängigen Wissens und Willens, das mit dem Menschen in die Welt einbrach, aber ihre Wirklichkeit reifte langsam und war dann plötzlich da. In diesem Jahrhundert ist der lange vorbereitete Punkt erreicht worden, wo die Gefahr offenbar und kritisch wird. Macht im Verein mit Vernunft führt an sich Verantwortung mit sich. Dies hat sich von jeher für den zwischenmenschlichen Bereich verstanden. Daß die Verantwortung sich neuerdings darüber hinaus auf den Zustand der Biosphäre und das künftige Überleben der Menschenart erstreckt, ist schlicht mit der Ausdehnung der Macht über diese Dinge gegeben, die in erster Linie eine Macht der Zerstörung ist. Macht und Gefahr machen eine Pflicht offenbar, die durch die wahlentzogene Solidarität mit dem Übrigen sich auch ohne besondere Zustimmung vom eigenen Sein auf das allgemeine erstreckt.

4. Die Gefahr enthüllt das Nein zum Nichtsein als primäre Pflicht

Wiederholen wir: Die Pflicht, von der wir hier sprechen, ist erst mit der Gefährdung dessen, worum es in ihr geht, hervorgetreten. Vorher hätte es keinen Sinn gehabt, von dergleichen zu reden. Was auf dem Spiele steht, meldet sich zum Wort. Plötzlich steht das schlechthin Gegebene, als selbstverständlich Hingenommene, niemals fürs Handeln Bedachte: daß es Menschen gibt, daß es Leben gibt, daß es eine Welt hierfür gibt, im Wetterlichte der Bedrohung durch menschliches Tun. In eben diesem Lichte erscheint die neue Pflicht. Aus der Gefährdung geboren, dringt sie notwendig zu allererst auf eine Ethik der Erhaltung, der Bewahrung, der Verhütung und nicht des Fortschritts und der Vervollkommnung. Trotz dieser Bescheidenheit des Zieles können ihre Gebote schwer genug sein, opferheischender vielleicht als alle, die bisher der Verbesserung des Menschenloses galten. Wir sagten zu Anfang des vorigen Kapitels, daß der Mensch, nicht mehr einfach weiterer Vollstrecker sondern auch potentieller Zerstörer der Zweckarbeit der Natur, ihr allgemeines Ja in sein Wollen übernehmen und das Nein zum Nichtsein seinem Können auferlegen muß. Die negative Macht der Freiheit bringt es mit sich, daß Dürfen und Nichtdürfen vor dem positiven Sollen kommt. Dies ist erst der Anfang der Moral und natürlich unzureichend für eine positive Pflichtenlehre. Zum Glück für unser theoretisches Unterfangen und zum Unglück für unsere heutige Lage brauchen wir uns auf eine Theorie vom bonum humanum und vom »besten Menschen«, die sich aus einer Erkenntnis seines Wesens herleiten müßte, nicht einzulassen. Für den Augenblick tritt alle Arbeit am »eigentlichen« Menschen zurück hinter der bloßen Rettung der *Voraussetzung* dafür – der *Existenz* einer Menschheit in einer zulänglichen Natur. Von der immer offenen *Frage, was* der Mensch sein soll, deren Antwort wandelbar ist, sind wir in der totalen Gefahr des welthistorischen Jetzt zurückgeworfen auf das erste, jener Frage immer schon zugrundeliegende, aber bisher nie aktuell gewordene *Gebot, daß* er sein soll – allerdings als Mensch. Dies »als« bringt das Wesen, soviel wir davon wissen oder ahnen, in den Imperativ des »daß« als den letzten Grund seiner Unbedingtheit mit hinein und muß seine Befolgung davor hüten, daß der Abgrund ihrer Opfer die ontologische Sanktionierung mitverschlinge – also die ontisch gerettete Existenz eine nicht mehr menschliche sein wird. Bei der Härte der Opfer, die nötig sein könnten, mag dies der prekärste Aspekt der Ethik des Überlebens werden, die uns jetzt auferlegt ist und worüber noch manches zu sagen sein wird: ein Grat zwischen zwei Abgründen, wo die Mittel den Zweck zerstören können. Diesen Grat müssen wir wandeln im ungewissen Licht unseres Wissens und in Achtung dessen, was der Mensch in Jahrtausenden der Kulturbemühung aus sich gemacht hat. Aber worauf es jetzt ankommt, ist nicht, ein bestimmtes Menschenbild zu perpetuieren oder herbeizuführen, sondern zu allererst den Horizont der *Möglichkeit* offenzuhalten, der im Fall des Menschen mit der Existenz der Art als solcher gegeben ist und – wie wir dem Versprechen der »imago Dei« glauben müssen – der menschlichen Essenz immer neu ihre Chance bieten wird. Also ist das *Nein zum Nichtsein* – und zuerst zu dem des Menschen – im Augenblick und bis auf weiteres das Erste, womit eine Notstandsethik der bedrohten Zukunft das *Ja zum Sein,* das dem Menschen vom Ganzen der Dinge zur Pflicht wird, in kollektive Tat umsetzen muß.

II. Die Unheilsdrohung des Baconischen Ideals

All dies gilt, wenn es wahr ist, wie hier angenommen, daß wir in einer apokalyptischen Situation leben, das heißt im Bevorstand einer universalen Katastrophe, wenn wir den jetzigen Dingen ihren Lauf lassen. Hierüber müssen wir jetzt einiges, wenn auch Wohlbekanntes, sagen. Die Gefahr geht aus von der Überdimensionierung der naturwissenschaftlich-technisch-industriellen Zivilisation. Was wir das Baconische Programm nennen können, nämlich das Wissen auf Herrschaft über die Natur abzustellen und die Herrschaft über die Natur für die Besserung des Menschenloses nutzbar zu machen, hat zwar in der kapitalistischen Durchführung von Anfang an weder die Rationalität noch die Gerechtigkeit besessen, mit denen es an sich vereinbar gewesen wäre; aber seine notwendig zur Maßlosigkeit der Produktion und des Konsums führende Erfolgsdynamik hätte bei der Kurzfristigkeit menschlicher Zielsetzung, ja der wirklichen Unvorhersehbarkeit der Ausmaße des Erfolgs, vermutlich jede Gesellschaft überwältigt (denn keine besteht aus Weisen).

1. Drohung der Katastrophe vom Übermaß des Erfolgs

Die Katastrophengefahr des Baconischen Ideals der Herrschaft über die Natur durch die wissenschaftliche Technik liegt also in der Größe seines *Erfolgs*. Dieser ist in der Hauptsache zweifacher Art, ökonomisch und biologisch: ihr notwendig zur Krise führendes Verhältnis untereinander liegt heute offen zutage. Der lange allein gesehene ökonomische Erfolg war vermehrte per capita Güterproduktion nach Menge und Arten, mit Verringerung menschlichen Arbeitsaufwands, daher erhöhter Wohlstand zunehmend Vieler, ja selbst unfreiwillig erhöhter Verbrauch Aller innerhalb des Systems – also enorm gesteigerter Stoffwechsel des sozialen Gesamtkörpers mit der natürlichen Umwelt. Dies allein hatte seine Gefahren der Überanstrengung endlicher Naturvorräte (von denen der inneren Korrumpierung soll hier abgesehen werden). Aber diese Gefahren sind potenziert und beschleunigt durch den zuerst weniger wahrgenommenen biologischen Erfolg: das zahlenmäßige Anschwellen eben dieses stoffwechselnden Kollektivkörpers, das heißt die exponentielle Vermehrung der Bevölkerung im Auswirkungsbereich der technischen Zivilisation, also neuerdings über den ganzen Planeten hinweg. Nicht nur, daß dies die Rate der ersteren Entwicklung nochmals, sozusagen von außen, beschleunigt und ihren Effekt multipliziert, es nimmt ihr beinah auch die Möglichkeit, sich selber Halt zu gebieten. Eine statische Bevölkerung könnte an einem bestimmten Punkt sagen: Genug!, aber eine wachsende steht unter dem Zwang zu sagen: Mehr! Heute beginnt erschreckend klar zu werden, daß der biologische Erfolg nicht nur den ökonomischen in Frage stellt, also vom kurzen Fest des Reichtums wieder zum chronischen Alltag der Armut zurückführt, sondern auch zu einer akuten Menschheits- und Naturkatastrophe ungeheuerlichen Ausmaßes zu führen droht. Die Bevölkerungsexplosion, als planetarisches Stoffwechselproblem gesehen, nimmt dem Wohlfahrtsstreben das Heft aus der Hand und wird eine verarmende Menschheit um des nackten Überlebens willen zu dem zwingen, was sie um des Glückes willen tun oder lassen konnte: zur immer rücksichtsloseren Plünderung des Planeten, bis dieser sein Machtwort spricht und sich der Überforderung versagt. Welches Massensterben und Massenmorden eine solche Situation des »rette sich, wer kann« begleiten werden, spottet der Vorstellung. Die so lange durch Kunst hintangehaltenen Gleichgewichtsgesetze der Ökologie, die im Naturzustand das Überhandnehmen jeder einzelnen Art verhindern, werden ihr umso schrecklicheres Recht fordern, gerade wenn man ihnen das Extrem ihrer Toleranz abgetrotzt hat. Wie danach ein Menschheitsrest auf verödeter Erde neu beginnen mag, entzieht sich aller Spekulation.

2. *Dialektik von Macht über die Natur und Zwang zu ihrer Ausübung*

Dies ist die apokalyptische Perspektive, die berechenbar in der Dynamik des gegenwärtigen Menschheitskurses angelegt ist. Man muß verstehen, daß hier eine Dialektik der Macht vorliegt, der nur mit einer weiteren Stufe der Macht selber, nicht mit einem quietiven Verzicht auf Macht, beizukommen ist. Die Baconische Formel sagt, daß Wissen Macht ist. Nun hat aber das Baconische Programm für sich, das heißt in eigener Regie, auf der Höhe seines Triumphes sein Ungenügen, ja seinen Selbstwiderspruch offenbart, nämlich im Verlust der Kontrolle über sich selbst, welcher die Unfähigkeit bedeutet, nicht nur den Menschen vor sich selbst, sondern auch die Natur vor dem Menschen zu schützen. Beider Schutzbedürftigkeit ist eingetreten eben durch das Ausmaß der Macht, das im Verfolg des technischen Fortschritts erreicht worden ist und bei der parallel anwachsenden Notwendigkeit ihres Gebrauchs zu der wunderlichen *Ohnmacht* geführt hat, dem immer weiteren und vorhersehbar selbstzerstörerischen Fortschritt ihrer selbst und ihrer Werke noch Einhalt zu gebieten. Die tiefe, von Bacon nicht geahnte Paradoxie der vom Wissen verschafften Macht liegt darin, daß sie zwar zu so etwas wie »Herrschaft« über die Natur (das heißt ihre potenzierte Nutzung), aber mit dieser zugleich zur vollständigsten *Unterwerfung unter sich selbst* geführt hat. Die Macht ist selbstmächtig geworden, während ihre Verheißung in Drohung umgeschlagen ist, ihre Heilsperspektive in Apokalyptik. Was nun nötig geworden ist, wenn der Halt nicht erst von der Katastrophe selbst geboten wird, ist Macht über die Macht – die Überwindung der Ohnmacht gegenüber dem selbstgenährten Zwang der Macht zu ihrer progressiven Ausübung. Nachdem die Macht ersten Grades, die sich auf eine unerschöpflich scheinende Natur direkt gerichtet hatte, in eine Macht zweiten Grades übergegangen ist, die jene der Kontrolle des Nutzers entwand, ist die Selbstbeschränkung der den Herrscher mit sich schleifenden Herrschaft, bevor sie an den Schranken der Natur zerschellt, Sache einer Macht dritten Grades geworden: einer Macht also über jene Macht zweiten Grades, die schon nicht mehr die des Menschen ist, sondern die der Macht selber, ihrem vermeintlichen Besitzer ihren Gebrauch zu diktieren, ihn zum willenlosen Vollstrecker seines Könnens zu machen, also anstatt den Menschen zu befreien ihn zu verknechten.

3. Die gesuchte »Macht über die Macht«

Wovon ist diese Macht dritten Grades zu erwarten, die den Menschen wieder – und noch rechtzeitig – in die Kontrolle »seiner« Macht einsetzt und deren tyrannisch gewordene Eigenmacht bricht? Sie muß nach Lage der Dinge von der Gesellschaft ausgehen, da keine private Einsicht, Verantwortung oder Angst an ihre Aufgabe heranreicht. Und da die »freie« Wirtschaft der westlichen Industriegesellschaften gerade der Herd der Dynamik ist, die der Todesgefahr zutreibt, so richtet sich der Blick natürlicherweise auf die Alternative des Kommunismus. Kann er die Hilfe leisten, die uns nottut? Ist er darauf eingerichtet? Unter diesem Gesichtspunkt allein wollen wir die marxistische Ethik betrachten – also unter dem der Rettung vor dem Unheil, nicht dem der Erfüllung eines Menschheitstraumes. Auf den Marxismus richtet sich der Blick, weil ihm die Einstellung auf die Zukunft des gesamten menschlichen Unternehmens eigen ist (spricht er doch von der »Weltrevolution«), um deretwillen er der Gegenwart jedes Opfer zuzumuten wagt und, wo er herrscht, es auch erzwingen kann. Es ist mindestens viel schwerer zu sehen, wie der kapitalistische Westen dies leisten könnte.

Soviel ist klar, daß nur ein Höchstmaß politisch auferlegter gesellschaftlicher Disziplin die Unterordnung des Gegenwartsvorteils unter das langfristige Gebot der Zukunft zuwege bringen kann. Da aber auch der Marxismus eine Form des Progressivismus ist, das heißt sich selber keineswegs als eine Notstandsmaßnahme sondern als Weg zu einer höheren Verwirklichung »des Menschen« betrachtet, so sind auch die Chancen, die er ungewollt etwa für den heutigen Verhütungszweck bietet, im Rahmen jenes ihm eingeborenen Zielwollens zu prüfen, dessen »Meliorismus« er mit einer Grundrichtung des Moderne teilt. Wir nehmen also mit seiner Prüfung eine Frage wieder auf, die wir bei ihrer ersten Stellung (S. 46) beiseite legten, nämlich wie sich die Ethik der von uns anvisierten Zukunftsverpflichtung zu der des fortschrittlichen Ideals verhält.

III. Kann der Marxismus oder der Kapitalismus der Gefahr besser begegnen?

1. Der Marxismus als Vollstrecker des Baconischen Ideals

Als Grundausdruck progressivistischer Weltanschauung kann Ernst Blochs Formel »S ist noch nicht P« dienen, wo »P« das Erwünschte und Aufgegebene als universaler Zustand und seine Herbeiführung unsere Aufgabe ist.[1] Der fragliche Zustand ist der des Menschen. Das Noch-nicht-sein von »P« als Zustand des *Menschen überhaupt* besagt dann, daß der eigentliche Mensch erst bevorsteht und der bisherige es noch nicht ist und nie war. Alle bisherige Geschichte ist Vorgeschichte des wahren Menschen, wie er sein kann und sein soll. Sehen wir vom vagen Glauben an den sittlichen Fortschritt der Menschheit durch die Kultur ab, der kein Programm des Handelns definiert (ganz zu schweigen von der Nietzscheschen Eskapade des irgendwie zu erhoffenden Übermenschen), so gibt es historisch zwei praktisch-präskriptive Formen des Ideals: zuerst die bisher erörterte Baconische der zunehmenden Macht über die Natur; dann, *diese schon voraussetzend,* die marxistische der klassenlosen Gesellschaft. Aber nur das marxistische Programm, welches das naiv Baconische der Naturbeherrschung mit dem der Umgestaltung der Gesellschaft integriert und von dieser den endgültigen Menschen erwartet, kann heute ernstlich als Quelle einer Ethik angesehen werden, die das Handeln vorwiegend auf die Zukunft richtet und von dorther der Gegenwart ihre Normen auferlegt. Man kann sagen, daß er den Ertrag der Baconischen Revolution unter die Kontrolle der besten Interessen des Menschen bringen und damit ihr ursprüngliches Versprechen einer Erhöhung der ganzen Menschenart, das beim Kapitalismus in schlechten Händen lag, einlösen will.

Insofern ist der Marxismus aktive Eschatologie, an der Voraussage und Wille gleichen Teil haben, die ein überragend verpflichtendes zukünftiges Gut im Auge hat und ganz im Zeichen der Hoffnung steht. Wir können nicht umhin, diese mächtige Konzeption der Zukunftsverpflichtung, die allem überlegen ist, was sonst im öffentlichen Bereich und auf rein säkularer Voraussetzung um unsere Zustimmung wirbt, mit der gänzlich uneschatalogischen Pflichtenlehre zu vergleichen, die sich uns aus der Not des Weltaugenblicks zu ergeben scheint. Ihr Verhältnis zu bestimmen ist nicht eine Frage der abstrakten Richtigkeit sondern der konkreten Vordringlichkeit – obwohl auch der prometheischen Vermessenheit des utopischen Ideals an sich einige Worte der Kritik gewidmet werden müssen.

2. *Marxismus und Industrialisierung*

Gemeinsam ist beiden Standpunkten – dem behütenden und dem versprechenden – außer der »horizontalen« Ausrichtung als solcher die Prämisse der technisch-industriellen Zivilisation und ihre Bedeutung als Ausgangsstellung für jegliche Prognose. Für den »versprechenden« Standpunkt muß dies kurz erläutert werden. Es ist kein Zufall, daß der Sozialismus mit dem Anfang der Maschinentechnik erscheint und daß seine wissenschaftliche Beglaubigung durch Marx auf den hierdurch geschaffenen Zustand des Kapitalismus gegründet ist. Denn mit grober Vereinfachung gesagt ließ erst dieser Zustand eine Sozialisierung *lohnend* erscheinen, ganz abgesehen davon, daß er sie aus der Krisentheorie des Kapitalismus und der Verelendungstheorie des Proletariats auch als notwendig und politisch erreichbar erscheinen ließ. Der erste Gesichtspunkt ist fragloser als die beiden anderen. Erst die moderne Technik macht eine solche Vermehrung des Sozialproduktes möglich, daß seine gerechte (gleichmäßige) Verteilung nicht in der Allgemeinheit der Armut resultiert –

womit nur dem Gefühl der Unbilligkeit abgeholfen wäre, aber nichts anderem. In einer Mangelwirtschaft macht gerechte Verteilung des Unzureichenden nur einen minimalen Unterschied zugunsten der Vielen, und es muß sogar gesagt werden, daß unter solchen Umständen die Ungerechtigkeit der Reichtums- und Freiheitskonzentration bei Wenigen immerhin der Kultur zugute kommen konnte, für die in Zeiten primitiver Technik immer ein schrecklicher Preis zu zahlen war. (Was wäre die antike Zivilisation, deren Früchte wir schwerlich missen möchten, ohne die Sklavenwirtschaft gewesen?) Eine vom Staat garantierte gleichmäßige Armut Aller mag zwar moralisch weniger aufreizend sein als der Reichtum Weniger im Angesicht der Armut der Vielen, aber dieser Gewinn allein hätte das sozialistische Ideal nicht geschichtsbewegend beflügelt. Brutal ausgedrückt: erst die Größe des Preises, der dem Proletariat winkte, machte die Revolution der Mühe wert. Dies ist durchaus legitim. Daß gerade dort, wo der schon vorhandene Preis am größten war – in den fortgeschrittenen Industrieländern – die Massen bisher nicht diesen Weg gingen, und heute umgekehrt sogar gerade in den ärmsten Ländern der Sozialismus sich als Mittel empfiehlt, um jenen Preis nach kapitalistischem Vorbild überhaupt erst zu schaffen, ändert nicht den Tatbestand, daß die schon erbrachte materielle Überflußdemonstration der modernen Technik ein wesentlicher Faktor im modernen sozialistischen Ideal ist. Vorantreibung der Industrialisierung war denn auch überall, wo bisher der Sozialismus an die Macht kam, die Signatur seiner tatsächlichen und höchst entschlossenen Politik. Bis heute gilt also, daß der Marxismus, »fortschrittlich« wie er von Anfang an war, geboren im Zeichen des »Prinzips Hoffnung« und nicht des »Prinzips Furcht«, speziell dem Baconischen Ideal nicht weniger ergeben ist als sein kapitalistischer Widerpart, mit dem er hier in Wettbewerb steht: es ihm gleichzutun und ihn schließlich zu übertreffen in seinen der Technik abzugewinnenden Früchten war überall das Willensgesetz seiner Realisierung. Kurz, der Marxismus ist dem Ursprung nach Erbe der Baconischen Revolution und der Selbstauffassung nach ihr berufener Vollstrecker, ein besserer (das heißt wirksamerer) als der Kapitalismus es war. Zu prüfen ist, ob er auch besser ihr Meister werden kann. Unsere vorweggenommene Antwort ist, daß er es nur kann, wenn er seine Rolle vom Bringer des Heils zum Abwender des Unheils umdeutet, also mit Verzicht auf seinen Lebenshauch, die Utopie. Dies wäre ein sehr anderer, bis auf das äußere Organisationsprinzip fast unkenntlich gewordener »Marxismus«. Das befeuernde Ideal wäre dahin (wir wissen nicht, ob der Schmerz heilsam wäre oder nicht). Die klassenlose Gesellschaft stände dann nicht mehr als Erfüllung des Menschheitstraumes da, sondern sehr nüchtern als Bedingung der Menschheitserhaltung in der bevorstehenden Krisenepoche. Prüfen wir die Chancen dafür und dawider.

3. Abwägung der Chancen zur Meisterung der technologischen Gefahr

Wegen der Leidenschaften, die mit diesem größten Schibboleth unserer Zeit auf beiden Seiten verbunden sind, ist hier besondere Bedächtigkeit geboten. Erleichtert wird uns die Aufgabe der Objektivität dadurch, daß wir nicht innere Vorzüge der Lebenssysteme selbst sondern nur ihre Tauglichkeit zu einem beiden gleich fremden Zweck prüfen wollen, nämlich zur Verhütung einer Menschheitskatastrophe durch Zügelung des technologischen Triebes, in dem keiner dem anderen etwas nachgibt. Das folgende Raisonnement über derzeit unbeweisbare Chancen hat den Charakter eines ersten Versuches.

a. Bedürfniswirtschaft contra Profitwirtschaft. Bürokratie contra Unternehmertum

Der Irrationalität einer vom Profitstreben beherrschten Wirtschaft kann der Sozialismus das Versprechen einer größeren *Rationalität* in der Verwaltung des Baconischen Erbes entgegenstellen. Zentrale Planung gemäß den kollektiven *Bedürfnissen* sollte vielen Verschleiß der Wettbewerbsmechanik und den meisten Unfug der auf Verbraucherkitzel zielenden Marktproduktion vermeiden können, also dem materiellen Wohlstand mit größerer Sparsamkeit bezüglich der Naturreserven dienen. Da Verschwendung in dieser Hinsicht eine der Wunden der uns beschäftigenden Situation ist, läge hier ein wichtiger Vorteil der nicht gewinnmotivierten Wirtschafts- und Gesellschaftsordnung. Praktisch und nach bisheriger Erfahrung allerdings wird der logisch so bestechende Vorteil mindestens teilweise aufgewogen durch die wohlbekannten Defekte einer zentralistischen Bürokratie – die Fehlleitungen von oben, Servilität und Sykophantentum von unten. Klar ist, nach der gleichen Logik wie der »zugunsten« sprechenden, daß wie die richtigen Entscheidungen der Spitze sich mit größerer Sicherheit durch den ganzen Wirtschafts- und Sozialkörper durchsetzen können, auch die Irrtümer hier eine ähnlich riesige Auswirkung haben müssen; und bei Erstickung der Initiative »von unten« und Entwöhnung von der Gabe der Improvisation in der Gesamtbevölkerung sind hier die Heilmittel weniger zur Hand als im flexibleren, immer noch einigermaßen offenen Wettbewerbssystem des Kapitalismus. In Sachen der Güterversorgung schneidet zweifellos der letztere bisher besser ab, allerdings um den Preis jener unstatthaft werdenden Verschwendung: wie sich mit dieser die dem Bürokratismus eigene, unfreiwillige Verschwendung auf die Dauer vergleicht, muß in der Kostenrechnung noch offen bleiben. Die Profitwirtschaft, um ihr das Ihre zu geben, hat hier Posten nicht nur gegen sondern auch für sich: wie sie einerseits zwar durch Anstachelung der Bedürfnisse zur Verschwendung am Gebrauchsende treibt, so hat sie andererseits in dem Interesse der Kostensenkung ein inneres Motiv zur Sparsamkeit an der Quelle, das durch den Wettbewerb vollends zwingend wird. Konkurrenzfreie Staatswirtschaft ist nicht für ihr Überleben an Niedrighaltung der Kosten gebunden. Selbst ein vollendeter Monopolkapitalismus, der die meisten Nachteile der Staatswirtschaft ohne deren mögliche sozialen Vorteile besäße, genösse nicht die gleiche Immunität: immer noch bliebe das (die Manager mitbetreffende) *Risiko*-Element für die Investoren bestehen, das auch ohne Konkurrenz zur »Wirtschaftlichkeit« und damit zur Sparsamkeit im Produktionsverfahren anhält. Auch ein Monopolbetrieb kann mit Verlust arbeiten (und natürlich mit sehr verschiedenen Gewinnspannen). Eine beamtete Bürokratie hingegen hat nichts zu verlieren. Fortfall des Risikos ist ein hoher Preis für die Ausschaltung des Gewinninteresses. »Profitabilität« wirkt also als irrationaler Faktor für Rationalität am Erzeugungsende – obwohl für Irrationalität am Verbrauchsende – des ökonomischen Spektrums.

Dennoch, so muß man wohl sagen, ist an und für sich der Bedürfnismaßstab eine bessere (weil in sich rationalere) *Voraussetzung* für Rationalität als der Profitmaßstab. Wie sie genutzt wird, entscheidet die theoretisch völlig intraktable Psychologie. Alles hängt davon ab, *was als Bedürfnis gilt* (zum Beispiel Rüstung, siehe unten!), wo denn je nachdem, wie rational oder irrational es *dabei* zugeht, ob die Gegenwart oder die Zukunft das Urteil beherrscht und nach welchem Gesichtspunkt die letztere, wie groß oder verzichtwillig der nationale Egoismus ist, wie sicher oder unsicher sich das Regime in der Gunst des Volkes fühlt (usw., usw.), auch die tollste Verschwendung endlicher Ressourcen auf Kosten der Gesamtökologie herauskommen kann. Sicher ist nur, daß der Fortfall des Profitmotivs wenigstens *einen* Zwang zur Verschwendung beseitigt, nämlich den zur künstlichen *Schaffung* von Absatzkapazitäten für zunächst gar nicht gewünschte, ja nicht einmal gekannte Güter; und möglich ist, daß andere Zwänge dazu weniger im sozialistischen System an sich als in seinen derzeitigen Unvollkommenheiten, samt denen seiner internationalen Situation, liegen. Jedoch die kapitale Größe der Folgen zentralistischer Irrtümer, wenn sie vorkommen (und sie müssen vorkommen), bleibt auch im Falle höchster Autonomie und höchstverbesserter Bürokratie bestehen, vielleicht dadurch nur noch vergrößert.

b. Der Vorteil totaler Regierungsgewalt

Zu den, im ganzen doch wohl besseren, Chancen für einen Geist der Rationalität in einer sozialistischen Gesellschaft kommt nun die größere *Macht,* ihn praktisch auch durchzusetzen und zu seinen Gunsten auch das Unpopuläre aufzuerlegen. Eine Schattenseite zentralistischer Macht wurde erwähnt, aber blicken wir jetzt auf die Vorteile. Es sind zunächst die Vorteile der Autokratie an sich, mit der wir es beim kommunistischen Modell des Sozialismus (dem einzigen hier diskussionswürdigen) ja zu tun haben. Die Entscheidungen der Spitze, die ohne vorherige Zustimmung von unten getroffen werden können, stoßen auf keinen Widerstand im Sozialkörper (außer vielleicht passiven) und können bei einiger Zuverlässigkeit des Apparats der Ausführung sicher sein. Das schließt Maßnahmen ein, die das Eigeninteresse der Betroffenen sich spontan nicht auferlegt hätte, die demnach, wenn sie gar die Majorität treffen, im demokratischen Prozeß schwer zum Beschluß gebracht werden könnten. Solche Maßnahmen sind aber eben das, was die drohende Zukunft verlangt und immer mehr verlangen wird. Soweit also handelt es sich um die Regierungsvorteile einer jeden Tyrannis, die in unserem Zusammenhang eben eine wohlwollende, wohlinformierte und von der richtigen Einsicht beseelte Tyrannis sein muß. Die Frage ist dann, ob eine solche eher von »links« als von »rechts« kommen kann (speziell hier: ob ihre Exekutive mit einiger Wahrscheinlichkeit sich aus dem kommunistischen Parteiapparat rekrutieren kann), und diese Frage wollen wir zunächst offen lassen. Da aber die kommunistische Tyrannis schon besteht und von hier sozusagen ein erstes und bisher einziges Angebot vorliegt, können wir soviel sagen, daß sie *macht*technisch für unsere unbequemen Zwecke den Möglichkeiten des kapitalistisch-liberal-demokratischen Komplexes überlegen scheint. Das wirkliche Problem ist dies: Wenn, wie wir glauben, nur eine Elite ethisch und intellektuell die von uns angezeigte Zukunftsverantwortung übernehmen kann – wie wird eine solche Elite erzeugt und wie mit der Macht ausgestattet, sie auszuüben? Im Augenblick sprechen wir nur vom Machtaspekt dieses Doppelproblems.

c. Der Vorteil einer asketischen Moral bei den Massen und die Frage ihrer Dauer im Kommunismus

Nun ist aber Macht wesentlich mitbedingt von der Bereitwilligkeit der Geführten, sich führen zu lassen; und obwohl wir das Vermögen des Terrors, solche Bereitwilligkeit zu erzwingen, nicht unterschätzen wollen, so ist er doch nicht nur unerwünscht an sich, sondern auf die Dauer auch ein zweifelhaftes Mittel zum Zweck. Eine Identifizierung der Gemeinschaft mit der Regierung, selbst einer diktatorischen, ist vonnöten, wenn langdauernde Opfer gefordert sind. Hier hat nun der Marxismus das große Plus eines ausgesprochenen »Moralismus«, mit dem er die von ihm geformte und beherrschte Gesellschaft durchdringt, und keineswegs auf die unmittelbaren Exponenten und Anhänger beschränkt. Für das »Ganze« zu leben und auch zu entbehren ist ein Credo der öffentlichen Moral; und ein der kapitalistischen Gesellschaft fremder Geist der Frugalität, dem die Väter der Revolution persönlich huldigten, lebt mindestens als Gewöhnung weiter in der Gesellschaft, die ihre Normen bekennt. (Selbst das Lippenbekenntnis hat seinen Wert.) Kurz, asketische Züge sind heimisch in der sozialistischen Disziplin per se: dies könnte von größtem Nutzen in der bevorstehenden Epoche harscher Anforderungen und Verzichte werden. Nun ist daran zu erinnern, daß ein Geist der Askese, gewiß der Frugalität, auch den Anfängen des modernen Kapitalismus eigen war, und sein Schicksal dort mahnt zur Vorsicht im Parallelfall: Er hat sich im Taumel des materiellen Erfolgs so gründlich verloren, daß seine Wiederbelebung von innen in den Heimzonen der Überflußverwöhnung höchst unwahrscheinlich ist (das unberechenbare Intervenieren einer neuen Religion muß bei solchen Schätzungen immer außer Acht bleiben), und schon seine äußere Erzwingung wird schwer genug sein. Zu einer solchen Erzwingung sind auch die bisherigen Förderer des reichlichen Lebens innerlich wenig geeignet, und sie würde überdies unter ihrer Regie der Glaubwürdigkeit uneigennütziger Motive entbehren, die für die Akzeptierung des Schmerzhaften so wichtig ist. Zu fragen ist, ob der Kommunismus, der an sich ja die materiellen Wohlstandsziele des Kapitalismus teilt, der Versuchung des Erfolges widerstehen kann, wo er ihn zu kosten beginnt; ob er, solange er mit dem Kapitalismus in Wettbewerb steht, hinter dessen Errungenschaften in der Konsumsphäre freiwillig zurückzustehen bereit ist; und ob er in den alten Verwöhnungsländern, wenn er dort zur Macht kommen sollte, seine Laufbahn mit der Herabsetzung des Lebensstandard zu beginnen sich leisten kann, besonders wenn sie zum internationalen Ausgleich der Versorgung, das heißt zugunsten fremder Völker zugemutet wird. Dies sind schwer beantwortbare Fragen, für die auch das bisherige Beispiel Rußlands und Chinas nichts Schlüssiges aussagt. Gewiß ist dort größere Frugalität zu Hause, aber ihre Freiwilligkeit ist unsicher, denn geringere Fähigkeit der Güterversorgung kann nicht wohl einem überlegenen Wollen gutgeschrieben werden. Andererseits brauchte die Lebensdauer des asketischen Geistes an sich im kommunistischen Fall nicht größer zu sein als im kapitalistischen, aber dort mag ihm die Probe dadurch erspart bleiben, daß er mit seinem soviel späteren Beginn dem Einsatz global erzwungener Kargheit schon nahe ist und so der etwa noch erreichte Überfluß weniger Zeit hat, ihn zu korrumpieren: Er kann möglicherweise ohne großen Hiatus und sozusagen unmerklich von Asketik im Dienste kommenden Reichtums in eine Asketik im Dienste der Verhütung zu großer Armut übergehen. China als der letzte Ankömmling in der Arena hat hier vielleicht die besten Auspizien. Aber eines haben beide kommunistischen Titanen noch nicht bewiesen: daß sie – willig wie sie sind zu großen Opfern um der eigenen besseren Zukunft willen – auch zugunsten anderer Teile der Welt zu Wohlstandsverzichten bereit wären, und darauf käme bei der Weltweite unseres Problems und der territorialen Ungleichheit natürlichen Reichtums viel an: Ein globaler »Klassenkampf« der Nationen zeichnet sich ab, für den die (supranationale) marxistische Theorie vielleicht eine Antwort hat, aber die Praxis marxistischer National- oder Territorialstaaten noch keine Zeichen aufweist, im Ernstfall freier von Kollektivegoismus zu sein als andere Souveränitäten. Hierauf müssen wir später zurückkommen.

d. Kann Enthusiasmus für die Utopie in Enthusiasmus für die Bescheidung umgemünzt werden? (Politik und Wahrheit)

Immerhin bleibt bei all diesen Zweifelhaftigkeiten der große Aktivposten des Enthusiasmus an sich, mit dem der Marxismus seine Anhänger zu beseelen vermag und dessen Bereitschaft zu Entbehrungen der Kapitalismus nichts Ähnliches entgegenzustellen hat. Dort bedürfte es schon einer neuen religiösen Massenbewegung, um mit dem anerzogenen Hedonismus des reichlichen Lebens freiwillig zu brechen (das heißt bevor die grimmige Not dazu zwingt). Aber es handelt sich bei jenem Aktivum, wohlverstanden, um einen Enthusiasmus für die Utopie, das heißt für eine erwartete, mit den Entbehrungen zu erkaufende Erfüllung, und die Frage ist, wie bald er verbraucht würde, wenn er auf einen ganz anderen Zweck abgelenkt wird, nämlich den glanzlosen der Selbstbescheidung der Menschheit. Jedenfalls wäre er nach seinem eigenen Sinn für diesen Zweck mißbraucht. Ein solcher Mißbrauch wäre durch Täuschung möglich (indem die Vertauschung der Zwecke verschwiegen wird) und das würde nicht das erste Beispiel davon in der Weltgeschichte sein. Es wäre eine kolossale Ironie des Schicksals, wenn der Marxismus, der die Kritik der »Ideologie« so sehr in den Vordergrund gestellt hat, seinerseits dazu bestimmt wäre, einem veränderten Zweck mit einem »falschen Bewußtsein« zu dienen – diesmal allerdings bewußt, während sonst die herrschende Ideologie mehr ein unbewußtes Erzeugnis der Interessen gewesen sein soll. Also hier: falsches Bewußtsein unterhalten von einem richtigen Bewußtsein! Ich schrecke vor dem Gedanken nicht zurück.[2] Vielleicht ist dies gefährliche Spiel der Massentäuschung (Platons »edle Lüge«) der einzige Weg, den die Politik schließlich zu bieten haben wird: dem »Prinzip Furcht« unter der Maske des »Prinzips Hoffnung« Einfluß zu verschaffen. Aber er setzt die Existenz einer Elite mit geheimen Loyalitäten und geheimen Zielsetzungen voraus, und deren Entstehung ist in einer totalitär-doktrinären Gesellschaft unwahrscheinlicher als unter den Bedingungen unabhängiger Meinungsbildung in den freien (oder individualistischen) Gesellschaften. Dort allerdings ist wieder ihre Macht des Regierens, wenn sie dies Stadium überhaupt erreicht, um so viel geringer, während im kommunistischen Fall eine Verschwörung zum Guten an der Spitze, wenn sie dort erst einmal säße, alle Macht des Absolutismus plus der psychologischen des vorgeschützten Ideals auf ihrer Seite hätte.

Wir haben hier eine Zwielichtzone des Politischen betreten,

worin der Fremdling sich ungern bewegt und das Wort lieber den Berufenen der politischen Wissenschaft läßt: dort könnte ein neuer Machiavelli nötig werden, der aber seine Lehre streng esoterisch vortragen müßte. Besser wäre es natürlich, sittlich und pragmatisch erwünschter, die Sache der Menschheit einem sich verbreitenden »wahren Bewußtsein« anvertrauen zu können mit einem dazugehörigen öffentlichen Idealismus, der auf Generationen voraus für die eigenen Nachkommen *und* zugleich für die notleidenden Zeitgenossen anderer Völker freiwillig die Verzichte auf sich nähme, die eine bevorzugte Lage noch nicht diktiert. Dies ist bei der Unergründlichkeit des Mysteriums »Mensch« nicht auszuschließen. Darauf zu hoffen ist Sache eines Glaubens, der in der Tat dem »Prinzip Hoffnung« einen ganz andern, teils bescheideneren, teils großartigeren Sinn gäbe. Empirisch besteht wenig Ursache zu solchem Glauben, wenn auch kein Veto dagegen. Verantwortlich darauf setzen, so scheint mir, kann man nicht. Genug davon. Man wird aber gesehen haben, daß die ganze Überlegung mit dem inhaltlichen Wesen des Marxismus kaum noch etwas zu tun hat und nur gewisse formale Eigenschaften seiner geschichtlichen Realität als eventuell dienlich für das unsichere Geschäft der Zukunftssicherung in Rechnung stellt. Der Autor ist auf den Vorwurf des Zynismus gefaßt und wünscht ihm nicht die Versicherung eigener guter Gesinnungen entgegenzustellen.

e. Der Vorteil der Gleichheit für die Bereitschaft zu Verzichten

Nun gibt es aber noch einen Punkt zugunsten des Marxismus, der nun doch wieder sein inhaltliches Wesen in die Rechnung hineinbringt: Wirkliche Gleichheit, wenn die klassenlose Gesellschaft sich in ihr bewiesen haben sollte, schützt die zu verhängenden Entbehrungen vor dem Verdacht, daß sie zugunsten oder mit Schonung Privilegierter

gefordert werden. Ein Mißtrauen dieser Art ist in Klassengesellschaften, mag die Stufung plutokratisch oder anderweitig determiniert sein, unvermeidlich und meist auch berechtigt und würde Gewaltanwendung zur Durchsetzung des Notwendigen nötig machen, wo die Überzeugung von der Unparteiischkeit der Lasten Bereitwilligkeit erzeugen würde. *Gerechtigkeit,* glaubhaft in der Absicht und erkennbar in der Ausführung, wird noch unabdingbarer als im normalen Verlauf der Dinge ein sine-qua-non in den außerordentlichen Zumutungen, die eine Umschaltungs- und Erhaltungspolitik mit sich bringen wird. Gefühle der Unbilligkeit und einseitiger Viktimisierung (selbst eingebildeter) können der ganzen Sache tödlich werden. Der Beschwerden werden ohnehin unzählige sein, aber die müssen mindestens eine Beantwortung zulassen, die das moralische Gefühl nicht beleidigt. Da es aber auch im kommunistischen Staat Herrschaftsverhältnisse gibt, so wird hier glaubwürdige Integrität der Parteigewalten etc. zur veritablen Lebensfrage (viel mehr als bei den absetzbaren Gewalten der Demokratie).
Nun ist es wohlbekannt und kann auch angesichts der Menschennatur nicht anders sein, daß es hiermit nicht eben zum Besten bestellt ist. Die Selbstdotierung der bürokratischen Manager mit Sonderbenefizien aus dem Sozialprodukt ist nicht einmal kaschiert, und Korruption in einer oder anderer Form ist vom Genuß der Macht einfach unabtrennbar. Regionale und nationale Ungleichheiten kommen hinzu; es gibt eine Vorherrschaft des Russentums, usw. Im System selber liegt nichts, das vorauszusagen gestattet, ob sich dies verbessern oder verschlimmern wird. Standesprivilegien, auch wenn sie nicht so genannt werden, sind unvermeidlich mit der hohen Funktionsdifferenzierung und daher Stufung der Verantwortlichkeiten gerade in der modernen, technokratischen Gesellschaft, und Selbstlosigkeit ist auch vom sozialistischen Menschen nicht zu erwarten. Solange die hiermit verbundenen ökonomisch-sozialen Prämien, welche die Interessierten sich selber zuteilen, nicht erblich werden, kön-

nen (im Rahmen unseres Arguments) selbst auffällige Ungleichheiten tolerabel bleiben. Andererseits ist die fehlende Kontrolle von unten ein schlechtes Omen für die Bremsung höchst natürlicher Tendenzen einer de facto herrschenden Klasse. Das heißt klassenlos ist auch die »klassenlose Gesellschaft« nicht.

Dennoch, so möchte man meinen, ist die Durchdrungenheit eines jeden Sozialismus mit dem Prinzip der Gleichheit derart, daß er im ganzen eine bessere Gewähr für Billigkeit und *für die Präsumption derselben* bietet als jede zur Wahl stehende Alternative. Es wäre anders, wenn sich unter den Alternativen die Demokratie befände, denn wenn das Volk seine Vertreter wählt und periodisch der Wiederwahl unterwirft, kann es sie auch in Zucht halten. Aber es war im Vorigen schon stillschweigend angenommen, daß in der kommenden Härte einer Politik verantwortlicher Entsagung die Demokratie (bei der notwendig die Gegenwartsinteressen das Wort führen) mindestens zeitweise untauglich ist, und unsere augenblickliche Abwägung ist, widerstrebend, zwischen verschiedenen Formen der »Tyrannis«. Und da gewährt Sozialismus als offizielles Staatsbekenntnis, selbst bei mangelhafter Praxis und erst recht natürlich bei einigermaßen entsprechender Praxis, eine unleugbare psychologische Erleichterung für die populäre Annehmbarkeit eines verfügten Verzichtregiments. *Vorausgesetzt* also, daß die Führung sich auch selbst zum richtigen Kurs bringen kann, was natürlich durch die sozialistische Struktur als solche keineswegs gewährleistet ist, hat hier der Sozialismus einen Vorsprung, von dem auch ein anderweitig ungeliebtes marxistisches System noch profitieren muß. Wie weit auf die erwähnte Voraussetzung zu bauen ist – das große »wenn« – wird noch zu erörtern sein.

4. Bisheriges Ergebnis der Abwägung: Plus des Marxismus

Bis hierher sagt der Befund, daß sowohl vonseiten der sozialen Disziplin als auch vonseiten des sozialen Vertrauens der Marxismus vor anderen Diktaturen etwas voraus hat, wenn man die Sache instrumental ansieht und einmal (höchst hypothetisch) Übereinstimmung bei den Herrschenden über die kommenden objektiven Prioritäten des Weltgeschäftes annimmt. Wir gaben zu verstehen, daß hierbei Fiktionen eine Rolle spielen können – vor allem diese zwei: das Ideal der Utopie, das im Großen begeistern kann, und das institutionell verankerte Prinzip der Gleichheit, das im Täglichen den Verdacht der Interessenbegünstigung ausschalten kann. »Fiktionen« sind dies natürlich in einem ganz verschiedenen und sogar gegensätzlichen Sinn. Der Schein der Utopie ist hier nur nützlich, wenn er nicht auch Wahrheit ist, das heißt wenn mindestens pro tempore das utopische Streben tatsächlich suspendiert ist; der Schein egalitärer Gerechtigkeit ist umso besser, je mehr davon auch wahr ist – das heißt es muß so aussehen, aber womöglich auch so sein. (Es bleibt immer noch dem über das Sein hinausgehenden Schein ein politischer Wert, wie ein dahinter zurückbleibender Schein die beste Wirklichkeit um einen Teil ihrer politischen Wirkung bringt.) Indem wir hier dem »Schein« das Wort reden, sagen wir nicht mehr als daß das Meinen der Menschen, wahr oder falsch, selber ein Faktor im Geschehen ist. Freilich im Falle der Utopie sagen wir auch, daß in besonderen Umständen die nützliche Meinung besser eine falsche ist, das heißt: wenn die Wahrheit zu schwer zu ertragen ist, dann muß die gute Lüge herhalten. Aber vielleicht sind »die Menschen« damit unterschätzt – vielleicht kann auch die grimmige Wahrheit begeistern und nicht nur die Wenigen, sondern schließlich auch die Vielen. Dies ist die bessere Hoffnung in dunkler Zeit.

IV. Konkrete Überprüfung der abstrakten Chancen

Nach der instrumentalen Rechnung, die – so scheint es – einem innerlich ernüchterten »Marxismus« ein Plus läßt, nämlich die besseren Chancen, mit den harten Aufgaben der Zukunft fertig werden zu können, erhebt sich aber die Hauptfrage: Was sind die Chancen dafür, daß »er« seine besseren Chancen auch wahrnehmen wird? Diese Frage verlangt sozusagen eine Metakritik der vorangegangenen Kritik und stellt damit auch den vollzogenen Vergleich wieder offen. Denn »der Marxismus« ist natürlich eine Abstraktion, und womit wir zu tun haben, sind konkrete marxistische Regime und konkrete kommunistische Parteien. Wir stellen also die nur scheinbar reiterative Frage betreffs der Chancen von Chancen.

1. Profitmotiv und Maximierungsantriebe im kommunistischen Nationalstaat

Unter den Chancen erster Ordnung nannten wir (S. 260 ff.) die rationale Überlegenheit des Bedürfnismaßstabs über den Profitmaßstab. Aber, so müssen wir jetzt fragen, ist das Profitmotiv wirklich für eine kommunistische Gesellschaft per se fortgefallen? Das private natürlich ist es, denn das System gibt keine Gelegenheit mehr dazu. Aber was schließt ein *kollektives* Profitstreben aus, nämlich auf Kosten anderer Teile der Welt? Was, bei hinreichender Macht, einen ökonomischen Imperialismus, der an rücksichtsloser Ausbeutung der Rohstoffe und Wirtschaftspotentiale fremder Völker (womöglich mit Hilfe einheimischer »Kommunismen«) dem kapitalistischen Kolonialismus in nichts nachsteht? Man wird sagen: die kommunistische Ideologie steht dem entgegen, aber darauf ist gewiß kein Verlaß. Denn die Verbindung von »Sozialismus in einem Lande« mit Patriotismus, Kollektivegoismus und nationaler Machtpolitik haben wir kennengelernt. Mindestens die nichtsozialistische Welt kann als Objekt, wenn nicht als Feind, behandelt werden. Und die bessere Einsicht in die planetarischen Notwendigkeiten darf man schon gar nicht anrufen. Denn erstens fragen wir ja noch nach den Chancen dafür bei marxistischen Herrschaftsgebilden, und zweitens haben wir schon Proben davon erhalten, daß auch hier eine richtige Einsicht sich auf das eigene Territorium beschränken kann: Auf der Bukarester Bevölkerungskonferenz 1974 hat China, das für sich dem Wachstum der Bevölkerung erfolgreich zu steuern scheint (in sich selbst ein leuchtendes Beispiel dafür, was ein kommunistisches Regime fertigbringen kann) schmählich und wider besseres Wissen der »dritten Welt« davon abgeraten, sich zu dergleichen von den »Imperialisten« bereden zu lassen – aus dem zynischen Interesse, eine vorzeitige Pazifizierung globaler Spannungen, die jenen zugute kommen könnte, zu verhindern.[3] Das ist zwar nicht ökonomische, aber machtpolitische Ausbeutung, in unserm Zusammenhang (nämlich ökologisch betrachtet) vielleicht noch verderblicher als jene. Um aber beim Ökonomischen zu bleiben, so ist das Maximierungsmotiv, das wir *im Effekt* dem Profitmotiv gleichsetzen können, dem Marxismus so eingeboren wie dem Kapitalismus; seine Bremsung wird auch ihm aus inneren sowohl wie aus äußeren Gründen schwerfallen. Die inneren sind letztlich mit dem (materialistischen) Utopismus verbunden, der uns noch gesondert beschäftigen wird. Wir erinnern jetzt nur an das schon einmal Erwähnte, daß auch das Bedürfnisprinzip noch offen läßt, was als Bedürfnis und welche Prioritäten von Bedürfnissen anerkannt werden. Etwas davon wird schon bei den äußeren Gründen für Maximierung sichtbar. »Schlechte Beispiele verderben gute Sitten«: Die Koexistenz mit den erfolgreichen kapitalistischen Industriesystemen ist beinahe ein Zwang, dem eigenen Volke ungefähr Vergleichbares zu bieten. Und wenn man jene verschlingt, wie vorgesehen, wird aus der Ansteckung von außen eine von innen werden. Dazu der Rüstungszwang, den jene Koexistenz erzeugt und der sich zum Äußersten an wirtschaftlichem Raubbau auswächst, umso mehr, als schon um der inneren Stabilität willen darüber die materielle Wohlfahrt nicht zu sehr vergessen werden darf. So reichen sich innere und äußere Versuchung die Hand, und das industrielle Wachstum muß weiter wuchern. Zu den Sündigern an der Erde gehört aber *jede* moderne Industriegesellschaft, also jetzt auch Rußland.

2. Weltkommunismus kein Schutz gegen regionalen ökonomischen Egoismus

Also, wird man sagen, ist »Sozialismus in einem Lande« (oder in einigen Ländern) eben bestenfalls eine Vorstufe und nur ein sozialistisches Weltregiment kann helfen. Aber zweierlei ist dabei sonnenklar. Erstens kann dieser Zustand nach Lage der Dinge nur durch einen Weltkrieg wahrhaft globalen Ausmaßes herbeigeführt werden, und danach gibt es über das Meiste von dem, was uns hier beschäftigt, nichts mehr zu reden. Unser denkerisches Anliegen ist, wie eine graduelle Menschheitskatastrophe zu vermeiden ist, und eine jähe an ihrer Stelle wäre ein widersinniges Rezept. Zweitens aber, auch wenn es bei der Errichtung des sozialistischen Weltstaates gnädiger abgehen könnte, so wäre er doch für manche seiner Teile eine Fremdherrschaft – für die reichen, wenn sie zu Verzichten gezwungen werden, für die ärmeren, wenn sie am Aufstieg gehindert werden – und regionale Freiheitsbewegungen, mit aller Leidenschaftlichkeit des Nationalitätenwesens, würden unvermeidlich sein. Das heißt ein zentralistisch regierter Weltstaat, in seiner notwendigen Parteilichkeit als Unterdrückermacht empfunden, wäre unstabil und der Sozialismus würde dabei überhaupt keinen Unterschied ausmachen. Ebenso wenig aber bei einer Föderation souveräner Mitgliedstaaten: Warum sollte es zwischen sozialistischen Republiken keine Konflikte um Lebensvorteile geben und äußerstenfalls sogar Krieg? Kollektive Entitäten werden weiterhin territorial und national gegliedert sein; von kollektivem Altruismus hat man noch kein Beispiel in der Weltgeschichte gesehen und es besteht nicht der mindeste Grund, anzunehmen, daß dies irgendwann anders sein wird. Solange die Gesamtrichtung nach oben geht, das heißt auf fortgehendes ökonomisches Wachstum, und dies auch nur einigen Vorsprung vor der Bevölkerungszunahme hält, können im Prinzip alle Unterteile relativ befriedigt werden, da für alle etwas abfallen kann und auch die ärmsten eine Verbesserung spüren. Unter solchen Umständen kann ein Bund von Sowjetrepubliken auch bei großen Ungleichheiten bestehen. Das heißt, erfolgreicher (nämlich friedlicher) Weltsozialismus ist an wirtschaftliche Expansion gebunden, ohne welche eine Behebung der Not ganzer Weltteile nicht möglich ist, es sei denn durch radikale internationale Neuverteilung schon bestehenden Reichtums (und die, wie gesagt, müßte durch jenes Gewaltmittel erzwungen werden, nach welchem nicht viel mehr zu verteilen da wäre). Mit dem Aufstieg aber, im Weltmaßstab gesehen, ist es eben bald vorbei, und obwohl regional noch Verbesserungen möglich (und unbedingt nötig) sind, so steht doch der Gesamtprozeß im Zeichen des Haltmachens und für die bevorzugten Weltgegenden sogar der Kontraktion. Hieran kann auch der Sozialismus nichts ändern. Die Teilung der Welt in »haves« and »have-nots« (Rußland gehört bereits zu den ersteren, bald vielleicht auch China) wird ein Weltsozialismus erben und damit auch die Widerstände gegen einen Ausgleich, die einfach von außenpolitischen zu »innenpolitischen« Widerständen werden. Separatismen aller Art wären unvermeidlich und könnten nur auf Kosten des Entsagungsregimes befriedet werden.

Hierzu kommen nun die *konstitutionellen* inneren Gründe, die dem Marxismus das Abgehen von ökonomischer Maximierung erschweren, und zwar nicht erst im internationalen sondern schon im je einzelnen nationalen Maßstab. Da ist an erster Stelle der Kult der Technik zu nennen, der hier eine im Westen so nicht gekannte Glaubensmacht genießt. Wir sagten früher, daß der Marxismus eine Frucht des Baconismus ist und sich in seinem grundlegenden Selbstverständnis als seinen berufenen Vollstrecker ansieht. Von Anfang an hat er die Macht der Technik gefeiert, von der im Verein mit der Vergesellschaftung er das Heil erwartet. Für ihn gilt es nicht so sehr, sie zu bändigen, wie sie nur noch mehr von den Fesseln kapitalistischer Eigentümerschaft zu befreien, um sie ihrerseits befreiend in den Dienst menschlicher Glückseligkeit zu stellen. Der Westen, der die Sache erfand, ist hier skeptischer. Beim Wort »Entfremdung« denken wir unwillkürlich an die Entfremdung vom Arbeitsobjekt durch die Maschine und vom Arbeitssinn durch die verödende Aufteilung des Produktionsprozesses in »seelenlose« Handgriffe, außerdem an die Entfremdung von der Natur durch die totale Kunstwelt der Großstadt. Aber der Marxist spricht positiv von der »Vermenschlichung« der Welt durch die natur-umgestaltende menschliche Arbeit (nichts ist ihm fremder als Natursentimentalität oder »Romantik«); und mit »Entfremdung«, wenn ich mich nicht irre, ist in der marxistischen Literatur nicht etwa Entfremdung vom Wirken und Werk durch die Maschine gemeint, sondern Entfremdung des Schaffenden von seinem Produkt durch fremde Eigentümerschaft der Produktionsmittel (dadurch auch des Produktes). *Dieser* »Entfremdung« ist durch Eigentum der Arbeiter an den Produktionsmitteln und am Arbeitsprodukt, also durch Vergesellschaftung, abgeholfen, wobei die »technologische Entfremdung« durch die zu höchster Rationalisierung ermutigende Gesellschaftlichkeit eher noch gesteigert wird.

Bedenken hierin, irgendwelche Gegenwehr gegen die damit verbundene »Entseelung« des Arbeitsprozesses, würden im orthodox marxistischen Geiste als reaktionäre Romantik abgetan werden. Aber was wirklich über die bürgerlich-liberale Einstellung hinausgeht, ist der fast religiöse Glaube an die Allmacht der Technik zum Guten. Wer alt genug ist, noch die Anfänge Sowjetrußlands miterlebt zu haben, erinnert sich an Schlagworte wie »Sozialismus ist Elektrifizierung«, an Buchtitel wie »Beton«, an Eisensteins heroisierenden Film über einen Bahnbau, an die Traktorenverherrlichung, an das Feiern jedes industriellen Großwerks, jedes Ingenieurfortschritts als Beitrag zum Sozialismus. Über diese kindliche Phase mag man verstehend lächeln. Aber noch viel später, und keineswegs kindlich, wurde der Malthusianismus offiziell als bürgerliche Klassendoktrin »verurteilt« und – lange vor China – von Moskau aus verkündet, daß eine sozialistisch geführte Wissenschaft und Technik in der Nahrungserzeugung mit jedem Bevölkerungszuwachs Schritt halten könne, ja, *die Idee selber einer natürlichen Grenze für menschliche Kunst wurde ausdrücklich verneint*. Verknappung ist die Schuld entweder ungenügender Technik oder böswilliger Marktmanipulation, und selbst die erstere kann auf die Dauer nur Klassenschuld sein. Es macht fast keinen Unterschied, wieviel davon ehrliche Überzeugung und wieviel Heuchelei ist, da die letztere der offiziellen Lehre zuliebe aufgeboten und sozusagen dadurch ehrlich wird, daß sie bindet.
Ein anderes Beispiel für die Herrschaft der Ideologie über die »Wahrheit« ist die berühmte Lysenko-Episode in dem Streit um die amtlich richtige *Genetik*. Über dem unmittelbar grotesken Aspekt darf das Eigentliche nicht übersehen werden, daß hier eine grundsätzlich *technologische* Konzeption der *Gesellschaft* am Werke war: als biologische »Umwelt« soll *sie* die Macht haben, den Menschen sogar biologisch zu formen, demnach durch die eigene Umformung ihn auch – sich gemäß – *um*zuformen. Da aber ihre eigene Umformung nach Absicht und Plan geschieht, so wird die Manipulation der

gesellschaftlichen *Bedingungen* ein Kunstmittel zur erblichen Manipulation des Menschen und die Gesellschaft als ganze eine Ingenieurstechnik zur Determinierung seiner Natur. An der damals noch neuen »westlichen« Genetik wurde in dem Augenblick nur der fatalistische, also »reaktionäre« Aspekt gesehen (die Immunität der Gene gegen Umwelteinflüsse, mit Folgerungen für Rassenlehre usw.) und nicht die mitimplizierten manipulativen, also »fortschrittlichen« Möglichkeiten – die allerdings am Einzelfall einsetzen würden und individualistischer Willkür Raum gäben. Nach marxistischer Lehre darf der Determinismus nur kollektivistisch sein, wobei die Willkür also eine Stufe zurückverlegt ist in die Gestaltung eben des Kollektivs. Natürlich kann der Marxismus über der Leiche des Lysenko-Irrtums sehr schnell seinen Frieden mit dem Ingenieurspotential der wissenschaftlichen Genetik des Westens machen, wenn dieses Potential nur unter die Kontrolle »der Gesellschaft« kommt. Bezüglich seiner Nutzung wird dann von Natur aus eine marxistische Verfügungsgewalt weniger Hemmungen haben als die bürgerlich-westliche Welt, wo noch so mannigfache Traditions- und Religionsreste mitreden. Zum »Opium für die Massen«, das einmal die Religion gewesen sein soll, ist inzwischen eher der technische Fortschritt geworden und es ist zu fürchten, daß er dies beim Marxismus noch weniger als beim Kapitalismus *nur* für die Massen ist. Der hier wichtige Punkt ist, daß der technologische Impuls in das Grundwesen des Marxismus eingebaut ist und ihm zu widerstehen umso schwieriger wird, als er sich dort mit dem Standpunkt des extremsten Anthropozentrismus verbindet, dem die ganze Natur (sogar die menschliche) nichts anderes als ein Mittel für die Selbstverfertigung des selber noch nicht fertigen Menschen ist. Dieser mentale Faktor darf in der Abschätzung der »Chancen«, in der wir begriffen sind, nicht übersehen werden, auch wenn er sich nicht quantifizieren läßt.

4. *Die Verführung der Utopie im Marxismus*

Die größte innere Versuchung liegt in der innersten Seele des Marxismus – der *»Utopie«*. Sie ist seine nobelste und daher gefährlichste Versuchung. Denn natürlich ist es nicht an dem, daß der »Materialismus« seiner Geschichtserklärung und selbst seiner simplistischen Ontologie einen banal-materialistischen Inhalt seines *Ideals* bedeutet, nämlich ein Ideal der vollen Mägen. Der Materialismus bezieht sich auf die Bedingungen, nicht auf das Ziel. Beim »Erst kommt das Fressen und dann die Moral« ist sowohl das »erst« wie das »dann« ernst zu nehmen. Es besagt, daß der Hungernde (vom Hungertod Bedrohte) nicht anders als der Erstickende, überhaupt der die ersten animalischen Notwendigkeiten Entbehrende, in einem vorsittlichen Zustand festgehalten ist; daß »dann« aber in der Tat »die Moral kommt« und ihn in Anspruch nimmt: So stipuliert die freche Banalität, die scheinbar »die Moral« trivialisiert (etwas für die, die sichs leisten können), in Wahrheit selber eine moralische Pflicht für Dritte, nämlich jenen die Sittlichkeit verhindernden Zustand beseitigen zu helfen – ihn durch einen Zustand zu ersetzen, in dem man nicht mehr sagen kann »Doch die Verhältnisse, sie sind nicht so«. Wäre dies die ganze Utopie des Sozialismus, wer wollte – außer vielleicht die Wahl des Weges zu bezweifeln – daran Anstoß nehmen? Aber mit dieser karitativen Auslegung wäre mindestens der Marxismus weit unterschätzt, ebenso wie mit einer rein ökonomischen der Güterversorgung. »Gerechtigkeit« wäre schon höher gegriffen, aber auch diese bezeichnet noch nicht das Ideal, sondern erst die Bedingung dazu: der gerechtere Zustand soll das Tor zum Freiwerden des »eigentlichen« menschlichen Potentials öffnen, das bisher durch die ungerechten Verhältnisse auf *beiden* Seiten der Klassenteilung gehemmt war. Das ist der Sinn des sonst rätselhaften Ausspruchs, daß alle bisherige und auch die jetzt dem klassenlosen Zustand noch vorangehende Geschichte nur »Vorgeschichte« war und die eigentliche Geschichte der Menschheit erst mit der neuen Gesellschaft beginnt. Wohlweislich wird dabei verschwiegen, *worin* außer in der Beseitigung früheren Unrechts und früherer Konflikte die höhere Verwirklichung »des Menschen« *positiv* bestehen soll: und mit Recht, denn davon darf der Marxist, mit nur der vergangenen, uneigentlichen Geschichte vor Augen, nicht einmal eine Vorstellung zu haben vorgeben. Dennoch müssen wir, konfrontiert mit dem zaubervoll-leeren Ruf der Utopie, angefordert von ihrem Versprechen, fragen, *was* denn etwa der gerechtere Zustand – unbestreitbar ein Wert in sich, für den man wohl in anderer menschlicher Münze, etwa kultureller Brillanz, zu zahlen bereit sein sollte – über sich selbst hinaus vom menschlichen Wesen ans Licht bringen (oder ans Licht erlauben) könnte, was bisher daran gehindert war; und worauf sich der Glaube stützt, daß es so etwas gibt und nur auf seine Erlösung wartet.

V. Die Utopie vom erst kommenden »eigentlichen Menschen«

1. Nietzsches »Übermensch« als künftiger eigentlicher Mensch

Da hier die Utopie selber schweigt, darf man sich wohl an Nietzsche wenden, der vom ganz entgegengesetzten Ende her ebenfalls zu der Ansicht kommt, daß alles Bisherige nur Vorstufe gewesen sei, Übergang vom Tier zum kommenden Übermenschen, uns dabei aber etwas mehr als der Marxist von seiner Vorstellung von menschlicher Größe verrät, die ihren Schatten voraus in die Zukunft wirft. Nietzsche natürlich war kein Utopist, von einem kommenden allgemeinen Zustand versprach er sich nichts und schon gar nicht von einem »endgültigen«, welcher der Tod des Menschenversuches wäre. Das Übergang-sein bezieht sich strikt auf den Menschen als solchen, also auch auf den erwarteten »Übermenschen« selbst, der wiederum über sich hinaustrachten wird, und so fort in endlos offenen Horizont. Auch wissen wir, daß Nietzsche für die Segnungen sozialistischer Gleichheit und jede allgemeine Glückseligkeit nur Verachtung hatte, also insofern kaum als ergänzende Quelle für die Ausfüllung des dort leer gelassenen Inhalts der Utopie in Betracht kommt. Immerhin, mit seinem lebhaften Gefühl für menschlich Großes und Kleines, Erhabenes und Erbärmliches, Heiles und Verzerrtes, wußte er halbwegs, wovon er sprach, wenn er das Größte erst noch erwartete. Und da sehe man sich seine Helden an (die zumeist auch in irgendeinem Sinn seine Feinde sind): man denke an das »Gipfelgespräch«, das die großen Geister über die Zeiten hinweg führen und das doch wohl in der Zukunft weitergehen soll. Werden die Gipfel dann noch höher sein? Schwer vorzustellen, ja völlig dunkel, was das heißt. Vielleicht werden sie weniger selten sein, dichter beieinander? Möglich, aber man sieht nicht recht, daß Nietzsche hier an Zahlen gelegen war. Und sollen wir ihm den Gedanken unterstellen »Was hätte Plato erst sein können, wenn er nicht von der Zwei-Welten-Theorie verführt worden wäre? Was Spinoza, hätte nicht sein Judenhaß am Judengott fressen müssen? (usw. usw.)«? Unmöglich. Er hätte sich keinen seiner Gipfel anders gewünscht. Gewiß, sie waren noch nicht die ganz »freien Geister« der Zukunft, von denen nach dem Tode Gottes, dem endgültigen Verlust der Transzendenz, eine vorher nicht gekannte »Härte« und »Tapferkeit« verlangt sein wird. Das ist die einzige unterscheidende Tugend des Übermenschen, die Nietzsche namhaft machen kann[4], und das heißt wahrlich, aus der Not eine Tugend machen – und auch die ist nur eine Steigerung dessen, was er schon aus der Vergangenheit kennt. Kurz, »der Übermensch« war immer schon da, wie auch »der Mensch«, und der zukünftige wird zwar anders sein als jeder vorher, aber das war der bisherige jeweils auch. Was schließlich für die Herbeiführung des höheren Menschen, die Ermöglichung und Förderung seines Erscheinens, oder auch nur seiner Wahrscheinlichkeit, konkret getan werden kann, darüber findet sich bei Nietzsche kein Wort (wenn man nicht gelegentliche Bilder aus der Züchtungssphäre dafür nehmen will).

2. *Die klassenlose Gesellschaft als* Bedingung *für den kommenden eigentlichen Menschen*

Darin nun hat der Marxismus den Vorteil der politischen Konzeption und Aktion vor der Hoffnung des Visionärs: Er weiß einen Weg zu den *Bedingungen* für den höheren oder wahren Menschen. Der Weg ist die Revolution, die Summe der Bedingungen ist die klassenlose Gesellschaft. Darin steckt eine Prämisse, die den Marxismus von Nietzsche (und der Mehrzahl der klassischen Philosophen) scheidet, und die er mit den meisten Fortschrittsbekenntnissen teilt: der Mensch ist im Grunde »gut« und wird nur durch die Umstände schlecht gemacht; es bedarf daher nur der richtigen Umstände, um sein essentielles Gutsein auch aktuell werden zu lassen. Oder, was praktisch auf dasselbe hinauskommt, der Mensch ist ein Produkt der Umstände und die guten Umstände werden eben auch den guten Menschen hervorbringen. Nach beiden Ansichten ist das Gut- oder Schlechtsein der Menschen eine Funktion der guten oder schlechten Umstände. Mindestens ein Aspekt des Fortschritts ist immer die Hinwegräumung von Hindernissen. Hiernach nun waren, gemäß dem Marxismus, die Umstände – nämlich Klassengesellschaft und Klassenkampf – bisher noch niemals gut; also auch nicht der Mensch; also wird erst die klassenlose Gesellschaft den guten Menschen mit sich bringen. Dies ist die »Utopie« im Wesen des Marxismus. Nun kann »gut« hier zweierlei bedeuten: Güte des Charakters und Verhaltens, also *moralische* Qualität; und Produktivität in trans-ökonomischen Werten (denn die ökonomischen sollen ja die Bedingung sein) und deren Güte, also *kulturelle* Qualität. In beiden womöglich, in einer zumindest, soll ex hypothesi die klassenlose Gesellschaft besser sein als jede bisherige, ja eigentlich erst das wahre Potential des Menschen ans Licht bringen. Was kann das heißen?

a. Kulturelle Überlegenheit der klassenlosen Gesellschaft?

Was das »Kulturelle« anlangt, so sind wir wieder bei Nietzsches Rätsel angelangt: wird es größere Genies geben? mehr? glücklichere? sozial wohltätigere? Über die Bedingungen dafür wissen wir schlechterdings gar nichts. Was das »mehr« betrifft, so ist es möglich, daß manches sonst von der Armut unterdrückte Talent zur Entfaltung kommen würde, und das wäre ein Gewinn. Dagegen mag manches auch durch die erhöhte soziale Zensur unterdrückt werden, und die Bilanz ist nicht vorauszusagen. Noch weniger die Qualität. Über das Geheimnis des »Genies« sollten wir sowieso schweigen; Nützlichkeit ist wahrscheinlich das Letzte, was ihm zugemutet werden sollte. – Um von den Individuen nicht zu reden, ist von dieser Gesellschaft im ganzen eine größere Kunst zu erwarten, als sie uns irgendeine der dunklen Vorzeit beschert hat? Eine bravere vielleicht. Eine noch gewaltigere Wissenschaft? Eine enger auf den öffentlichen Nutzen abgestellte vielleicht. Selbst dies »vielleicht« ist sehr obenhin gesagt. In Wahrheit wissen wir wiederum nichts über die Bedingungen des Schöpfertums, kollektiven sowenig wie individuellen; noch irgendetwas prädiktiv brauchbares darüber, wie und wo, in welcher Epoche und Gesellschaft, es zum Beispiel zu einer großen Kunst kommt statt zu einer mittelmäßigen. Nur von der größeren Regel der Mediokrität dürfen wir generell überzeugt sein, für die klassenlose Gesellschaft so gut wie für jede andere. Einen Unterschied mag dann ausmachen, wohin die größeren Prämien gehen, an die Ausnahmen oder an die konformistische Regel. Selbst da ist die Wirkung nicht sicher, solange das Ungewöhnliche nicht zu erdrückend gestraft wird. Wohl aber mögen wir *willens* sein, für eine gerechtere und weniger durch menschliches Elend verunzierte soziale Ordnung einen Preis an kultureller Brillanz und Interessantheit zu zahlen, wenn diese an solche negativen Bedingungen gebunden sein sollten: Man könnte es für *recht* halten, um der Anständigkeit willen die Aussicht eines übermächtigen Banausentums in Kauf zu nehmen; und *das* entweder mit Ja oder Nein zu beantworten sollte die sittliche Einstellung zu der ganzen Frage sein, anstatt des Kinderwunsches (= Utopie), alles haben zu wollen. Gibt man aber bei der, vielleicht abverlangten, Wahl dem moralischen Aspekt den Vorzug, so ist wohl zu unterscheiden zwischen seiner unmittelbaren Forderung, die an und für sich gültig ist, und den an ihre Erfüllung für die Moral selber geknüpften, nun im Moralischen »utopischen«, Hoffnungen. Solche

Hoffnungen – nämlich auf einen sittlich »besseren« Menschen überhaupt – sind aber der Kern des Ideals, für den man den erwähnten Preis in der Schale gezahlt hätte. Wie steht es damit?

b. Sittliche Überlegenheit der Bürger einer klassenlosen Gesellschaft?

Hier kommt die Prämisse vom »Gutsein« als Funktion der Umstände vorzüglich ins Spiel, die in Sachen des kulturellen Schöpfertums ihrer selbst weit weniger sicher ist als in Sachen der *sittlichen* Verfassung der Gemeinschaft. Da ist nun gleich einzuräumen, daß in einer gerechten, weniger ungleichen Verteilung der Lebensgüter, wie eine vergemeinschaftete Wirtschaftsordnung sie der Absicht und Voraussicht nach mit sich bringt, viele Antriebe zu Gewalttätigkeit, Grausamkeit, Neid, Habgier, Betrug und dergleichen fortfallen und vielleicht überhaupt eine friedlichere, wenn nicht brüderlichere, Gesinnung untereinander herrschen wird als im unbarmherzigen Betrieb des Wettbewerbs, wo »den Letzten die Hunde beißen«. Sicher müssen die aus der Not geborenen Verbrechen und Laster abnehmen, wenn die Not nicht mehr besteht. Welche andern Antriebe oder Anlässe zur Schlechtigkeit an die Stelle treten ist ungewiß. (An politischen Ehrgeiz denkt man sofort.) Man wird sich da auf die Menschennatur, ihre Anfälligkeit oder Findigkeit, verlassen können. Das soll nicht von der Beseitigung jener Anlässe abhalten, die sich beseitigen lassen und deren Existenz an sich selbst ein Skandal ist. Wie immer aber die Rechnung sich schließlich stellt: Daß, bei Fortfall gewisser Anreize zum Gegenteil, die Menschen überhaupt in einem bisher ungekannten Grad gutartig, neidlos, fair, brüderlich, ja liebevoll zueinander werden, daß sie insgesamt die institutionell verkörperte, sozusagen »objektive« Ethik auch verinnern und dann autonom praktizieren werden, so daß der Staat nur noch aus Tugendhaften besteht – das kann kein Wissender im Ernste glauben und auch der sozialistische Staat glaubt es nicht, wie die Gründlichkeit seines Polizei- und Angebersystems beweist. Der »sozialistische Mensch«, vielleicht in manchem moralisch günstiger gestellt als der für sich selbst fechtende, kann immer noch nach allen möglichen Kriterien ein guter oder schlechter Mensch sein. Daß gewisse soziale Entschuldigungen wegfallen und Schuld damit eindeutiger wird, kann ethisch nur ein Vorteil sein. Aber solange Versuchung da ist – und daran wird das Menschenherz (hoffentlich, so möchte man sagen) es nie fehlen lassen – wird die Tatsache sich zur Geltung bringen, daß die Menschen eben Menschen und nicht Engel sind. Man schämt sich fast, dies auszusprechen. Warum tun wir es?

c. Materieller Wohlstand als Kausalbedingung der marxistischen Utopie

Wir tun es wegen der gefährlichen Macht *einer* Versuchung: der Utopie selbst! Ihre allgemeineren Gefahren, zum Beispiel die Verführung zur Erbarmungslosigkeit beim Versuch ihrer Herbeiführung, sind jetzt nicht unsere Sache. Ihre besondere Gefahr im Zusammenhang unseres Themas besteht darin, daß sie unter ihren kausalen *Bedingungen* die Armut vermeiden und, wenn nicht den Überfluß, eine zufriedenstellende Fülle des physischen Daseins suchen muß. Der Materialismus ihrer ontologischen Hypothese macht das materielle Wohlergehen zu einer gebieterischen Voraussetzung für die erstrebte Freisetzung des wahren menschlichen Potentials, zwar nicht selber Ziel aber unerläßliches Mittel dazu. Also wird die Verfolgung der Fülle mit Hilfe der Technik, über die ohnehin dahin wirkenden, mit dem Kapitalismus geteilten, sozusagen vulgären Antriebe hinaus, zur höheren Pflicht der Diener der Utopie: Die Ermöglichung des wahren Menschen fordert sie. Und hierzu ist nun zweierlei zu sagen, was niemand gerne sagt: Erstens, daß wir uns die Utopie mit dieser Bedingung heute nicht leisten können, zweitens, daß sie auch an und für sich ein falsches Ideal ist.

VI. Utopie und Fortschrittsgedanke

1. Notwendigkeit des Abschieds vom utopischen Ideal

a. Die psychologische Gefahr des Wohlstandsversprechens

Daß »wir« uns im Weltdurchschnitt eine Steigerung des Wohlstandes nicht mehr leisten können, wurde im vorigen hinreichend ausgeführt. Für die entwickelten Länder bedeutet das Verzichte, denn die Hebung der unentwickelten kann nur auf ihre Kosten stattfinden. Aber auch da ist die Marge schmal. Auch die rücksichtsloseste Neuverteilung des global schon bestehenden Reichtums bzw. der ihm gewidmeten Produktionskapazitäten (die aber friedlich gar nicht vorgenommen werden könnte) wäre nicht genug für *die* Hebung des Lebensstandards der verarmten Weltteile, die das bloße Elend abschaffen würde. Glücklich könnten wir uns schätzen, wenn sie nur seinem Wachstum steuern würde. Und auch im besten Fall, das heißt mit jedem partiellen Erfolg, könnte sie nur den Appetit nach dem (immer noch ungenügenden) Mehr wetzen. Dennoch ist klar, daß in dieser Richtung etwas geschehen *muß*, was aber notgedrungen weit hinter jeder Utopie-fördernden Reichlichkeit zurückbleiben wird. Ebenso klar dann, daß der Wohlstand etwa Amerikas, das einen viel zu großen Teil der Weltschätze für seinen verschwenderischen Lebensstil verbraucht, fühlbare Einbuße erleiden muß, ob freiwillig oder gezwungen durch den »Klassenkampf« der Völker (dasselbe für Europa usw.), und das ist mindestens psychologisch alles andere als eine Empfehlung für die Utopie. Diese muß im Gegenteil sich selber empfehlen mit Versprechen von breiterer Anziehungskraft als des der gleichen Gerechtigkeit für alle: die Mehrheit muß sich als Gewinner voraussehen können, wenigstens nicht als

Verlierer, und besonders natürlich die Mehrheit bei den mächtigen, das heißt reichen Völkern, von denen hierbei alles abhängen wird; doch die haben gerade die Rechnung zu bezahlen. Hier kann also der Zauber der Utopie für das, was wirklich zu tun ist, nur hinderlich sein, da er auf »Mehr«, nicht »Weniger« hinlenkt, und die Warnung vor größerem Übel wäre nicht nur die wahrere, sondern auf die Dauer wohl auch die wirksamere Politik.
In summa: Kontraktion viel eher als Wachstum wird die Losung werden müssen, und die wird den Predigern der Utopie noch schwerer fallen als den ideologisch nicht gebundenen Pragmatikern. Soviel zur Gefährlichkeit des utopischen Denkens in dieser Weltstunde – ein Beitrag zur Abwägung der »Chancen«, die wir hinsichtlich des Marxismus als Anwärter auf die Weltsache anstellen. Schon in dieser rein pragmatischen Rechnung wird es ein Gebot der Reife, einem teuren Jugendtraum – und das ist für die Menschheit die Utopie – zu entsagen.

b. Wahrheit oder Unwahrheit des Ideals und die Aufgabe der Verantwortlichen

Aber auch jenseits davon ist es dazu an der Zeit. Es ist an der Zeit zu fragen, was der Traum der Utopie wirklich wert ist: was mit seinem Aufgeben verloren oder was vielleicht gewonnen wäre. Ist der Traum unwahr, so wäre mit seinem Aufgeben immerhin *Wahrheit* gewonnen, mindestens eine größere Anpassung an sie. Aber Wahrheit, oder auch nur die Nähe zu ihr (die hier im Negativen eines skeptischen Glaubensverzichts bestehen würde), ist nicht immer heilsam. Der psychologische Wert der Utopie: daß sie große Massen befeuern kann zu Taten und Leiden, die sie sich sonst nicht abgewinnen würden, ist unbestreitbar. Als Geschichtsmacht war der »Mythos«, ob wahr oder falsch, oft unentbehrlich, übrigens zum Guten wie zum Bösen. Ein solcher Mythos ist

die Utopie, und er hat Wunder gewirkt. Denkbar wäre aber auch hier eine Reife, die auf die Täuschung verzichten kann und zum Beispiel für die bloße Erhaltung der Menschheit auf sich nimmt, wozu bisher der Glanz der Verheißung nötig war: aus selbstloser Furcht also statt aus selbstloser Hoffnung. Ganz gewiß aber muß dies bei den Führenden der Fall sein, damit sie nicht der Verführung des eigenen Ideals erliegen, wenn es darauf ankommt, im Ernst ohne dasselbe auszukommen. Also spielt mindestens für sie die Frage der Wahrheit eine entscheidende Rolle, und zwar jenseits der Zeitfrage von Erreichbarkeit bald oder später, ganz oder teilweise, auf einmal oder in Stadien, wahrscheinlich oder unwahrscheinlich – also die Frage nach der »Wahrheit« des Ideals in sich selber, seiner *inneren Richtigkeit* und somit seiner rechtmäßigen Setzbarkeit. Denn nur der echte Abschied von der Konzeption als solcher, nicht bloßer Aufschub aus pragmatischen Gründen, gibt denen, die in die Zukunft zu führen haben, die moralisch-intellektuelle Freiheit, die sie zu den ihrer wartenden Entscheidungen so nötig haben werden. Wie sie es dann mit der öffentlichen Mitteilung der ernüchternden Wahrheit halten, gehört in die Staatskunst und nicht in die Philosophie.
Werfen wir also die Wahrheitsfrage auf und konzentrieren uns auf die moralische Utopie, der die soviel vagere kulturelle nur als Schmuck zugegeben ist, und die ihre Macht als Zielvision behält, auch wenn die *materielle* Utopie, die ihre Bedingung sein soll, als derzeit unerschwinglich erkannt wird. Hat es Sinn, davon zu sprechen, daß »der Mensch« als Gattungswesen sittlich besser und weiser wird? Hat *darauf* der Begriff des *Fortschritts* Anwendung?

2. *Zur Problematik des »sittlichen Fortschritts«*

Man hört heute oft, daß der sittliche Fortschritt mit dem intellektuellen, das heißt dem wissenschaftlich-technischen, nicht Schritt gehalten habe, und innerhalb des Intellektuellen selbst das Wissen von Mensch, Gesellschaft und Geschichte hinter dem von der Natur zurückgeblieben sei; und daß diese beiden Lücken durch ein entsprechendes Aufholen in den rückständigen Gebieten geschlossen werden müssen, damit der Mensch sich sozusagen selber einhole und seinen bisher einseitigen Fortschritt, über dem der andere verabsäumt wurde, vollständig mache. Hierin spricht sich, wie ich glaube, eine völlige Verkennung des menschlichen und besonders des ethischen Phänomens aus. Daß es von Mensch, Gesellschaft und Geschichte »noch« kein dem naturwissenschaftlichen vergleichbares Wissen gibt, liegt einfach daran, daß sie gar nicht im gleichen Sinne *»wißbar« sind* wie die »Natur«, und was davon ähnlich wißbar ist, nicht das Eigentliche trifft. Vor allem: *dies* Wißbare gesellt sich mühelos zu dem »wertfreien« technisch-manipulativen Wissen der Natur und liegt selber auf der anderen Seite der Lücke, trägt also zu ihrer Schließung nichts bei. Dies stehe hier als summarische Behauptung, für die wir nur an die Nachdenklichkeit appellieren können. (Der philosophische Beweis, der den unterschiedlichen Sinn von »Wissen« bei verschiedenen Gegenständen entwickeln müßte, würde zu weit von der jetzigen Aufgabe abführen.) Wie aber steht es mit der *sittlichen* Verbesserung, deren Erwünschtheit niemand leugnen wird? Ist der Begriff des »Fortschritts« als eines gesellschaftlichen Vorgangs *hierauf* anwendbar?

a. Fortschritt im Individuum

Es liegt eine Ironie darin, daß der Begriff des »Fortschritts« *hier,* in der moralischen Sphäre, und der persönlichen überhaupt, ursprünglich beheimatet ist. Bunyans »Pilgrim's Progress« handelt vom Heilsfortschritt der Seele, und schon seit Sokrates ist es ausgemacht, daß Tugend durch Tugend wächst und Produkt einer fortschreitenden *Erziehung* ist, in der richtiger Umgang, Vorbild, Übung, Erkenntnis und vor allem ständiges Streben – die zuerst von außen und durch Nachahmung erweckte, aber mehr und mehr angeeignete »Liebe zum Guten« – ihre Rolle spielen. Daß das *Individuum* der Verbesserung fähig ist (man macht schließlich Fortschritte in der Schule und auch in körperlichen Fertigkeiten) und es hierfür Hilfen gibt und im Subjekt selbst einen *Weg* – somit eine mögliche und möglicherweise asymptotische Bewegung des Fortschreitens – war nie zweifelhaft. Ja, da jedes Leben mit nichts beginnt und sich alles erst erwerben muß, ist »Fortschritt« das notwendige Entwicklungsgesetz schon im *Werden* der Person, an dem jeder mindestens teilgehabt *haben* muß, und die Frage ist dann nur, ob dies Werden zum »Besseren« hin über das Jugendlernen und die Erreichung der biologischen Reife hinaus anhält oder nicht. Hier hat die Ethik immer dafür gehalten, daß es darin bis zum Tode kein Ende geben soll, und zwar weder im Wissen noch im Können noch im sittlichen Charakter; daß also die Erziehung als Selbsterziehung durch die Reife hindurch weitergehen soll – und dies auch kann, weil das Vollkommenere und vielleicht Erreichbare immer noch jenseits des Erreichten liegt. Hier ist also die Idee des »Fortschritts« sowohl als Begriff wie als Ideal beheimatet, und es darf sogar eine persönliche »Utopie« geben. Aber bei all dem ist vom Einzelnen die Rede, dem psychophysischen Individuum und vor allem seiner »Seele«. Gibt es etwas ähnliches für das Kollektiv? Für die Gruppe, die historische Gesellschaft, ja die Menschheit? Gibt es so etwas wie eine sittliche »Erziehung des Menschengeschlechts«? Gilt, allgemeiner, was für die Ontogenie gilt, auch für die Phylogenie?[5]

Diese Frage haben wir schon einmal erörtert (4. Kap., IV 2f, S. 200), nämlich im Zusammenhang des Problems geschichtlicher Vorhersage und damit des wißbaren Zukunftshorizonts der Verantwortung, und haben gefunden, daß *keine* gültige Analogie zwischen Einzeldasein und Geschichtsdasein besteht. Jetzt nehmen wir die Frage wieder auf mit

Bezug auf den Begriff des Fortschritts und die kollektive Utopie.

b. Fortschritt in der Zivilisation

Kein Zweifel ist, daß es Fortschritt in der »Zivilisation« gibt, überhaupt in allen menschlichen Könnensarten, die des Zuwachses über das Einzelleben hinaus fähig (also tradierbar) und Allgemeinbesitz sind: also in Wissenschaft und Technik, in gesellschaftlich-wirtschaftlich-politischer Ordnung, Lebenssicherheit und -behagen, Bedürfnisversorgung, Vielheit kulturell erzeugter Ziele und Genußarten, Ausbreitung ihrer Zugänglichkeit, Rechtszustand, in öffentlicher Achtung der persönlichen Würde – und natürlich auch in den »Sitten«, das heißt den äußeren und inneren Gewohnheiten des Zusammenlebens, die roher oder feiner, härter oder schonender, heftiger oder friedfertiger sein können (was bis zur Bildung von »Nationaltemperamenten« gehen kann, die den Einzelnen prägen). In alledem gibt es Fortschritt zum Besseren, mindestens zum Erwünschteren – und, wie man weiß, auch wieder Rückschritt, manchmal sogar entsetzlichen. Aber im Ganzen läßt sich wohl von einem »Aufstieg« der Menschheit bisher sprechen und auch von weiteren Möglichkeiten dafür in der Zukunft. Nur ist, wie man heute genugsam weiß, ein Preis dafür zu zahlen, mit jedem Gewinn geht auch Wertvolles verloren, und daß die menschlichen und animalischen Kosten der Zivilisation hoch sind und mit dem Fortschritt nur noch steigen, darüber braucht kaum noch etwas gesagt zu werden. Dennoch, selbst wenn wir die Wahl hätten (der das meiste ohnehin entzogen ist), wären wir willens, die Kosten zu tragen oder die »Menschheit« sie tragen zu lassen: ausgenommen solche, die das ganze Unternehmen um seinen Sinn bringen oder gar zunichte zu machen drohen. Sehen wir also zu, welcher Fortschritt im einzelnen gemeint ist.

3. Fortschritt in Wissenschaft und Technik

Am klarsten liegt der Fall beim Naturwissen und der Technik. Hier ist ständiger Zuwachs nicht nur der Sache nach denkbar, sondern hat auch de facto, obwohl mit Unterbrechung, bis heute im Verlauf der Menschheitsgeschichte in sichtbarster und unwidersprechlichster Weise stattgefunden; und alles im heutigen Zustand beider – so unlöslich verschmolzener – Unternehmen sieht nach indefinitem Fortgang ihrer Bewegung in der Zukunft aus (wahrscheinlich sogar mit exponentiellem Anschwellen ihrer Erträge). Jedenfalls sind sie hierzu nach ihrem eigenen Wesen und dem Wesen ihrer Dinge imstande, und keine Grenze ist ihnen von daher gesetzt. Hier also ist Fortschritt, und sogar potentiell endloser, ein eindeutiges Datum, und sein Anstiegscharakter, nämlich daß das jeweils Folgende dem Vorigen *überlegen* ist, ist keineswegs bloße Sache der Interpretation. Weniger klar ist die Frage seines Preises.

a. Wissenschaftlicher Fortschritt und sein Preis

Was die *Wissenschaft* betrifft, so ist Endlosigkeit ihrer Aufgabe und somit ihrer Möglichkeiten im Wesen des Erkenntnisobjektes (der Natur) wie des Erkennens selber angelegt, und ihre Verfolgung ist nicht nur ein Recht, sondern auch eine hohe Pflicht des mit der Fähigkeit dazu ausgestatteten Erkenntnissubjektes. Dieses Subjekt aber ist nicht mehr der einzelne Geist, sondern zunehmend nur noch der »Kollektivgeist« der das Wissen speichernden Gesellschaft, und hierin liegt der innere *Preis* des wissenschaftlichen Fortschritts, nämlich der für die Qualität des Wissens selber. Sein Name ist »Spezialisierung«, die bei der ungeheuerlichen Vermehrung des Wissensstoffes, seiner Unterteilungen und der für sie entwickelten, immer subtiler werdenden Sondermethoden zu äußerster Fragmentierung des »vorhandenen« Totalwissens unter seinen Adepten führt. Das Individuum zahlt für schöpferische Mitwirkung an dem Prozeß, ja schon für wirklich sachgemäßes Zuschauerverstehen, mit dem Verzicht auf Mitbesitz an allem außer seiner engen Zuständigkeit. So wird, während der totale Wissensbestand wächst, das Wissen des Einzelnen immer mehr Stückwerk. Dabei sprechen wir von den *Teilnehmern* am Wissensvorgang, den Forschern und Sachverständigen selbst. Dazu wird das Ganze immer esoterischer, immer weniger mitteilbar an Laien, und schließt somit den größten Teil der Mitlebenden von sich aus. Das wirkliche Wissen von der Natur mag immer die Sache einer kleinen Elite gewesen sein, aber man darf bezweifeln, daß der gebildete Zeitgenosse Newtons seinem Werk so hilflos gegenüberstand wie der heutige den Mysterien der Quantenmechanik. Die Kluft wird größer und in dem entstehenden Vakuum breiten sich Ersatzwissen und Aberglauben aus. Dennoch wird niemand für die Einstellung des Prozesses plädieren. Das Vorantreiben des Wagnisses der Erkenntnis ist ein höchstes Soll, und wenn dies sein Preis ist, so ist er eben zu zahlen. Hier also ist ein unbestreitbarer Fall – vielleicht der einzige durchaus unbestreitbare – echten Fortschritts *und* seiner Erwünschtheit, ja seines *Anspruchs* auf unsere Zustimmung. Jedoch hat er in seiner wesenhaften, jederzeitigen Unabgeschlossenheit mit der Verwirklichung einer Utopie nicht das mindeste zu tun. Seine Siege und Niederlagen in den entrückten Regionen der Theorie sind ihrem Kommen weder zunutzen noch zuschaden. Und die Utopie ihrerseits ist, wie der bisherige Verlauf der Dinge beweist, weder als Gegenwart noch als Erwartung für die Lebenskraft des theoretischen Triebes und seiner fortschreitenden Erfolge vonnöten. Das Beste, was man hier von ihr erhoffen darf, ist daß sie, zur Herrschaft gekommen, beide nicht hemmen wird. Die Wahrheit als solche aber, und fast noch mehr das Streben nach ihr, zieren durch ihre Anwesenheit *jeden* Zustand des Menschen, wie ihr Schwinden ihn verunzieren würde.

b. Technischer Fortschritt und seine sittliche Ambivalenz

Anders steht es mit dem robusten Sprößling der Naturwissenschaft, der *Technik*. Da sie die Welt verändert, die realen Bedingungen und Weisen des menschlichen Zusammenlebens einschneidend bestimmt, in manchem sogar den Zustand der Natur, mag sie sehr wohl mit dem Kommen wie auch dem projektierten Inhalt der Utopie etwas zu tun haben. In der Tat, die verschiedenen Utopien selbst, politische oder literarische (mit Ausnahme der »arkadischen«, die ich nicht ernst nehmen kann), rechnen die Technik sehr bewußt in ihre Entwürfe ein, wenn sie nicht gar in der Hauptsache technologisch sind. Und sofern von Fördern oder Hemmen die Rede ist, kann je nach der Einstellung das eine oder andere von der Utopie erwartet, und zwar sowohl erhofft als befürchtet werden. Wir selber haben uns ja im Vorigen die Utopie in ihrer kommunistischen Form daraufhin angesehen, welche Aussichten sie etwa für die *Bändigung* der irgendwie wild gewordenen Technik bietet – also für eine hier wünschenswerte Hemmung. Das deutet auf den Umstand hin, daß bei der Technik, anders als bei der Wissenschaft, Fortschritt eventuell auch unerwünscht sein kann (weil Technik sich nur durch ihre Effekte, nicht durch sich selbst rechtfertigt). Aber sie teilt mit ihrem zum Zwilling gewordenen Erzeuger, der Wissenschaft, eben dies, daß »Fortschritt« als solcher in ihrer Selbstbewegung ein eindeutiges Datum ist, in dem Sinne, daß jedes Folgende dem Vorherigen notwendig *überlegen* ist. Man beachte, daß dies kein Werturteil sondern eine plane Tatsachenfeststellung ist: man kann die Erfindung einer Atombombe mit noch vergrößerter Zerstörungskraft beklagen und durchaus für wertwidrig halten, aber die Klage ist eben darüber, daß sie technisch »besser« ist und in diesem Sinne ihre Erfindung leider ein Fortschritt. Von der Problematik technischen Fortschritts handelt dies ganze Buch und darum sei an dieser Stelle nichts weiter darüber gesagt. Festzuhalten ist im Falle der Wissenschaft und Technik, zumal seit ihrer engen Verschwisterung, daß wenn irgendetwas, dann die ihre eine *Erfolgs*geschichte ist, und zwar eine ständige, aus innerer Logik bedingte und daher dasselbe weiterversprechende: ich glaube nicht, daß sich ähnliches von irgendeiner anderen zeitüberspannenden gemeinmenschlichen Bestrebung sagen läßt. Bei der Technik, wie schon gezeigt (1. Kap. IV 1, S. 31 f.), führt dann dieser Erfolg mit seiner blendenden, öffentlichen, alle Lebensgebiete umfassenden Augenfälligkeit – ein wahrer Triumphzug – dazu, daß im Allgemeinbewußtsein das prometheische Unternehmen als solches von der Rolle des bloßen Mittels (das jede Technik an sich doch ist) in die des Ziels rückt und »Eroberung der Natur« als Beruf der Menschheit erscheint: homo faber über homo sapiens (der seinerseits zum Mittel für jenen wird) und äußere *Macht* als höchstes Gut – für die Gattung, versteht sich, nicht den Einzelnen. Und das wäre dann, da es hier kein Ende gibt, eine »Utopie« permanenter Selbstübersteigung auf ein unendliches Ziel hin. Zum Selbstzweck würde sich die Wissenschaft, das Leben der Theorie, viel eher eignen, aber eben doch nur für die kleine Schar ihrer Adepten. Was schließlich die Sittlichkeit hierbei betrifft, so sind Wissenschaft und Technik nicht ohne Bezug zu ihr. Im Hinblick auf die Fortschrittsidee, um die es geht, ist die Frage, ob sie durch ihren *Fortschritt* zur allgemeinen Versittlichung beitragen. Da dem-Wissen-ergeben-sein an und für sich ein sittliches Gut ist, kann die *Wissenschaft* – und das erkennende Denken überhaupt – für ihre Ausführenden wohl versittlichend wirken (tut es jedoch befremdlicherweise nicht immer), aber sie täte dies nicht durch ihren Fortschritt, überhaupt durch ihre Ergebnisse, sondern durch ihre je gegenwärtige Ausübung, das heißt ihren bleibenden Geist, und der Spätere hätte darin vor dem Früheren nichts voraus; und die Allgemeinheit wird davon nicht berührt. Sie wird aber berührt von allem, was die *Technik* in die Welt entläßt, und daher in der Tat von ihrem Fortschritt, der ein Fortschritt der Ergebnisse ist. Von der Komplexität dieser

Ergebnisse aber – der Früchte für den menschlichen Genuß und der Formungen des menschlichen Zustandes – läßt sich nur sagen, daß manche versittlichend und andere entsittlichend wirken, oder dieselben auch beides, und ich wüßte nicht, wie hier eine Bilanz zu ziehen ist. Nur die Ambivalenz selber steht fest. Sollte es aber der Fall sein, daß die langfristige Umgestaltung der Lebensbedingungen und -gewohnheiten durch die Technik zu einer typologischen Veränderung »des Menschen«, dieses plastischsten der Geschöpfe, führen wird (keine grundlose Vorstellung), so wird diese Veränderung kaum in die Richtung eines ethisch-utopischen Ideals gehen. Der überwiegende Vulgarismus des technologischen Segens allein macht dies mehr als unwahrscheinlich. (Der enormen Entmündigung des Einzelnen durch den – faktischen und psychologischen – Massenzwang der technologischen Ordnung als solcher brauchen wir nicht erst zu gedenken.)

4. Von der Sittlichkeit gesellschaftlicher Einrichtungen

Konnten wir bei Wissenschaft und Technik eindeutig von Fortschritt, und sogar von potentiell endlosem, sprechen – vielleicht die einzigen permanent anti-entropischen Bewegungen, in denen der spätere Zustand immer den früheren übertrifft – so ist das Bild auf dem Gebiete der politisch-gesellschaftlichen Ordnung, das ein so viel engeres Verhältnis zum Sittlichen hat (und bis vor kurzem auch viel mehr den eigentlichen Stoff der Geschichte abgab), sehr viel weniger deutlich. Ja, wenn man darüber reflektiert, ist man versucht, es als Regel hinzustellen, daß je näher etwas im Kollektivleben zur sittlichen Sphäre steht, umso unsicherer bei ihm »Fortschritt« als natürliche Bewegungsform wird: Das sittlich Neutralere und nach ganz »sachlichen« Kriterien Gemessene, wo jedes Mehr ein Besser ist, eignet sich offenbar besser zu kumulativer Vervollkommnung – in aller

Kürze: das »Können« besser als das »Sein«. Aber es *gibt* bessere und schlechtere Staats-, Wirtschafts- und Sozialordnungen, und außer daß sie in sich mehr oder weniger sittlich, das heißt sittlichen Normen angemessen sein können, setzen sie auch bessere oder schlechtere *Bedingungen* für das sittliche Sein – die »Tugend« – ihrer Mitglieder.

a. Demoralisierende Wirkungen der Despotie

Daß beides zusammenfällt, ist nicht ohne weiteres sicher. Nach der schlechten Seite noch am ehesten: Ein despotisches Regime, als solches schon im Widerspruch mit bestimmten ethischen Werten, korrumpiert auf seine verschiedene Weise Inhaber und Opfer der Gewalt (die sehr wohl in derselben Person vermischt sein können). Sich in ihm rein zu erhalten erfordert außerordentliche Tugend – mehr als man vom Durchschnittsmenschen erwarten und von irgendwem verlangen darf. Das Bild der großen Wahrheitszeugen im Aufzug der Vergangenheit, in denen sich offenbarte, welcher sittlichen Größe »der Mensch« fähig ist (ohne das könnten wir es gar nicht wissen), möchte man nicht missen, aber niemand wird um der kostbaren Märtyrertugend willen die Umstände gutheißen, die allein die Gelegenheit zu ihr bieten. Im Gegenteil heißt ihr Beispiel uns nach einem Zustand trachten, in dem dergleichen nicht nötig ist. (Platon suchte nach einem Staat, in dem ein Sokrates *nicht* zu sterben braucht.) Tugend braucht nicht leicht zu sein, aber ihr Preis darf nicht zu hoch sein und damit für die meisten unerschwinglich. Auch wünscht man ihr Licht am besten in sich selber scheinend anstatt sich vom Dunkel des Lasters abzuheben, obwohl es dann am hellsten strahlt – im Äußersten bis zu überirdischem Glanz. Hier aber sprechen wir von den Vielen, nicht den Wenigen – vom Durchschnittszustand der zahllosen Glieder des Gemeinwesens (womit allein es ja die *Utopie* zu tun hat). Und da gilt, wie die Menschen nun sind, daß die Tugend ermutigt werden muß und nicht entmutigt werden darf. Vor allem aber darf das *Laster* nicht ermutigt werden, und das wird es zum Beispiel in Despotien, und in totalitären Despotien am totalsten: bei den Herrschenden Willkür und Grausamkeit, bei den Beherrschten Feigheit, Heuchelei, Verleumdung, Freundesverrat, Hartherzigkeit, zumindest fatalistische Gleichgültigkeit – kurz, alle Laster der Angst und des Überlebens um jeden Preis. Und wo dies nicht alles Laster sind, sondern unter den Umständen eher Schwächen, über die der Außenstehende sich nicht zu richten getraut, so sind es doch jedenfalls die schlechten und schamvollen Seiten der menschlichen Natur, auf die hier die Prämie steht, und auf den besseren liegt schwere Buße. Sie werden dadurch zwar nie unmöglich (dies die immer neu erschütternde Erfahrung der Jahrhunderte, nicht zuletzt des unseren) und das Opfer der Aufrechten wird hier umso großartiger. Es ist auch nicht vergebens, denn es rettet unseren Glauben an den Menschen (wenn es bekannt wird). Aber dies unfreiwillige Geschenk der Tyrannei an eine zweifelnde Menschheit kann dem Geber nicht zur Entschuldigung dienen.

b. Demoralisierende Wirkungen ökonomischer Ausbeutung

Was wir an der politischen Despotie illustriert haben, gilt auch von anderen institutionellen Gesellschaftsaspekten: daß sie moralische *Bedingungen* schaffen, die der persönlichen Ethik förderlich oder schädlich sein können, vorzugsweise letzteres. Zum Beispiel die *ökonomische* Ordnung – womit wir dem Argument der marxistischen Utopie näherkommen, in dem es ja um anderes als »Freiheit« geht. Nehmen wir das Stichwort von der marxistischen Kritik des Kapitalismus, so sind *Ausbeutungs*verhältnisse an sich unmoralisch und auch in ihren Auswirkungen demoralisierend; und zwar auch hier wieder sowohl für die Gewinner wie die Verlierer. Die Ausbeuter werden schuldig einfach dadurch, daß sie dies sind, und überdies erleiden sie, da niemand sein ständiges Tun in Schuldbewußtsein zubringt, an sich selber die sittlichen Verunschönerungen der Verhärtung und der Gewissenslüge, ohne die sie ihre Rolle nicht erfolgreich spielen könnten. Im übrigen mögen sie in ihrer persönlichen Lebensführung untadelig sein und nicht einmal ohne zartestes (in der Reichweite genügend abgeblendetes) Mitgefühl. Auch haben zum Unternehmertum immer ihm eigene Tugenden gehört; aber in einer moralisch falschen Grundsituation sind eben auch sie mitbefleckt von dem, in dessen Dienst sie betätigt werden. Es trifft also der sokratische Satz, daß der Unrechttuende zuerst sich selber schadet, da er seine Seele schlechter macht, auch auf den »Ausbeuter« zu, selbst wenn er es einfach durch Klassenzugehörigkeit und keine persönliche Wahl ist. Um hier das Individuelle der Täterschaft so zu reduzieren, wie man muß, so kann man sagen, daß das *System,* durch seine allgemeine Verzerrung der Rollen, moralisch selbst für seine Nutznießer nachteilig ist.

Und die Ausgebeuteten? Wird auch ihre Seele schlechter – durch das Ausgebeutet*werden*? Erleidet ihr sittliches Potential Einbuße durch das, was ihnen angetan wird? Das ist eine Frage, bei der die Freiheit der Seele, sich über drückende Umstände zu erheben, sowohl unterschätzt wie überschätzt werden kann. Sehr viel kommt hier auf den Grad an, weniger der Ungerechtigkeit selber als ihrer objektiven Folgen: über ein gewisses Maß hinaus ist es keine Frage mehr, daß sie bei ihren Opfern jene innere Freiheit vernichten. Sokrates meinte, daß für das Subjekt selber Unrechttun schädlicher ist als Unrechtleiden. Solange es sich nur um das »Unrecht« handelt, mag der Satz bestehen. (Selbst da, wenn wir die Psychologie in Rechnung ziehen, müssen wir vielleicht eher Nietzsche als Sokrates glauben.) Aber das objektivierte Unrecht schafft eine neue Kausalität, und nach *ihrem* sittlichen Schaden für den erleidenden Teil fragen wir. Und wir fragen es nicht, wie Sokrates, für Einzelakte, welche hier und dort begangen und erlitten werden, sondern für die permanenten Wirkungen auf die Opfer eines *Systems* des Unrechts. (Wir müssen dies wissen, um uns den Effekt einer System*änderung* vorstellen zu können.) Und da wird zur Hauptsache, daß jene Wirkungen die ganzen Lebensumstände bis hinab zu den bitteren physischen Notwendigkeiten bestimmen, über deren täglichem Diktat sogar das Gefühl der Unbill zur Nebensache wird. Vom objektiven Dauerergebnis ökonomischer Ausbeutung: der ungerechten (das heißt der Erzeugungsleistung unangemessenen) Güterverteilung, wissen wir aus der Frühzeit des Industriekapitalismus, daß es für die verkürzten Vielen bis zur Degradation nacktester Daseinsfristung gehen kann, die für nichts anderes Raum läßt.[6] Daß dies den ganzen Menschen verkürzt, Armut zur Verarmung führt, und dann auch im Sittlichen, versteht sich von selbst. Was in der politischen Despotie Gewalt und Furcht, das bewirken hier die materielle Not und ihr Begehren: wo sie nicht den Sinn für »Tugend« ersticken, machen sie ihren Preis zu hoch. Bert Brechts Worte erklingen im Ohr: »Erst kommt das Fressen und dann die Moral«; »Doch die Verhältnisse, sie sind nicht so!«.[7] Auf die darin enthaltene Philosophie von der Macht der »Verhältnisse« und der Bedingtheit der »Moral« werden wir zurückkommen, da sie für die Utopie über das Negative hinaus nach der (hier nicht berührten) positiven Seite wichtig wird. Jetzt ist nur als außer Zweifel stehend festzuhalten (auch außerhalb des evidenten Extremfalles, wo das selbst animalisch Unwürdige keine menschliche Würde neben sich duldet), daß die Verhältnisse einer schlechten Wirtschaftsordnung, wie die einer schlechten politischen, die Einzelnen am »Gutsein« welcher Art auch immer hindern können; und wir brauchen uns nicht mit der Frage aufzuhalten, was sie davon dem Wunder der Seele dennoch möglich lassen. Der negative Befund ist klar.

c. Der »gute Staat«: Politische Freiheit und bürgerliche Sittlichkeit

Ist es auch der positive? Nämlich, daß die gute Wirtschafts- und Gesellschaftsordnung, der »gute Staat«, auch gute Menschen erzeugt? Daß die Hinwegräumung der Hindernisse, gewiß das erste, auch die Sittlichkeit mit sich bringt – also mit dem »Fressen« auch die »Moral«? Ist der Mensch gut, wenn man ihn nur läßt? (Die Fragen sind nicht ganz dieselben, da »erzeugen« und »seinlassen« nicht dasselbe sind.) Hier betreten wir weniger sicheren Boden – das dauernde Schicksal der Ethik, daß das Negative so viel klarer ist als das Positive. Bemerken wir sofort, daß keine Skepsis, zu der wir hier etwa gelangen, uns von der Pflicht entbindet, die schlechten Verhältnisse abzuschaffen und nach Vermögen durch bessere zu ersetzen. Was ein sittlicher Skandal ist, muß hinweggeräumt werden, auch wenn wir nicht wissen, was wir dafür eintauschen. Für diese Pflicht machen also Zweifel oder Zuversicht hinsichtlich des vom Menschen zuletzt Erhoffbaren keinen Unterschied. Aber für die *Utopie* tun sie es, wie überhaupt für die großen Zielsetzungen, deren Vision über das Verbessern von Übelständen hinausgeht. Und so sei hier die alte Frage nach dem Verhältnis zwischen gutem Staat und guten Bürgern noch einmal gestellt.

Da erinnert man sich gleich des extremen Wortes von Kant, daß der beste Staat der ist, der selbst aus Teufeln bestehend gut funktionieren würde, und zwar (im Unterschied zu Hobbes) nach Gesetzen der Freiheit![8] Es ist derselbe Staat, der auch für Engel der beste wäre; das heißt, er ist selber sittlich indifferent. Das steht im bewußten Gegensatz zur philosophischen Staatslehre (zum Teil auch Praxis) der Antike, wonach der gute Staat eine Pflanzstätte für die *Tugend* seiner Bürger sein soll, von der wiederum sein eigenes Gedeihen abhängt: Der Staat kann nur so gut sein wie seine Bürger, und damit war mehr gemeint als öffentliches Wohlverhalten. (Daher zum Beispiel die bis in die Haushalte reichende, amtliche Sittenüberwachung im republikanischen Rom.) Obwohl bei manchen Denkern fortlebend (Hegel!) und auch wohl in Momenten republikanisch-revolutionärer Begeisterung mit der Parole der »Bürgertugenden« (womit die Freiheit geziert sein muß) neu beschworen, ist doch seit Machiavelli die klassische Idee vom Staat als »moralischer Anstalt« aus dem modernen Staatsdenken mehr und mehr geschwunden. Die herrschende Auffassung in der westlichen Welt wurde die liberale vom Staat als einer Zweckeinrichtung, welche die Sicherheit der Individuen schützen, in den Grenzen derselben aber dem freien Spiel der Kräfte den weitesten Raum lassen, vor allem in das Privatleben so wenig wie möglich sich einmischen soll. Der Begriff der zu sichernden Rechte überschattet den der zu fordernden Pflichten; was nicht verboten ist, ist erlaubt, und Gesetzeserfüllung besteht in Nichtübertretung: bei Übertretung wird die Staatsgewalt aktiv. Was im übrigen der Einzelne mit dem öffentlich gesicherten Freiraum seines Daseins macht, ist seine und nicht des Staates Sache. Der beste Staat wäre hiernach der, von dem man am wenigsten merkt (der »Nachtwächterstaat«). – Dagegen mutet das kommunistische Gesellschaftsziel – die Durchdringung jedes Einzellebens mit dem öffentlichen Interesse, seine Anpassung daran und Beanspruchung dafür (wovon bisher in der Wirklichkeit vielleicht nur der israelische Kibbuz ein sich empfehlendes Beispiel en miniature ist) – wie eine Rückkehr zum antiken Staatsideal an.

Zwischen diesen Abstraktionen brauchen wir nicht zu wählen. Denn nicht was öffentliche Systeme von sich denken, sondern wie sie tatsächlich wirken, in unserer Frage: das Sein ihrer Mitglieder zum Guten oder Schlechten bestimmen – ist hier unsere Sache. Nun folgt aus dem, was wir über die korrumpierenden Wirkungen despotischer Regime gesagt haben, jedenfalls soviel, daß freiheitliche Regime mindestens *darin* besser sind, daß sie *diese* Korruptionsursachen vermeiden. Über diese Banalität hinaus sind sie natürlich ihrerseits voll von Problemen, und das Grundproblem ist die vertrackte Freiheit selbst, die ja keineswegs nur eine Freiheit zum Guten ist. Jede Erweiterung der Freiheit ist eine große Wette darauf, daß ihr guter Gebrauch ihren schlechten überwiegen wird, und nur der wird diesen Ausgang für sicher halten, der von der eingeborenen Güte des Menschen (über die Verteilung der *Einsicht* selbst bei gutem Willen nicht zu reden) überzeugt ist. Aber auch der es nicht ist, muß dennoch die Wette der Freiheit eingehen, denn sie ist ein sittlicher Wert an sich und selbst einen hohen Preis wert. Einen wie hohen? Für diese Frage gibt es kein apriorisches Rezept, sondern Verantwortungsgefühl und Weisheit müssen sie nach den Umständen beantworten. Meist muß dabei das Nachwissen sprechen, denn nur die zuerst eingegangene Wette offenbart im Ausprobieren das Weitere. In jedem Fall erlaubt ein freiheitliches System die Tugenden, die nur in der Freiheit gedeihen, und deren Besitz steht im allgemeinen höher als die Vermeidung der ebenfalls freiheitsbedingten Laster, die ein System der Unfreiheit etwa dagegensetzen kann. Ein wichtiges Element in der Gesamtrechnung ist, daß das Wagen der Unabhängigkeit nach eigenem Urteil als solches schon eine Tugend ist und dem Menschen besser ansteht als die Geborgenheit in der Vorschrift. Man wird uns also zugeben (gewiß mit dem Vorurteil des Westens auf unserer Seite), daß auf allen Gebieten menschlicher Tätigkeit ein freiheitliches System, solange es sich vor seinen eigenen Ausschreitungen schützen kann, aus sittlichen Gründen einem unfreien vorzuziehen ist, selbst wo ein solches manche und wichtige menschlichen Interessen besser oder sicherer bedienen kann. Und dasselbe gilt für andere Alternativen. Ein Rechtsstaat ist besser als ein Staat der Willkür, Gleichheit vor dem Gesetz besser als Ungleichheit, Recht des Verdienstes besser als Recht der Geburt, offener Zugang zu ersterem besser als durch Privilegien vorsortierter, Stimme in eigener Sache und Mitbestimmung der öffentlichen besser als ihre permanente Überlassung an amtliche Treuhänder, individuelle Mannigfaltigkeit besser als kollektive Homogenität, daher Toleranz für Andersheit besser als obligate Konformität – usw. usw. Was bei dieser etwas trivialen Aufzählung als jeweils »besser« bezeichnet wurde, *mag* dies auch technisch sein, das heißt tüchtiger zur Bewältigung der sozialen Aufgaben, die einer öffentlichen Ordnung gestellt sind – erfolgreichere Regierungssysteme. Aber das muß nicht so sein. Unser Punkt war, daß sie sittlich ihrem Gegenteil überlegen sind, welches an Tüchtigkeit sie in manchem übertreffen mag. Kein Zweifel also, ohne »das Gute« selber festzulegen, es *gibt* sittlich bessere und schlechtere gesellschaftliche Systeme; und insofern die besseren, wie Rechtsstaat, Ausdehnung bürgerlicher Freiheiten, usw., die Frucht von Entwicklungen und oft langen Bemühungen sind, also geschichtlich zunächst einmal *später* auftreten als die anderen, so kann hier auch von Fortschritt gesprochen werden. Aber wir müssen sofort hinzufügen, daß ihr Bessersein, wie es hier gemessen wurde, nicht auch ihre Dauerhaftigkeit verbürgt, daß sie im Gegenteil *in* ihren Vorzügen, vor allem dem der Freiheit, den Keim zu Widersprüchen, inneren Krisen, möglicher Entartung und sogar Umschlag in ihr Gegenteil enthalten. (»Rückfall« wäre kaum das richtige Wort für letzteres, da die neue Tyrannei sehr neue, »fortschrittliche« Züge tragen wird.) Mit einem Wort, die sittlich guten sind zugleich die *prekären* Systeme, und schon darum eignen sie sich nicht zur »Utopie«, deren erstes *formales* Erfordernis doch eine Sicherheit der Dauer für ihren Inhalt sein muß. Gewiß jedenfalls, wenn wir der schauderhaften »Umschläge« auf fortgeschrittenster Stufe gedenken, ist hier das Spätere *nicht* notwendig das Bessere, wenn es auch in den Mitteln der Macht vielleicht gerade vom technischen Fortschritt profitiert und dadurch dem Vorigen überlegen sein mag.

d. Der Kompromißcharakter freiheitlicher Systeme

Daß aber jene erwünschten Systeme nicht einmal in ihrem *Inhalt* das »Ideal« reiner Wünschbarkeit verkörpern, sieht man ohne weiteres, wenn man die obige Liste von »A ist besser als B« um die weitere, ebenso einsichtige verlängert: Persönliche und öffentliche Sicherheit ist besser als Unsicherheit, daher Festigkeit der bestehenden Ordnung besser als Lässigkeit, Erzwingung ihrer Gesetze (vorausgesetzt, sie sind nicht schlecht) besser als einladende Umgehbarkeit, daher wirksame Polizei und Justiz besser als unwirksame (zum Beispiel gehemmt durch zuviel Rücksichtnahme auf individuelle Rechte und Freiheiten); und über diesen Komplex von »Gesetz und Ordnung« hinaus, aber im Zusammenhang mit dem Prinzip der »Sicherheit«: gesetzlich verbürgte Befriedigung der physischen Grundbedürfnisse für Alle ist besser als die Zulassung von Not und Entbehrung durch die Launen des Wirtschaftslebens, daher öffentlich regulierte Verteilung des Sozialprodukts (auch des immateriellen wie Erziehungs- und Gesundheitsdienste, sogar Arbeitsplätze) besser als dem Entscheid ungehemmten Wettbewerbs anheimgegebene, daher der »Wohlfahrtsstaat« besser als das individualistische »Schwimm oder sink!«-System des sogenannten freien Marktes, und so weiter – und durch all dies hindurch *einschließlich* der Güter der ersten Liste: *Stabilität besser als Instabilität*. Man sieht aber sofort, daß von diesen beiden, gleich unbestreitbaren »besser als . . .«-Reihen (»Freiheit besser als Unfreiheit« einerseits, »Stabilität besser als Instabilität« andererseits) nicht *alles zusammen* in gleichem Maße zu haben ist, vielmehr manche Güter der einen Seite nur auf Kosten gewisser der anderen Seite – daß hier also *Ausgleich* und Kompromiß zwischen dem (im Extrem) Unvereinbaren das Beste ist, was man realistisch erhoffen kann. Wie in allem Wirklichen, so waltet auch hier das Prinzip der »Kompossibilität«. Insbesondere sind die *freiheitlichen* Systeme, notwendig balancierend zwischen ihrer inneren

Drohung der Anomie und der äußeren der Abhilfe durch (egalitären oder inegalitären) Zwang, *ihrer Natur gemäß* auf Kompromiß aufgebaut, und da dieser als solcher wiederum seiner Natur nach etwas Unvollkommenes ist und überdies, vermöge der Freiheitsprämisse, flüssig, das heißt immer neuen Anpassungsaufgaben ausgesetzt, so ist »Stabilität« ein für allemal nicht ihre Sache. Zu Kompromiß aber und interner Unvollkommenheit, zu Halbheiten also, und zu Instabilität ist die »Utopie« temperamentsmäßig ganz und gar nicht aufgelegt; und da man intern kompromißlos und »ganz« (und am ehesten auch unveränderlich) nur die andere Seite haben kann, so wird jeder *realistische* Utopismus eben auf sie setzen müssen. Er muß sich also gegen das Individuum und für das Kollektiv entscheiden (und so weiter), das heißt für etwas nach anderen Gesichtspunkten durchaus Unvollkommenes. Daß ihm für das dabei Gewonnene der Tauschpreis der individuellen Freiheit nicht zu hoch erscheint, ja das Geopferte sogar zur bloßen Illusion (»bürgerliches Vorurteil«) erklärt wird, versteht sich, bindet aber nicht unser Urteil.

5. Von den Arten der Utopie

a. Der ideale Staat und der bestmögliche Staat

Wir sehen aber, nachdem das Kompossibilitäts-Prinzip einmal angerufen wurde, daß man zwischen zwei ganz verschiedenen Begriffen vom besten oder »idealen« Staat unterscheiden muß: dem ohne Rücksicht auf Realisierbarkeit in der Idee besten, das heißt an und für sich – nach einem Wunschbild menschlichen Glücks – wünschbarsten und frei ausdenkbaren, und dem unter Realbedingungen best*möglichen* Staat, in dem die Grenzen der Natur und die Unvollkommenheit der Menschen – die nicht Engel, aber auch nicht Teufel sind – in Rechnung gestellt werden. Von beiden lassen sich Phantasiemodelle für die Anschauung, eben »Utopien«, entwerfen – die einen strahlend in ihrer fleckenlosen idealen Positivität, die andern abgetönt, vielleicht bis zur Wehmut, mit der Beimischung des Unvollkommenen von Mensch und Natur. »Leicht beieinander wohnen die Gedanken, Doch hart im Raume stoßen sich die Sachen«: aber auch die Gesetze des »Raumes« können in den Gedanken hineingenommen werden, daher die andere Sorte Utopie. Die eine ist »U-topia« im Wortsinne (Nirgendwo) und gehört ins Wolkenkuckucksheim des müßigen Gedankens; die andere, deren erstes großes Beispiel Platons »Staat« ist, ist auch noch »Utopie« in dem Sinne, daß – obwohl ihr Wirklich*sein* möglich wäre – ihr Wirklich*werden* im verworrenen Fluß der menschlichen Affären ein solches Zusammentreffen von Glücksumständen erfordert, daß mit ihrem Eintreten nicht zu rechnen ist. (Besser sind die Chancen seiner Erhaltung, sollte das Unwahrscheinliche doch Ereignis geworden sein, aber auch sie sind unsicher auf längere Dauer.) Jedoch für sich soll das Modell realistisch, das heißt in der Welt, wie sie ist, existenzmöglich sein; und da es die Schranken des Menschen einkalkuliert und andererseits die unsichere Wette auf die Freiheit gemäß seiner Aufgabe (der es um langlebige Sicherheit geht) nicht eingehen kann, so ist dieser Art von »realistischer« Utopie ein Einschuß des Autoritären und Paternalistischen natürlich (wofür Platon bis heute manche Züchtigung einstecken muß). »Utopia« im Wortsinne ist sie auch darin, daß sie nicht als Plan zu politischer Aktion gedacht ist (außer bei Eintritt des unwahrscheinlichen und kaum beeinflußbaren »Glücksfalles«). Aber als Grundbesinnung auf das politisch Erstrebbare und Mögliche überhaupt ist sie nicht »müßig« wie die andere und kann sogar als Leitbild in den Irrgängen politischer Praxis dienen.

b. Das Novum marxistischer Utopie

Nun fallen aber unsere modernen Utopisten *nicht* in diese Einteilung. *Ihre* Utopie wollen sie im Ernst *herbeiführen;* sie ist nach ihnen, dank der Geschichte, von jetzt an *real* erhoffbar und betreibbar, obwohl sie es nie vorher war. Da es sich ihnen also nicht um das Wunschbild in den Wolken handelt, so sollte man meinen, daß sie eben eine »Utopie« der zweiten, resignierten Art anbieten: Realismus von solchen, die nichts weniger als »Idealisten« und vor allem anderen Realisten sein wollen. Aber dies ist keineswegs ihre Option. Ein neuartiges Drittes jenseits dieser vormarxistischen Alternativen ist das Besondere des revolutionären Utopismus der Gegenwart, und hiermit müssen wir uns jetzt befassen.

Zwei Erwiderungen kann der Marxist unseren bisherigen Überlegungen über die Utopie entgegenstellen: Daß die *Revolution* in ihnen übersehen ist; und daß sie daher das präzedenzlos *Neue,* das diese in die Menschheitsgleichung einführt und das die Analogie der Vergangenheit für sie hinfort ungültig macht, nicht berücksichtigen. Denn in unserem Falle (so können sie sagen) wird das *Kommen* des utopischen Zustandes – der vergesellschafteten Produktion in einer klassenlosen Gesellschaft – keineswegs der »Entwicklung« und ihrer immanenten Fortschrittsrichtung anvertraut, so sehr sie allerdings dies Kommen dialektisch vorbereitet und jetzt real *möglich* gemacht hat: sondern für die entscheidende Wendung muß die Revolution, als bewußtes und gewaltsames Eingreifen in den Gang der Dinge, zuletzt also: menschliche *Kunst* im Großmaßstab, die Dinge in die Hand nehmen und den neuen Zustand schaffen. Insofern wird dieser Zustand, obwohl der »dem Menschen« gemäßeste, eine Kunstschöpfung sein. Und diese wird, zweitens, in den Bedingungen für menschliches Dasein so neuartig sein, und so befreiend für das bisher gehemmte menschliche Potential, daß kein Vergleich mit früher mehr gilt und alle bisherige Geschichte zur Vorgeschichte verblaßt. Die eigentliche Geschichte der

Menschheit, ja der »eigentliche Mensch«, fängt damit erst an. Wie dies »Eigentlich« beschaffen sein wird – der sich erst zeigen müssende *Inhalt* des Eigentlichen – darüber kann aus dem Stande der Uneigentlichkeit, in dem wir uns noch befinden, nichts ausgesagt werden. Gesagt werden aber kann zweierlei: negativ, daß die aus der bisher bekannten »Natur« des Menschen gezogenen anti-utopischen Einwände dann nicht mehr gelten, denn jene »Natur« war selbst das Produkt der nun überholten Umstände; und positiv, da jene Umstände hemmend und verzerrend waren, daß der von ihnen freie Zustand endlich auch den Menschen unverkürzt zu sich selbst befreit. Die dann erst beginnende, wahrhaft menschliche Geschichte ist die des erstmaligen Reiches der Freiheit. Ihrem unvorhersehbaren Inhalt sehen wir mit Glauben in den neuen Menschen entgegen.

Sechstes Kapitel
Kritik der Utopie und die Ethik der Verantwortung

Die Schlußsätze des vorigen Kapitels liefern das Thema für dieses. Sie sagten: was bisher als Natur des Menschen galt, war das Produkt hemmender und verzerrender Umstände; erst die der klassenlosen Gesellschaft werden seine wahre Natur ans Licht bringen und mit ihrem »Reich der Freiheit« wird auch erst die wahre menschliche Geschichte beginnen. Das ist starker Wein. Dergleichen hatte es bisher nur im Glauben der Religion gegeben: messianische Verwandlung des Menschen, ja der Natur, mit dem Kommen des Messias oder dem »zweiten Kommen« des Gottessohns, zweite Schöpfung in Vollendung der ersten, frei von Sünde; der »neue Adam«, erhoben aus dem Fall des alten und gefeit gegen seine Wiederholung; die imago Dei endlich und endgültig in ihrer gemeinten Reinheit auf Erden zur Erscheinung gebracht. Auch dort war über den neuen Zustand selber nichts weiter zu sagen (wenn wir von den poetischen Ausmalungen eines universalen Friedens bei den hebräischen Propheten absehen). Eine *säkularisierte* Eschatologie vom neuen Adam muß die göttliche Wundertat, welche dort die Verwandlung bewirkt, durch weltliche Ursachen ersetzen, und solche Ursachen sind bei ihr die äußeren *Bedingungen* des menschlichen Lebens, welche *geschaffen* werden können, nämlich durch die Vergesellschaftung der Produktion. Eben diese Schaffung der Bedingungen ist die Aufgabe der Revolution, der hier die Rolle des göttlichen Eingreifens zufällt, und das Weitere muß ihrem vollendeten Ergebnis überlassen bleiben. Ohne Ausschüttung des heiligen Geistes wird es durch sich das Pfingstwunder bewirken. Alles konzentriert sich daher auf die Revolution und ihre Stufen, also auf den Prozeß der *Herbeiführung*. Umgekehrt wie bei den früheren Utopien ist es das *Kommen,* nicht das *Sein* der Utopie, worüber der Marxismus etwas zu sagen hat. Das Sein ist auch für ihn im voraus so unbeschreibbar wie das Gottesreich in der religiösen Eschatologie – außer daß, wie dort die Sünde, hier die Übel der Klassengesellschaft *verschwunden* sein werden, also negativ. Vom positiven Inhalt des neuen Zustandes wird mit Recht weder hier noch dort ein Phantasiebild entworfen[1], was doch das Hauptgeschäft der vormarxistischen Utopien war, bei denen andererseits das »Kommen« in Dunkel gehüllt blieb. Dies ist in der Tat ein Novum des marxistischen Utopismus und einer der Züge, die ihn als säkularisierte Eschatologie und als Erben der Religion ausweisen. (Ein anderer ist die Lehre von der »Sündigkeit« oder radikalen Vorläufigkeit aller bisherigen Geschichte.) Aber welche Zumutung an den Glauben! Der Gottesglaube, ist er einmal da, kann es wohl rechtfertigen, eine von Ihm bewirkte künftige Verklärung des Menschen auch »unbesehen«, das heißt ohne *Vorstellung* davon, als das sicherlich Beste vorauszubejahen und dafür die »Geburtswehen des Messias«, die Zuckungen der Endzeit hinzunehmen. Im gänzlich Unbekannten regiert der Glaube allein und mit ihm ist nicht zu rechten. Aber wo die »Geburtswehen« Menschenwerk sind, nämlich die Weltrevolution, und ihr Ergebnis, die klassenlose Gesellschaft, desgleichen und aus dem wohlbekannten Stoff unserer Welt bestehen soll, da muß der Glaube an seine Heilskausalität, die durchaus irdisch gedacht ist, sich einer irdischen Prüfung unterziehen. Das »unbesehen« des transzendenten Wunders kann für *sein* versprochenes Danach nicht angerufen werden, zumal wir es selber beginnen sollen. »Besehen« aber stellt es auch die dort hinfällige Frage des Preises.

Der hier prüfungsbedürftige und prüfungsfähige Glaube ist mehrschichtig: der Glaube an die »Macht der Verhältnisse« überhaupt und daß »der Mensch« ganz ihr Produkt ist; dann, daß es allseitig beste oder überhaupt eindeutig gute Verhältnisse geben kann – irgendwelche, die *nur* von Segen sind; dann, daß der in sie gestellte Mensch so gut sein wird wie sie, da sie es ihm erlauben; und schließlich: daß dieser gute Mensch noch nie war, weil er es unter den bisherigen Verhältnissen nicht sein *konnte* – daß der »eigentliche Mensch« bis heute noch nicht erschienen ist. Der letzte Punkt ist für uns die Crux, da das Pathos der marxistischen Utopie nicht in der Absicht bloßer Verbesserung danach schreiender Zustände liegt, der Behebung von Unrecht und Not (wofür es viele Reformprogramme gibt), sondern in der Verheißung einer erhöhenden *Umwandlung des Menschen* durch niegekannte Zustände. Dies hat entscheidenden Einfluß darauf, was für eine solche überschwengliche Aussicht gewagt werden darf.

I. Die Verdammten dieser Erde und die Weltrevolution

Hier ist einzuschalten (und dies wird uns in der Prüfung des Utopiegedankens selber noch etwas aufhalten), daß keine »Überschwänglichkeit« des Revolutionszieles nötig war, um die Massen zu bewegen, an die der Ruf dazu anfänglich erging: das verelendete und (nach der Theorie) zu immer weiterer Verelendung verurteilte Industrieproletariat im – dank ihm – immer reicher werdenden Kapitalismus. Für die »Verdammten dieser Erde«, die welche »nichts zu verlieren haben als ihre Ketten«, bedurfte es keines Traumes vom neuen Menschen oder irgendeinem Himmelreich auf Erden, um in der nun als möglich erkannten und durch ihre Solidarität erzwingbaren Neuverteilung und Sozialisierung eine *Erlösung* aus ihrer unerträglichen Lage erreichen zu wollen. Die Erlösung als solche ist des Leidens Traum, und jede ungefähre Gleichstellung mit den bisherigen Ausbeutern, ein billiger Anteil an ihrem durch sie selbst geschaffenen Überfluß, konnte den Leidenden als kühnste »Utopie« genügen: gewiß als hinreichend für den Versuch der Revolution. Schlechter konnte es nicht einmal durch ihr Scheitern werden, und durch ihr Gelingen nur besser – gleichviel, ob damit auch endgültig und in allem »gut«. An diesen mächtigen Motor der Not, den Drang des Leidens nach Erlösung von sich selbst, konnten die Denker der sozialistischen Revolution appellieren, während *ihr* Ziel weit darüber hinausging. Und jenes Motiv, so muß man hinzufügen, reicht nach aller menschlichen Norm auch völlig hin, moralisch und pragmatisch, den gewaltsamen Umsturz zu rechtfertigen, wenn kein anderer Weg zu seiner Befriedigung besteht.

1. Veränderung der »Klassenkampf«-Situation durch die neue planetarische Verteilung des Leidens

Das gilt für die »Verdammten dieser Erde« auch heute noch. Aber sie befinden sich, als Gruppen- und Massenphänomen, nicht mehr innerhalb der fortgeschrittenen Industrieländer (im kapitalistischen »Westen« womöglich noch weniger als im kommunistischen »Osten«), sondern außerhalb derselben in den unterentwickelten, exkolonialen Ländern der sogenannten »dritten Welt«: und dort als ganze verarmte Völker, nicht als unterdrückte Klassen in wirtschaftlich aufsteigenden Gesellschaften.[2] Das ändert Ausgangsstellung und Sinn der gepredigten Revolution, die hier »Weltrevolution« in einem ganz neuartigen, wesentlich *außenpolitischen* Sinne wird.

a. Pazifizierung des westlichen »Industrieproletariats«

In den erfolgreichen Fortschrittsländern selbst, welche die Früchte der technologischen Produktionssteigerung ernten, gehört die Situation des wehrlos der Marktwildnis überlieferten Arbeiterproletariats, wie jedermann weiß, längst der Vergangenheit an. Wo sich mächtige Gewerkschaften und auf Vertrag angewiesenes »Management« am Verhandlungstisch gegenübersitzen, kann von einseitiger Ausbeutung, auch bei verbleibender Ungleichheit der schließlich ausgehandelten Vorteile, nicht mehr die Rede sein. Statutarisch geregelter Machtkampf mit ungefähr ausgewogenem Kräfteverhältnis entscheidet den Lohnanteil am Geschäftsertrag und damit die schließliche Verteilung des Sozialprodukts im Ganzen. Versagt die Verhandlung, so hält der – immer noch friedliche – Streik nicht nur den unmittelbaren Widerpart, sondern weite Sektoren der Wirtschaft, bei lebenswichtigen Diensten das ganze Publikum als Geisel, und oft muß »das Kapital« nachgeben. Der ökonomische Klassengewinn dieser »reformistischen« Entwicklung, die der anderen Seite teils durch Zwang, teils durch eigene Klugheit (und sogar Moral) abgewonnen und politisch im Recht gesichert wurde, ist wohlbekannt: der Lebensstandard des Arbeiters im heutigen kapitalistischen Westen, gemessen nach Genußgütern wie nach Arbeitsbedingungen und -zeit, übertrifft den der meisten bescheidenen Bürger und Bauern der Vergangenheit vor dem Schicksal der Proletarisierung[3], und den Opfern des erbarmungslosen Frühkapitalismus wäre der heutige Zustand als Paradies erschienen. Es ist zu bezweifeln, daß sie sich von einer Revolution mehr versprochen hätten. Überdies haben »sozialistische« Aspekte der öffentlichen Wohlfahrt, wie Gesundheits- und Altersversicherung, einen guten Teil der Existenzunsicherheit früherer Zeiten beseitigt. *Innerhalb* dieser Welt ist der vorher berührte, die »Moral« mangels »Fressen« suspendierende Extremfall als Gruppenschicksal verschwunden.[4] Diese Früchte eines im ganzen friedlichen Prozesses haben denn auch die arbeitenden Klassen des »Westens«, nun Interessenten am Bestehen eines Systems, in dessen funktionelle Mechanik Druckmittel für ihre Seite eingebaut sind, weithin zu Kandidaten für die Revolution ungeeignet gemacht. Mangels unterdrückter Klasse findet die Revolution nicht statt. Deren echte Vorkämpfer, denen an bloßer »Verbesserung« der Lage ihrer Adoptivklasse wenig liegt, diese sogar eher als »Bestechung« verdächtig ist, haben daher mit Recht von jeher den »Revisionismus« (= Reformismus) als ihren ärgsten Feind angesehen. Umso wichtiger wird die eigentliche »Utopie« hinter ihrem Wollen, die jetzt Sache einer Splitter-Elite radikaler Idealisten aus den privilegierten Schichten geworden ist und ironischerweise innerhalb der Gesamtgesellschaft den geringsten Widerhall bei den gemeinten Objekten ihrer Mission findet. Ihre natürlichen taktischen Verbündeten sind heute ganz anderswo – bei den »Verdammten dieser Erde« in anderen Weltteilen. Auch bei diesen natürlich ist es nicht voreilige Pazifizierung durch Hebung ihrer Lage, sondern

Mobilisierung ihres unbesänftigt revolutionären Potentials, woran dem echten, im eigenen Land heimatlos gewordenen Utopismus gelegen sein muß. Die recht und schlecht gelungene Pazifizierung im eigenen Wohlstandsland aber, die in gewissem Sinne doch ein – voreschatologischer – Sieg ihrer Sache war, insofern sie ohne deren Drohung kaum zustande gekommen wäre (und gewiß nicht ohne etwelche Überzeugungskraft ihrer sittlichen Eloquenz), zeigt, daß die nichtutopischen, überaus rationalen Elemente der ursprünglichen Konzeption auch durch nichtrevolutionäre, graduelle Transformationen des herrschenden Systems, die sämtlich in »sozialistische« Richtung gehen, erreichbar sind.[5] Die auch sonst in der Umbildung des »Kapitalismus« zutage tretenden strukturellen Konvergenzen mit den existierenden, aus Revolutionen geborenen (aber immer noch vor-utopischen) »Kommunismen« sind vielfach bemerkt worden. Jedenfalls scheint zunehmende Sozialisierung in Gestalt des modernen Wohlfahrtstaats bis auf weiteres die allgemeine Richtung für die Gesellschaften des Westens zu sein, in beweglichem Ausgleich mit Grundsätzen der Freiheit (und Bedürfnissen der Unvernunft). Von Vollkommenheit ist all dies weit entfernt, aber von der ist nur in der Utopie zu sprechen.

b. Klassenkampf als Kampf der Nationen

Doch an den Verdammten dieser Erde, die für eine marxistische Revolution so nötig sind wie das Wasser für das Mühlrad (oder der Zündstoff für die Explosion), fehlt es nicht. Wie gesagt, sind dies die wirklich verelendeten Völkermassen der »unentwickelten« Erdteile, innerhalb deren es zwar nochmals unterdrückte Klassen gibt, aber die Armut des Ganzen so groß und so endogen ist, daß auch ein Hinwegfegen der dünnen lokalen Schmarotzer-Oberschicht daran wenig ändern würde. Sie als ganze sind die »unterdrückte Klasse« in der globalen Macht- und Reichtumshierarchie, und ihr »Klassenkampf« muß notwendig auf der internationalen Ebene ausgefochten werden. Ihre von der Not angetriebene Bewegerkraft ließe sich also wohl, über ihr eigenes näheres Wollen hinweg, für die mit der Weltrevolution beabsichtigte Utopie einspannen. Und auch hier würden wieder alle philanthropischen und Billigkeitsinstinkte im privilegierten Lager selbst, die an sich ebenfalls mit utopischem Streben wenig zu tun haben, zu seiner Hilfe mit mobilisierbar sein. Aber die Lage ist doch grundsätzlich anders als im internen Klassenkampf auf nationaler Bühne, das heißt innerhalb ein und derselben, sowohl funktionell wie territorial zusammenhängenden Gesellschaft. Alles ist hier viel mittelbarer und insulierbarer. Von einer Ausbeuterschuld der bevorzugten Nationen läßt sich nur teilweise sprechen (»ökonomischer Imperialismus«). Ungunst der Natur hat ihre schwere Hand im Spiele, und auch geschichtlich-anthropologische Eigenart mag bei der Fernhaltung vom zivilisatorischen Fortschritt beteiligt sein (wo sie nicht, zirkulär wie solche Verhältnisse sind, ihrerseits wieder ein Ergebnis der letzteren ist). Soweit *Ethik* die Hilfeleistung von außen motivieren soll, wird es sich um eine freiwilligere, großherzigere und zugleich weichere handeln als die, welche im Zeichen schuldhafter Mitverantwortlichkeit, Gerechtigkeit und Nachbarschaft im eigenen Hause steht. Was den anschaulichen Appell des Elends an die Menschlichkeit betrifft, so ist es Tatsache, daß Entfernung genügend verhärtet, um das Hungern ferner Bevölkerungen hingehen zu lassen, das einem in der Nähe doch keine Ruhe ließe. Das durchaus legitime »charity begins at home« führt leicht dazu, daß es hier auch haltmacht; und direkte Verantwortlichkeit hat für das Gefühl ihre Grenzen im Nahen. So ist es nach individueller Psychologie. Für die Gruppe, das politische Kollektiv, von dem gar nicht erst erwartet werden kann, daß es »edel, hilfreich und gut« sei, das aber hier der wirklich Handelnde sein muß, nimmt aufgeklärtes *Selbstinteresse* die Stelle persönlicher Ethik ein, und solches Interesse gebietet in der Tat nicht nur palliative Linderung fremder Not durch Abgabe vom Überschuß, sondern sogar Daueropfer an Eigenbefriedigung zugunsten einer Behebung der Weltarmut von den Ursachen her. Woran es denn bei den im Nationalmaßstab »Besitzenden« fehlt, ist nicht so sehr selbstlose Güte wie Aufgeklärtheit, das heißt *Weitsicht,* der Selbstsucht, deren Neigung zur Nahsicht unausrottbar ist, da das »Selbst« jeweils durch die gerade Lebenden vertreten ist.

Das weitsichtige Selbstinteresse wäre hier zwiefach: die à la longue bessere Rückwirkung einer gesunden Weltwirtschaft auf die eigene; und die Furcht vor einer Explosion der aufgespeicherten Not in internationaler Gewalttätigkeit. Die letztere kann die herkömmliche Form von Staatenkriegen annehmen (zum Beispiel einer Koalition der »aufständischen« Armutsvölker, eventuell unter Führung oder mindestens Bewaffnung seitens einer dritten Macht), oder wahrscheinlicher die neuartige Form von internationalem Terrorismus (ohne feststellbare nationale Verantwortlichkeit) zur Erpressung wirtschaftlicher Tribute von den Überfluß- an die Mangelländer. In jedem Fall würde hierbei unvermeidlich der »Klassenkrieg« zum Nationalkrieg alten Stils entarten, wenn nicht gar zum Rassenkrieg, und dann bei den Angegriffenen (einschließlich ihrer Arbeiterschaft!) alle die nationalen Solidaritätstriebe auf den Plan rufen, welche auch die vorher in ihrer Mitte wohl vorhandenen Sympathien mit der Gegenseite ersticken würden. Am Ende und im äußersten Ernste würde der Appell an die Gewalt doch wohl gegen die schwächere Seite ausfallen – vielleicht zwar mit dem Nachspiel einer verspäteten Hilfe der Sieger an die Besiegten. Von wirklichen Vorhersagen kann nicht die Rede sein. Aber die ganze hier sich auftuende Aussicht internationaler Anarchie ist erschreckend genug, um eine weise Politik *konstruktiver* Vorbeugung als die beste im langfristigen eigenen Interesse erscheinen zu lassen; und dasselbe sagte schon die friedlichere, rein wirtschaftliche Erwägung.

2. Politische Antworten auf die neue Klassenkampflage

a. Global-konstruktive Politik im nationalen Selbstinteresse

Eine solche konstruktive Politik steht nun aber vor den größten Problemen, von denen das eigentlich politische und präliminare: wie die Zustimmung dafür im Binnenraum der gebenden Seite gewinnen, solange eine Situation der Freiwilligkeit vorliegt, einmal außer Acht bleibe. Was wäre, in sich selbst betrachtet, konstruktiv? Das Nächstliegende scheint eine mit Investitions- und Kenntnishilfe von außen angekurbelte Nachholung der industriellen Revolution (unter Vermeidung der sozialen Sünden des Originals) bei allen rückständigen Völkern, also *Hinzufügung* vergleichbarer Produktionskapazitäten überall zu den in den Stammländern schon bestehenden – also Ausbreitung der hochintensiven Technologie, die bis jetzt dort konzentriert ist, über die Erde. Wir bedeuteten früher, daß einen solchen vervielfachten Angriff die Erde, heute schon Zeichen von Anstrengung zeigend, wahrscheinlich nicht aushalten kann. Wo die Grenze liegt, läßt sich zur Zeit nicht sagen, aber man sollte sie nicht erst versuchen. Die Alternative wäre eine partielle Umlagerung bestehender Kapazitäten aus den »Hochdruck«- in die »Tiefdruck«-Gebiete, so daß in summa die globale Anstrengung der Umwelt in Maßen bleibt. Eine solche Angleichung der Niveaus, deren Zweck die Hebung der tiefsten ist, bedeutet natürlich Senkung der höchsten: Kupierung von Produktionskapazitäten dort mit entsprechender Schrumpfung der ihnen verdankten Konsumkapazitäten – und da wird das politische Präliminarproblem allerdings akut! Zwar ist objektiv kein Zweifel, daß in den (nach vernünftigen Konsumbegriffen) überentwickelten Ländern ein komfortabler Spielraum für Abstriche besteht, die uns immer noch unseren Großeltern und selbst Eltern weit voraus ließen; aber die subjektive Reaktion auf die Zumutung ohne sichtbar präsente Notwendigkeit steht auf einem anderen Blatt und für Amerika zum Beispiel wäre spontaner Widerstand (wiederum die Arbeiterklasse einschließend) nahezu sicher. Trotzdem glaube ich, daß in dieser Richtung die Lösung liegt – freiwillig wenn möglich, erzwungen wenn nötig. Klar aber ist – und hier liegt ein Hauptproblem – daß *jede* konstruktive Lösung einen hohen Einsatz von Technologie verlangt (die bloßen Ziffern der heutigen Erdbevölkerung schließen eine Rückkehr zu älteren Zuständen aus), und die *davon* der Umwelt geschlagenen Wunden verlangen nach neuem technischen Fortschritt zu ihrer Heilung, also schon defensiv nach verbesserter Technologie. Offensiv wird sie zugleich auf weitere *Zurückdrängung* der vorerwähnten Toleranzgrenze der Umweltnatur hinarbeiten: auch diese wiederum zweischneidig in jedem Erfolg, notwendig immer prekärer werdend, und natürlich nicht endlos. Die hier waltende Dialektik eines Fortschritts, der zur Lösung der von ihm selbst geschaffenen Probleme neue schaffen muß, also sein eigener Zwang wird, ist ein Kernproblem der von uns erfragten Ethik der Zukunftsverantwortung. Es wird irgendwann die Idee des Fortschritts selber von expansionistischen zu »homeostatischen« Zielen im Mensch-Umwelt-Verhältnis drängen (die der Technologie als solcher weiterhin Aufgaben genug für nicht abreißende Fortentwicklung stellen). Im Augenblick ist nur zu sagen, daß in der Zone, die wir mit unserer Technik betreten haben und in der wir uns fortan bewegen müssen, Behutsamkeit und nicht Überschwang die Losung sein muß und der Zauber der Utopie – unser jetziges Thema – das Letzte ist, was die hier erforderte Klaräugigkeit trüben darf. Allerdings enthält dieser Satz schon, daß wir an sie nicht glauben.

b. Appell an die Gewalt im Namen der Utopie

Für die Verfechter der Utopie aber sieht es anders aus und für sie bestehen keine Bedenken, den Acheron der dritten Welt im Sinne weltrevolutionärer Gewalt zu bewegen. Denn erstens kann ihnen, wenn es wirklich darum geht, »den Menschen« überhaupt erst zu sich selbst zu bringen, der vorherige Preis dafür prinzipiell gleichgültig sein und selbst kolossalste Massenvertilgung im Lichte einer eben nötigen, zwar schmerzhaften, aber wohltätigen Operation erscheinen, wenn das endliche regnum humanum auf Erden anders nicht hergestellt werden kann. (Was bis jetzt besteht, ist seiner Beschaffenheit nach »expendable«). Zweitens beinhaltet der utopische Traum, daß die bisherigen Gefahren und Grenzen der Technologie *dann* nicht mehr statthaben: nicht nur, weil die Technik, von der Irrationalität der Profitwirtschaft befreit, dann weiser eingesetzt werden wird, sondern auch, weil sie dann, von den gesellschaftlichen Hemmungen ihres noch ganz unausgeschöpften Fortschrittspotentials befreit, als wirklich entfesselter Prometheus überhaupt erst zu den höchsten Möglichkeiten ihrer selbst gelangen wird. Für diese gibt es keine anderen Grenzen als von der Gesellschaft aufgezwungene – und zwar weder Grenzen ihres eigenen, jeweils selbstübersteigenden *Könnens,* noch Grenzen der *Natur* für dessen fruchtbringenden Einsatz: *auch* das Potential der Natur ist *in sich grenzenlos* und wartet nur auf die Utopie, um durch deren höhere, ingeniösere Erfindungskunst auch seinerseits befreit zu werden.[6] Drittens aber, sollte selbst das Gelingen unsicher sein, so hebt doch die reale Chance dazu (welche besteht, sofern nur das Ziel in sich selbst *möglich* ist) im Verein mit der Menschenunwürdigkeit des Bestehenden das von uns stipulierte Verbot eines Va-banque-Spiels mit der Menschheit auf: bei so absolut verpflichtendem Ziel, der *Ermöglichung des wahren Menschen überhaupt,* mag man wohl das Ganze einsetzen, das ja durch dies Ziel erst gerechtfertigt wäre und ohne es eine Karikatur bliebe. Also dürfte man, wenn dies allein das Entweder-Oder ist, auch das äußerste Wagnis der Technologie versuchen, um entweder höchsten Segen oder höchste Katastrophe zu ernten.

Zum ersten Punkt ist, absehend von allem Moralischen (Fragen der Menschlichkeit und Unmenschlichkeit des »Preises«), nur zu sagen, daß diejenigen, welche die Sache der Opfer der Macht auf ihre Fahnen geschrieben haben, die Letzten sein sollten, an den Schiedsspruch der Macht zu appellieren. Nicht nur, daß er höchstwahrscheinlich gegen sie ausfallen wird und sie dann den Appell an Vernunft und andere Reformkräfte verwirkt hätten, könnte er auch im Falle des Sieges nur wiederum zu einem System der Macht mit allen Befleckungen desselben führen; zu schweigen davon, daß die in einem solchen Harmagedon zuerst einmal angerichtete Verwüstung des Erdballs und Verwilderung der Menschen die Ankunft der Utopie schon von dem für sie gehörigen »Stoffe« her auf lange verzögern würde. Ich wiederhole, daß der *Verzweiflung* hieran nichts liegen mag, aber ihre frei entscheidenden *Nutzer* müssen es sich vor Augen halten. – Zum dritten Punkt, der Bereitschaft zum »Alles oder Nichts«, sagen wir nur, daß er *die* ethische, ja metaphysische Todsünde wäre, deren sich die Menschheit (im Unterschied vom Einzelmensch) überhaupt schuldig machen kann, und daß keine, selbst höchste *innere* Glaubhaftigkeit des Zieles die Fluchwürdigkeit eines Risikos solchen Unmaßes mindern kann. Daß gar eine selbsternannte Avantgarde, aus der vermessenen Sicherheit ihres subjektiven Traumes, es der Menschheit auferlegen sollte, ist ein völlig unerträglicher Gedanke.

Aber letztlich ist es eben doch die innere Glaubhaftigkeit der Zielvorstellung selbst, die philosophisch in Frage steht, und dazu gehört schon die Glaubhaftigkeit der technologisch-ökologischen *Real*bedingungen, von denen der zweite Punkt behauptet, daß ihre Realisierung der Natur der Dinge nach möglich ist. Indem wir uns seiner Prüfung zuwenden, verlassen wir die Vorfragen betreffs der menschlichen Motorkräfte, die für die Revolution zu mobilisieren möglich und erlaubt wäre, und suchen ein Urteil über das Zielbild selber. Schon ein negativer Ausfall der »Realien«-Prüfung würde offenbar die beiden anderen Punkte miterledigen; mehr noch natürlich ein negativer Ausfall der »Ideal«-Prüfung des inhaltlich von jenen Bedingungen erhofften menschlichen Zustandes. In diesen zwei Schritten, von außen nach innen gehend, wollen wir denn jetzt die Kritik des utopischen Ideals für sich in Angriff nehmen. Der erste Schritt, noch nicht ins Herz der Sache, ist im Wissensfeld der Materie, also naturwissenschaftlich; der zweite, das im Hause der verwandelten Materie angesiedelte Leben betreffend – der *wesens*kritische Schritt, ist im Wissensfeld der Seele und des Geistes, also anthropologisch-philosophisch. Es liegt, wie sattsam bekannt, in der Natur philosophischen Wissens, daß es, obwohl der Sache nach das Endgültige betreffend, immer dem Streit der Meinungen ausgesetzt bleibt; wogegen das Naturwissen zu weitgehender objektiver Sicherheit gelangen kann: *seine* Ergebnisse mögen dann wohl die philosophische Frage, über den Kopf der in ihr verhandelten immanenten Wünschbarkeiten, von der äußeren Erreichbarkeit her bereits mitentscheiden, nämlich negativ. Dennoch behält die Erwägung dessen, was vom und für den Menschen grundsätzlich erwartet werden darf – dessen auch, worin bei aller offenen Zukünftigkeit die ewige und unüberholbare *Gegenwart des humanum* besteht, ihren unersetzlichen Wert für den rechten, den *freien* Abschied vom utopischen Ideal, wenn die Verneinung der stofflichen Bedingungen ihn fordern sollte: er wäre frei, wenn er auch bei weniger eindeutigem Spruch der letzteren zu wählen wäre, in dem Falle nämlich, daß das Ideal selbst als falscher Gott, als unrichtiger Gegenstand der Hoffnung befunden wird.

II. Kritik des marxistischen Utopismus

A. Erster Schritt: Realbedingungen, oder von der Möglichkeit *der Utopie*

1. »Umbau des Sterns Erde« durch entfesselte Technologie

Das erste Erfordernis der Utopie ist materielle *Fülle* zur Befriedigung der Bedürfnisse Aller; das zweite: *Leichtigkeit* der Aneignung dieser Fülle. Denn das formale Wesen der Utopie selber ist, wie wir noch sehen werden, *Muße,* und Muße kann nur mit Behagen bestehen, das heißt mit einer gewissen gesicherten Fülle der Lebensgüter (wobei »Fülle« noch eine Spannweite zwischen genugsamer Frugalität und ausladender Üppigkeit zuläßt); und die Fülle muß leicht, das heißt mühelos oder mit geringer Mühe zugänglich sein, denn Muße ist eben Freiheit von der *Arbeitsfron* im Dienste der Notdurft (oder der Wunschbefriedigung überhaupt). Beides nun, Verfügbarkeit der Fülle und Leichtigkeit der Verfügung, kann die weiter vorangetriebene *Technik* bewirken, in Radikalisierung dessen, was sie vielerorts schon getan oder begonnen hat: das erstere durch den »Umbau der Natur« oder »des Sterns Erde« (Bloch), der die bisherige Kargheit irdischer Natur zur Hergabe ihrer Schätze zwingt oder ihre unzureichenden durch künstliche ergänzt[7]; das zweite durch die Mechanisierung und Automatisierung der Arbeitsprozesse, die bislang von menschlicher Kraft und Zeit versehen werden mußten. Beides fällt bis zu einem gewissen Grade zusammen, denn die »Befreiung« der bisher nur kärglich gespendeten Naturschätze kann eo ipso nur mit enormer Maschinenhilfe erzielt werden, also zugleich mit Befreiung von menschlicher Mühe. Dies ist ja bereits in der unerlösten Welt in vollem Gange und wir brauchen der völlig hypothetischen

Frage nicht nachzugehen, ob erst eine marxistische Gesellschaft, wie von ihren Kündern behauptet, die größeren Wunder der Technik zuwege bringen kann, die zu noch größerer, zu totaler Naturnutzung und Menschenentlastung nötig sind: der bisherige Gang und jetzige Stand von Wissenschaft und Technik, wo immer sie lebendig heimisch sind, verspricht an und für sich weiteren Fortschritt als so gut wie sicher und gelegentliche glückliche »Durchbrüche« als durchaus wahrscheinlich; und obwohl man auf letztere, und zumal bestimmte, nicht bauen darf, so kann man doch mit gutem Grund generell, wie immer die betreffende technologische Gesellschaft sonst aussehe, eine fortgehende Steigerung des Bisherigen in Können und Anwendung, in allen möglichen Richtungen und auf unbestimmte Zukunft annehmen. Außer Zweifel jedenfalls ist die wissenschaftlich-technische *Möglichkeit* dazu, und im ganzen auch der Antrieb zu ihrer Verfolgung. Was eine marxistische Gesellschaft voraushaben *könnte,* wäre kaum eine größere Kunst der Erfindung – mit ihrer Prämisse überlegener Wissenschaft – und größeres Kaliber technischer Neuerungen (der bisherige Taterweis sagt eher das Gegenteil), sondern zweierlei: eine gesellschaftlich bessere Lenkung (Auswahl) der *Richtungen* technischen Fortschritts – für die zwar eine »Lenkung« der eigentlich wissenschaftlichen Forschung die zweifelhafteste Voraussetzung wäre; und, vor allem, eine gesellschaftlich bessere Zuteilung (gleichmäßigere Verteilung) seiner *Früchte.* Letzteres würde schon beim heutigen Ertrag der technisierten Wirtschaft zahlreiche Mangelnöte auf dem Planeten beseitigen können, und es ist keine Frage, daß das Problem zum Teil gar nicht technologisch-natürlich, sondern ökonomisch-politisch ist. Aber doch nur zum Teil und bestenfalls für das bescheidene Ziel *erträglicherer* Subsistenz der vorhandenen Erdbevölkerung. Für die größeren Ziele, selbst vor-utopische, ja, schon für den status quo bei steigender Erdbevölkerung, muß *Steigerung* globaler Produktion und gesteigerte, aggressivere Technik die Parole sein – und gar für eine universale »Muße-mit-Fülle«-Wirtschaft, wie die Utopie sie vorsieht, eine ganz ungeheure Potenzierung beider zu mehrfach höherer Größenordnung. Ihre *Möglichkeit* »an sich« sei unterstellt, mit allen dafür erst noch von der Zukunft zu erwartenden Überbietungen gegenwärtiger Technik – obwohl die erfolggeschwellte und habituell gewordene *Zuversicht* darauf, besonders was die Dauerausnahme vom Gesetz abnehmenden Gewinns betrifft, übertrieben ist. Aber dann, und gerade bei größtem *Optimismus* nach dieser Seite wachsender menschlicher Macht, entsteht erst die eigentliche Frage.

2. *Toleranzgrenzen der Natur: Utopie und Physik*

Es ist die Frage, wie sich zu diesem intensivierten Angriff »die Natur« verhalten wird, für die es kein Unterschied ist, ob der Angriff von »rechts« oder von »links« kommt, der Angreifer marxistisch oder bürgerlich-liberal ist – so gewiß, wie die Naturgesetze kein bürgerliches Vorurteil sind (obwohl marxistische Ideologen zu dem Glauben neigen – und Stalin bekanntlich, in Sachen der Gesetze der Genetik, sogar danach handelte). Die Frage ist also im Letzten gar nicht, wieviel der *Mensch* noch zu tun imstande sein wird – hier darf man prometheisch-sanguinisch sein, sondern wieviel davon die *Natur* ertragen kann. Daß es hier Grenzen der Toleranz gibt, bezweifelt heute niemand, und im jetzigen Zusammenhang fragt sich nur, ob die »Utopie« innerhalb oder außerhalb derselben liegt: und das hängt von deren eigenen numerischen Größen ab – brutal: von ihrer Mitgliederzahl. Solche Toleranzgrenzen nun, gemessen nach den menschlichen Anliegen, können weit unterhalb der Grenze abstrakt-theoretischer Manipulierbarkeit der Natur an und für sich liegen. Sie werden zuerst fühlbar, wo die für den Menschen nachteiligen »Nebenwirkungen« seiner Eingriffe den Vorteil der Gewinne zu trüben beginnen und dann zu übertreffen drohen, und sie sind überschritten, vielleicht ohne Zurück, wenn die einseitige Überanstrengung das ganze System zahlloser und delikater Balancen zur Katastrophe in Ansehung der menschlichen Zwecke hintreibt. (Für sich kennt die Natur keine Katastrophen). Daß so etwas physikalisch nicht nur im Prinzip möglich ist, sondern für das scharf umgrenzte Raumschiff Erde durchaus im Wirkungsfeld dessen liegt, was der Mensch ihm antun kann und bereits in großem Umfang antut, ist eine relativ neue Einsicht, die einen bis dahin unbekannten Dämpfer auf sozialistischen nicht weniger als kapitalistischen Fortschrittsglauben setzt. Wir haben es hier, wohlverstanden, mit der großen Außennatur zu tun, der des Weltstoffes, noch nicht mit der Natur des Menschen, die erst im zweiten Schritt zur Prüfung kommt, und wir können daher für jetzt alle Motivunterschiede zwischen kapitalistischen und marxistischen Extrapolationen der Technologie, überhaupt alles Menschlich-Qualitative beiseite lassen: es kommt auf pure, neutrale Quantitäten an. Die Frage ist hier: welches sind die »Grenzen« und wo liegen sie – wie weit noch oder wie nahe schon?

Diese Frage liegt als ganze im Aufgabenkreis der noch jungen Umweltwissenschaft und im einzelnen im Sachgebiet der Biologen, Agronomen, Chemiker, Geologen, Klimatologen und so weiter, dazu auch der Ökonomen und Ingenieure, der Städtebau- und Verkehrsfachleute und so weiter, deren interdisziplinäre Zusammenfassung erst zu der globalen Umweltwissenschaft führt, wie sie hier benötigt ist. Der Philosoph hat da nichts zu sagen und nur zu hören. Leider kann er dem Stand der Wissenschaft nicht einmal feste Ergebnisse für seine Zwecke entlehnen. Alle quantitativen Vorhersagen oder Extrapolationen sind selbst in den Einzelgebieten derzeit noch unsicher, von ihrer Integration ins ökologische Ganze, wenn sie rechnerisch überhaupt je vollziehbar sein sollte, ganz zu schweigen. Immerhin läßt sich auf verschiedenen Linien angeben, welche Art von Grenzen in der Sache liegen, und das kann für die Beurteilung wenigstens utopischer Aussichten, die ja überall das Extrem ins Spiel bringen, lehrreich sein. Bei der breiten öffentlichen Diskussion dieser Dinge genügt eine skizzenhafte Erinnerung an Bekanntes. Gemäß dem Thema »Utopie und Physik« beschränken wir uns auf den naturalen Aspekt des Fragenkomplexes.

a. Das Nahrungsproblem

An erster Stelle steht natürlich die Ernährung der sich vermehrenden Erdbevölkerung, wovon alles andere abhängt. Dies ist im Wesentlichen der Ort für Blochs utopischen »Umbau der Natur«. Aber auch ganz ohne Utopie erfordert schon der jetzige Stand der Erdbevölkerung und erst recht der unvermeidlich vervielfachte der *nächsten* Zukunft (1-2 Generationen) den massiven Einsatz jener von Bloch gefeierten künstlichen Düngemittel, die den Boden zu vervielfachter Frucht »ermuntern«. Das heißt, die Menschheit hat sich bereits durch ihren biologischen Vermehrungserfolg dazu gezwungen, und zwingt sich durch dessen zur Zeit unaufhaltsamen Fortgang in erhöhtem Maße, dem empfindlichen, lebenzeugenden obersten Film der Erdkruste mit chemischen Gaben zuzusetzen, selbst nur zur Aufrechterhaltung der jetzigen, alles andere als rosigen Ernährungslage.
Die kumulative Naturstrafe agrarischer Maximierungstechniken beginnt sich lokal schon zu zeigen, zum Beispiel in chemischer Verseuchung von Inland- und Küstengewässern (wozu die Industrie das ihre beiträgt), mit all ihren im verketteten Haushalt der Organismen weitergegebenen Schadenswirkungen. Bodenversalzung durch dauernde Irrigation, Erosion durch Beackerung von Grasland, Klimabeeinträchtigung (eventuell sogar atmosphärische Sauerstoffverarmung) durch Entwaldung sind andere Bußen immer intensiverer oder sich ausdehnender Landwirtschaft. Wir brauchen mit der Aufzählung nicht fortzufahren. Offenbar setzt all dies

seine Grenzen, lokal und planetarisch, und sie liegen sicher diesseits der Utopie, auch bei ehest erreichbarer Stabilisierung der Erdbevölkerung (etwa das 2-3fache der jetzigen 4,2 Milliarden?). Dabei ist die fundamentalste Grenze noch gar nicht erwähnt, die in der Tatsache enthalten ist, daß die synthetischen Düngemittel *Energie*formen sind, daher in das Doppelproblem der Gewinnung und der Verwendung von Energie im geschlossenen System des Planeten fallen. Dies wird sich weiterhin als die Crux aller Zukunftsplanung ergeben und als das letzthinnige Veto der Natur gegen die Utopie.

b. Das Rohstoffproblem

Die Reserven der zivilisatorisch benötigten mineralischen Rohstoffe in der Erdkruste mögen an sich praktisch unerschöpflich sein, aber gewiß sind es nicht die oberflächennahen und konzentrierten Vorkommen des bisherigen, sehr leichten Abbaus (die vielmehr für viele wichtige Stoffe bestimmt nicht ausreichen würden). Was in immer tieferen Schichten oder auf dem Ozeanboden oder in niedriger Konzentration durch die Kruste ausgebreitet liegt, das wird für seine Förderung und Raffinierung immer größeren Energieaufwand verlangen. Und dann erst seine industrielle Verarbeitung für den ex hypothesi gehobenen Lebensstandard der Zukunftsmilliarden! Eine wahrhaft schwindelerregende Multiplikation des schon jetzt bedrohlich hohen Energieverbrauchs wird nötig, wenn der westliche per-capita-Durchschnitt auch nur annähernd zum Weltdurchschnitt (dazu noch zum künftigen!) werden soll. An dieser Bedingung also hängt das utopische Paradies und auch schon weniger unbescheidene Fortschrittsprojektionen. Hier aber liegt der Hund begraben, und sein Name ist: *Energie,* nicht Materie. Und *ihr* Problem ist nun *nicht nur* das Vorhandensein und die Nutzbarkeit planetarischer Energiequellen, kurz: die *Gewinnung* freier Energie, sondern die planetarisch-biosphärischen Folgen ihrer *Verwendung* bei den hier zu erwägenden Größenordnungen.

c. Das Energieproblem

Hier ist zu unterscheiden zwischen erneuerbaren und nicht erneuerbaren Energiequellen. 1. Die fossilen Brennstoffe Kohle, Erdöl und Erdgas, der Niederschlag von Jahrhundertmillionen organischer Synthese, heute bei weitem die vorherrschende Quelle des globalen Energieverbrauchs, sind notorisch begrenzt, nicht erneuerbar, und schon bei der gegenwärtigen Verbrauchsrate (die hauptsächlich nur einem Bruchteil der Menschheit, den entwickelten Industrieländern, zugutekommt) mit Riesenschritten ihrer Erschöpfung entgegengehend. Was die Sonne in Aeonen in der irdischen Pflanzenwelt aufgespeichert hat, ist der Mensch dabei, in wenigen Jahrhunderten zu verbrauchen. Von eben diesen fossilen Brennstoffen sind aber auch die chemischen Düngemittel abgeleitet, und mit Fortfall dieser gesättigten Ausgangsbasis, in der die Synthese schon als Naturgeschenk geliefert wurde, müßte ihre Synthese »ab ovo«, das ist aus inorganischen Stoffen, bewerkstelligt werden: statt durch die Sonnen- und Organismentätigkeit langer Vorzeiten durch Energien nichtorganischer Herkunft, laufend und im Augenblick. Hierin ist also selbst das agrarische Paradies (von der Industrie zu schweigen) an die Energiebedingung geknüpft.

Die Verbrennung der Fossilstoffe stellt aber, jenseits der lokalen Luftverschmutzung, noch ein globales Wärmeproblem, das in einen seltsamen Wettlauf mit der Erschöpfung der Vorräte treten könnte. Es ist der »Treibhauseffekt«, der eintritt, wenn das bei der Verbrennung gebildete Kohlendioxyd sich weltweit in der Atmosphäre anreichert und wie die Glaswand eines Treibhauses wirkt, nämlich die Sonnenstrahlung einläßt, aber die Wärmerückstrahlung von der Erde nicht herausläßt. Ein so eingeleitetes und von uns weitergespeistes Ansteigen der Welttemperatur (das von einem gewissen Sättigungsgrad an sogar ohne weitere Verbrennung fortführe) könnte zu Dauerfolgen für Klima und Leben führen, die niemand will – bis zum katastrophalen Extrem von Polareisschmelze, Steigen des Ozeanspiegels, Überflutung großer Tieflandflächen ... So würde das leichtsinnig-fröhliche Menschenfest einiger industrieller Jahrhunderte vielleicht mit Jahrtausenden veränderter Erdenwelt bezahlt werden – kosmisch nicht ungerecht, da in ihnen das Erbe vergangener Jahrmillionen verschleudert wurde. Ob wir schon mit der jetzigen Verbrennungsrate im Anfang des Weges stehen, ist ungewiß (aber nach manchen Messungen wahrscheinlich); ihre Steigerung wie bisher, wozu das weltwirtschaftliche Wachstum an sich drängt und der Utopieversuch zwingen würde, wäre ein gefährliches Spiel. Da könnte die ebendadurch auch beschleunigte Erschöpfung der Fossilvorräte, anderweitig eine Kalamität, der Gefahr gerade noch zuvorkommen.

2. Konstant sich erneuernd ist der Betrag der einfallenden Sonnenenergie. Ihre Nutzung hat den Vorteil sowohl chemischer wie thermaler »Sauberkeit«. An erster Stelle steht bis jetzt die hydroelektrische Nutzung, die zur Zeit etwa 5% des amerikanischen Energiebedarfs liefert und durch Weiterentwicklung bestenfalls diesen Prozentsatz bei steigendem Gesamtniveau auch künftig aufrechterhalten kann. Maximale Ausnutzung aller dazu geeigneten natürlichen Wassergefälle der Erde könnte den ex hypothesi steigenden Bedarf der Zukunft auch anderswo nur zu ähnlichem Teile decken und nirgends die vom Schwinden der Fossilstoffe gelassene Lücke entfernt schließen. Ähnliches gilt von direkter Konvertierung der einfallenden Sonnenstrahlung in thermale oder elektrische Arbeitsenergie. Für letztere werden zur Zeit Techniken entwickelt (photovoltaische Zellen), aber selbst optimistische Schätzungen versprechen sich davon nur eine

Erleichterung, nicht eine Lösung des Energieproblems. (Die Basis ist natürlich nicht die Gesamtmenge der laufend anlangenden Strahlung, die enorm ist, sondern was davon nach geographischen und sonstigen Bedingungen ökonomisch nutzbar ist.) Windkräfte und vielleicht auch ozeanische Temperaturgefälle können weitere, aber doch immer nur partielle Beiträge liefern.[8]

In Summa, die permanenteste Energiequelle und die »reinste« von allen, da ihre Nutzung weder Rückstände läßt noch den Wärmehaushalt des Planeten affiziert, wird immer nur einen Bruchteil der Energiegefräßigkeit moderner Zivilisation befriedigen können. Auf diese aber ist die utopische Projektion (und schon bescheidenere) für das Erdganze abgestellt. Dennoch natürlich ist die maximale Entwicklung dieser Quelle zur Entlastung der anderen ein dringliches Gebot.

3. So bleibt die Kernenergie, die den anderen Quellen zur Seite und schließlich an die Stelle der versiegenden Fossilquellen treten könnte. Die schon praktizierte Kern*spaltung* unterliegt den leidenschaftlich diskutierten Problemen radioaktiver Umweltbedrohung, besonders der vieltausendjährigen durch ihren »Müll« – eine noch nie dagewesene Folge menschlichen Tuns, wofür noch keine befriedigende technische Lösung in Sicht ist. Außerdem droht ihr selber die Erschöpfung der erreichbaren Uranvorkommen, die sich allerdings auf dem Wege über reaktoren-erzeugtes Plutonium (mit seiner Gefahr terroristischen Mißbrauchs) lange hinausschieben läßt. – Unerschöpflich im Rohmaterial (Wasserstoff-Isotopen) und fast frei von langlebigen radioaktiven Nebenprodukten wäre die kontrollierte Kern*fusion*, die es noch nicht gibt. Angenommen, man bringt es dazu in ökonomisch brauchbarer Form, so scheint sich ein Energieparadies zu eröffnen: nicht nur *Ersatz* für die versiegenden Fossilquellen, sondern Freiheit zu beliebiger *Vervielfachung* des jetzigen Energiekonsums, somit zur freigebigsten Bestreitung aller erdenklichen Bedürfnisse einer beliebig zahlrei-

chen Menschheit in beliebig langer Zukunft – usque ad utopiam aeternam. Hier aber legt die Physik ihr thermodynamisches Veto ein.

d. Das ultimative Thermalproblem

Vom Treibhauseffekt zwar frei, würde die Kernfusion in so verschwenderischem Gebrauch doch ein Problem der Umwelterhitzung mit sich führen, das den ausschweifenden Träumen von einer in technologischer Üppigkeit lebenden, vielfach vermehrten Menschheit der Zukunft eine unerbittliche Grenze setzt. Denn jeder Gebrauch von Energie endet in Wärme. Das Ausmaß des Gebrauches steht daher im irdischen Raum nicht frei. Bei unermeßlicher Quelle (welche die Kernfusion sein könnte) wird das Wärmeprodukt ihrer Verwendung über den ganzen Erdkreis hin ein potentiell kritischer Faktor: die in allen Stadien der Nutzung – mechanischer, chemischer, organischer – sich wiederholende Wärmeabgabe an die Umgebung, bis zur animalischen Wärme der Milliarden Menschenleiber selber und ihrer tierischen Trabanten, und selbst noch die Gärungshitze ihrer verwesenden Kadaver. Es sollen aber, erinnern wir uns, *reichlich mit Lebensgütern* versehene Menschenmilliarden sein, also mit großem Maschinenpark pro Kopf – und dann noch (durch progressive Erschwerung der Abbaubedingungen in der ausgebeuteten Erdkruste) mit immer energiekostspieliger werdender, also *mehr* Abfuhrwärme zeugender Rohstoffgewinnung für *dasselbe* Endgut. *All diese Maschinen- und Lebenswärme muß abgeführt werden,* und dafür steht nur die irdische Umgebung, nicht das Weltall zur Verfügung. Bei genügender Überziehung der Erde mit stoffwechselnden Leibern und arbeitleistenden Maschinen könnte somit dasselbe thermalglobale Ergebnis eintreten, das für den glücklich vermiedenen Treibhauseffekt beschrieben wurde.

Die *Unmöglichkeit* aber für jede Erfindungskunst, *diese* Kausalität zu umgehen, das heißt, das eine zu haben und das andere zu vermeiden, Exzeß des Energieverbrauchs von den thermalen Folgen zu trennen, ist letztlich dieselbe wie die Unmöglichkeit, ein Perpetuum mobile zu bauen: das unverbrüchliche Gesetz der Entropie, daß bei jeder Arbeitsleistung Energie »verloren« geht, daß alle Energie zuletzt zu Wärme degeneriert, und daß Wärme sich zerstreut, das heißt mit der Umgebung zu einem Mittelwert ausgleicht. Hierin läßt die Thermodynamik nicht mit sich handeln.

3. Das Dauergebot sparsamer Energiewirtschaft und sein Veto gegen die Utopie

a. Fortschritt mit Vorsicht

Trotzdem natürlich – man mißverstehe uns darin bitte nicht! – wäre die Erschließung der Kernfusionsenergie zu friedlichem Gebrauch ein hochwillkommenes Geschenk und es liegt nur bei uns, daß es nicht ein Danaergeschenk werde. Nichts im Vorigen sollte als Abraten von diesem oder von technischem Fortschritt überhaupt mißdeutet werden, wenn auch die Gefährlichkeit seiner Machtgaben in den Händen menschlicher Gier und Kurzsichtigkeit (ja, selbst Not) ein durchgehendes Thema in unserer Melodie ist. Die Kernfusion, wenn sie uns je beschert wird, könnte das Energieproblem auf immer lösen. Nur muß das Geschenk weise und maßvoll benutzt werden, mit dem Blickpunkt globaler Verantwortung und nicht großartiger globaler Hoffnung. Wo die Naturgrenze läge oder die kritische Gefahrenschwelle dahin begänne, wäre erst noch zu errechnen, falls es zu dem embarras de richesse kommen sollte. Lange vorher aber ist das für die jetzt schon aktuellen Faktoren nötig, von denen wir einige streiften (wie das biochemische Ergehen von Boden und Gewässern, planetarische Sauerstoffwirtschaft, und so weiter), deren Schwellenwerte besser antizipiert wären, als sich durch Eintritt selber zu demonstrieren. Eine neue Wissenschaft ist für all dies erfordert, die es mit enormer Komplexität der Interdependenzen zu tun hätte. Bis hier Sicherheiten der Projektion vorliegen, ist – zumal bei der Unumkehrbarkeit mancher der eingeleiteten Prozesse – *Vorsicht* das bessere Teil der Tapferkeit und jedenfalls ein Gebot der Verantwortung: *vielleicht auf immer,* wenn nämlich, wie wahrscheinlich, eine solche Wissenschaft schon hinsichtlich Vollständigkeit der Daten und erst recht hinsichtlich ihrer vereinigten Komputierbarkeit alle realen technischen Kapazitäten auf immer übersteigt. Unsicherheit mag hier unser dauerndes Schicksal sein – *was moralische Konsequenzen hat.*

b. Bescheidung in den Zielen gegen die Unbescheidenheit der Utopie

Vermutungen, besonders nach der negativen Seite, sind schon jetzt erlaubt. Fraglich ist bereits, ob auch nur die jetzigen 4,2 Milliarden ohne verhängnisvollen dauernden Umweltschaden annähernd im Stile der fortgeschrittensten Länder, das heißt mit dem per capita Energieverbrauch der jetzigen europäisch-amerikanischen Welt leben könnten. (Ganz gewiß nicht mit den konventionellen Energieformen). Doch realistisch ist gar nicht dies die Größe, für welche die Frage zu stellen ist, sondern diese muß der Stand sein, auf dem sich demographisch *frühestens* die Weltbevölkerung – mit friedlichen Mitteln! – stabilisieren, das heißt auf Nullvermehrung bringen ließe: und das wäre etwa das Zwei- bis Dreifache der jetzigen am Ende der nächsten ein bis zwei Generationen. (So lange mindestens würde es ja auch bis zur Errichtung der Utopie noch dauern.) Für diese Ziffer nun wage ich die Voraussage, daß sie *keinesfalls,* mit oder ohne die erst erhoffte Energiequelle, auf die Dauer ungestraft das jetzige Beispiel einer ausschweifenden Weltminderheit (selbst *deren* Gesellschaften von Utopie noch weit entfernt) auch nur entfernt nachahmen könnte. Jene sozusagen absolute Energiequelle, wenn sie verfügbar würde, möchte wohl unsere Nachkommen vor großen Leiden wirtschaftlicher Rückbildung bewahren und den vernünftig aufgefaßten globalen Bedarf permanent sichern. Mit ihrer virtuellen Unendlichkeit aber käme auch die Versuchung, ja die berauschende Verführung zu unbescheidenen Zielen, mindestens zu Sorglosigkeit, und davor muß die schwächere Prosa der Vernunft, verstärkt durch das Pathos der Verantwortung (und wenn nicht diese, dann die weniger edle Stimme der Furcht) rechtzeitig warnen. Es ist wohl des Nachdenkens wert, daß der größte praktisch-wissenschaftliche Durchbruch in der ganzen Geschichte der Physik, die Aufschließung des Atomgeheimnisses, die Rettung und Vernichtung der Menschheit zugleich im Potential seiner Gabe enthält; und die Vernichtung nicht etwa nur im zerstörenden Gebrauch der Gabe, sondern auch in ihrem bauenden, friedlichen, produktiven. Und da, übertönt vom Segenserfolg im Nahen, hat es die Stimme der Vorsicht im Fernen viel schwerer als bei der Vernichtungsdrohung des kriegerischen und jähen Gebrauchs, wo die nackte Angst Aller ihr zuhilfe kommt. Der Ruf zu »bescheidenen« Zielen, wie mißtönig er der Großartigkeit des Könnens im Ohr klingt, wird gerade *wegen* ihrer ein erstes Muß. Die Utopie jedenfalls, *das* unbescheidene Ziel par excellence, muß man sich aus dem Kopfe schlagen, mehr noch weil schon ihre Anstrebung zur Katastrophe führt, als weil sie auch auf keine in sich lohnende Dauer existieren kann.

c. Warum nach erwiesener äußerer Unmöglichkeit die innere Kritik des Ideals noch nötig ist

An diesem Punkt könnte man sagen, daß eine Prüfung des *inneren* Wertes, der An-sich-Richtigkeit des utopischen Ideals sich erübrigt, da das »non datur« von außen die Verwirklichung ohnehin ausschließt. Aber das genügt doch noch nicht. Denn erstens darf nicht übersehen werden, daß mit *einer* Bedingung der im Ideal anvisierte Zustand doch realisierbar und rein »physikalisch« existenzfähig wäre: bei genügend niedrig gehaltener beziehungsweise *verminderter* Menschenzahl! Scheut man vor den hierzu nötigen, ungeheuerlichen Gewaltmitteln nicht zurück, so wäre auf den Leichenfeldern ungezählter Eliminierter eine Insel der Seligen für den »erwählten Rest« wohl errichtbar. Nun unterstelle ich keinem der bisherigen und jetzigen Apostel der Utopie solche unmenschlichen Absichten. Andererseits darf man die Möglichkeiten dessen, wozu ein höchstes Gut und der unbedingte Glaube daran verleiten können, nicht unterschätzen. Schon in gänzlich nichtutopischer Sicht könnte manches Bedenkliche und Tyrannische auf demographischem Gebiet nötig werden, einfach um Schlimmstes zu verhüten. Wie erst, wenn das überschwengliche Ziel ihm den Adel der Wegbereitung verleiht! Bei ehrlicher Überzeugung, daß alles Bestehende sowieso verpfuscht ist und überhaupt nur als Wiege für das Kommende, Bessere, Wahre in Betracht kommt, könnte für die Gläubigen auch das Äußerste erwägbar werden – umsomehr, als die für die Herbeiführung der Utopie ohnehin vorgesehene und bejahte Diktatur von sich her zu extremen Mitteln verleitet. Jedenfalls macht die totale Gewalt sie möglich; Selbstbehauptung kann die orthodoxe Führung Schritt für Schritt zu ihnen drängen; und das Glaubensdogma liefert das gute Gewissen: es ist ja um des Heiles willen. Kurz, der Utopieglaube, wenn er mehr als Sehnsucht ist (und das ist sein erstes Selbstprädikat im marxistischen Realismus), verleitet zum Fanatismus mit all seinem Hang zur Erbarmungslosigkeit. Man erspare uns Beispiele aus dem Greuelkatalog der Geschichte, religiöser, wie atheistischer.

Dazu kommt, zweitens, daß der *Wunsch,* gewappnet mit der Kraft der Doktrin, die Abschätzung der Tatsachen und der Chancen färben kann; die unvollständige Sicherheit selbst wissenschaftlicher Prognosen kann der Glaube zu seinen

Gunsten deuten, das heißt auf die vom Nichtwissen gelassene Marge des Auch-anderssein-könnens setzen – ja, er kann die Wissenschaft selber, die jene unerwünschten Prognosen liefert, als Diener des Klassenfeindes verdächtigen: die richtige Wissenschaft, unsere, liest den Text der Wirklichkeit anders. Auch hierfür erspare man uns Beispiele.

Aber dies ist noch nicht alles und nicht einmal das Eigentliche, weswegen wir in unserer Prüfung noch nicht haltmachen können. Über die Gefahren des von keiner Skepsis getrübten Glaubens hinaus bleiben noch die des enttäuschten: die der Verzweiflung, wenn die erwachte Skepsis nur die äußere Unerreichbarkeit und nicht auch den inneren Irrtum des Ideals offenbart. Denn die Wahrheit des Ideals, wenn es sie besitzt, erklärt ja jeden Zustand ohne es als menschenunwürdig: und es ist nicht gut, in die auferlegte Nüchternheit mit Haß auf das, womit man leben muß, zu gehen, mit Verachtung für das, was daran womöglich zu verbessern ist, mit Unglauben an den Wert dessen, wozu die condition humaine in ihren Grenzen den Menschen dennoch befähigt. Ja, es ist auch nicht gut und nicht recht, es ist sittlich und kontemplativ schädlich, den Menschen als durch die Natur, seine Gebärerin, um sein Geburtsrecht betrogen zu sehen, die Naturordnung als seinen mißgünstigen Feind, der ihm sein eigentliches Menschsein vorenthält. Eben darüber könnte man »das Eigentliche« verfehlen. Hier liegt unser philosophisch-moralisch-metaphysisches Interesse bei der folgenden Prüfung. Und zuletzt: auch für sich selbst schulden wir sie dem Ideal als einer Vision großer und barmherziger Geister, die sich der in ihr verborgenen Unbarmherzigkeit nicht bewußt waren.

B. Zweiter Schritt: Der Traum in die Wirklichkeit übersetzt, oder von der Wünschbarkeit *der Utopie*

Eine Prüfung des utopischen Ideals selber (nicht seiner Realisierbarkeit) hat es mit zwei Aspekten zu tun: seinem positiven Inhalt, soweit er – mindestens formal – vorgedeutet ist, und seiner negativen Folie, der Lehre nämlich, daß die bisherige Geschichte den richtigen Menschen noch *nicht* zum Vorschein gebracht hat. Die Folie gehört zum Ideal, weil sie ihm vorschreibt, daß seine menschliche Frucht nicht im Bilde des Besten im bisherigen (»vormenschlichen«) Menschentum vorzustellen ist, sondern ein qualitativ durchaus Neues zu sein hat. Das ist zwar gedanklich nicht wirklich durchführbar, wäre sogar, ganz beim Wort genommen, absurd, aber als regulative Idee hat es seine Bedeutung in der Logik und im Pathos des utopischen Arguments. Zur Folie gehört auch Ernst Blochs präzise Ontologie des »Noch nicht«, und wir werden sehen, daß ihre philosophische Kritik mehr ins Herz der Sache führt als die des träumerisch vorgeahnten »Jetzt da« der endlichen Erfüllung. – Wir behandeln die beiden Aspekte, positiven Inhalt und negative Folie des Ideals, in dieser Reihenfolge.

1. Inhaltliche Bestimmung des utopischen Zustandes

Die inhaltliche Bestimmung des utopischen Zustandes ist in der Literatur naturgemäß mager, da er eben von dem uns Bekannten so verschieden sein soll; und besonders herrscht diese Magerkeit hinsichtlich dessen, wie der unter seinen Bedingungen lebende *Mensch*, ja auch nur ein typischer Lebenslauf, denn nun konkret »aussehen« wird, da gerade dies wegen der entbindenden Kraft der Bedingungen und des noch verborgenen Reichtums der menschlichen Natur offenbleiben muß und gewiß nicht aus dem Stande ihrer »vorgeschichtlichen« Atrophie, unserm jetzigen, vorhersagbar ist. Trotzdem ist manches der formalen Natur der Bedingungen zu entnehmen, und mehr noch der emphatischen Angabe dessen, was dann beim Menschen *nicht* der Fall sein wird. Manches Orakelwort allerdings bleibt undurchdringliches Mysterium.

a. Das Reich der Freiheit bei Karl Marx

Beginnen wir mit einem berühmten Wort von Marx.
»Das Reich der Freiheit beginnt in der Tat erst da, wo das Arbeiten, das durch Not und äußere Zweckmäßigkeit bestimmt ist, aufhört; es liegt also der Natur der Sache nach jenseits der Sphäre der eigentlichen materiellen Produktion.«[9] Die Stichworte sind *Freiheit* und *Arbeit* – so zwar, daß die Freiheit, die das »Reich der Freiheit« gewährt, unter anderm Freiheit von der Arbeit ist, beziehungsweise von der Notwendigkeit dazu, also Freiheit von Arbeit um äußerer Zwecke willen, die allein ja eine Notwendigkeit von Arbeit begründen; und ferner so, daß die Befreiung von solcher Notwendigkeit die *erste* aller Freiheiten ist, mit der die anderen des »Reiches« erst *beginnen* und deren letztes Anliegen wiederum (nach einem andern Wort von Marx) »die Entwicklung [anderwärts: Entfesselung] des Reichtums der menschlichen Natur« ist. Diese Entwicklung oder Entfesselung kann also nur in der *Muße* stattfinden, und zwar nicht gelegentlicher Muße in Unterbrechung der Arbeitsmühe, sondern Muße als permanente oder vorherrschende Lebensform. So jedenfalls sieht es Ernst Bloch, zu dessen Philosophie der utopischen Muße später einiges zu sagen sein wird. Marx selber ist auf den ersten Blick nicht ganz so eindeutig. Zweckarbeit wird nicht aufhören, doch anders geworden sein:

»In der höheren Phase der kommunistischen Gesellschaft, nachdem die knechtende Unterordnung der Individuen unter die Teilung der Arbeit, damit auch der Gegensatz von körperlicher und geistiger Arbeit verschwunden ist, nachdem die Arbeit nicht nur Mittel zum Leben, sondern selbst das erste Lebensbedürfnis geworden ist . . . kann die Gesellschaft auf ihre Fahnen schreiben: Jeder nach seinen Fähigkeiten, jedem nach seinen Bedürfnissen«. (Karl Marx, *Kritik des Gothaer Programms,* Berlin 1946, S. 21)
Die Arbeit wird freiwillig sein, weil sie aus eigenem Bedürfnis kommt. Was für eine Arbeit? Und was für ein Bedürfnis? Um das letztere zuerst zu nehmen: Wie wird Arbeit per se – nicht das Erarbeitete – zum »ersten Lebensbedürfnis«? Antwort: dadurch, daß sie dem Menschen durch die Maschine weggenommen wurde und das von dieser Erarbeitete seine bis dato »ersten« Lebensbedürfnisse erfüllt. Sie wird *selber* Bedürfnis eben dadurch, daß sie als »Mittel zum Leben« nicht nur unnötig, sondern sogar unbrauchbar und unverkäuflich geworden ist! und außerdem, so wie sie in der Enteignung verändert wurde, der Würde des Menschen unangemessen. Das letzte hat Einfluß auf die Frage, *was* für eine Arbeit es ist, wonach das neue Bedürfnis erwächst und von der neuen Gesellschaft, der großen Bedürfnisversorgerin, befriedigt werden muß: gewiß *nicht* die als Mittel zum Leben, also die durch Notwendigkeit und äußere Zweckmäßigkeit bestimmte. Denn *die,* soweit überhaupt noch von Menschen versehen, ist ja in immer steigendem Maße (in der kommunistischen so gut wie in jeder technologischen Gesellschaft) die in mechanische Teilprozesse zerstückelte, seelenlose. Mit der Befreiung davon, so hörten wir, beginnt erst das Reich der Freiheit, und dessen Überfluß wird eben durch die überlegene Produktivität von Maschine und Automation erwirkt. Also muß es zwecklose, zweckfreie Arbeit sein, durch die das neue Bedürfnis nach »Arbeit an sich« gestillt werden muß – von der sich in der Tat wohl vorstellen läßt, daß sie bei Vielen und den Besten »das erste Lebensbedürfnis« wird,

schon um der tödlichen Leere des Nichtstuns zu entrinnen. Solche Arbeiten zum eigenen Zweck müßten zu eben diesem Zweck erfunden (oder aus der Handarbeit der vorindustriellen Vergangenheit hervorgeholt) werden. Und so entsteht das Paradox, daß das Bedürfnis nach Arbeit – *nicht* nach ihrem Ertrag! – vielleicht das schwerst zu befriedigende all jener Bedürfnisse wird, von denen die neue Gesellschaft auf sich genommen hat, »jedem« die Befriedigung der »seinen« zu sichern. Das ging bisher unter den Namen »Freizeitgestaltung« und »Beschäftigungstherapie«, sogar »Notstandsarbeiten«, soll aber im Reiche der Freiheit der Raum für die Entfesselung und Entwicklung des Reichtums der menschlichen Natur, ja, für das erstmalige Hervorscheinen der Wahrheit dieser Natur werden. Da nun aber das generelle Bedürfnis nach Arbeit per se sich individuell spezifiziert nach Fähigkeit und Lust zu *bestimmter* Arbeit und dabei im Reiche der Freiheit kein Zwang walten darf, so ließe sich die Pflicht der Gesellschaft hinsichtlich des neuen Bedürfnisses »Arbeit«, in scherzhafter Abwandlung der Schlußformel des zweiten Marx-Zitats, so formulieren: Jeder nach seiner Fähigkeit zum Bedürfnis, jedem nach dem Bedürfnis seiner Fähigkeit. Dies würde denn zum hauptsächlichen Sozialprogramm, und es würde ein sehr luxuriöses, denn der Nutzwert der Arbeit scheidet dabei aus: der wird mit schwindendem Menschenanteil von der neuen Sklavenschicht der automatischen Maschinen besorgt.
Etwas von dem Arbeitsbedürfnis wird weiterhin durch die verbleibenden menschlichen Funktionen im Laufen dieser Apparaturen aufgefangen werden, und der Andrang zu solchen rar gewordenen Überresten »knechtender« und »öder« Dienstrollen im Gefüge äußerster Arbeitsteilung wird groß sein. Darüber gibt es den Stab geschulter technischer Experten mit gestaffelten Hierarchien der Verantwortung und Kompetenz, die das komplizierte und, je umfassender desto subtiler (auch labiler) werdende, kybernetisch-maschinelle System von den Teilen aufwärts im Zustand der Ausbesse-

rung, Adjustierung und weiterer Vervollkommnung erhalten – von Mechanikern über Ingenieure und Mathematiker zu Erfindern. Und darüber zuletzt die Diener der reinen und Grundlagenforschung, die um der Theorie selber willen geschieht und bei der ein möglicher Nutzwert nur als absichtsloser Nebengewinn neuer Erkenntnis sich einstellen mag. Mit der letzten Ausnahme stehen all diese Arbeiten im Zeichen der »äußeren Zweckmäßigkeit«, verhaftet der »Sphäre der eigentlichen materiellen Produktion«, jenseits derer das Reich der Freiheit erst beginnt. Alle dazu, diesmal die höchste Spitze eingeschlossen, zahlen den Preis der Spezialisierung, stehen also unter dem Fluch der »knechtenden Teilung der Arbeit«, ohne welche heute und in Zukunft keine mehr zum Zwecke taugen würde. Ich bezweifle, daß die, welche dem Reich der Notwendigkeit so dienen dürfen, die Tatsache als solche und den Preis der Enge dafür als unwürdig empfinden. Davor schützt sie, wenn nicht das eigene Bewußtsein, daß es in ihrem Tun um etwas geht, daß *etwas* – viel oder wenig – davon abhängt, der Neid der Vielen, die dies von ihrem dem Arbeitsbedürfnis zuliebe gepflogenen Tun *nicht* werden sagen können. Auf den niedrigeren Sprossen dieser Leiter läßt sich noch an Rotation denken, damit möglichst Viele an dem verknappten Gut teilhaben können. Aber das geht umso weniger, desto höher die besondere Kompetenz – desto befriedigender also die Arbeit ist. Und Arbeitsstreckung wäre ja auch nicht gerade eine »utopische« Form, das Grundbedürfnis zu befriedigen.

Zu diesen mit der *Materie* umgehenden Arbeitsresten, die dem Menschen der Utopiezeit verbleiben, nehme man noch die ebenfalls notwendigen *immateriellen* Gesellschaftsdienste gegenüber Personen, die immer von Personen versehen werden müssen – Ärzte, Lehrer, Sozialarbeiter, und bei denen routinehafte Austauschbarkeit, also auch Rotation des Personals, noch beschränkter ist. Und schließlich noch die »nutzlosen« Arbeitsgebiete der schönen Künste und der Unterhaltung oder Belustigung, denen es weder an Nachfrage für ihre

Erzeugnisse in der Mußegesellschaft noch an Aspiranten um der Sache selbst willen fehlen wird. Hier kann jeder sich versuchen, aber bald wird sich die Spreu vom Weizen scheiden. Der weiterbestehende Unterschied von Könnern und Dilettanten, Talentierten und Untalentierten, Originellen und Banalen, Inspirierten und Schwunglosen wird auch bei diesen Tätigkeiten für eine kleine Auslese derer sorgen, die eine gesellschaftliche Funktion erfüllen, das heißt noch einem weiteren Bedürfnis als dem eigenen dienen – was der wahre Künstler tut, ohne es zu wollen.

Damit ist es aber auch (wofern ich nichts Wichtiges ausgelassen habe) zu Ende. Alle Anderen, die in der automatisierten Welt der Utopie die gewaltige Mehrheit sein müssen, ja, sein *sollen*, sind von »nützlicher« Arbeit – im weitesten Sinne gesellschaftlicher Beitragsleistung – nicht so sehr befreit wie ausgeschlossen.[10] Für sie muß Ersatz gefunden werden, und damit stehen wir vor dem nicht von Marx, aber von Bloch unumwunden ausgesprochenen *Problem der Muße,* nämlich ihrer Erfüllung mit menschenwürdigem Inhalt, in welchem sich eben der menschliche Sinn der Utopie erfüllen soll. Sofern darüber überhaupt etwas zu erfahren ist (was im Stadium der Prophetie auch im gesprächigsten Fall nur sehr wenig sein kann), so von dem herrlichen enfant terrible des Utopismus, Ernst Bloch, der sich ein Leben lang nicht scheute, sich zum Kindheitstraum eines goldenen Zeitalters als eines *Paradieses der Muße* zu bekennen. Aus dem Muß technologischer Veraltung menschlicher Arbeitskraft erblüht ihm das Ideal der vom »schäbigen« Dienst an äußere Notwendigkeit befreiten und nur noch den »echten«, »endlich rein menschlichen«, »einzig wahren«, den allein »menschenwürdigen« Bedürfnissen gewidmeten Arbeitskraft (unter welchen Bedürfnissen sich ihr eigener Gebrauch befindet) – das Wunschideal der *tätigen Muße*. An ihren beredten Propheten wenden wir uns jetzt um Auskunft.

b. Ernst Bloch und das irdische Paradies der tätigen Muße

Ernst Bloch nennt ungeniert den »Wachtraum vom vollkommenen Leben« (P. H. 1616) oder auch »vom regnum humanum« (S. 1619), die »Ur-Intention des goldenen Zeitalters« (S. 1621), den »absoluten Zielbegriff« (S. 1628) und, als allerletzte Worte des gewaltigen, der Hoffnung gewidmeten Werkes, »etwas, das allen in die Kindheit scheint und worin noch niemand war: Heimat« als das letzte Movens marxistischen Strebens. Das ist unendlich mehr und qualitativ anderes als Gerechtigkeit, Güte, Erbarmen, selbst Liebe, ja, als jede sonstige Fürsorge für das menschliche Los (im Diesseits), die alle ohne solche Erwartung ihr Werk in der Welt verrichten können und es niemals – wäre sie auch da – um ihretwillen tun. Das heißt es eben, daß der Marxismus, nach Bloch, die *Utopie* will, nichts geringeres, und Gerechtigkeit et cetera wohl als Vorspann für ihr Kommen, vielleicht sogar als Teil ihrer Frucht ansehen mag, wahrscheinlicher aber als von ihr überholt. (In Blochs Bildern der Endzeit erscheinen die alten Tugenden nicht.) Mitmarxisten mag dies Absolutum in Verlegenheit bringen, aber Marx selbst, karger im Ausdruck, gibt seinem Nachfolger verbal und sachlich jedes Recht zum messianischen Verständnis seiner Lehre. All dies nun: vollkommenes Leben, regnum humanum, goldenes Zeitalter, absolutes Ziel, endlich gefundene Heimat, ist gebunden an die *Muße* als universaler Zustand. Daß dieser Zustand den »Umbau der Natur« (»des Sterns Erde«) zur *Bedingung* hat, wurde bereits vermerkt und zur Physik ihrer Realisierung das Nötige gesagt. Wie aber sähe die Muße selber aus, wenn die Bedingung erfüllt wäre?

Zu Beginn eines größeren Abschnitts, überschrieben *Muße als unerläßliches, erst halb erforschtes Ziel,* heißt es:

»Die Unterschiede zwischen Hand- und Kopfarbeit, zwischen Stadt und Land verschwinden, vor allem aber, soweit möglich, die zwischen Arbeit und Muße ... [Eine klassenlose

Gesellschaft] hebt die Entäußerung der Arbeit vom Menschen auf, jene, worin sich der Arbeiter selbst als entäußerter, entfremdeter, als verdinglichte Ware fühlt und deshalb in seiner Arbeit unglücklich ist. Die klassenlose Gesellschaft entfernt mittels der gleichen Rück-Entäußerung aus der Muße die ungelebte Leere, den der Öde der Arbeit durchaus korrespondierenden (und nicht kontrastierenden) Sonntag . . .« (S. 1080 f.)
Dazu eine vorangehende Aussage:
»Eine Gesellschaft, die als solche selber jenseits der Arbeit stehen wird, wird zwar ebendeshalb keine abgetrennten Sonn- und Feiertage mehr haben, aber wie sie das Steckenpferd als Beruf, das Volksfest als schönste Erscheinung ihrer Gemeinsamkeit haben wird, so wird sie auch, in einer glücklichen Ehe mit dem Geist, mit ihm ihren *festlichen Alltag* erfahren können . . .« (S. 1071 f.; Hervorhebung im Original.)

(i) »Die glückliche Ehe mit dem Geist«

Von den durchzugehenden Bestandstücken dieser Dithyrambe nehmen wir zuerst die »glückliche Ehe mit dem Geist«. Nach allem, was wir von den unbequemen Eigenschaften dieses Ehepartners zu wissen meinen, scheint er sich schlecht zu einem solchen Verhältnis zu eignen und wir sind gespannt, wie er dazu geschickt gemacht werden soll. Offenbar doch wohl durch das »Verschwinden des Unterschiedes zwischen Hand- und Kopfarbeit«. Dies Rätselwort des Marxismus begegnete uns schon bei Marx in der Prophezeiung, daß mit der knechtenden Unterordnung der Individuen unter die Teilung der Arbeit auch der Gegensatz von körperlicher und geistiger Arbeit verschwunden sein wird (siehe oben S. 344). Was das heißt, hat mir noch niemand erklären können. Anscheinend subsumierte Marx den beklagten »Gegensatz« unter das allgemeinere Phänomen der »Teilung der Arbeit«, der ersten Vorbedingung der Kultur und jedes höheren Könnens. Wie die Arbeitsteilung als solche in der klassenlosen Gesellschaft verschwinden soll ohne das Verschwinden ihres Erzeugnisses, eben der höheren Kultur, ja selbst ihrer äußeren Funktionsmechanismen, wird nicht gesagt. Selbst innerhalb der geistigen Arbeit, nicht weniger (eher mehr!) als der körperlichen, ist der Preis des Spezialistentums zu zahlen, und man fragt sich, ob Marx dafür ein allgemeines Dilettantentum eintauschen wollte, wo jeder jedes tun kann (selbst dann bliebe doch der Gegensatz der Tätigkeiten selber bestehen). Das ist dem großen Gelehrten kaum zuzutrauen, dem überdies alle Rousseausche Idyllik fremd war. Doch eine andere Deutung bietet vielleicht die technologische Umwandlung der Arbeit überhaupt an, besonders wenn das Verschwinden des »Gegensatzes« zwischen körperlicher und geistiger Arbeit von Bloch zum Verschwinden sogar des »Unterschiedes« verschärft wird. Das könnte sich nämlich auf die schon jetzt sichtbare Tatsache beziehen, daß mit zunehmender Technisierung der rein »körperliche« Anteil (im Sinne physischer Kraftleistung) in *allen* noch verbleibenden menschlichen Arbeitsprozessen sinkt – woraus zu folgen scheint, daß der zerebrale Anteil proportional steigt (Anteil, bitte, nicht eo ipso auch das Quantum zerebraler Tätigkeit!). Wenn das so verstandene Körperliche sich im weiteren Fortschritt zu verschwindender Größe hinbewegt, dann würde in der Tat innerhalb solcher Prozesse der angebliche »Gegensatz« dadurch verschwinden, daß der eine seiner Pole dahinschwindet – und dann sogar der generische *Unterschied* jener Prozesse überhaupt von den bislang so klassifizierten Arten »geistiger Arbeit«: weil sie *das* eben selber geworden sind. Wenn dies gemeint sein sollte, dann wäre daran wohl ein richtiges und wichtiges Element mit allerdings gänzlich verschiedenem Effekt – eines, das mit Klassenstruktur und Eigentum an den Produktionsmitteln gar nichts zu tun hat, vielmehr eine Begleiterscheinung, und eine problematische, der Technik ist. Mit Grund konnte man immer sagen, daß die Arbeit des Uhrmachers »geistiger« ist als die so viel mehr körperliche des Grobschmieds (obwohl die Feinheit der Sensorik und Motorik in der Präzisionsarbeit schließlich auch eine Körperleistung ist, auch wenn sie nicht nach Kalorienaufwand zu berechnen ist). Insofern sich im Zeichen der Technik alle Arbeit vom Typus »Grobschmied« mehr zum Typus »Uhrmacher« hinbewegt, könnte man also von einer zunehmenden »Vergeistigung« der menschlichen Arbeit überhaupt und dann eben auch von einer Minderung des berufenen »Gegensatzes« oder »Unterschiedes« überhaupt sprechen.[11] Aber bewegt sie sich dahin? Ist die Arbeit dessen, der nur noch die Maschine überwacht, die serienweise *ein* Uhrrädchen schneidet, oder die Maschine, die *einen* Schritt in der Zusammensetzung der Teile ausführt – und das ist der nächste Schritt des Fortschritts! – »geistiger« als die des technologisch überholten Uhrmachers, der handwerklich das Ganze herstellt? Im Gegenteil! Sie ist geistig ärmer, und zwar *in demselben Maße, wie sie physisch ärmer ist!* Der Verlust an physischer Mannigfaltigkeit (und Anstrengung!) geht mit dem Verlust an geistigem Tätigsein einher. *Mit dem Körper wird auch der Geist arbeitslos.* Der angebliche »Gegensatz« *war* nämlich nie einer im Binnenraum der bestimmten Arbeit, vielmehr war und ist es dort ein Verhältnis *gegenseitiger Bedingung:* der leibhafte Umgang mit der Materie belehrt den Leib, die Glieder, die Sinne, die Nerven – *und* den Geist, indem er sie alle beschäftigt, mit sich selbst und dem Gegenstand bekannt macht (keines ohne das andere!) und im Widerstand des Stoffes und im Zum-Vorscheinkommen seiner Qualitäten die verborgenen Fähigkeiten dieser unserer Ausstattungen erst hervorruft. Durch Entzug dieser Nahrung werden sie alle ausgehungert. Die Reduzierung des Physischen auf uniforme Restleistungen – des Kinetischen auf »Handgriffe«, des Sensorischen auf Zeigerablesungen – reduziert auch den Anteil des Geistes an der Arbeit. Und ganz allgemein: die Trennung von der Materie trennt auch vom Geist. Und so handelt es sich, bei rechtem Zusehen, gar nicht um Verschwinden des Gegensatzes durch Dahinschwinden *eines* seiner Pole (des physischen), sondern um sein

Verschwinden durch das Hinschwinden *beider!* Der Gegensatz, welcher wirklich schwindet (schrumpft), ist der zwischen Arbeit und Nichtarbeit, zwischen Tun und Nichttun – durch Minimierung des wirklichen *Tätigkeits*charakters der »Arbeit«.

Der Gegensatz aber, welcher bleibt, ja wächst, ist der zwischen *jeder* verbleibenden, so veränderten Arbeit und wirklich geistiger Arbeit, an der sich nichts geändert haben wird, weil sich ihrem innersten Wesen nach an *ihr* nichts ändern kann. *Sie* wird, solange sie ernst ist (und andere gibt es eigentlich nicht), der letzte Ort *wirklicher Arbeit* sein: ganzer Aufmerksamkeit, ganzer Mühe, ganzer Beteiligung, entsagender Ausdauer, Strenge und Geduld (mit dem Risiko der Enttäuschung) und sogar körperlicher Anstrengung (oder ist zum Beispiel die visuelle der mikroskopischen, spektroskopischen, teleskopischen Prüfung, des endlosen Vergleichens minutiöser sinnlicher Daten, überhaupt die Strapazen der *Beobachtung,* keine solche?) – die freieste aller Tätigkeiten, weil nur von mir abhängend, und die unfreieste zugleich, da sie es nicht billiger gibt und immer den ganzen Menschen mit Beschlag belegt. Der Gegensatz zwischen *ihr* – immer Sache relativ Weniger – und aller anderen Arbeit, die noch weiter besteht, wird sich also *verschärft* haben, nicht wegen des Körperlichen in der letzteren, sondern umgekehrt wegen ihrer Atrophierung im Körper- und Geistesaspekt zugleich, ihrer psycho-physischen Nullität unter dem Regiment der Technik – kurz, ihrer Atrophierung *qua* Arbeit.[12]

Den *dort* ausgehungerten, mit Atrophie bedrohten Fakultäten, die außerdem, zur Ehre des Menschen, Bedürfnisse sind, muß denn Ersatz *außerhalb* der Arbeit geschafft werden: den kinetisch-muskulären in Athletik und Sport (da wird der Geistesarbeiter, mit weniger Freizeit, mittun), den sensorisch-perzeptiven in üppiger, passiv genossener Bildfütterung, den intellektuellen in Kreuzworträtseln und Schachproblemen. Das ist so nicht wegen kapitalistischer, sondern wegen *technologischer* »Entfremdung« und »Entäußerung« der

Arbeit, welche mit ihrer anders nicht erreichbaren Produktivität für die Utopie, als Bedingung von Muße in Reichlichkeit, so nötig ist wie für den Kapitalismus aus Profitgründen, und wovon es kein Zurück mehr gibt. Nur dem Geistesarbeiter wird sie weder das Bedürfnis noch die Zeit zu solchem Ersatz (noch den Geschmack daran) aufdrängen. Darin also kann die »glückliche Ehe mit dem Geist« nicht bestehen. Lassen wir dies Mysterium auf sich beruhen und fragen einfach, worin denn für Bloch, dessen kulturelle und menschliche Wählerischkeit für dergleichen (von ihm dem Kapitalismus angekreidete) Ersatzfüllungen der Leere nur Verachtung hat, die »tätige Muße« der Utopie besteht.

(ii) Das »Steckenpferd« und das Menschenwürdige

Anders als Marx sah Bloch, daß die Muße ein Problem stellt und dies im Letzten überhaupt *das* Problem der im Materiellen verwirklichten Utopie sein wird. Offen spricht er von der »äußerst nackten Frage der Muße«, nämlich »das endlich so klar erscheinende *Problem wie Wesen* ihrer immer konkreteren Inhalte«, worauf eine »menschliche Antwort« gefunden werden muß und erst in der Utopie selber mit Hilfe der dann regierenden »Lehrer« gefunden werden kann (»Regierung und Leitung durch Lehrer« sind seine verhüllten Worte, P. H. 1086); von der »neuen Bedürftigkeit der Muße selber«, die (wie Bedürftigkeit es tut) einen »neuen Überbau«, ihre eigene »Ideologie« hinsichtlich ihrer »humanen Inhalte«, »produziert« (S. 1083) – eben die gesuchte »Antwort« und vermutlich mit offizieller Autorität ausgestattet durch jene regierenden Lehrer. Vorerst ist die Muße mit ihrer Frage noch eine »terra incognita«, und für die eigentliche »Antwort« wird man also wohl auf die künftigen Lehrer warten müssen.
Dennoch hat Bloch über das, was ein »humaner Inhalt« wäre, schon einiges zu sagen, und zuerst eben dies Formale und Fundamentale: daß das Glück des utopischen Daseins *nicht*

passiv, sondern aktiv ist, das heißt nicht im konsumierenden Gütergenuß, sondern nur in einem *Tätigsein* bestehen kann. Getreu dem aristotelischen Eudaemoniebegriff also: tätige Muße, nicht Müßiggang. Und auch über die Art solchen Tätigseins bietet sich schon aus der Erfahrung der bürgerlichen Gesellschaft (der ich die aristokratische hinzufüge) eine Extrapolation an: »das Steckenpferd als Beruf«. Zu dem schon zitierten Vorkommen des Begriffes nehme man noch dies:

»Dort, wo der fast zufällige Beruf, der Job, die wenigsten Menschen ausfüllt, wie in Amerika, gibt es deshalb die meisten Steckenpferde, hobbies. Und die Liebhaberei wird erst dann verschwinden, wenn sie einmal den richtigen Beruf selber ausmachen wird. Bis dahin ist vom Steckenpferd zu lernen, wie erfüllte Muße privat geträumt wird, als Arbeit, die wie Muße erscheint« (S. 1061).

Wie kann das Steckenpferd zum Beruf werden? Indem es *tagesausfüllend* wird. Das *andere* Merkmal des Berufes: daß er, in Ausführung oder Resultat, eine *Funktion* im öffentlichen Bedürfnissystem erfüllt, ist dem »Steckenpferd als Beruf« unter den angenommenen Bedingungen der Utopie fast durchweg versagt, da das Meiste solcher Funktionen durch den technischen Apparat bedient wird und von dem verbleibenden Menschenanteil daran das Meiste – als Bedienung des Apparates – gerade von der Art ist, die sich *nicht* zum Steckenpferd eignet. Steckenpferd ist eine Tätigkeit deshalb, weil sie einem als solche Freude macht (was, wenn man Glück hat, auch bei notwendiger und utilitarischer Tätigkeit der Fall sein kann), *und* weil man sie *nur* wegen dieser Freude und nicht einem äußeren Muß oder Zweck zuliebe tut. An sich schließt sich beides – Freude und Nützlichkeit, sogar Freude und Müssen – nicht aus, aber das Verhältnis ist bei der Liebhaberei doch eben dies, daß nicht etwaige Freude ein willkommener Begleitumstand bei Erzeugung des Nutzens ist, sondern höchstens etwaiger Nutzen die Begleitfolge einer Erzeugungsfreude: und diese glückliche Koinzidenz ist aus angegebenen Gründen gerade in der Utopie nur noch in den seltensten Fällen zu erwarten: seltener vermutlich als die umgekehrte Koinzidenz von Muß und Leistungsfreude im Arbeiten der vorutopischen, überhaupt der nicht so technologie-saturierten Menschheit. Die technologische Saturation aber ist unerläßliche Vorbedingung gerade für die Wahlfreiheit der Muße in der Utopie; und so kann das zum Beruf gewordene Steckenpferd der vitalen Leistung der unpersönlichen Technik nur noch Entbehrliches hinzufügen und sich keiner anderen gesellschaftlichen Wichtigkeit als der psychologischen rühmen (diese selber unterhöhlt durch den Unrealismus der fehlenden objektiven Funktion). Nur-noch-Steckenpferdbetätigung entwertet sich durch das, was den Wert der Auch-Steckenpferdbetätigung ausmachte: die Überflüssigkeit; und im nicht zu verhehlenden Wissen darum geht ein Teil des psychologischen Gewinnes, des der Beschäftigung als solcher, wieder verloren (am Ende sogar, wie noch zu zeigen, die ursprüngliche, aber zum konstanten Muß beförderte *Freude* an dieser bestimmten Beschäftigung). Resultatfreien hobbies, wie etwa Segeln oder Bergwandern, kann die Überflüssigkeit, die zu ihrem Wesen gehört, nichts anhaben, aber sie kann man sich schwer in der Rolle des fiktiven »Berufs« vorstellen. Wo aber bei dem individuellen Steckenpferd überhaupt die Erzeugung oder Herbeischaffung von etwas vorliegt, ein sichtbares Resultat, worauf es dem Tun auch ankommt, würde es mit diesem Etwas das Großprodukt des ernsthaften Apparats im Kleinmaßstab vorindustrieller und privater Wirtschaft spielerisch duplizieren – zum Beispiel die Anglerleidenschaft das der Fischereiindustrie, die Obstzucht das der Plantagenwirtschaft, Handtöpferei das der keramischen, Handweberei das der Textilindustrie, Bastelei einiges der technischen Industrie, und so weiter, und so weiter. Dagegen wäre weiter nichts einzuwenden, und neben viel Fragwürdigem oder Konventionellem mag hierdurch auch manches von besserem und originellerem Geschmack in die Hauptmasse des Marktangebotes einfließen. Das Meiste wird ganz außerökonomisch zur Beglückung (oder Verlegenheit) von Freunden dienen, da es doch irgendwo angebracht werden muß. Wen diese Herabdrückung des Muße-Ideals zur Beschäftigungstherapie nicht stört, der mag also das Ziel guter Massenversorgung plus fremd nebenher laufender Selbstbefriedigung des Einzelnen als der »Utopie« würdig empfinden; wer Verachtung dafür empfindet, muß eben im Glück der Utopie leiden. Wenigstens scheint sie in dieser Form innerlich widerspruchslos und daher real möglich. Begeisterung dafür wird man sich versagen müssen (eher drängt sich das jiddische »nebbich« auf). Dann aber wird man auch recht nüchtern den für ihre Herbeiführung geforderten Preis – den hohen Menschenpreis der Revolution – zu wägen haben. Das letztere umso mehr, als das sich abzeichnende Bild eine verdächtige Ähnlichkeit mit dem aufweist, was sowieso bevorsteht, womit bei weiterem Fortschreiten der planetarischen Technik jede künftige Menschheit unter jedem politischen Etikett sich wird einrichten müssen – und was den Stoff zu dem ganz neuen literarischen Genre der »negativen Utopie« liefert (zum Beispiel bei Aldous Huxley). Unter den gegebenen Wählbarkeiten, die vielleicht sämtlich in diese Kategorie fallen *müssen,* auch wenn sie sich als das Gegenteil ausschmücken, könnte die marxistische Version immerhin die beste oder wenigst schlechte sein; in der Vorschau wäre sie es nur durch ihre Undeutlichkeit, den Mangel an Konkretion, welche sich die ehrlich negativen Utopisten aus humanistischer Sorge nicht verdrießen lassen.

Aber es gibt ernstere Fehler in der Steckenpferdkonzeption, welche die so beschaffene Utopie nicht nur ihres Traumzaubers, sondern jeder vernünftigen Wünschbarkeit entkleiden. Und da in dem Fall schon die Richtung darauf ein schädlicher Irrtum wäre, müssen wir an den so irrealen Begriff doch noch eine weitere Prüfung, in Richtung eben jener fehlenden Konkretion, verschwenden. Sie wird diese drei Stadien der Aufdeckung durchlaufen: Verlust der *Spontaneität* im zur Pflicht gewordenen »Steckenpferd«; Verlust der *Freiheit* in seiner notwendigen öffentlichen Beaufsichtigung; Verlust der *Wirklichkeit* in seinem Fiktionscharakter. Das Verhältnis von »menschenwürdiger« und »menschenunwürdiger« Arbeit wird sich dabei seltsam umkehren. Und als Grundirrtum der ganzen Konzeption, bei Marx wie bei Bloch, wird sich die *Trennung des Reiches der Freiheit vom Reiche der Notwendigkeit* herausstellen: Die Vorstellung also, daß jenes beginnt, wo dieses aufhört: daß Freiheit *jenseits* der Notwendigkeit liegt, anstatt im Treffen mit ihr zu bestehen.

2. *Das »Steckenpferd als Beruf« kritisch beleuchtet*

a. Verlust der Spontaneität

Spontaneität ist einer der attraktivsten Züge beim echten Steckenpferd und eng verbunden damit, daß es »nebenher« geritten wird: nach Lust und Laune, wann man und soviel man Spaß daran hat, und als Abwechslung von der Hauptbeschäftigung, oft auch als ausgleichendes, sozusagen »diätetisches« Gegengewicht zu ihr. Daß es nicht ganz Ernst ist damit, nichts davon abhängt, niemandem damit etwas geschuldet ist, gehört dazu. Ein ganzer Ernst woanders muß ihm gegenüberstehen, damit das Spielerische zur Geltung kommt. Seine Wahl braucht keineswegs zu bedeuten, daß man es der Hauptbeschäftigung vorzieht, es gar zu ihr gemacht hätte, wenn man nur gedurft hätte; nicht einmal, daß die gegebene einen nicht »ausfüllt« (= befriedigt qua Haupttätigkeit), sondern nur, daß man nicht ganz einseitig ist und die Lust an Dingen und an Übung von Fähigkeiten weiter geht als *jedes* einzelne Berufsgebiet mit seiner Spezialgeschicklichkeit (skill). Zu Blochs Hinweis auf die Verbreitung der hobbies in Amerika kann ich hinzufügen, daß das repräsentative WHO'S WHO aller Prominenzen auf allen Gebieten immer die Rubrik »hobbies« einschließt (wenn die Befragten sie angeben), und niemandem fällt es ein, aus der Angabe den Schluß zu ziehen, daß die »Liebhaberei« dem Betreffenden lieber ist als sein Beruf oder überhaupt an seiner Stelle in Betracht käme. Ebenso wenig erlaubt ist der Schluß auf geringeren Ernst oder Eifer des Berufsinteresses. Da kann der Neuling an diesen Küsten leicht Irrtümer begehen. Noch erinnere ich mich eines gewissen Chemikers, dem ich manchmal auf Gesellschaften begegnete und dessen Gesprächsbesessenheit mit Rosenzucht (von den anderen Anwesenden geteilt oder mit beifälligem Verständnis begleitet) mich zu meiner Frau zu bemerken verleitete, es könne mit seiner Chemie und der Hingabe daran nicht weit her sein. Einige Jahre später erhielt er den Nobelpreis, und nicht für Rosenzucht. Inzwischen lernte ich viele Gelehrte kennen, die ihre hobbies pflegen, sogar mit Eifer, sie aber nicht einen Augenblick mit ihrem Beruf tauschen möchten. Ja, könnte Bloch sagen, da haben also die Personen schon ihre eigentliche Liebe als Beruf und nicht von solchen Begünstigten sprach ich, sondern von den soviel Zahlreicheren, bei denen dies nicht der Fall ist, den in der öden Tretmühle des Erwerbsberufs Gefangenen, den sie sich nicht wirklich gewählt haben, vielmehr vom ökonomischen Zwang zudiktiert erhielten. Aber er sieht nicht, daß *jedes* »statt dessen« mehr oder weniger zum Diktat und zur Tretmühle wird, wenn es zur konstanten und alleinigen Pflicht gemacht wird. Mit Ausnahme des in der Tat privilegierten (obigen) Falles schöpferischer Arbeit, wo es wirklich nur Spontaneität oder nichts heißt (und auch da mit langen Strecken mühseliger Kärrnerarbeit dazwischen, die unmöglich um ihrer selbst willen geliebt werden kann), geht selbst der ursprünglich spontan gewählten Dauertätigkeit jene Spontaneität der Ausübung verloren, welche gerade die Gelegentlichkeit des Steckenpferdes, die Freude am »Anderen«, an dessen »unnötiger« Zusätzlichkeit, an seiner Eigenbrödelei und Privatheit wachhält. Der so Festgelegte wird sich dann nach einem Steckenpferd umsehen – was weder mit Liebe noch mit Haß zum

Beruf etwas zu tun hat, nicht einmal mit Langeweile oder Gleichgültigkeit. Auch der Unterschied zwischen gewolltem und »zufälligem« Beruf spielt hierbei keine Rolle mehr und wohl nur selten die Sehnsucht nach einem anderen (deren Nichterfüllung die beste Sicherheit ihrer Traumschönheit ist). Ich bezweifle, daß der Maschinist dauernd Schmetterlinge sammeln möchte, selbst wenn der Maschinistenberuf ihm mehr durch äußere Umstände (zum Beispiel Job-Aussichten) zugefallen als aus Liebe gewählt wurde. Ich wette, daß er diesem mit all seiner Plackerei doch mehr Genugtuung und Selbstgefühl abgewinnt als der Liebhaberei der Freizeit, die als Hauptbeschäftigung wahrscheinlich sogar ihren Reiz verlöre.

Nun gibt es freilich auch dies, daß jemand »seinen Beruf verfehlt« hat oder zu haben glaubt und mit dem Gefühl durchs Leben geht, daß seine Fähigkeiten ihn zu etwas anderem, ihm gemäßeren, besseren qualifiziert hätten, wenn nur die Umstände es erlaubt hätten. Hier muß ich (nachdem ich schon begonnen habe, persönliche Erinnerungen hervorzuholen) an meinen Vater denken, der als Ältester von neun Geschwistern frühzeitig, noch vor dem Abitur und obwohl ein hervorragender Gymnasiast, ins väterliche Geschäft eintreten mußte, wie sich das in jüdischen Familien jener Zeit verstand: den Schwestern mußte eine Mitgift geschafft, jüngeren Brüdern das Universitätsstudium ermöglicht werden, das sein eigener Traum war. Die Wehmut dieses Pflichtopfers begleitete ihn durch sein fleißiges und erfolgreiches Fabrikantenleben (in diesem Fall übrigens ohne Zuflucht in außerberufliche Liebhabereien – außer der großartigsten: in seinem Sohn seinen Traum erfüllt zu sehen). Ob das Leben der »studierten« Brüder reicher war, weiß ich nicht, sittlich größer gewiß nicht. Solche Frustrierungen von Talent und Neigung zu vermeiden, besonders natürlich in den ärmeren Schichten, bedarf es keiner Utopie der Muße, sondern einer klugen und öffentlich dotierten Begabtenauslese, wofür eine sozialistische Gesellschaft vielleicht die besseren Vorausset-

zungen bietet (wenn nicht der Zoll der Gesinnungsstrammheit sie wieder verzerrt): mit »erfüllter Muße«, mit »Arbeit, die wie Muße erscheint«, mit »Steckenpferd« hat dies schlechterdings nichts zu tun.
Aber Verlust der Spontaneität, mit dem das Steckenpferd aufhört, eines zu sein, wenn es zum Beruf geworden ist, ist das Allergeringste. Viel bedenklicher ist der Verlust seiner Privatheit und damit einer Hauptbedingung der *Freiheit*.

b. Verlust der Freiheit

Knüpfen wir an die früher hingeworfene Bemerkung von »resultatfreien« Steckenpferden an (wie Segeln), denen das Gefühl der Überflüssigkeit nichts anhaben kann. Aber *ein* Resultat teilen sie mit allen anderen: das Loch in der Kasse, und es muß die öffentliche Kasse sein, da es die private nicht mehr gibt. Das bedeutet: der Staat muß das universale Steckenpferdwesen finanzieren, und das gibt ihm sofort das Recht auf ein quid pro quo. Und das erste quid ist, daß jeder ein Steckenpferd habe und es als Beruf ausübe. Das Interesse des Staates hieran, nicht an den etwaigen Güterresultaten der Tätigkeit, ist in der Tat vital, und weniger um des Seelenheils der Tätigen als um der allgemeinen Ordnung willen. Denn die Leere der Arbeitslosigkeit, hier also: des *versorgten* Müßiggangs, kann ja auch anders »ausgefüllt« werden, und zwar mit den gleichen Mitteln, zu denen auch die Entbehrung arbeitsloser *Armut* treibt: Rauschgiftsucht, Erregungskitzel jeder Art, Kriminalität. Hier treffen sich nach neuerlicher Erfahrung gerade die bevorzugtesten Schichten – in ihrer verwöhnten Jugend – mit den benachteiligtesten. Ob billiger Fusel oder teures Heroin macht wenig aus. Müßiggang also, an sich allgemein *möglich* geworden, kann in der Utopie nicht *geduldet* werden wegen der gesellschaftlichen Gefahr der Anomie, vielleicht des kollektiven Wahnsinns.[13] Auf das spontane Arbeitsbedürfnis der Individuen und seine Launen ist hier

offenbar kein Verlaß. Daß es zum »ersten Lebensbedürfnis« wird (wie Marx postuliert), ist bestenfalls eine statistische Erwartung, deren numerische Verhältniswerte eine wissenschaftliche Sozialpsychologie errechnen mag, wenn es sie gibt.
Ein Steckenpferd zu haben und hauptberuflich auszuüben wird demnach erstes öffentliches Gebot für das Individuum, seine hauptsächliche soziale Pflicht, und ihre Erzwingung wird einfach darin bestehen, daß die Verabfolgung der Lebensgüter, auf deren Vorab-Besitz die Muße zu allererst beruht, davon *abhängig* gemacht wird. »Wer nicht arbeitet, soll auch nicht essen« hieß es bei Paulus: »Wer kein Steckenpferd hat, soll auch nicht essen« heißt es hier. Aus dem Kann wird ein Muß – ein Segen natürlich für die sonst zum bloßen Konsumieren verurteilten Staatspensionäre. Daraus ergibt sich sogleich auch Ausweisung der geleisteten Mußetätigkeit (die der Faule sonst vortäuschen könnte), etwa durch Stückzahl des »Produktes«, was immer dies sei: dies das nächste quid für das quo der öffentlichen Versorgung. Hier erstreckt sich diese bereits auf die Kosten des Steckenpferds selbst. Da diese erheblich sein können und sehr unterschiedlich nach Arten des Steckenpferds, das im allgemeinen schon eine Ausrüstung erfordert (Brennofen bei Töpferei, Drehbank bei Metallarbeit, et cetera), so muß die öffentliche Hand sich natürlich den Entscheid über die Steckenpferdverteilung in der Bevölkerung vorbehalten; damit auch die Lenkung in bestimmte und weg von anderen, entweder überlaufenen oder zu teuren; damit auch die Auswahl der Aspiranten – und schon sind wir bei Begabtenprüfungen, psychologischen Testen und Beratungen, Kartotheken, kurz bei öffentlicher Zuweisung des individuellen Steckenpferds.[14] Und »Aspiranten« ist noch der günstigste Fall. Andere werden gar nicht erst eine Vorliebe in sich entdecken, manche nicht einmal das Verlangen nach Arbeit überhaupt, und denen muß geholfen, das heißt ein passender Muße-Inhalt angewiesen werden, damit sie nicht auf dumme Gedanken kommen. Das kann sich von individualpsychologischer Lenkung bei den Willi-

gen (mit Persönlichkeitsdiagrammen von der Schulzeit an) über Grade des Druckes oder »Konditionierens« bei den Schwierigen bis zu planem Kommando an die Renitenten erstrecken; und auch die Ausdenkung neuer Mußeinhalte – anziehender, erwünschter, erlaubter, approbiert durch die obersten Lehrer und unterbaut durch eine komplette »Ideologie« – wird zu den Aufgaben dieses lenkenden Apparates gehören.[15] So sieht in der Konkretion aus, was in der Prophetie bei Bloch so lautet:

»Sind der Staat und jede Regierung über Menschen verschwunden, dann werden die Regierung und Leitung durch Lehrer auch genug Freiheit und Muße antreffen, um nach dem totalen Inhalt der Freiheit begierig zu machen. Um menschliche Antwort an die äußerst nackte Frage der Muße zu setzen, an das so endlich klar erscheinende *Problem wie Wesen* ihrer immer konkreteren Inhalte« (P. H., S. 1086; Hervorhebung im Original).

Man versucht, sich die vielarmige und vieläugige, in die privaten Lebensbereiche hineinleuchtende Bürokratie vorzustellen, die hier als Organ der regierenden Lehrer alle Hände voll zu tun haben wird – und damit jedenfalls für ihr eigenes, numerisch beträchtliches Teil das Problem der Beschäftigung löst, indem sie es für den anderen Teil zu lösen beschäftigt ist. Soviel von der Freiheit in der Muße der Utopie.

c. Verlust der Wirklichkeit und der Menschenwürde

Das Schlimmste aber ist, daß alles dies gar nichts helfen wird, weil es doch nur *zum Schein* ist. Denn *darüber* kann keine Ideologie die so Beschäftigten hinwegtäuschen: daß es auf nichts dabei ankommt, daß es ebensogut unterbleiben oder aufgeschoben oder schludrig getan werden kann, ohne andern Schaden als die schlechte soziale Zensur. Die Gespenstischkeit der Irrealität senkt sich über das ganze Als-Ob-

Getue und mit ihr ein unvorstellbares taedium vitae, deren erstes Opfer die Freude sogar am erwählten Steckenpferd ist. Kein Ernsthafter kann im steten und so leicht durchschauten Scheine glücklich sein. Auf die kommt es dann vielleicht nicht mehr an, wenn nur die Meisten, in Selbstachtung weniger Anspruchsvollen dabei zufrieden sind. Aber demoralisierend muß das Fiktive der Existenz auf alle wirken, denn mit der *Wirklichkeit* nimmt es dem Menschen auch seine *Würde* weg und die Zufriedenheit wäre so die der Würdelosigkeit. Wem heute an der Würde des Menschen liegt, sollte den Künftigen solche Zufriedenheit nicht wünschen, sondern sie ihrethalben befürchten.
Wie, die Würde ginge verloren? Steht nicht bei Bloch das genaue Gegenteil?
»Sorge des Daseins bleibt genug, wenn die *schäbigste,* die des Erwerbs, abgeschafft ist ... Je mehr aber die Gesellschaft ökonomisch stimmt ... desto mehr treten dann die *echten* Unstimmigkeiten der Existenz hervor, die *menschenwürdigen«*; und: »... wenn diese Unstimmigkeiten endlich *rein menschliche, menschenwürdige* geworden sind, also die *einzig wahren Existenzsorgen* betreffen« (P. H., S. 1072 und 1083; Hervorhebung von mir).
Also die »Unstimmigkeiten« des Daseinskampfes mit der Natur und des Arbeitszwanges um des Lebens willen waren nicht menschenwürdig? Nicht die des urmenschlichen Jägers und Ackerbauers und Mythenersinners? Nichts von dem, was der Antigone-Chor als das »Ungeheure« im Menschen besang? Der Eskimo, der dem arktischen Eis die Nahrung für sich und die Seinen abtrotzt, wie die Not ihm gebietet, der lebt unwürdig; aber wer es nicht nötig hat, sondern »sich's leisten« kann und es tut, weil es ihm Spaß macht, oder um sich zu erproben oder um Ruhm zu gewinnen oder um sein soziales Pensum zu erfüllen – der täte damit etwas »menschenwürdigeres«? Der phönizische Seefahrer, der Sonnenglut und Meeressturm und das Unbekannte fremder Küsten um des Gewinnes willen ertrug, war schäbig in seiner Exi-

stenzsorge, während der Sportsegler frei von Zwang der wahren Sorge obliegt (wovon eine ist, was man mit seiner Freizeit anfängt)? Aber das ist doch barer Unsinn und auch Bloch kann es natürlich nicht glauben. Er denkt noch an edlere Existenzsorgen als Wassersport, welche bleiben, wenn die schäbigen erst abgeschafft sind, und davon wird noch zu reden sein. Doch der Wirklichkeitsverlust trifft auch sie; und in jedem Fall bleibt der Unwürdigkeits-Spruch über die »abgeschafften«. Eben der vermeintliche Eintausch aber von *Würde* gegen *Wirklichkeit* mit jener noblen Abschaffung legt den entscheidenden Fehler der ganzen utopischen Konzeption bloß: den Irrtum nämlich, daß *die Freiheit beginnt, wo die Notwendigkeit aufhört* (mit Marx: das »Reich der Freiheit ... da, wo das Arbeiten, das durch Not und äußere Zweckmäßigkeit bestimmt ist, aufhört«).

d. Ohne Notwendigkeit keine Freiheit: Die Würde der Wirklichkeit

Nur die gründlichste Verkennung des Wesens der Freiheit kann so denken. Sie besteht und lebt, ganz im Gegenteil, im Sichmessen mit der Notwendigkeit – gewiß *auch* in dem, was sie ihr zuguterletzt abgewonnen hat und dann mit eigenem Inhalt erfüllen kann, aber mehr noch und *zuerst* im Abgewinnen selber mit all seiner Mühe und immer nur halbem Erfolg. *Die Abscheidung vom Reiche der Notwendigkeit entzieht der Freiheit ihren Gegenstand,* sie wird ohne ihn ebenso nichtig wie Kraft ohne Widerstand. Leere Freiheit, wie leere Macht, hebt sich selber auf – *und* das echte *Interesse* am dennoch unternommenen Tun. Lebhaft kann man sich unter solchen Umständen eine Sehnsucht nach Gelegenheiten vorstellen, wo es unversehens einmal »Ernst wird«: ein Erdbeben, eine Überschwemmung, eine Feuersbrunst, wo man plötzlich seinen Mann stellen muß und zeigen darf, aus welchem Stoffe man gemacht ist, wo die Entschlossenen sich von den Ratlosen, die Mutigen von den Zaghaften, die Opferwilligen von den Selbstischen scheiden und der Gemeinsinn tätig wird, den die Gefahr aufgeweckt hat. Und wenn die Natur mit Katastrophen geizt, dann kann das Menschenwerk des Krieges ihren Platz nehmen. Wer alt genug ist, erinnert sich noch der unseligen Begeisterung, mit der die Jugend eines materiell gesättigten Bürgertums den ersten Weltkrieg begrüßte (zu meinen deutschen Erinnerungen gehörig) und dann mehr vom tödlichen Ernst zu kosten bekam, als irgendwer wünschen konnte. So kann der Hunger nach entbehrter Wirklichkeit in die Irre gehen; bei Verschluß aller anderen Durchlässe auch bis zum Verbrechen, bei dem es auf seine Art ja auch »Ernst wird«. Jedenfalls, wie »die ›Entfesselung des Reichtums der menschlichen Natur‹, auf dem Boden der beherrschten Notwendigkeit erblühend« (P. H., S. 1608) wirklich aussehen wird, was alles sie vom Grunde des Herzens wird aufsteigen lassen, wo eben die Notwendigkeit es verschlossen hielt, dessen kann kein sternenäugiger Vorblick uns versichern.

Aber bleiben wir beim ganz ungewaltsamen Schicksal der Menschenwürde in der scheintätigen Muße des utopischen Paradieses, auch ohne daß sein Friede von solchen Capricen des Menschenherzens gestört wird. Ihr *friedlicher* Tod ist nicht weniger eine Katastrophe. Mit dem Ernst der Wirklichkeit, die immer auch Notwendigkeit ist, schwindet die Würde dahin, die den Menschen eben *im Verhältnis* zum Wirklich-Notwendigen auszeichnet. Das Spiel als Lebensberuf, weit entfernt, das Menschenwürdige darzustellen, schließt von ihm aus. Oder: *Es gibt gar kein »Reich der Freiheit« außerhalb des Reiches der Notwendigkeit!* Freiheit und Würde zusammen sind so nicht das Gewonnene, sondern das Verlorene bei der Utopie, soweit die Hauptbeschäftigung ihrer Muße im Steckenpferd bestehen soll. Und von diesem unsichtbar-sittlichen Aspekt abgesehen, auch praktisch-psychologisch muß sie als ein System fiktiver Arbeitsbeschaffung zuletzt versagen: die Scheintätigkeit schützt sowenig vor Anomie oder Verzweiflung wie die Untätigkeit – und das kann um des Menschen willen fast als Trost verbucht werden.

3. Andere Inhalte der Muße: Die zwischenmenschlichen Beziehungen

Werfen wir aber noch einen Blick auf die »einzig wahren Existenzsorgen«, welche auch in der klassenlosen Gesellschaft verbleiben und ihre eigenen »Unstimmigkeiten«, ja, »Widersprüche« erzeugen: diese sind dann zwar »keine antagonistischen mehr«, wie die der Klassengesellschaft, lassen aber der »Ideologie« das Amt, »innerhalb der allgemein ermöglichten Muße ... über ihre Lösung antizipierende Verfügungen zu treffen« (P. H., S. 1082 f.). Welches können diese »endlich rein menschlichen, menschenwürdigen« Unstimmigkeiten sein? Einen Fingerzeig gibt, was Bloch als »Amt der kommunistisch gewordenen Ideologie« bezeichnet: »die immer reichere und tiefere Gestaltung der menschlichen Beziehungen«, die »zwischenmenschliche Beleuchtung« (ibidem).[16] Da allerdings ist ein fruchtbarer Boden für Unstimmigkeiten, die auch durch Klassenlosigkeit nicht vermieden sind. »Ein Jüngling liebt ein Mädchen,/ Die hat einen andern erwählt«: solche Schmerzen bleiben, wenn die der Daseinssorge dahin sind (durch Fortfall dieser Konkurrenz womöglich vergrößert), und sie gebären sich »immer neu« – die Schmerzen der nichtöffentlichen Verhältnisse von der Wiege bis zum Grabe: zu Vater und Mutter, Geschwistern, Freunden, Ehepartnern, Rivalen, Kindern, selbst Fremden – das endlose private Drama von Liebe und Haß, Wärme und Kälte, Interesse und Gleichgültigkeit, Gegenseitigkeit und Einseitigkeit, Zugehören und Ausgeschlossensein, Einsamkeit und Geselligkeit, Überlegenheit und Unterlegenheit, Schonung und Unduldsamkeit, Verständnis und Unverständnis, Hoch- und Geringschätzung, Verletzlichkeit und Robustheit, Selbstbeherrschung und Sichgehenlassen, Konflikt und Harmonie der Temperamente oder Situationen bis hinab zu guten oder schlechten Manieren. Das ist der Stoff persönlicher Romane, Romanzen, Tragödien, täglicher Siege und Niederlagen, Freuden und Leiden. Ob sie »menschenwürdiger« sind als die abgeschafften der außerprivaten Wirklichkeit, sogar die »einzig wahren«, darüber sei kein Streit: menschlich sind sie jedenfalls in hohem Grade und jeden Ernstes wert. Aber was kann »Ideologie« zu ihrer rechten Gestaltung tun, wenn nicht einfach die schon immer geübte Erziehung der Jugend gemeint ist? Wie ihr Amt versehen, »für Unstimmigkeiten Sorge zu tragen«? Doch wohl nicht durch Handbücher wie »Die erfolgreiche Ehe«, »Wie gewinnt man Freunde?«, »Verwirkliche dich selbst«, »Wege zum Seelenfrieden«. Diese Antwort westlicher Massenkultur auf den Einbruch der Muße macht uns jetzt schon genug erröten. Aber *öffentlich* muß auch das »Amt der kommunistisch gewordenen Ideologie« in diesen Privatangelegenheiten sein, und da denkt man sofort an die schon berufene Bürokratie der »regierenden und leitenden Lehrer«, die zur sichtbaren Sphäre der fiktiven Arbeit auch die unsichtbare Personalsphäre in ihre Obhut hinzunehmen muß, also zur Arbeitsorge die *Seelsorge* im weitesten und intimsten Sinn. Und natürlich mit den fortgeschrittensten Mitteln dessen, was dann als wissenschaftliche Psychologie gilt: zum Beispiel (wenn Schlüsse von heute erlaubt sind) Individualanalyse, in der die Ödipuskomplexe et cetera aufgearbeitet werden, Gruppentherapie, Partnerauslese, Ehe- und Geschlechtsberatung, Elternberatung für Kinderprobleme, Kinderberatung für Elternprobleme, Kurse in Freundschaft, Konversation und Seelenkunde (»zwischenmenschliche Beleuchtung«) und so weiter, von spezifischer Psychiatrie ganz abzusehen. Offensichtlich muß der bürokratische Stab für diese Seelsorgefunktionen nochmals erheblich vermehrt werden – ein Nebengewinn an verantwortlicher Beschäftigung. Fast alles Aufgezählte ist schon heute im Schwange (jedenfalls in Amerika), aber in der kommerziellen Gesellschaft auf freiwilliger Grundlage und natürlich mit allem Unfug der Mode und der Quacksalberei: es gehört zu den gemischten Segnungen der Freiheit für jedermann, auf eigene Fasson selig zu werden, und der Muße dafür (die selbst schon manche der zu kurierenden Nöte verursacht). In staatlichen Händen, wie es in der Utopie und in Ausführung der dafür festgestellten »Ideologie« sein wird, muß das anders aussehen – sicher ungleich ordentlicher, systematischer und homogener; und natürlich als Gesellschaftsinteresse alle erfassend. Schon beim Gedanken an die regelmäßig auszufüllenden Fragebogen graust einen, und die obligaten Sitzungen mit den amtlichen Seelsorgern wagt man sich nicht vorzustellen.

Genug davon. Unser Thema hier ist nicht der weitere Verlust an Freiheit und persönlicher Autonomie, sondern die zwischenmenschlichen Beziehungen selbst als Mußeinhalt neben dem Steckenpferd, gleichviel ob ideologisch und therapeutisch geleitet oder nicht. Da der Steckenpferdberuf des Ernstes entbehrt, müssen *sie* den Ernst ins Leben bringen. Und wer wollte leugnen, daß es in Liebe, Eifersucht, menschlicher Kommunikation et cetera um Ernstes geht? (Wieso übrigens wäre in der klassenlosen Gesellschaft Eifersucht kein »antagonistischer« Widerspruch? oder ein crime passionel weniger tödlich?) Aber auch diese personale Sphäre verfällt dem Wirklichkeitsverlust der Arbeitssphäre. Anders als eingebettet in eine Wirklichkeit, die man teilt und austauscht, kann sie nicht gedeihen. Für sich allein wird sie zum Schemen. Es muß in jedem menschlichen Verhältnis noch um anderes gehen als den insularen Genuß aneinander. Es muß etwas zu genießen geben, was aus dem Weltumgang des Anderen, nicht seinem bloßen »Selbstsein« (was immer das heißen mag) stammt. Man muß Welt haben, um »selbst« schon für sich zu sein – wieviel mehr für Andere! Die Freundschaft ist eine Bundesgenossenschaft für etwas und gegen etwas *in der Welt,* sie ist letztlich »in gemeinsamer Sache«, und der Andere ist einem wert, weil er ähnliches wert hält, im Wesentli-

chen (bei allem Unterschied im Wie) dem gleichen Was ergeben ist und in ihm wirkt – in ihm sein Schwergewicht hat, das auch seiner Freundschaft Gewicht gibt, selbst wenn sie sich außerhalb des Praktischen abspielt. Die Ehe ist Gemeinschaft der Sorge im Bestehen lebenslanger Notwendigkeit, und Lust der Liebe scheint vor diesem Grunde des Ernstes geteilter Wirklichkeit. Das ist der »Stoff«, der in der Alchemie zwischenmenschlicher Beziehungen transmutiert wird. Ohne ihn, zu eigenem Inhalt und Hauptbeschäftigung der Muße gemacht, wird jede Beziehung pathologisch, parasitär, kannibalisch – und man hat nicht einmal etwas Wirkliches verschluckt. Das alles ist eigentlich zu bekannt, um es aussprechen zu müssen. Aber es mußte gesagt werden wegen des vermeintlichen Paradieses der Muße, das mit der Wirklichkeit dem Menschen nicht nur, wie vorher gezeigt, die Würde, sondern auch das echte Mitmenschentum versagt.
Wir ersparen uns, auf weitere Mußeinhalte einzugehen, zum Beispiel die *Volksfeste,* die den ohnehin »festlichen Alltag«, erfahren in der glücklichen Ehe mit dem Geist, nochmals rhythmisch interpunktieren werden (P. H. 1072). Goethes Worte aus dem »Schatzgräber«: »Saure Wochen, frohe Feste«, können für unsern Kommentar stehen, der im Übrigen aus allem Obigen leicht zu erraten ist: es gibt nichts zu feiern, wo keine Daseinsschwere den ständigen Hintergrund liefert.[17] – Aber der erlösten *Natur* in der Utopie müssen wir noch einige Worte widmen.

4. Die humanisierte Natur

»Erst tätige Muße auf allen Gebieten bringt einer aufgeschlossenen, einer nicht nur sub specie des Betriebes abgebildeten Natur näher; menschliche Freiheit und Natur als ihre konkrete Umgebung (Heimat) bedingen sich wechselseitig« (P. H. 1080).
Von Anfang an war es eine marxistische These, von Marx selbst geprägt, daß der Mensch durch seine Arbeit die Natur

»humanisiert«: das sollte die bisherige Zweckarbeit der Menschheit an der Natur, organischer wie inorganischer, insbesondere natürlich die Bodenkultur bezeichnen. Die endgültige »Humanisierung« dann, wie sie erst der verwirklichte Marxismus erreicht, macht den Menschen zuletzt von eben der Arbeit frei, die es mit der Natur dahin gebracht hat, wird also auch den Menschen selbst erst ganz humanisieren. Offenbar bedeutet hier »humanisieren« für sein jeweiliges Objekt Entgegengesetztes: für den Menschen, daß er der Natur nicht mehr dienstbar ist und damit erst ganz er selbst sein kann; für die Natur, daß sie ganz dem Menschen dienstbar geworden, also nicht mehr sie selbst ist. Also würde die Natur im selben Sinne »humanisiert«, wie etwa der dem Feudaladel hörige Leibeigene »nobilitiert« worden war, oder wie die der Herrenrasse unterworfenen Unterrassen »arisiert« worden wären, wenn es nach jener gegangen wäre. Mit diesem brutalen Zwecksinn ist daher »Humanisierung der Natur« eine hypokritische Schönrednerei für totale Unterwerfung unter den Menschen zwecks totaler Ausbeutung für seine Bedürfnisse. Da sie dazu radikal umgewandelt werden muß, ist die humanisierte Natur die sich entfremdete Natur. Eben die Umwandlung geht unter dem Namen »Humanisierung«. Ich glaube, Marx war unsentimental genug, die Sache so anzusehen. Jedenfalls ist die radikale Anthropozentrik marxistischen Denkens (kombiniert mit dem naturwissenschaftlichen Materialismus des 19. Jahrhunderts) durchaus dahin disponiert und hat für Naturromantik wenig Raum.
Aber Bloch, obwohl nicht weniger anthropozentrisch und nicht weniger pragmatisch, hat doch von dem *anthropos*, um den es da geht, die sensiblere Vorstellung, daß sein Glück auch eine zusagende Umgebung braucht, ja, eine größere *Nähe* (als zum Beispiel der moderne Großstädter sie hat) zu einer *nicht* »betriebsmäßig« erfahrenen Natur; und so muß bei ihm die humanisierte Natur nicht nur die dem Menschen hörige, sondern auch die ihm angemessene bedeuten, die adäquate *Heimat* für seine *Freiheit* und deren Muße. Ja, wenn wir seine

Worte recht verstehen, ist die im wechselseitigen (!) Bedingungsverhältnis mit seiner Freiheit stehende Natur die wahrere, als solche erst »aufgeschlossene« im Vergleich zu der, welche der Mensch zu Beginn seiner Laufbahn vorfand. Beide werden zugleich und miteinander, durch den Menschen, aus ihrer Entfremdung erlöst. Indem er sich selbst humanisiert, »naturiert« der Mensch die Natur! Wer dächte da nicht an Adam, den Gärtner der göttlichen Schöpfung im Garten des Anfangs? Aber wir sind nicht am Anfang, wenn wir mit Bloch denken, sondern ganz im Gegenteil am Ende, nämlich am Ende einer »Hybris und Anti-Demeterbewegung ohnegleichen«, einer »Übernaturierung gegebener Natur«. Also ist es die »übernaturierte Natur«, die dem utopischen Menschen Heimatnähe gewährt? Jedenfalls ist es eine »umgebaute«. Sehen wir uns das näher an. Das Programm des Umbaus der Natur, das wir bisher nur als materielle Prämisse der Utopie diskutiert haben, rückt hier in den Inhalt des Zielideals selber.

Nun ist dieser Umbau, wenn auch nicht unter Leitung der endlich »verweltlichten, ganz auf die Füße gestellten« Philosophie (P. H. 1615), schon seit einigen tausend Jahren im Gange und wir wissen etwas davon, wie »humanisierte Natur« aussieht und was sie an Natur verliert. Sprechen wir nicht von den permanent negativen Folgen kurzsichtigen Raubbaus (Verkarstung ganzer Gebirgszüge durch Abholzung und Überweidung, Verwehung der Humusschicht beackerter Grassteppen, und so weiter). Sehen wir uns nur das Bild dauernd geglückter Kultivationsprozesse an, die gewiß in die utopische Zukunft fortgesetzt und für sie nur noch gesteigert werden müssen. Ein wogendes Kornfeld ist gewiß ein erfreulicherer Anblick als der Asphalt, aber als »Natur« stellt es schon in sich selbst eine große Verarmung dar und als »Landschaft« (in der Großflächenbebauung) eine extreme Eintönigkeit. Nicht nur reduziert die Monokultur ein mannigfaltiges ökologisches Habitat mit abwechslungsreich dynamischem Gleichgewicht der Arten zur künstlichen

Alleingegenwart einer einzigen, sondern diese selbst ist ein künstlich homogenisiertes Züchtungsprodukt aus den wilden Linien, das sich auch nur unter den künstlichen Bedingungen des Anbaus halten kann. In der gemischten Wirtschaft des kleinen Bauernhofs vereinigt sich das noch mit den sonstigen Anbauflächen, den Kartoffeläckern, Gemüsebeeten, Viehweiden, Obstgarten, Holzbeständen, Teichen und dem Hühnerhof beim Hause zu einer heimatlichen Landschaft mit viel Natürlichkeit bei aller Künstlichkeit der Zuchtarten selber. Aber die Monotonie der Getreideozeane etwa im amerikanischen Mittelwesten, durchzogen von einsamen Erntemaschinen, bestäubt gegen Schädlinge von Flugzeugen, bietet als »Natur« sowenig Heimat (mit bedeutend weniger Geselligkeit) wie die Großfabrik es als »Kultur« tut. Hier ist die »Übernaturierung« im vollen Gange und zeigt sich als Denaturierung. »Humanisierung« der Natur? Im Gegenteil, Entfremdung nicht nur von sich selbst, sondern auch vom Menschen. Und wie erst, um vom pflanzlichen zum tierischen Beispiel überzugehen, bei den Brut- und Eierfabriken, die heute die Großmärkte versorgen und wogegen der bäuerliche Hühnerhof mit seinem Gockel fast wie ein Tierschutzpark anmutet! Die letzte Erniedrigung sinnen- und bewegungsbegabter, fühlender und lebenseifriger Organismen zu umweltberaubten, lebenslang eingesperrten, künstlich beleuchteten, automatisch gefütterten Lege- und Fleischmaschinen hat mit Natur kaum noch etwas gemein, und von »Aufgeschlossenheit« und »Nähe« vis à vis dem Menschen kann gar keine Rede sein. Ähnlich die Mastgefängnisse für Rindfleischerzeugung und so weiter. Selbst der Geschlechtsakt ist durch künstliche Insemination ersetzt. *So* sieht die »Anti-Demeterbewegung«, der »Umbau der Natur« in concreto und in praxi aus! Für die Naturliebe des Menschen ist da nichts zu holen, über Reichtum und Finesse des Lebens nichts zu lernen. Staunen, Andacht und Neugier liegen brach.

Das von Bloch nicht gesehene Paradox ist, daß gerade die

vom Menschen *nicht* veränderte und nicht genutzte, die »wilde« Natur die »humane«, nämlich zum Menschen sprechende ist, und die ganz ihm diestbar gemachte die schlechthin »inhumane«. Nur das geschonte Leben offenbart sich. Also wird das humanistische Interesse, zu dem sich die Utopisten bekennen, gerade da seine Zuflucht finden, wo der utopische »Umbau des Sterns Erde« *Halt macht*: und dafür setzen die großartigsten Naturschutzparks und Wildnisreservate der Erde – die der Vereinigten Staaten – allen etwaigen marxistischen Nachfolgern ein nachahmenswertes Beispiel. Aber dahin ist es weit zu reisen von den Orten, wo die Menschen leben. Wenn bei den Unterschieden, die in der Utopie verschwinden werden, auch der »zwischen Stadt und Land« genannt ist (S. 1080), so könnte vielleicht an Wohnsiedlungen mit Grüngürteln, Parks und Schrebergärten gedacht sein, gleich unbeleidigt von den großen Fabriken wie von den industriellen Landwirtschaften im wirklichen »Land«, wo hinter den Kulissen Arkadiens die häßlichere Beherrschung der Notwendigkeit zugunsten der Mußegenießer vor sich geht. Aber dies Ausstattungsstück kann doch unmöglich mit der »aufgeschlossenen Natur« gemeint sein, die der menschlichen Freiheit Heimat wird.

Was das Beispiel der »Natur« uns lehrt, ist somit dasselbe wie das, was wir aus den anderen Beispielen lernten: daß die innere *Wünschbarkeit* der Utopie, beurteilt nach der *Qualität* des Lebens, sich vernichtet durch das vollständige Gelingen ihrer Prämissen – hier des radikalen Umbaus der Natur – und daß die Chancen des Glückes in ihr an der *Unvollständigkeit* hängen, mit der ihr Programm zur Durchführung kommt. An diesem inneren Widerspruch scheitert ihre *Konzeption*, auch wenn die realen Prämissen herstellbar wären.

5. Warum nach Widerlegung des Zukunftsbildes die Kritik des Vergangenheitsbildes noch nötig ist

Hiermit könnte die Kritik der Utopie an sich schließen, wenn nicht noch ihr zweiter Aspekt da wäre, der logisch sogar der erste ist: was wir (S. 342) die »negative Folie« des Ideals nannten, die Lehre nämlich von dem »Noch Nicht«, der Uneigentlichkeit allen bisherigen Menschentums. Nicht nur der Vollständigkeit halber müssen wir auch diese Lehre noch einer Kritik unterziehen. Denn die Utopiesehnsucht als solche, die jedem besonderen Zielbild vorangeht, nährt sich aus der Problematik dessen, was war und ist: und wenn dieses als wirklich ganz und gar ungenügend befunden wird, dann muß die Suche nach dem »ganz anderen« Eigentlichen weitergehen, auch nachdem ein bestimmtes Bild von ihm kritisch zerstört wurde. Das Streben wird utopisch-revolutionär bleiben – und kann es bleiben (wie die jüngste Vergangenheit beweist) selbst ohne *irgendein* Bild des Erhofften, nämlich im Vertrauen auf die »Kraft des Negativen« an sich, auf die Macht der Negation, die Position aus sich zu gebären. Auch darf nicht übersehen werden, daß Bloch auf all unsere inhaltliche Kritik (ausgenommen vielleicht die letzte) erwidern könnte, daß sie aus dem uns bekannten Menschen extrapoliert war, dem »alten Adam«, während der Marxismus von der postrevolutionären klassenlosen Gesellschaft einen neuen Menschen erwartet, auf dessen Verhalten und Sein man nicht aus der Psychologie des alten schließen darf. Nun läßt sich zwar eine solche durch nichts begründete Erwartung oder Hoffnung als krasser Wunderglaube beiseiteschieben. Aber es bleibt dann immer noch bestehen, daß eine gewisse Sicht bisheriger Geschichte dazu gedrängt hat. Und da wir alle mit einem Bild der Vergangenheit in die Zukunft gehen müssen, ist es in der Tat jenseits der Haltbarkeit bestimmter Endzeitbilder von Bedeutung, ob wir in dieser Vergangenheit den Menschen, um den es auch in der Zukunft gehen soll, schon finden oder noch nicht. Die Ethik der Verantwortung selber braucht also die Prüfung der These vom »Noch nicht« aller bisherigen Geschichte.

C. Dritter Schritt: die negative Folie des Traumes, oder von der Vorläufigkeit aller bisherigen Geschichte

1. Ernst Blochs Ontologie des Noch-Nicht-Seins

Was kann es heißen und wie kann jemand darauf kommen, daß der Mensch, wie er sein kann und »soll«, bisher noch gar nicht da war und erst noch kommen muß? Den am zivilisatorischen *Fortschritt* orientierten Sinn einer solchen Aussage (gemäß dem in der Tat vieles, wenn auch nicht notwendig das »Eigentliche«, erst aussteht) müssen wir hier beiseite lassen, denn er würde ja nur auf kontinuierliche Fortsetzung bisheriger Entwicklung, nicht negierend-innovierende Revolution weisen und betrifft ja auch gar nicht das substanzielle Sein von Individuen, die »Natur« des Menschen, sondern die Instrumentalitäten und kollektiven Ordnungen seines Daseins. Daß diese von Einfluß auf die »Streuungsbreite« höherer Kultur innerhalb der jeweiligen Gesellschaften sind, versteht sich, aber die Rede ist hier nicht von Häufigkeit oder Seltenheit erfüllter Individuen, also von proportionaler Größe der Eliten hie und da in der Geschichte oder gar von der numerischen Verteilung der außerordentlichen Einzelnen in ihr, sondern davon, ob selbst diese den eigentlichen Menschen schon darstellen, dieser also *überhaupt schon jemals vorgekommen* ist. Und hier sagt der radikale Utopismus eben: Nein. Jedoch: als Traum – Ja. Bei Bloch drückt sich dies in einer kompletten *Ontologie* aus, die in ihrer philosophischen Absicht weit über den Menschen hinausgeht und das ganze Sein, die Materie selber einbezieht, uns aber nur im Hinblick auf den Menschen und die Geschichte beschäftigen soll: die Ontologie des *Noch-Nicht-Seins.*[18] Ihre prägnante Formel lautet: »S ist noch nicht P« (das Subjekt ist noch nicht sein Prädikat), wobei das P-Sein das ist, was S nicht nur erreichen *kann,* sondern erreichen »soll«, um erst *wirklich* S zu sein.

Solange es nicht P ist, ist es noch gar nicht es selbst (dies das »Nein«). Das ist ontologisch unterbaut durch den Begriff der »Tendenz-Latenz«, wonach in S eine innere Sehnsucht nach dieser Selbstverwirklichung – nach jenem P – lebt, also eine geheime Teleologie (dies der Traum mit seinem »Ja«). Sagen wir zuerst (wegen der philosophiegeschichtlichen Anklänge), was dies *nicht* bedeuten soll.

a. Unterscheidung dieses »Noch Nicht« von sonstigen Lehren des unvollendeten Seins

Nicht bedeuten soll es (aristotelisch), daß jedes veränderliche Sein mit und in seiner jeweiligen Aktualität eine Dimension der Potentialität besitzt, eben die Veränderlichkeit als solche; daß also Veränderung jedesmal, neben Verlust des vorher Aktuellen, eine Aktualisierung von etwas, dem an seine Stelle Tretenden ist – damit jedoch nicht notwendig die eines Zieles: selbst der Tod, vor dem alles Leben zurückscheut, ist Aktualisierung einer Potentialität. Ferner soll es nicht bedeuten (ebenfalls aristotelisch), daß die Selbstbewegung von Wesen ein immanentes Ziel hat, gesetzt von ihrer spezifischen Natur, dasjenige Sein (oder Werden) nämlich, das die Individuen in ihren Lebensläufen artgemäß verwirklichen, sofern nicht äußere Widerstände sie daran hindern: *diese* Teleologie meint die ewig *wiederkehrende* Aktualisierung diverser Seinsprogramme in einem fertigen Universum. Das moderne Universum aber, und das marxistische im besonderen, ist prinzipiell *unfertig*. Nicht nur Individuen, auch Arten, ja, das Ganze, sind veränderlich und ihre Potentialität ist eine offene aufs Neue hin, das noch niemals war. Wiederum aber bedeutet das hier zu erörternde »Noch-Nicht-Sein« auch nicht die Offenheit zum *Neuen als solchen* und dessen Aktualisierung als Ziel an sich (Whiteheads Teleologie des Universums als eines Vorwärts in immer schöpferische Neuheit); noch weniger aber das Gesetz einer unendlichen *Serie* notwendiger Selbstdarstellung einer »Essenz« (Leibniz' Entelechie der Monade), die nur im ganzen Verlauf aktualisiert, aber in jeder Phase gleich authentisch »da« ist; noch anderseits die unendliche *Annäherung* an ein nie erreichtes Ziel (Kants regulative Idee).[19] Ferner auch nicht die (besonders von Hannah Arendt so eindrücklich hervorgehobene) Eigenschaft menschlichen Handelns, jeweils und immer wieder etwas Neues, noch nie Dagewesenes, Unerwartetes, Überraschendes, das heißt prinzipiell Unvorhersehbares in die Welt zu bringen. Diese Eigenschaft bedeutet gerade Vereitelung der »Erwartung« und hat weder mit gewußtem noch geheimem »Ziel« etwas zu tun, nicht einmal – wie wir allzu gut wissen – notwendig mit Erwünschtem: sie folgt, außer aus der Freiheit an sich, einfach aus der Grundtatsache der »Gebürtigkeit«, welche der Sterblichkeit gegenübersteht, der Tatsache also des Eintritts immer neuer, neu *beginnender* Individuen in die Welt – eine Tatsache, die auch in der erreichten Utopie weiterbesteht, wenn sie nicht das Geborenwerden abschafft, und die mit ihrer unberechenbaren Offenheit auch *deren* Unfestigkeit garantiert. Es bedeutet daher, schließlich, auch nicht »Zukünftigkeit« schlechthin: die in der Tat ontologische Eigenschaft des Menschen, daß er auf Zukunft hinlebt (Heidegger), ohne daß diese jedoch ein Ziel zu sein braucht, welches die Vergangenheit – selber schon ein Produkt gelebter Zukünftigkeit – zur Vorstufe herabdrückt. Aber »Zukunft« ist allerdings das Schlüsselwort im Vorläufigkeitsstatus, im »Noch Nicht«, aller bisherigen Geschichte nach Bloch.

b. »Vor-Schein des Rechten« und »Heuchelei« in der Vergangenheit

Das Höchste nämlich in ihr (das Geringere lohnt ohnehin nicht der Würdigung außer als Denkmal menschlicher Schande) ist »Vor-Schein des Rechten« und tritt als solches erst in der Rückschau der klassenlosen Zukunft, also von der Verwirklichung her, »als allein weiterwirkend hervor« (P. H. 1072). Erst sie löst sein Versprechen ein, das nicht einmal als solches vorher recht verstanden war. Erst dann zum Beispiel erscheint die *Kunst* »nicht mehr als voreilige Lösung gesellschaftlicher Widersprüche in leuchtendem Spiel«, als »Ideologiespaß höherer Art«, sondern als eben dieser Vor-Schein. An welche Kunst mag hier wohl gedacht sein? Sicher nicht an Euripides, Grünewald, Shakespeare, Goya, Dostojewskij, Kafka. Voreilig leuchtendes Spiel zu ihrer Zeit? Vor-Schein des Rechten später, wenn alles erst im Rechten ist? Wüßte man es von diesem verwöhnten Kenner nicht besser, man müßte ihn in Verdacht haben, bei »Kunst« an die Präraffaeliten und ähnliche Vergoldungen der Alltagsprosa zu denken.[20] Aber wirklich glaubt er, daß Kulturwerke »strategisch aufgehen« müssen, nämlich als »versuchter Weg und Inhalt gewußter Hoffnung« (P. H. 179 f.). Wo da die Pessimisten bleiben, oder die Schreckensmasken der Mayatempel, ist schwer zu sagen. Doch selbst die leuchtenden Werke sind schwer unterzubringen. Hatte Euklids Werk seinen Sinn in der Hoffnung auf Riemann? Newtons in der auf Einstein? Ist das Trachten nach Wahrheit, wie sie sei, ob erhebend oder niederbeugend für den Menschen, überhaupt als »Weg gewußter Hoffnung« deutbar? und ihre Findung von Mal zu Mal als deren Bekräftigung? (Zum Beispiel die endlich bewiesene *Unlösbarkeit* eines mathematischen Problems oder gar Unmöglichkeit einer widerspruchslosen Grundlegung für die Mathematik überhaupt.) Gerade solcher Zuschauerbeifall zu eigener Erbauung schmeckt nach dem »parasitären Kulturgenuß«, den Bloch der bürgerlichen Welt nachsagt und der in der utopischen durch die jenen Kulturtaten abgewonnene »Einsicht in die immer adäquatere Richtung zu unserem Identischwerden« abgelöst werden soll (ibid.). Von dergleichen Selbstbezogenheit und Leckermäulerei weiß der asketische Geist des Forschens nichts. Utopisch nicht beirrt, zu unserem Glück, ist er bisher seinen Weg gegangen.

Aber vielleicht war Wissenschaft bei »Kultur« nicht mitgemeint, als Bloch schrieb:
»Kulturschöpferisch ist so allemal nur die gestaltende Traumkraft zu einer besseren Welt oder die utopische Funktion, als überschreitende. Diese Funktion setzt in der Ideologie erst das, was ohne Phrase und Heuchelei, auch ohne Eigentum, Illusion und Aberglaube genannt werden kann, und sie bildet als einzige das Substrat zum Kulturerbe.« (P. H. 179)
Von diesem lichten Erbe wären dann wohl, wie schon bedeutet, Ödipus Rex, King Lear, Dostojewskijs Dämonen und Kafkas Schloß auszuschließen. Oder zum Kontrast darin einzuschließen als Ausdruck jener gesellschaftlichen Widersprüche, mit deren endlicher Behebung solche Leiden vorbei sind, aber mit ihrem erinnerten Dunkel den Hintergrund liefern, vor dem das Licht des geheilten Zustandes desto heller strahlt. Man zögert, ein solches »Und wie wirs dann zuletzt so herrlich weit gebracht« einem zu imputieren, der so wie Bloch gegen das (bürgerliche!) Bildungsphilistertum zu Felde zog. Und doch wäre selbst dies besser als die der utopischen Funktion zugewiesene postume Rettung der »Phrase und Heuchelei« zur Wahrheit, und da wird die Wohltat des Zweifels unmöglich durch die eindeutige Sprache moralischer Verdächtigung, die mehr als einmal mit dem Lobe der »Traumkraft« abwechselt. Zum Beispiel noch dies: »Erst die [revolutionäre] Aktion macht wahr, was in den sentimentalen Büchern vorgeheuchelt wird« (P. H. 1047 f.) – seltsame Worte im Munde eines solchen Connoisseurs der Bücher, dem man am letzten die Rolle des »terrible simplificateur« zutraut.[21]
Das eigentlich Bedenkliche jedoch ist nicht, was zum Tadel des Vergangenen gesagt wird, sondern zu seinem Lob in der Rolle des Vor-Scheins, das noch sein Höchstes sich selbst entfremdet: »Reiche vergehen, ein guter Vers bleibt« (bravo! möchte man rufen, aber ehe man Zeit hat, geht es weiter:) »und sagt, was – bevorsteht« (S. 1072). Aber nein. Aber ganz und gar nicht. Muß ich Bloch erzählen, wovon er sicher in

seinem langen und reichen Leben viel mehr Proben erfahren hat als ich? Eine Erinnerung aus meinem: Als ich, ganz unerwartet, in der Sakristei von S. Zaccaria in Venedig vor Giovanni Bellinis Madonnen-Triptychon stand, überwältigte mich das Gefühl: Hier war ein Augenblick der Vollendung und ich darf ihn sehen, Aeonen hatten ihm vorgearbeitet, in Aeonen würde er, unergriffen, nicht wiederkehren – der Augenblick, wo im flüchtigen »Gleichgewicht ungeheurer Kräfte«[22] das All einen Herzschlag lang innezuhalten scheint, um eine höchste Versöhnung seiner Widersprüche in einem Menschenwerk zuzulassen. Und was dies Menschenwerk festhält, ist absolute *Gegenwart* an sich – keine Vergangenheit, keine Zukunft, kein Versprechen, keine Nachfolge, ob besser oder schlechter, nicht Vor-Schein von irgendetwas, sondern zeitloses Scheinen in sich. *Das* ist die »Utopie« jenseits alles »Noch Nicht«, verstreute Augen-Blicke der Ewigkeit im Fluß der Zeit, und Bloch wußte darum.[23] Aber sie sind ein seltenes Geschenk und wir sollten die großen Gequälten, denen wir noch mehr verdanken (und anderes als Belehrung über ein Noch-Nicht) darüber nicht vergessen. Auch in *ihnen* ist *Gegenwart* des Menschen. Der »Bevorstand« ist immer da und jeweils unsere Sache, aber ihn in die Zeugenschaft der Vergangenheit hineinlesen zu unserm Nutz und Frommen, so als könnten erst wir sie in uns über sich selbst hinaus und zu ihrer Bestimmung führen, so als hätten sie auf uns gewartet oder wären gar für uns »gemeint« gewesen, heißt sie ihres Eigenrechts berauben – und uns ihrer wirklichen Gabe.

2. Vom »Schon Da« des eigentlichen Menschen

a. Zweideutigkeit gehört zum Menschen

Hier steckt der Grundfehler der ganzen Ontologie des Noch-Nicht-Seins und des darauf gegründeten Primats der

Hoffnung. Die schlichte und weder erhebende noch niederdrückende, aber allerdings in ehrfürchtige Pflicht nehmende Wahrheit ist, daß der »eigentliche Mensch« seit je da war – in seinen Höhen und Tiefen, in seiner Größe und seiner Erbärmlichkeit, seinem Glück und seiner Qual, seiner Rechtfertigung und seiner Schuld – kurz, in aller von ihm unzertrennlichen *Zweideutigkeit*. Diese selbst beheben wollen heißt den Menschen in der Unergründlichkeit seiner Freiheit aufheben wollen. Kraft dieser und der Einmaligkeit jeder ihrer Situationen wird er immer neu sein und verschieden von dem der war, aber niemals »eigentlicher«. Niemals auch der inneren Gefährdung des Menschseins enthoben, die eben *zu seiner »Eigentlichkeit« gehört*. Das beinah Eindeutige, im Guten oder Schlechten, mag sich manchmal aus der allmenschlichen Zweideutigkeit herausheben und dann erfahren wir die Heiligen und die Ungeheuer der Menschheit: aber zu meinen, man könne die einen haben ohne die *Möglichkeit* der anderen, also auch ohne deren gelegentliche Wirklichkeit, ist eine Illusion säkularistischer Natur- und Glücksvorstellung (der Vorstellung vom natürlich-guten Glück einer nicht im freien Lauf gehemmten Menschennatur), die vom naivsten religiösen Wissen um Sünde und Versuchung beschämt wird, aber auch vom einfachsten weltlichen um Trägheit und Willkür des Herzens. Der wirklich eindeutig gewordene, utopische Mensch kann nur der schmählich zum Wohlverhalten und Wohlbefinden konditionierte, bis ins Innerste auf Regelrechtheit abgerichtete Homunculus sozialtechnischer Futurologie sein. Das ist heute eine von den Dingen, die wir von der Zukunft zu *fürchten* haben. Zu *hoffen* ist – ganz im Gegensatz zum eschatologischen »Prinzip Hoffnung« – daß auch in Zukunft jede Zufriedenheit ihre Unzufriedenheit, jedes Haben sein Begehren, jede Ruhe ihre Unruhe, jede Freiheit ihre Versuchung – ja, jedes Glück sein Unglück gebiert (und darauf darf man sich wohl, mit der vielleicht einzigen Sicherheit, die wir vom Menschen haben, verlassen). *Das* scheint mir der Traum von menschlicher Eigentlichkeit zu sein, und er wird genährt aus der Vergangenheit, die sie uns in actu vorführt, nicht aus vorgeschauter Zukunft: *die* kommt jeweils *aus* dem gewagten Spiel der Eigentlichkeit, kann sie also nicht erst bringen, sondern bestenfalls bewahren zu unverkümmerter Wiederholung, so daß es weiter Mensch und Zukunft gibt – die letztere immer unverbürgt in ihrer Beschaffenheit, nicht nur wegen der jeweils einzigen geschichtlichen Umstände, sondern ebenso wegen der schillernden Natur jener »Eigentlichkeit« des Geschichtssubjektes selbst.

b. Der anthropologische Irrtum der Utopie

Der Irrtum der Utopie ist also ein Irrtum der vorausgesetzten Anthropologie, der Auffassung vom Wesen des Menschen. Seine Gegenwart, anders als die der Larve, die erst zum Schmetterling werden soll, ist jeweils vollgültig *als die fragwürdige,* die sie *ist.* Eben diese Fragwürdigkeit, die keinem andern Sein eignet, mit ihrer ständig innewohnenden Transzendenz, ihrem offenen Entweder-Oder, das doch nie dem Sowohl-Als Auch entrinnt, ihrem unbeantwortbaren Warum? und Wozu? ist ein *Grenzphänomen* der Natur, das als solches – nach menschlichem Wissen – nicht zu überbieten ist. Sie ist ihr eigener, auszuhaltender Grund. Sie ist so wenig nach »vorwärts« zu übersteigen in schattenlose Helle wie nach rückwärts in die Fraglosigkeit animalischer Natur. Innerhalb dieser Fragwürdigkeit muß sich alles Hoffen und Fürchten, müssen sich alle Erwartungen für Einzelmensch wie Menschheit bewegen. »Aber es gibt noch keine Situationslosigkeit in jenem hellen, ja allerhellsten Sinn, der Dasein ohne Entfremdung, eindeutig gereiften, naturalisierten Wert bezeichnet« (P. H. 1624): es *kann* sie nie geben gemäß der menschlichen Zeitlichkeit, außer vielleicht in Augenblicken mystischer Erhebung, in denen der Einzelne wohl so etwas wie »Situationslosigkeit« erfahren mag. Fast kann man daher den Irrtum des Utopismus so ausdrücken, daß er das subjektive nunc stans des mystischen Augenblicks in das bleibend Objektive eines öffentlichen Zustandes umgesetzt denkt – das Allerpersönlichste und Flüchtigste in das Allgemeine und Konsolidierte. Das hier ergehende »non datur« ist von allen das strikteste, weil essentiell; und wenn von Reife die Rede ist, so sollte es auch das erste sein und weiterer nicht bedürfen. Schon der Wunsch steht im Widerspruch mit der Wahrheit des Menschen.

c. Die Vergangenheit als Quelle des Wissens vom Menschen

Man wird sich also damit abfinden müssen, daß wir von der *Vergangenheit* lernen müssen, was der Mensch »ist«, das heißt im Positiven wie Negativen sein *kann,* und diese Belehrung bietet allen nur erwünschten Stoff zu Erhebung und Schauder, zu Hoffnung und Furcht, und auch Maßstäbe der Wertung, somit der Anforderung an sich selbst. Soweit es praktisch, das heißt fürs planende Handeln, etwas von der Geschichte zu »lernen« gibt (eine schwankende Möglichkeit, da »Vergessen« zum Schöpferischen gehört), so muß man mit diesem einzigen Wissen, das wir vom Menschen haben, an das Entwerfen der Zukunft gehen, soweit es so etwas überhaupt gibt. Jedes wirklich im Gewesenen etwa verborgene »Noch Nicht« (über das uns das Gewesene selber *nichts* sagen kann) wird sich in der Ankunft des Entworfenen als Überraschung herausstellen – und nichts steht dafür, daß es immer eine freudige ist; aber selbst diese so wenig wie ihr Gegenteil bringt das Subjekt »seinem« Prädikat näher (beide gehen vielmehr aus ihm hervor): keine verkörpert teleologisch ein angelegtes Ziel seiner Natur.

d. Die »Natur« des Menschen offen für Gut und Böse

Denn auch damit muß man sich abfinden, daß es eine eindeutige »Natur« des Menschen nicht gibt; daß er zum Beispiel von Natur (»an sich«) weder gut noch schlecht ist: er hat die *Fähigkeit* zum Gut- *oder* Schlechtsein, ja, zum einen *mit* dem andern – und *dies* allerdings gehört zu seinem »Wesen«. Zwar sagt man von den großen Bösewichtern, sie seien »Unmenschen«, aber nur Menschen können Unmenschen sein und sie offenbaren die Natur »des« Menschen nicht weniger als die großen Heiligen. Also wird man auch der Idee von einem daseienden, schlummernd bereitliegenden »Reichtum der menschlichen Natur« entsagen müssen, der nur aufgeschlossen (»entfesselt«) zu werden braucht, um sich dann kraft jener Natur zu zeigen. Es gibt nur die biologisch-seelische *Ausstattung* dieser »Natur« zu Reichtum *und* Armut des Seinkönnens, die beide gleich »natürlich« sind – mit einem Vorsprung der letzteren, denn Armut im Menschlichen kann sowohl durch ungünstige Umstände verhängt als auch unter den günstigsten durch Trägheit und Bestechlichkeit (wahrlich natürliche Triebe) gewählt sein, während Reichtum des Selbst zugleich mit der Gunst der Umstände auch Anstrengung erfordert (schon die des Kampfes mit der Trägheit). Das entbindet natürlich nicht im mindesten von der Pflicht, nach den günstigen Umständen für Alle zu trachten, ohne von ihnen mehr zu erwarten als die verbesserte *Chance* zum bonum humanum.

e. Verbesserung der Bedingungen ohne Köder der Utopie

Welches aber, selbst mit dieser Einschränkung, die »besten Umstände« sein mögen, das teilt leider nicht die eindeutige Evidenz der schlechtesten. Wie überall in der Ethik, so ist auch hier, im sozusagen Instrumentalen der Bedingungen, das malum ungleich leichter zu identifizieren als das bonum; und dies nicht nur, weil jenes aus der Erfahrung so wohlbekannt ist, sondern auch, weil es die Kraft erkennbaren kausalen Zwanges hat (wie Elend und Sklaverei), während seine Beseitigung eben die Rätsel der Freiheit ins Spiel bringt. Diese von ihren eigenen Gefahren zu befreien, kann sinngemäß *keine* Form ihrer Enthemmung versprechen; also auch keine Sozialordnung, die ihr huldigt. Natürlich ist sie, *mit* ihren veränderten Fehlbarkeiten, der Unterdrückung vorzuziehen. Ihre versteckten Irrungen (von denen Indolenz eine, Übermut eine andere ist) verlangen feinere sittliche Wachsamkeit als die krassen der Not. Die eines vollen Magens werden verschieden sein von denen eines leeren, die der Weite von denen der Enge, die der Sicherheit von denen der Unsicherheit – und die der »Muße« vielleicht ganz vorgangslos: aber sie werden da sein und nicht aufhören, die imago Dei zu bedrohen. Was aber die so nötige Verbesserung der Bedingungen betrifft, so ist es höchst notwendig, *die Forderung der Gerechtigkeit, der Güte und der Vernunft vom Köder der Utopie freizumachen.* Um ihrer selbst willen, weder pessimistisch noch optimistisch, sondern realistisch muß ihr Folge geleistet werden, unberauscht von übermäßiger Erwartung, somit auch unversucht zu übermäßigem Preis, den der – von Natur »totalitäre« – Chiliasmus willens ist, die im Vorschatten der Ankunft Lebenden zahlen zu lassen. Dem erbarmungslosen Optimismus steht die barmherzige Skepsis gegenüber.[24]

f. Vom Selbstzweck jeder geschichtlichen Gegenwart

Vor allem muß daher mit der Idee der »Vorgeschichte« gebrochen werden, deren Zweck wir gewesen wären, die unserseits wieder Mittel zum endgültigen Zweck sind. Nicht nur, daß ein solcher endgültiger Zweck nicht existiert (oder, wenn er verborgen existierte, von uns auf keine Weise zu benennen wäre): wichtiger noch ist die Einsicht, daß jede Gegenwart des Menschen ihr eigener Zweck ist, es also auch in aller Vergangenheit war. (Oder, wie Ranke gegen Hegel sagte: jede Geschichtsepoche ist »unmittelbar zu Gott«.) Alles ist »Übergang« im Lichte des Nachher, manches »Erfüllung« im Lichte des Vorher, manches auch Vereitelung, aber nichts bloßer Vor-Schein des Eigentlichen, das erst kommt. Das jeweils *anders* Eigentliche hat mit seinem eigenen Aufweis zu bestehen oder zu versagen. Man muß sich also auch damit abfinden (was wirklich nicht schwer fallen sollte), daß Jesaia und Sokrates, Sophokles und Shakespeare, Buddha und Franz von Assisi, Leonardo und Rembrandt, Euklid und Newton eben nicht zu »übertreffen« sind. Ihr Scheinen durch die Geschichte gibt Grund zu der Hoffnung, daß diese Kette nicht abreißt. Getan werden kann dafür nicht mehr, als die Verdorrung ihres geheimen Zeugungsbodens zu verhüten (die ihm zum Beispiel von manchen Tendenzen der Technik und der technologisch orientierten Utopie droht). Mit einer Ontologie des Noch-Nicht-Seins hat solche Hoffnung mitsamt ihrer Pflicht und Furcht schlechterdings nichts zu tun: sie wird, im Gegenteil, von jener Ontologie verfälscht durch die teleologische Verflachung des Erbes, auf das die Hoffnung sich gründet. Der logische Widerspruch, der darin liegt, daß das Eigentliche immer noch aussteht und doch nach ausdrücklicher Versicherung des Utopismus schließlich einmal da sein soll (gilt von da an eine neue Ontologie?), ist noch der geringste Einwand. Selbst der Undank gegen das Gewesene mag hingehen, da die Bilanz der Geschichte in der Tat alles andere als eindeutig ist und Schuld vielleicht immer die Gerechtigkeit überwiegt. Verderblich aber ist an der Verneinung selbstgültiger Gegenwart für alle »Vorläufer« dies, daß dabei jenes tödliche Verhältnis von Mittel und Zweck herauskommt, bei dem der erhabenste Zweck vor die Hunde gehen muß.

III. Von der Kritik der Utopie zur Ethik der Verantwortung

1. Die Kritik der Utopie war Kritik der Technik im Extrem

Die hiermit abgeschlossene Kritik der Utopie wäre übertrieben ausführlich gewesen, wenn nicht der marxistische Utopismus in seinem engen Bund mit der Technik eine »eschatologisch« radikalisierte Version dessen darstellte, wohin ganz uneschatologisch der weltweite technologische Impetus im Zeichen des Fortschritts ohnehin unterwegs ist – das heißt: wenn nicht die *Technologie,* als wirkende Macht an sich, eine *quasi-utopische* Dynamik enthielte. Also war die Kritik der Utopie implicite bereits eine Kritik der Technologie in der Vorschau ihrer extremen Möglichkeiten. Vieles von dem, was wir für die eine als konkreten Menschenzustand des verwirklichten Traumes auszumalen versuchten, scheint mit oder ohne solchen Traum, ja, ohne bewußte Zielsetzung überhaupt und fast wie ein Schicksal, bevorzustehen – und vieles davon hat sich als Gegenstand mehr für Furcht als für Hoffnung herausgestellt. Dasselbe gilt für die physikalisch-biologischen Realbedingungen. Also diente die Kritik der Utopie, als extremes Modell, nicht so sehr der Widerlegung eines wie immer einflußreichen Denkirrtums, wie der Grundlegung ihrer uns obliegenden *Alternative:* der Ethik der Verantwortung, die heute, nach mehreren Jahrhunderten postbaconischer, prometheischer Euphorie (der auch der Marxismus entstammt), dem galoppierenden Vorwärts die Zügel anlegen muß. Insofern andernfalls und wenig später die Natur es auf ihre schrecklich härtere Weise tun würde, wäre dies nicht mehr als kluge Vorsicht, gepaart mit schlichtem Anstand gegen unsere Nachkommen. Indem aber außer der Erreichbarkeit und Gefahrlosigkeit sogar die innere Wünschbarkeit des Zieles und sein ganzes Menschenbild nach Zukunft wie Vergangenheit bestritten wurde, bewegten wir uns bereits im Herzen ethischer Theorie. Waren wir hier auf der richtigen Spur, so wäre wenigstens im Negativen ihre Grundlegung schon gelungen und der Blick auf das Positive hingelenkt. Wie die Dinge heute liegen, muß dies Positive für eine Zeitlang ein vorwiegend bewahrendes und schützendes Amt versehen, innerhalb dessen das heilende und womöglich verbessernde, jedoch im Zeichen der Bescheidenheit, uns weiter obliegt.

2. *Der praktische Sinn der Widerlegung des Traumes*

Freilich wäre die Kritik außer als theoretische Übung müßig gewesen, wenn das »Schicksal«, dessen Namen wir soeben gebrauchten, dies wirklich wäre, nämlich im voraus unvermeidlich. Nur ein anderer Name dafür wäre »die Geschichte« als notwendige Selbstbewegung, mit ihrem eingepflanzten und vielleicht sogar erkennbaren Wohin, gegen das sich zu sträuben vergeblich wäre. Manches von dem, was die Marxisten von der gesellschaftlich-ökonomischen und wir von der technologischen Dynamik sagen, sieht in der Tat so aus; und daß wir in Graden Gefangene der von uns selbst begonnenen Prozesse werden, ist nicht zu leugnen. Aber was vermeidlich und was unvermeidlich ist, stellt sich immer erst heraus durch das, was vermieden und was nicht vermieden wurde nach ernsthaftem Versuch. Der Geist der Verantwortung verwirft den voreiligen Spruch der Unvermeidlichkeit – und erst recht seine Sanktionierung durch den Willen *wegen* der geglaubten Unvermeidlichkeit, weil er sich auf der Seite »der Geschichte« wissen möchte. (Die Geschichte mag sich dann nur zu bereitwillig auf die Seite seiner Ergebung stellen, wenn sie nicht lieber mit einer ihrer Überraschungen aufwartet.) Die Kritik der Utopie ist außer der ihres Endbildes auch die der behaupteten Determination der Geschichte zu ihm hin, weist also der Verantwortung zu, was sie der

Notwendigkeit entzieht. Gesteht man aber der Verantwortung soviel zu, dann macht es gewiß in der Gestaltung unseres »Schicksals«, soviel daran auch unvermeidlich sei, einen Unterschied aus, ob wir einer bestimmten Aussicht mit Jubel oder mit Bangen entgegensehen, mit unserm Ja oder unserm Nein: ob wir daher gewisse Entwicklungen vorantreiben oder eher bremsen, sie so oder so zu lenken suchen, auch wenn wir nie ganz Herr darüber sind.[25]
Und da wird denn Glaube oder Unglaube an die Utopie zum realen Faktor, zwar kaum zu Gunsten oder Ungunsten der Utopie selber, wenn diese überhaupt ein Irrlicht ist, aber zu Gunsten oder Ungunsten wirklich gegebener Alternativen – wovon die Verfolgung des Irrlichtes in der Tat eine ist. Insofern hierauf die Kritik der Utopie, als versuchte Berichtigung des Denkens *und Wollens,* Einfluß haben kann, ist sie bereits ein Akt in der Ethik der Verantwortung selber. Über sie zum Schluß der Systematik noch einige Worte allgemeiner Natur. Die konkreten neuen Pflichten selber sind schon deshalb noch in kein System zu bringen, weil sie im Widerspiel mit den neuen Tatsachen technologischer Praxis gerade erst sichtbar zu werden beginnen.[26]

3. Die nichtutopische Ethik der Verantwortung

Dem Prinzip Hoffnung stellen wir das Prinzip Verantwortung gegenüber, nicht das Prinzip Furcht. Wohl aber gehört die Furcht zur Verantwortung so gut wie die Hoffnung, und da sie das weniger gewinnende Gesicht hat, sogar in besseren Kreisen in einem gewissen moralischen und psychologischen Verruf steht, so müssen wir ihr hier nochmals das Wort reden, denn sie ist heute nötiger als zu manchen anderen Zeiten, wo man in der Zuversicht des guten Ganges der menschlichen Angelegenheiten auf sie als eine Schwäche der Kleinherzigen und Ängstlichen herabsehen konnte.

a. Furcht, Hoffnung und Verantwortung

Hoffnung ist eine Bedingung jeden Handelns, da es voraussetzt, etwas ausrichten zu können, und darauf setzt, es in diesem Fall zu tun. Für den erprobten Könner (auch den Glücksverwöhnten) kann dies mehr als Hoffnung, es kann selbstvertrauende Sicherheit sein; aber daß schon das unmittelbar Gelungene und erst recht sein Weiterwirken im unabsehbaren Fluß der Dinge wirklich das dann noch Erwünschte sein wird, das kann bei allem, was das Handeln sich selbst zutraut, immer nur eine Hoffnung sein. Immer muß der Wissende darauf gefaßt sein, später einmal wünschen zu müssen, er hätte nicht oder anders gehandelt. Nicht auf diese Unsicherheit bezieht sich die Furcht, oder doch nur als Begleiterscheinung, und sich von ihr *nicht* abhalten zu lassen, vielmehr noch für das Unbekannte im voraus mitzuhaften, ist bei der letztlichen Ungewißheit der Hoffnung gerade eine Bedingung handelnder Verantwortung: eben das, was man den »Mut zur Verantwortung« nennt.

Nicht die vom Handeln abratende, sondern die zu ihm auffordernde Furcht meinen wir mit der, die zur Verantwortung wesenhaft gehört, und sie ist Furcht um den Gegenstand der Verantwortung. Von diesem zeigten wir früher (4. Kapitel), daß er ein grundsätzlich verletzlicher ist, für den es also etwas zu befürchten geben kann. Was im bestimmten Fall jemanden dazu bewegt, sich dies als eigene Furcht anzueignen und in Pflicht des Handelns umzusetzen, haben wir dort ausführlich erörtert. Verantwortung ist die als Pflicht anerkannte *Sorge* um ein anderes Sein, die bei Bedrohung seiner Verletzlichkeit zur »Besorgnis« wird. Als Potential aber steckt die Furcht schon in der ursprünglichen Frage, mit der man sich jede aktive Verantwortung beginnend vorstellen kann: was wird *ihm* zustoßen, wenn *ich* mich seiner *nicht* annehme? Je dunkler die Antwort, desto heller gezeichnet die Verantwortung. Und je weiter noch in der Zukunft, je entfernter vom eigenen Wohl und Wehe und je unvertrauter in seiner Art das zu Fürchtende ist, desto mehr müssen Hellsicht der Einbildungskraft und Empfindlichkeit des Gefühls geflissentlich dafür mobilisiert werden: eine aufspürende *Heuristik* der Furcht wird nötig, die nicht nur ihr das neuartige Objekt überhaupt entdeckt und darstellt, sondern sogar das davon (und nie vorher) angerufene, besondere sittliche Interesse erst mit sich selbst bekannt macht (siehe 2. Kapitel). Der Vorstellung des Übels bedarf schon die *Theorie* der Ethik so sehr wie der Vorstellung des Guten, und dann sogar mehr, wenn das letztere unserm Blick undeutlich geworden ist und erst durch die Drohung antizipierten neuartigen Übels wieder neu verdeutlicht werden muß. In einer solchen Lage, die uns die heutige zu sein scheint, wird also die bewußte Anstrengung zu selbstloser Furcht, in der mit dem Übel das davor zu rettende Gute sichtbar wird, mit dem Unheil das nicht illusionär überforderte Heil – wird also Fürchten selber zur ersten, präliminaren Pflicht einer Ethik geschichtlicher Verantwortung werden. Wen diese Quelle dafür, »Furcht und Zittern« – nie natürlich die einzige, aber manchmal angemessen die dominante – nicht vornehm genug für den Status des Menschen dünkt, dem ist unser Schicksal nicht anzuvertrauen.[27] Wir unserseits fürchten nicht den Vorwurf der Kleinmütigkeit oder Negativität, wenn wir derart Furcht zur Pflicht erklären, die sie natürlich nur mit Hoffnung (nämlich der Abwendung) sein kann: begründete Furcht, nicht Zaghaftigkeit; vielleicht gar Angst, doch nicht Ängstlichkeit; und in keinem Falle Furcht oder Angst um sich selbst. Der Angst aus dem Wege zu gehen, wo sie sich ziemt, wäre in der Tat Ängstlichkeit.

b. Um die Hütung des »Ebenbildes«

Auch Ehrfurcht und Schaudern sind wieder zu lernen, daß sie uns vor Irrwegen unserer Macht schützen (zum Beispiel vor Experimenten mit der menschlichen Konstitution). Das

Paradoxe unserer Lage besteht darin, daß wir die verlorene Ehrfurcht vom Schaudern, das Positive vom vorgestellten Negativen zurückgewinnen müssen: die Ehrfurcht für das, was der Mensch war und ist, aus dem Zurückschaudern vor dem, was er werden könnte und uns als diese Möglichkeit aus der vorgedachten Zukunft anstarrt. Die Ehrfurcht allein, indem sie uns ein »Heiliges«, das heißt unter keinen Umständen zu Verletzendes enthüllt (und das ist auch ohne positive Religion dem Auge erscheinbar) wird uns auch davor schützen, um der Zukunft willen die Gegenwart zu schänden, jene um den Preis dieser kaufen zu wollen. So wenig wie die Hoffnung darf auch die Furcht dazu verführen, den eigentlichen Zweck – das Gedeihen des Menschen in unverkümmerter Menschlichkeit – auf später zu verschieben und inzwischen eben diesen Zweck durch die Mittel zuschanden zu machen. Solches würden Mittel tun, die den Menschen ihrer eigenen Zeit nicht respektieren. Ein degradiertes Erbe wird die Erben mit degradieren. Die Hütung des Erbes in seinem »ebenbildlichen« Ansinnen, also negativ auch Behütung vor Degradation, ist Sache jeden Augenblicks; keine Pause darin zu verstatten die beste Garantie der Dauer: sie ist, wenn nicht die Zusicherung, gewiß die Vorbedingung auch künftiger Integrität des »Ebenbildes«. Seine Integrität aber ist nichts anderes als das *Offensein* für den immer ungeheuerlichen und zu Demut stimmenden *Anspruch* an seinen immer unzulänglichen Träger. Dies durch die Fährnisse der Zeiten, ja, gegen das eigene Tun des Menschen heil zu erhalten, ist nicht ein utopisches, doch ein gar nicht so bescheidenes Ziel der Verantwortung für die Zukunft des Menschen.

Kapitel 1

1 Grundlegung zur Metaphysik der Sitten, Vorrede.
2 Ibidem, Erster Abschnitt.
3 Ibidem.
4 Außer in der Selbstbildung und in der Erziehung: Zum Beispiel die Ausübung der Tugend ist auch eine Übung in der Tugend, sie stärkt die sittlichen Kräfte und macht ihre Ausübung zur Gewöhnung; entsprechend mit dem Laster. Aber das nackte Grundwesen kann doch immer wieder durchschlagen: der Tugendhafteste kann in den zerstörenden Sturm der Leidenschaft gerissen werden, der Lasterhafteste das Erlebnis der Umkehr haben. Ist dergleichen auch noch möglich in den kumulativen Veränderungen der Seinsbedingungen, die die Technologie auf ihrem Wege ablagert?
5 In diesem Punkt änderte der biblische Gott seinen Standpunkt zu einem umfassenden Ja nach der Sintflut.

Kapitel 2

1 Das ist in der Moralphilosophie, soweit ich sehe, zu wenig beachtet worden. In der Suche nach dem Begriff des Guten, um den es ihr geht, hat sie dazu geneigt, unser Wünschen zu konsultieren (unter der sokratischen Voraussetzung, daß das am meisten Gewünschte eben das Beste sein muß), während doch unser Fürchten ein besserer Wegweiser wäre. Der »Eros« bei Platon, der *appetitus* bei Augustin, welcher von Natur auf ein *bonum* und letztlich auf *das* bonum geht, sind Beispiele für den Appell an das Wünschen. Das mag für ein völlig wissendes und überdies gewußtes Wünschen am Ende richtig sein. Aber wie lernen wir unser Wünschen kennen? Indem wir auf die vorkommenden Wünsche achten? Gewiß nicht. Was ich *mehr* wünsche von diesen beiden: daß mir die tägliche Mahlzeit schmeckt, oder daß mein Kind gesund bleibt, das kann ich der gefühlten Stärke des Wunsches hier und dort (wovon sich der eine täglich meldet und der andere gar nicht zu melden braucht) und ihrer Vergleichung mitnichten entnehmen. Aber wenn ich um meines Kindes Gesundheit *fürchten* muß, weil plötzlich ein Grund dafür besteht, dann weiß ich's.
2 Es ist dies nichts anderes als eine Version des Descartes'schen Arguments vom bösen oder unvollkommenen Schöpfer unseres Daseins (für den sich, laut Descartes selbst, eine blinde und wert-

fremde Natur einsetzen läßt): dessen Urmodell wiederum ist natürlich das antike Argument vom Kreter, der alle Kreter für Lügner erklärt.

Kapitel 3

1 Die technische Intelligenz kann also beide Wege, vom Zweck zum Mittel und vom Mittel zum Zweck, gehen und sowohl die Frage beantworten: Wie muß ein Ding aussehen, damit es den und den Zweck erfüllen kann (zum Beispiel Nägel einschlagen, Zeit messen)?, als auch die umgekehrte: Welchen Zweck kann ein Ding haben, das so und so aussieht? Eben ein solches rein objektives, noch neutrales »Aussehen« ist es, was der anderen Klasse fehlt.

2 Also läßt sich auf die Frage »was ist ein Hammer«? mit einem Bild antworten (wie es in Fibeln und Wörterbüchern geschieht), aber nicht auf die Frage »was ist ein Parlament«?. In seinem Fall können wir nicht einmal seinen Namen erklären, ohne seinen Zweck anzugeben.

3 Wenn Aristoteles an einer (in ihrer Echtheit zwar strittigen) Stelle von *De anima* soweit geht, den ganzen Leib als »Werkzeug der Seele« zu bezeichnen, so ist dies schon eine zweifelhafte Übertragung und auch nicht recht in Übereinstimmung mit seinem sonstigen biologischen Gebrauch des Werkzeuggedankens, wonach die *Teile* des lebendigen Körpers Werkzeuge dieses Ganzen, das heißt eben des beseelten Leibes sind. Nebenbei widerspricht es auch dem aristotelischen Begriff der Seele, als der immanenten »Entelechie« des Leibes, ihr Verhältnis zu ihm im Bilde des Werkzeugbenutzers zu beschreiben, also äußerlich zu machen.

4 »On the Power or Impotence of Subjectivity«, in *Philosophical Dimensions of the Neuro-Medical Sciences,* hrs. v. S. F. Spicker und H. T. Engelhardt, D. Reidel Publishing Co., Dordrecht-Holland/Boston-U.S.A., 1976, SS. 143–161. Eine deutsche Ausgabe, erweitert nach der quantenmechanischen Seite, ist in Vorbereitung.

5 Damit fällt natürlich auch die vorerst zugestandene Teleologie bei der Herstellung der Maschine ins Reich des Scheins zurück: die Hersteller sind maschinenmachende Maschinen.

6 Descartes handelte hierin weislich, wiewohl anderseits total unannehmbar, wenn er den Dualismus und damit selbst die elementarste Anwesenheit von Fühlen auf das Geist-Körper-Verhältnis beim *Menschen* beschränkte.

7 Auch der »Holismus« eines Jan Smuts ist hier zu nennen.

8 Die Hauptordnungen der Evolution zum Beispiel sind nicht

einmal retrospektiv, mit Kenntnis der vorliegenden Ergebnisse, aus den Anfängen »vorherzusagen«, das heißt zu deduzieren. Hier kann von Suffizienz bislang keine Rede sein. Streng genommen weiß man nicht einmal, *warum* Atome sich erstmals zum Doppelhelix des DNS-Moleküls zusammensetzen; man kann nur aus dem *Daß* nachträglich die Möglichkeit dazu erfahren und daraus etwas über Gesetze der Molekularstruktur lernen.
9 All dies hat schon Leibniz gesehen, wenn er auch in der Zweiheit von *perceptio* und *appetitus* der ersteren die führende Bedeutung gab.
10 Hier kann das Modell kausaler Indifferenzpunkte herhalten, das in der früher (Anm. 4 zu diesem Kapitel) genannten Untersuchung des psychophysischen Problems vorgelegt wird. Danach könnte auch die Evolution als eine Serie verstanden werden, worin tausendfach die kritischen Gleichgewichtsschwellen vorkamen, an denen bei kausaler Gleichwertigkeit verschiedener Alternativen eine verborgene Tendenz ihre »Vorliebe« ausüben konnte und die momentane Indifferenz jeweils zugunsten einer der offengestellten Differenzen entschied. Dies wäre dann der Sinn des Begriffes »Gelegenheit«.
11 *Organismus und Freiheit: Ansätze zu einer philosophischen Biologie,* Göttingen 1973, 5. Kapitel »Vom Sinn des Stoffwechsels«, besonders S. 125-137.
12 Wir sagten voraus (S. 129), daß hier eine geringere Sicherheit der Antwort als auf die Frage der Zweckkraft willkürlicher Handlungen zu erwarten ist. Diese konnten wir *beweisen* durch die schlüssige Widerlegung des Gegenteils (s. S. 127 f.); hier haben wir nur die eminente Vernünftigkeit ihrer Annahme gegenüber ihrer Verneinung plädiert.

Kapitel 4

1 Dies hat etwas von einem argumentum ad hominem an sich, insofern es eine spontane Vorliebe für eine von zwei logisch möglichen Alternativen ausnutzt, verhilft aber damit vielleicht eben der Sache zu ihrem Recht, die auf den eigenwilligen Wegen, die das theoretische Denken im langen Alleinsein mit sich selbst eingeschlagen hat, nicht mehr richtig zu Worte kommt.
2 Daß das Lebewesen sein eigener Zweck ist, besagt noch nicht, daß es sich Zwecke *setzen* kann: es »hat« sie, im Dienste des ungewählten Selbstzwecks, von Natur. Irgendwelche Mitbedienung der Zwecke anderer Wesen, selbst der eigenen Brut, ist nur mittelbar und erbbedingt in die Verfolgung des Selbstzwecks eingeschlossen: die vitalen Zwecke sind selbstisch vom Standpunkt des Subjekts.

(Die objektive Unterordnung dieser Eigenzwecke unter umfassendere Zwecke der biologischen Ordnung ist eine Sache für sich.) Erst die menschliche Freiheit erlaubt Setzung und Wahl von Zwecken, und damit die willentliche Einbeziehung anderer Zwecke in die unmittelbar eigenen, bis zu ihrer völligen und hingebungsvollsten An-Eignung.

3 Natürlich sind Zwecke nicht notwendig gewählt und erst recht nicht in vergleichender Abschätzung: Handeln als solches (tierisches darunter) ist geleitet von Zwecken, auch vor aller Wahl, da elementare Zwecke – und das Zweckhaben als solches – uns durch die Bedürftigkeit unserer Natur eingepflanzt sind. Und durch die Begleitung der Lust werden sie auch subjektiv »wertvoll«. Aber die gegenwärtige Diskussion hat es mit der menschlichen Sphäre gewählter Zwecke zu tun, wo also nicht einfach das Wollen ein Geschöpf des gegebenen Zweckes, sondern in gewissem Sinn der Zweck – als meiner – ein Geschöpf des Wollens ist. Selbst da ist das »Wertsein« des Zweckes, Korrelat des Wünschens, vielfältig vorbestimmt – von Triebleben, Umwelt, Vorbild, Gewohnheit, Meinung und Augenblick

4 Daß des Menschen Wille für Zwecke über die eigenvitalen hinaus ansprechbar ist – ein mit dem Naturwunder der Vernunft verknüpftes, aber davon unterschiedenes Wunder – macht ihn zum moralischen Wesen. Diese Ansprechbarkeit ergänzt und beschränkt die indifferente Freiheit der Vernunft. Als reiner Intellekt, das ist willensfreies Erkenntnisvermögen, kann diese die Welt ohne Stellungnahme aus dem Abstand neutralen Wissens betrachten; als technischer Verstand kann sie die geeigneten Mittel für jeden vom Willen ergriffenen Zweck ersinnen; aber als Urteilsvermögen, vom Gefühl belehrt, wägt die Vernunft die möglichen Zwecke nach ihrer Würdigkeit und schreibt sie dem Willen vor. Letztlich jedoch steht der Wille schon hinter all diesen Formen der Vernunft: es ist Wille zur Objektivität, der das sogenannte neutrale Erkennen möglich macht; und Wille zu Zwecken überhaupt und vorerst zum selbsteigenen, der den technischen Verstand nach den Mitteln suchen heißt; und Wille zu werten Zwecken, der das Urteilsvermögen auf das Gefühl horchen heißt. – Für den Willen als »allererstes« gilt vielleicht, was Nietzsche von ihm sagte: daß er eher das Nichts wollen als nicht wollen würde. Aber um *etwas* wollen zu können, bedarf er (oder das »Urteil«, auf das er zu hören bereit ist) eben des Gefühls, das dieses Etwas in das Licht des Wählenswerten taucht.

5 Trotz nominaler Ähnlichkeit fällt Max Webers Unterscheidung von Verantwortungs- und Gesinnungsethik nicht in die obige Dichotomie von Objekt- und Subjektethik. Denn was er als »Gesin-

nungsethik« beschreibt und in der Politik der »Verantwortungsethik« entgegenstellt, ist doch nur jene Unbedingtheit in der Betreibung einer als unbedingt begriffenen *Sache,* die sich um keine Folgen außer dem möglichen Erfolg kümmert, der kein Preis dafür (vom Gemeinwesen zu zahlen) zu hoch ist und selbst das Risiko des Mißerfolgs mit seinem totalen Debakel des Versuches wert ist. Der »Verantwortungspolitiker« dagegen wägt die Folgen, die Kosten und die Chancen und sagt zu *keinem* Ziele jemals »pereat mundus, fiat justitia« (oder was sonst das absolute Gut sei). Aber der so sagt, ist natürlich einer *Sache* ergeben und denkt – da er sie doch für durchführbar hält – nicht weniger an das Gemeinwohl (wie er es sieht) als sein maßvollerer Widerpart. Tatsächlich sahen sich die Spartakisten, die Weber damals im Auge hatte, durchaus als Realisten an; und der Rosa Luxemburg ging es weder um die Reinheit ihrer Gesinnung noch um Treue zum Programm, sondern um die Ergreifung einer Chance, groß oder klein, die nicht wahrzunehmen in ihren Augen Verrat an der größten objektiven Sache gewesen wäre. Daß sie dafür mit dem Leben zahlte, macht ihr Unternehmen nicht unverantwortlich (wenn auch vielleicht urteilslos). Also ist es nur der Unterschied zwischen radikalem und gemäßigtem Politiker, zwischen dem, der nur *ein* Ziel kennt, und dem, der mehrere miteinander ausgleichen will, oder dem, der alles auf eine Karte setzt, und dem, der die Risiken verteilt, den Weber mit dem Begriffspaar »Gesinnungsethik – Verantwortungsethik« ausdrückte. (Bestehen bleibt, daß Einseitigkeit und Fanatismus ungünstige Bedingungen sind für Verantwortung, welche umsichtiges Urteil erfordert.) Der Unterschied ist wichtig genug und wird uns *innerhalb* der Verantwortungsethik noch beschäftigen (zum Beispiel beim utopischen Ideal), aber er fällt in *eine* Seite der Dichotomie, die wir oben aufzeigten. Was Max Weber allerdings zu dem *darin* gestellten Problem des ethischen Subjektivismus beizutragen hat (was aber in *seine* erwähnte Dichotomie gar nicht hineinspielt), ist seine These von der »wertfreien Wissenschaft« und ihrer »Entzauberung der Welt«. In der Tat steht hinter dem Nihilismus der Existenzphilosophie und ihrer Ethik wertender Willkür, wie hinter dem ganzen modernen Subjektivismus, die neuzeitliche Naturwissenschaft mit ihrem Schein einer wertfreien Welt.

6 Für eine machtvolle Kritik siehe Max Scheler, *Der Formalismus in der Ethik und die materiale Wertethik* (Halle 1916).

7 Die Bereitschaft der Amoralität, den äußersten Preis in der schließlichen schrecklichen Abrechnung zu zahlen, ist der einzige ethische oder adelnde Zug des Mozartschen Don Giovanni: er macht deutlich, daß die formale Verantwortungsbejahung, obschon

sie ihre eigene Größe haben kann, kein zulängliches Prinzip der Moral ist.

8 Geteilte Gefahr stiftet wohl *gegenseitige Verpflichtungen* eigener Art; aber solange ich nicht einseitig die Ursache dieser Gefahr oder einer besonderen Gefährdung im Verlauf des Unternehmens war (und *dafür* eben schon im formalen Sinne »verantwortlich« geworden bin), sind jene Pflichten allgemein die einer Situation, in der jeder sich auf den andern »verlassen können« muß. Hier aus Schwäche versagen ist Sünde gegen Treue und die sonstigen Tugenden, welche die Bewährung in der Situation verlangen mag (wie Mut, Entschlußkraft, Standhaftigkeit), aber nicht eigentlich gegen Verantwortung. Strikt »unverantwortlich« handle ich allerdings, wenn ich die Gefährten und das ganze Unternehmen durch einen Akt positiven Leichtsinns gefährde – der mich dann eben auch allen kausal überlegen macht.

9 Das »öffentliche«, das heißt politische Amt (des Abgeordneten, Ministers, Präsidenten) ist zu unterscheiden vom technischen des Funktionärs. Es ist der Unterschied zwischen Regierung und Verwaltung, und um erstere geht es im plebiszitären Verfahren. Das aktive Wahlrecht kann allenfalls noch als eine Pflicht, es auszuüben, definiert werden; das passive bezeichnet nur die formelle Qualifikation zur Kandidatur, aber keinerlei Pflicht dazu. Wer sich zur Wahl stellt, tut es aus eigener Wahl und hat zuerst sich selbst gewählt. Zwar kannte die athenische Demokratie sogar die Pflicht des vom jährlichen Los Bestimmten zur Übernahme des Amtes. Aber das liegt vor der Unterscheidung zwischen politischer und administrativer Funktion der Magistratur: *jedes* Amt war »politisch«, das heißt bei der angenommenen Gleichbefähigung aller Bürger in den gemeinsamen Dingen von Jedem versehbar. Doch die wirkliche Macht hinsichtlich der Politik des Gemeinwesens lag bei den »Demagogen« (im vor-pejorativen Sinn des Wortes: Volksführer), die letztlich selbsternannt waren.

10 Moralisch selbstverständlich ist die Entscheidung, weil das Kunstding nicht die Frage an mich stellen kann »was hast du mit mir gemacht?«, während das Kind sie in meinem Geiste, zum Beispiel als Ankläger vor Gottes Thron, an mich richten kann, und ihm muß ich Antwort geben. Im Falle des Kunstwerks habe ich nur den beraubten Kunstfreunden Rede zu stehen und denen *kann* ich antworten, nämlich so: dies war die Situation und ihr werdet euch von nun an, bedauerlicherweise, mit Reproduktionen begnügen müssen. Aber dem Kind kann ich nicht antworten »Du wirst dich ohne dein Leben begnügen müssen« und so kann ich ihm garnicht antworten, also meine Wahl nicht verantworten. Gegenüber dieser

Unvergleichbarkeit der Rechte ist die Erwägung, daß das Kind vielleicht zu einem Nichtsnutz heranwächst, der das Opfer der Sixtinischen Madonna nicht wert war, so irrelevant wie die, daß es möglicherweise ein Genie wird, vielleicht ein größeres noch als Raffael. Aus beidem folgt garnichts, auch nichts aus den relativen Wahrscheinlichkeitsgrößen (Nichtsnutze sind häufiger als Genies). Ich erwähne das Gedankenspiel, weil es in der Literatur eine Rolle spielt (s. Arnold Brecht, *Political Theory* S. 154 der engl. Ausgabe, wo Radbruch zitiert wird, der Sir George Birdwood zitiert, der für sich – im Schutz des Hypothetischen – für das Gemälde entschied) und weil jüngst im Gespräch ein geschätzter Gelehrter von hoher sittlicher Lauterkeit sich ernstlich hin und her gerissen zeigte und zumindest versucht, jenem Sir George rechtzugeben.

In Wirklichkeit zeigt die Denkübung, daß der Wertbegriff nicht als Grundlage einer Pflichtenlehre dienen kann. Das Leben des Kindes ist weder für es noch an sich noch für andere ein »Wert«, wie das Kunstwerk es in der Anschauung von Menschen ist und vielleicht auch für das Kind einmal werden kann. Wenn man, wie heute in der westlichen Welt üblich, beim Menschen vom »unendlichen Wert jedes Einzellebens« spricht (ein Nachglanz dessen, was die christliche Religion von der Seele in göttlicher Sicht gesagt hatte), so kann dies sinnvoll nur das *Recht* jedes Lebens zu sich selbst meinen, sein Recht zu dem Selbstzweck, der es ist, das zwar nicht »unendlich« ist – denn sein Gegenstand ist endlich – aber »unbedingt« in dem Sinne, daß es (a) von nichts anderm abgeleitet, (b) unabhängig von Qualifikationen (einschließlich »Wert«) ist und (c) niemand anders ein Recht auf das Selbe hat. Auf den Wert des Kunstwerks kann es ein Recht geben, zum Beispiel das aller potentiellen Genießer, aber auf das Leben des Kindes außer dem eigenen keines (wohl natürlich auf das Wie dieses Lebens). Dem widerspricht nicht, daß ein überlegenes Recht, etwa des Geschicks der Gemeinschaft, oder der Zeugenschaft für den Glauben, ja selbst das Gebot der Ehre, dem Individuum zumuten darf, sein primäres Recht dahinter zurückzustellen (zum Beispiel im Krieg), oder daß dieses durch todeswürdige Verbrechen verwirkt werden kann. Vielmehr gehört es zum primären eigenen Recht, gerade insofern es Anerkennung heischt, daß es die Anerkennung anderer Rechte und damit die Annahme von Pflichten einbegreift, bis zur Pflicht der Todesbereitschaft. All das hat mit Werttheorie nichts zu tun, obwohl Werte natürlich zu Pflichten werden können.

11 Dies ist eine moderne Entwicklung des Säkularstaats, aber vorher versah etwa die Kirche – ebenfalls eine öffentliche Institution – die gleiche Aufgabe.

12 Der Fall des Moses ist umgekehrt: aus Gemeinschaft der Herkunft begehrte er Solidarität des Schicksals mit seinen verknechteten Stammesgenossen.
13 Nicht gemeint ist religiöse Eschatologie (wie zum Beispiel jüdischer Messianismus), die gerade nicht immanente Geschichtstheorie ist.
14 »Jede Epoche ist unmittelbar zu Gott«: Ranke gegen Hegel.
15 Das biblische Gleichnis dafür ist der »im Bilde Gottes« *geschaffene* Adam – ganz gewiß keine Zukunftsfigur auf Erden, was immer an unirdischer Verklärung vom »neuen Adam« der Endzeit erwartet wird.
16 Ich persönlich möchte meinen: nein.
17 Zuerst ungefähr gleichzeitig durch Hegel und Comte vertreten.
18 In der Naturwissenschaft ist dies anders. Wenn alle vergangene Erfahrung, einschließlich der durch Experimente kontrollierten, eine bestimmte Regelmäßigkeit bewiesen hat, so ist diese damit auch für die Zukunft bewiesen. Denn die Natur, so nehmen wir mit Grund an, ändert sich nicht (ohne ihre nichtlaunische Gleichförmigkeit gäbe es keine Naturwissenschaft) und wird außerdem durch meine Meinung von ihr nicht beeinflußt. Bei der Geschichte aber ist Gleichförmigkeit eine zumindest problematische Annahme, und ihre Beeinflussung durch Meinungen der Geschichtssubjekte selber, also auch durch deren Theorien über sie, gehört zu ihrer eigenen »Kausalität« – s. w.u.
19 Nur ein simplistischer Hinweis: Kein Beweis, daß es die Welt geben muß, wird durch die Tatsache bestätigt, daß es sie gibt.
20 Andere Unstimmigkeiten mit der Theorie: die Idee vom »sozialistischen Vaterland«, und die noch ganz unabsehbare, daß ein Konflikt mit dem kommunistischen Bruder China wahrscheinlicher werden könnte als der mit dem kapitalistischen Widerpart Amerika.
21 Von Geschichtstheorien mit prädiktivem Anspruch ist die marxistische die einzige, die *praktische* Implikationen hat, die einzige daher, die beim Thema politischer Verantwortung berücksichtigt werden muß. Wie Geschichtstheorien ohne dies Element selbsterfüllender Aktivität mit ihren Vorhersagen fahren, kann man am Beispiel Oswald Spenglers sehen, dessen Ehrgeiz es war, die Geschichtswissenschaft von bloßer Erkenntnis der Vergangenheit zur Vorhersage der Zukunft zu erheben und dies durch seine morphologisch-organische Methode erreicht zu haben glaubte. Hier ist der biologische »Lebensalter«-Vergleich zuhause und die Zukunft steht so fest wie das Altwerden, an dem sich auch nichts ändern läßt, ob man vorher davon weiß oder nicht. Logisch hatte Spengler darin recht, daß nur ein fatalistisches Geschichtsschema Zukunftsvor-

schau erlaubt. Aber wie steht es um seine Vorhersagen? Eine so allgemeine wie der Aufstieg Rußlands war bereits während des 19. Jahrhunderts von Leuten mit und ohne Geschichtstheorie als Mutmaßung (oder von panslawistischen Propheten wie Dostojewskij als Verheißung) ausgesprochen worden – etwas, das sich für Urteilsfähige am Horizont abzeichnete, wofür gewisse Bedingungen schon vorlagen und was inzwischen im Kurzmaßstab der Gegenwartsgeschichte auch eingetroffen ist. Spenglers hauptsächliche, ihm eigentümliche Voraussage eines Welt-Jahrtausend des »Russentums« muß ihre Zeit erst abwarten. Alles, was sich heute sagen läßt, ist, daß in der Welt von nur einem halben Jahrhundert später die ganze Vorstellung fossil anmutet. Wo sich aber etwas, was wirklich aus der Theorie und nichts anderem folgt, kurzfristig nachprüfen läßt, ist das Ergebnis schlechthin blamabel. So erfolgte die theoriegebotene Behauptung, daß die abendländische Mathematik ihre Möglichkeiten erschöpft habe und von ihr nichts mehr erwartet werden könne, ausgerechnet in dem Augenblick, wo eine der schöpferischsten, ganz neue Horizonte eröffnenden Entwicklungen dieser Mathematik anhob. Ähnlich steht es mit der Lehre vom Erloschensein, der endgültigen »Fellachisierung«, ganzer vormals geschichtlicher Bevölkerungen, wovon sich der sonst nüchternere Epigone Arnold Toynbee anstecken ließ. Vom gewaltigen Beispiel Chinas zu schweigen, kann er es den kleinen Juden nicht verzeihen, daß sie, in Verletzung seiner Theorie, wieder aktives Geschichtssubjekt zu werden wagten, und bemüht sich nach geschehener Tat um den undankbaren Beweis, daß nicht sein kann, was nicht sein darf. (Spengler übrigens, hierin Nietzsches Beispiel folgend, hatte in puncto der Juden einen offeneren Blick.) Zum Glück kümmerte sich Ben Gurion sowenig um Toynbee wie die Mathematiker des 20. Jahrhunderts um Spengler.
Im Lichte des immer Überraschenden, dessen Zeugen wir heute Lebenden (oft Überlebenden) gewesen sind, wird man dann auch den ex post facto Teil der Geschichtskonstruktionen, die beweisen, daß alles kam wie es kommen mußte, als Spielerei der Vernunft ansehen – unbeschadet der Tatsache, daß sie manchmal, in intelligenten Händen, zum Verständnis der Vergangenheit beitragen können. Inwiefern der Marxismus hier einen Sonderfall darstellt, wurde oben gezeigt.

22 Natürlich gehört Dynamik nicht an und für sich zum kollektiven Menschenzustand: ihre Herrschaft ist selber ein historisches Phänomen, also im Prinzip auch der historischen Möglichkeit unterworfen, wieder einem andern Zustand Platz zu machen. In dieser Form ist das Phänomen bisher einmalig und hat viel – in seiner

exponentiellen Wachstumsrate vielleicht sogar alles – mit dem Ausbruch und der »Selbstbewegung« der Technik zu tun. Das heißt nicht, daß die frühere Geschichte ebenmäßig dahingeflossen ist. Aber selbst ihre dramatischen Zuckungen und Krisen, wie etwa große Völkerbewegungen sie ausgelöst haben, wo es dann eine zeitlang »dynamisch« genug herging, sind nicht mit der immanenten, sich selbst fortzeugenden Dynamik unseres Zeitalters zu verwechseln. Äußerer Zwang viel mehr als innerer Drang war das Treibende, und nach geschehener Wanderung und Eroberung drängte alles so bald wie möglich auf Beharrung hin. Eklatante, sichtbare Änderungen der Daseinsweise waren die Ausnahme, sonstige Wechselfälle meist Kalamitäten für eine Seite im Widerspiel zum Glück der Gewinner. Die langdauernden Veränderungen aber auch statischer Kulturen, dem Rückblick aus großer Ferne sichtbar, aber den Zeitgenossen unbewußt, gehören nicht hierher, wo wir von der Blickweite politisch-gesellschaftlichen Planens handeln – der Blickweite einer Generation. Und da ist die entscheidende Tatsache, daß Veränderung *und* das Bewußtsein davon, sich ereignende und weiter erwartete Novität zu unserem Alltag gehören.

23 Selbst dann können sie ausbleiben. Eine zielbewußtere, reicher mit Talent und Mitteln ausgestattete Forschung (um ein unpolitisches Beispiel zu nehmen) als gegenwärtig die Krebsforschung in Amerika gibt es wohl nicht. Und doch könnte es sein, daß sie ihr Endziel nie erreicht, weil es »das Heilmittel für Krebs« vielleicht gar nicht geben kann.

24 Dazu gehört auch die Zuversicht, daß »die Technik« der Probleme, die sie geschaffen hat, ihrerseits Herr werden wird: daß es nur einer vollkommeneren Technik bedarf, um die Mittel gegen die Übel zu finden, die uns die bisherige beschert hat. (»Die Wunde heilt der Speer nur, der sie schlug.«)

25 Diese kann immer noch einen praktischen Unterschied ausmachen in der Art, wie das betreffende Diktat angenommen wird – zum Beispiel, wie gerne oder ungern man sich etwa in die als unvermeidlich erkannte autoritäre Ordnung begibt.

26 Ein schlechthin unwiderstehliches Soll wäre überhaupt nicht mehr dieses, sondern eben ein Muß.

27 Siehe des Verfassers Untersuchung »Ist Gott ein Mathematiker?« (in: *Organismus und Freiheit,* 5. Kapitel) für eine ausführliche Diskussion der hier liegenden Methoden- und Erkenntnisfragen.

28 Das trifft auf den »Durchschnittsmenschen« ebenso zu wie auf das Genie.

29 Doch ist es eine psychologische Tatsache, daß die größte Angst des Automobilisten ist, ein Kind zu überfahren.

30 Zwar kann das Kind die Eltern nicht eigentlich fragen, vorwurfsvoll oder anders, »warum habt ihr *mich* in die Welt gebracht?«, denn auf die Diesheit dieses »ich« hatten sie keinen Einfluß, sondern nur, »warum habt ihr ein Kind in die Welt gebracht?«, und da ist die Antwort, daß das Eingehen dieser Schuld selber eine Pflicht war, zwar nicht dem noch nicht existierenden Kinde gegenüber (eine solche Pflicht gibt es nicht), sondern gegenüber der verbindlichen Menschensache im ganzen. Hiervon handeln wir später.
31 Ob sie dies auch genetisch-psychologisch ist (wie ich vermute), ist eine Tatsachenfrage, die sich empirisch erst prüfen ließe, wenn der erste, geschlechtslose Retortenmensch vorliegt und man beobachten kann, ob sich bei ihm Verantwortungsgefühle entwickeln.

Kapitel 5

1 Die Formel »S ist noch nicht P«, »Das Subjekt ist noch nicht das Prädikat«, findet sich als kürzester, logischer Ausdruck seiner Philosophie bei Ernst Bloch, *Philosophische Grundfragen I. Zur Ontologie des Noch-nicht-seins* (Frankfurt 1961) S. 18. Vergleiche Adolph Lowes Diskussion »S ist noch nicht P« in *Ernst Bloch zu ehren,* hrsg. v. Siegfried Unseld (ibid. 1965) S. 135-143.
2 Schon Platons »Staat« ist in der Frage öffentlicher Wahrhaftigkeit eine gute Abhärtung gegen liberale Naivitäten.
3 Genauer war das mutmaßliche Interesse, einerseits die »dritte Welt«, als voraussichtliche Verbündete gegen die kapitalistische Welt, zahlenmäßig zu stärken, anderseits ihren inneren Druck – und das heißt: ihr Elend! – so zu steigern, daß die Explosion, die sich gegen die Reichen richten muß, umso unvermeidlicher wird: eine erbarmungslos-machtpolitische Rechnung, die nur dann einen Fehler enthielte, wenn man inzwischen selber zu den Reichen dieser Erde gehört – und dagegen hat kein Marxismus etwas einzuwenden. Aber das Spiel mit dem Feuer, also dem möglichen Weltbrand, liegt ja im Begriff der »Weltrevolution«.
4 Man könnte noch die göttlich-spielerische Verantwortungslosigkeit, das Alles-versuchen-wollen nennen, aber das führt schon in eine Sphäre, die für den gegenwärtigen, gerade auf »Verantwortung« abgestellten Diskurs irrelevant ist.
5 Dem Begriff des Fortschritts ist es hier ergangen wie dem Begriff der »Entwicklung«, der auch ursprünglich der Ontogenie angehörte und, davon entlehnt, schließlich für die Phylogenie so gut wie monopolisiert wurde (vgl. darüber H. Jonas, *Organismus und Freiheit,* S. 65 f. [= *The Phenomenon of Life,* p. 32 f.]). Wer heute das

Wort »Entwicklungslehre« hört, denkt an Darwinismus, nicht an des Einzelnen »geprägte Form, die lebend sich entwickelt«. So auch, wer »Fortschritt« hört, denkt an Gesellschaft und Geschichte, nicht an persönliche Lebenswege.

6 Vgl. Friedrich Engels, *Die Lage der arbeitenden Klasse in England.*

7 Aus der *Dreigroschenoper*: »Ein guter Mensch sein! Ja, wer wär's nicht gern? / Sein Gut den Armen geben, warum nicht? / Wenn alle gut sind, ist *Sein* Reich nicht fern / Wer säße nicht sehr gern in Seinem Licht? / Ein guter Mensch sein? Ja, wer wär's nicht gern? / Doch leider sind auf diesem Sterne eben / Die Mittel kärglich und die Menschen roh. / Wer möchte nicht in Fried und Eintracht leben? Doch die Verhältnisse, sie sind nicht so! // Da hat er eben leider recht. / Die Welt ist arm, der Mensch ist schlecht.« Man erinnert sich auch der Worte Heines, des einzigen ebenbürtigen Vorgängers Brechts in der politischen Satire deutscher Zunge, aus dem Gedicht »Die Wanderratten« (das mit den unsterblichen Zeilen beginnt »Es giebt zwei Sorten Ratten: / Die hungrigen und die satten«), der Strophe nämlich »Der sinnliche Rattenhaufen, / Er will nur fressen und saufen, / Er denkt nicht, während er säuft und frißt, / Daß unsere Seele unsterblich ist.«

8 Vgl. die zeitgeschichtlich damit zusammengehörige, verwandte Lehre Adam Smith's von der »verborgenen Hand« in der Nationalwirtschaft, die das Widerspiel aller Einzelegoismen im ungehemmten Gewinnstreben durch die Automatik der Marktgesetze sich zum gesamtwirtschaftlichen Besten auswirken läßt. Noch davor liegt Mandevilles Formel »private vices – public benefits«.

Kapitel 6

1 Eine gewisse Ausnahme muß im marxistischen Fall für Ernst Bloch, den Utopisten par excellence, gemacht werden, aber auch da ist das Meiste zu orakelhaft, um konkret vorgestellt werden zu können.

2 Ich denke hier hauptsächlich an die befreiten Kolonialvölker. Weder Südafrika und Rhodesien noch Lateinamerika passen in diese Einteilung. Das Verhältnis einheimisch gewordener Kolonialherren und ethnisch-kulturell verschiedener Urbevölkerung, bei dem sich ökonomische Ausbeutung mit politischer Unterdrückung und Rassescheidung verquicken, stellt ein eigenes Phänomen dar, das selbst durch Anwesenheit einer modernen Industrie nicht in das Schema des national homogenen westlichen Klassenstaates fällt. Der »Klassenkampf« nimmt hier besondere Züge an, zum Beispiel

den einer ursprünglichen Emanzipation derer, die hier den »Proletariern« entsprechen. In der Rechnung des weltrevolutionären Potentials gehören sie mit den postkolonialen Völkern der rückständigen Welt zusammen.

3 Der in Amerika lebende Verfasser kann bezeugen, daß der Klempner oder Elektriker, der eine Reparatur in seiner Wohnung ausführt, im Stundenlohn mehr verdient als er mit einem Kolleg. Und mancher Wohlfahrtsempfänger tut es ihm in gewissen Konsumgewohnheiten zuvor.

4 Wie angesichts dessen Ernst Bloch sagen konnte »Der Arbeiter hatte im kapitalistischen Klassenstaat seit je nur die Freiheit zu verhungern« (P. H. 1061), ist unbegreiflich und wirft ein betrübliches Licht darauf, was ein Intellektueller – und ein edel-empfindsamer wie Bloch – in der Entrüstung über Unwürdigkeit seiner selbst für würdig erachten kann. Außerdem ist es beleidigend für die wirklich Verhungernden in nichtkapitalistischen Ländern, die sich nach solch komfortablem »Verhungern« die Finger lecken würden. Es ist, als ob in Blochs eigener und ihm wohlbekannten Welt nichts passiert wäre, seit Engels *Die Lage der arbeitenden Klasse in England* schrieb.

5 Man denke an das englische und amerikanische Beispiel, aber auch schon an das deutsche unter Bismarck und Wilhelm dem Zweiten.

6 Dieser Aspekt der Utopie von einer doppelten Unerschöpflichkeit – der menschlichen Technik und der ihr antwortenden Natur – erscheint zum Beispiel in diesen Worten Ernst Blochs: »Künstliche Düngemittel, künstliche Bestrahlung sind unterwegs oder könnten es sein, die den Boden zu tausendfältiger Frucht ermuntern, in einer Hybris und ›Anti-Demeterbewegung‹ ohnegleichen, mit dem synthetischen Grenzbegriff eines Kornfelds, wachsend auf der flachen Hand. Kurzum, Technik an sich wäre dazu berufen, fast schon fähig, von der langsamen und regional begrenzten Arbeit der Natur an Rohstoffen unabhängig zu machen . . . Eine neue Übernaturierung gegebener Natur wäre fällig . . .« (*Das Prinzip Hoffnung*, Suhrkamp 1959, S. 1055; weiterhin zitiert als P.H.). Das Element kausalgesetzlicher Ahnungslosigkeit in dieser Vision wird uns noch beschäftigen.

7 Vergleiche außer dem in Anm. 6 Zitierten im selben Werk von Ernst Bloch S. 925 ff.

8 Das bisher ehrgeizigste, kürzlich vom U.S.A.-Präsidenten gesetzte Ziel sieht vor, daß im Jahr 2000 rund 20% des dann geltenden amerikanischen Energiebedarfs aus erneuerbaren, sonnenabhängigen Energiequellen gedeckt werden könnten. Ob die hierfür benö-

tigten, recht bedeutenden öffentlichen Entwicklungssubsidien bewilligt werden, ist eine von der technischen sehr verschiedene Frage. Vielleicht sorgt der steigende Preisdruck der OPEC-Länder dafür.

9 *Das Kapital*, Dritter Band, Buch III (Karl Marx/Friedrich Engels, Band 25, Dietz Verlag Berlin 1976), S. 828, im 48. Kapitel »Die trinitarische Formel«. In der Fortsetzung obigen Zitats heißt es auf derselben Seite: »Die Freiheit in diesem Gebiet kann nur darin bestehen, daß der vergesellschaftete Mensch, die assoziierten Produzenten, diesen ihren Stoffwechsel mit der Natur rationell regeln, unter ihre gemeinschaftliche Kontrolle bringen, statt von ihm als von einer blinden Macht beherrscht zu werden; ihn *mit dem geringsten Kraftaufwand* und unter den *ihrer menschlichen Natur würdigsten* und adäquatesten Bedingungen vollziehen. Aber es bleibt dies immer ein Reich der Notwendigkeit. *Jenseits desselben beginnt die menschliche Kraftentwicklung, die sich als Selbstzweck gilt, das wahre Reich der Freiheit,* das aber nur auf jenem Reich der Notwendigkeit als seiner Basis aufblühen kann. Die Verkürzung des Arbeitstags ist die Grundbedingung« (Hervorhebungen von mir). Es entging Marx – begreiflich in jenen Kinderjahren der Industrieentwicklung – daß »geringster Kraftaufwand« und »der menschlichen Natur würdigste« Arbeitsweise in Widerspruch treten können: An der fortschreitenden Mechanisierung sah er nur den Segen der Arbeitsersparnis, nicht den Fluch der Verödung der Arbeitsprozesse selber; und sogar die von ihm schon vorausgesehene »Automatisierung« mit ihrer wachsenden Ausschaltung des Menschen überhaupt begrüßte er ohne böse Vorahnungen als Weg zur Freiheit, die eben Freizeit ist.

10 Eine seltsame Umkehrung der Standesverhältnisse stellt sich damit ein: die »Aristokratie« ist bei den Wenigen, die noch »wirklich« arbeiten dürfen, das »Proletariat« bei der breiten Muße-Klasse, den staatspensionierten Verzehrern der Arbeitsfrüchte Jener.

11 Nach solchen Gesichtspunkten muß man auch sagen, daß der das Wild überlistende frühmenschliche Jäger eine »geistigere« Tätigkeit verrichtete als der spätere Ackerbauer, der Dieb als der Schleifer des Diamanten, und ähnliches mehr.

12 *Deshalb* ist »der Arbeiter in ihr unglücklich« und *nicht,* wie Bloch meint, weil er sich darin selbst »als verdinglichte Ware fühlt«. Auch wenn ich mich als Besitzer des Apparats wüßte, den ich so stumpfsinnig bedienen muß, würde ich in der Arbeit als solcher nicht weniger unglücklich sein.

13 Wie eine von Notdurft und schließlich sogar von Arbeitszwang befreite Menschheit sich verhalten wird, steht dahin, weil es dergleichen noch nie gegeben hat. Aber die Erwartung sollte nicht zu

sanguinisch sein. Was wir bisher von moralischen und sonstigen psychologischen Folgen des *Müßiggangs* wissen, überhaupt eines von Pflichten nicht zeitrhythmisch strukturierten Daseins, sollte eher schrecken. Selbst eine müßige Aristokratie, noch am meisten geschützt durch Standestradition und -disziplin, durch soziale Sichtbarkeit und Beispielsrolle, hat oft die Flucht aus der Langeweile in die Ausschweifung genommen: Glücksspiel, sexuelle Frivolität, etc. (Exzentrizität als harmlosere und oft liebenswerte Alternative). Die buchstäblichste »Liebhaberei« von allen, die Don-Juan-Karriere mit dem Stolz der Leporello-Liste, wird schwerlich als utopie-gerechtes Steckenpferd passieren, obwohl die Begründung, warum nicht, gar nicht einfach wäre.

14 Gar nicht rechnen will ich hier, daß manche hobbies sich per se durch Massenhaftigkeit des Zuspruchs entwerten oder gar verunmöglichen, wie etwa Forellen- oder Lachsfischerei in Bergströmen, Belauschung des Tierlebens in der Wildnis, archäologische Ausgrabung und andere, wo der Zustrom großer Scharen mit gleichem Ziel das Ganze für Alle nullifiziert; ganz allgemein: daß jedes aufs Seltene gehende Steckenpferd selber eine Seltenheit bleiben muß.

15 Daß vieles davon einer obligaten Freiwilligkeit vorgezogen würde, illustriert für mich am besten der Ausspruch eines Töchterchens von Freunden, das von ihrem fortschrittlichen Kindergarten heimkehrend eines Tages in die Worte ausbrach »Muß ich denn immer spielen, was ich möchte? darf ich nicht auch mal spielen, was ich soll?« (Ich verbürge mich für die Wahrheit der Anekdote, die natürlich mehr in die Kritik der – sehr realen – »permissiven« Erziehung mit ihrem Dauerappell an die »Selbstbestimmung« gehört als in die der irrealen Utopie.)

16 Die Stelle lautet so: ». . . die kommunistisch gewordene Ideologie [hat] das Amt, die immer reichere und tiefere Gestaltung der menschlichen Beziehungen zu aktivieren . . . So fährt also die Ideologie des Scheins gänzlich dahin, hingegen nicht . . . die der sozialmoralischen Bewußtseinsbildung. Diese Art Ideologie wird in allen ihren Hauptzügen, auch in den . . . Gebieten der Kunst [!] und des ferneren Überbaus, eine *Ethik* sein. Die neue Bedürftigkeit der Muße selber produziert derart einen neuen Überbau über einer neuen Plan-Nichtwirtschaft. Sie produziert eine immer wesenhaftere Ideologie zwischenmenschlicher Beleuchtung – und das eben im rein gewordenen Dienst der Muße, zur Beförderung ihrer humanen Inhalte« (P. H. 1083).

17 Vgl. auch Goethes Worte aus dem »Vermächtnis altpersischen Glaubens«: *»Schwerer Dienste tägliche Bewahrung,* / Sonst bedarf es keiner Offenbarung«.

Verwandt dieser Hoffnung Blochs auf einen festlichen Gefühlsinhalt der Muße, in dem das Zwischenmenschliche sich liebend auslebt, ist Herbert Marcuses, auf die Freudsche Trieblehre gegründete Utopie einer Befreiung des Lustprinzips vom Realitätsprinzip. Das letztere erzwang unter den bisherigen Formen der Herrschaft über die Natur und den Menschen, vor allem durch den *Arbeitszwang,* ein Ausmaß an Triebverzicht, welches über das für eine zivilisierte Gemeinschaft unerläßliche Maß hinausgeht. Durch die technologisch möglich gewordene (und politisch zu sichernde) Überwindung des »Leistungsprinzips« kann diese »zusätzliche Unterdrückung« abgeschafft und der Eros in seine ursprünglichen Rechte eingesetzt werden. So heißt es in *Triebstruktur und Gesellschaft:* »Da die Dauer des Arbeitstages an sich einer der entscheidenden Faktoren für die Unterdrückung des Lustprinzips durch das Realitätsprinzip darstellt, ist die Verkürzung der Arbeitszeit bis zu einem Punkt, wo das bloße Arbeitsquantum die menschliche Entwicklung nicht mehr behindert, die erste Vorbedingung der Freiheit. . . . Unter optimalen Bedingungen müßte in einer reifen Kultur der materielle und intellektuelle Wohlstand derart sein, daß er eine schmerzlose Bedürfnisbefriedigung zuließe, während die Herrschaft nicht mehr systematisch diese Befriedigung behinderte. In diesem Fall wäre das Maß an Triebenergie, das noch auf unvermeidlich mühevolle (aber dann völlig mechanisierte und rationalisierte) Arbeit verwandt werden müßte, so gering, daß ein weites Gebiet repressiver Zwänge und Modifikationen, die nicht mehr durch äußere Kraft aufrechterhalten würden, zusammenbrechen müßte. Infolgedessen würde sich die antagonistische Beziehung zwischen Lust- und Realitätsprinzip zugunsten des ersteren verschieben. Eros, die Lebenstriebe, würden in einem nie dagewesenen Maß freigesetzt werden. . . . Gleichgültig wie gerecht und rationell die materielle Produktion auch gestaltet wird, ein Gebiet der Freiheit und Befriedigung kann sie nie sein [!!]. Aber sie kann Zeit und Energie für das freie Spiel menschlicher Möglichkeiten *außerhalb* der entfremdeten Arbeitsbereiche freisetzen. Je vollständiger die Entfremdung der Arbeit, desto größer das Potential der Freiheit: die totale Automation wäre hier das Optimum [!]. Es ist die Sphäre jenseits der Arbeitsleistung, die die Freiheit und die Erfüllung definiert, und es ist die Definition der menschlichen Existenz im Sinne dieser Sphäre, die die Verneinung des Leistungsprinzips ausmacht.« (Herbert Marcuse, *Triebstruktur und Gesellschaft*, Frankfurt am Main 1965, BS 158, S. 152–156). Die von mir durch [!] bezeichneten Sätze drücken, in völliger Übereinstimmung mit Marx und Bloch, den Intellektuellenwahn aus, gegen den sich unsere Kritik wendet.

18 Siehe Anm. 1 zu Kapitel 5.
19 Dies lehnt Bloch sehr ausdrücklich ab: »Nicht mit Unabgeschlossenheit als Schicksal, nicht mit bloßer unendlicher Annäherung ans Ziel, wie sinnlich bei Tantalus und moralisch bei Kant. Die unfertige Welt kann vielmehr zum Ende gebracht, der in ihr anhängige Prozeß kann zum Resultat gebracht, das Inkognito der in sich selber real-verhüllten Hauptsache kann gelichtet werden ... Das Eigentliche oder Wesen ist dasjenige, *was noch nicht ist, was im Kern der Dinge nach sich selbst treibt, was in der Tendenz-Latenz des Prozesses seine Genesis erwartet«* (P. H. 1625; Hervorhebung im Original).
20 Unmöglich kann doch gemeint sein, was eine Biologin einmal in öffentlicher Akademiediskussion über pränatale (intrauterine) genetische Kontrolle des Nachwuchses – auf meine Bemerkung, daß dann der epileptische Dostojewskij wohl vom Geborenwerden ausgeschlossen worden wäre – so ausdrückte: Kranke Genies kann sich die künftige Gesellschaft nicht leisten und sollte eben warten, bis ein gesunder Dostojewskij konzipiert wird. In ähnlicher Richtung geht die Bemerkung eines Psychoanalytikers zu mir: was für ein Philosoph Kant erst hätte sein können, wenn er von seinen Zwangsneurosen (die jener in seinen Lebensgewohnheiten entdeckt hatte) geheilt worden wäre. Wie gesagt, ich weiß wohl, daß nicht solche sanitären Torheiten dem utopischen Traum im Falle Blochs zuzuschreiben sind, aber seinen »festlichen Alltag« von peinlichen Assoziationen freizuhalten, fällt nicht leicht.
21 Die Worte werden noch seltsamer im Fortgang des Satzes: »erst die revolutionäre Gewalt macht Platz für gebildete, ausgebildete Freundlichkeit«. Das heiße ich wahrste Homöopathie: Freundlichkeit (für die überlebenden Patienten) durch die Medizin der Unfreundlichkeit.
22 »Balance of colossal forces«: so Herr Stein in Joseph Conrads *Lord Jim* beim Herzeigen eines Kunstwerks der *Natur,* eines vollkommen schönen seltenen Schmetterlings.
23 Sein eigenes beredtes Zeugnis, abseits der Ideologie, für das nunc stans des »gelebten Augenblicks« läßt keinen Zweifel daran. Vgl. hierzu Adolph Lowe, »Über das Dunkel des gelebten Augenblicks« in: Karola Bloch, Adalbert Reif (Hrsg.), *»Denken heißt überschreiten«, In memoriam Ernst Bloch 1885-1977,* Köln 1978, S. 207-213.
24 Wer in der berühmten Erzählung der »Brüder Karamasoff« der barmherzigere ist, Christus oder der Großinquisitor, wird vom Erzähler offengelassen. Zum Glück liegt im Wirklichen die Wahl nicht zwischen solchen Extremen, und die prekäre Mischung ist vielleicht der Sinn des Gleichnisses. – Utopisches Vertrauen in den künftigen Menschen gepaart mit Mißtrauen in den gegenwärtigen

verführt zu dem, was wir oben »erbarmungslosen Optimismus« nannten. Verglichen damit ist das kirchliche Dogma von der Sünde, die nicht aus dem Dasein des Menschen verschwindet, aber Vergebung finden kann, ein Beispiel barmherziger Skepsis.

25 Ein Beispiel ist die technisch zweifellose Möglichkeit zunehmender *Automatisierung* der Arbeitsprozesse, die für den ausgeschalteten Menschen Muße sowohl ermöglicht wie erzwingt. Über die vielleicht zerstörenden Folgen haben wir oben etwas spekuliert. (Vergleiche auch Günther Anders über die »Antiquiertheit des Menschen«.) Ob nicht solcher Aussichten wegen gewisse technische Fortschritte besser zu bremsen wären, ist eine höchst ernsthafte Frage und sollte nicht mit dem Vorwurf der Fortschritts- oder Technologiefeindschaft verdächtigt werden. Eine der Gefahren des Utopismus ist, daß er solche Fragen unterbindet.

26 Eine Kasuistik illustrierender Proben, die bis auf weiteres die Stelle der Systematik einnehmen muß, hoffen wir in einer späteren Veröffentlichung vorzulegen.

27 Ernst Bloch tut die Furcht ab als Folge der »Traumlosigkeit nach vorwärts«, »der Dinge nicht gewärtig, die da kommen sollen [!]« »So steht in dieser freiwillig-unfreiwilligen Skepsis statt Hoffnung Furcht, statt des Erfassens der Zukunft . . . ein Anti-Finale. . . . Besonders die Furcht, sagt Sartre, ist ein Zustand, der den Menschen aufhebt; sinngemäß gilt von der Hoffnung subjektiv wie erst recht objektiv das belebend Umgekehrte« (P. H. 1617). Schon Hobbes wußte mehr, als er die Furcht zum primum movens der Vernunft in Sachen des Gemeinwohls machte. Wir sprechen hier natürlich von selbstloser, nicht von Hobbes' selbstischer Furcht. Doch eben jene findet keine Gnade vor den Propheten des großen Traumes.

Inhalt

Vorwort 7

Erstes Kapitel:
Das veränderte Wesen menschlichen Handelns

I. Das Beispiel der Antike 17
1. Mensch und Natur 18
2. Das Menschenwerk der »Stadt« 20

II. Merkmale bisheriger Ethik 22

III. Neue Dimensionen der Verantwortung 26
1. Die Verletzlichkeit der Natur 26
2. Die neue Rolle des Wissens in der Moral 28
3. Sittliches Eigenrecht der Natur? 29

IV. Technologie als »Beruf« der Menschheit . . 31
1. Homo faber über homo sapiens 31
2. Die universale Stadt als zweite Natur und das Seinsollen des Menschen in der Welt 33

V. Alte und neue Imperative 35

VI. Frühere Formen der »Zukunftsethik« 39
1. Ethik der jenseitigen Vollendung 39
2. Die Zukunftsverantwortung des Staatsmannes . . 42
3. Die moderne Utopie 43

VII. Der Mensch als Objekt der Technik 47
1. Lebensverlängerung 47
2. Verhaltenskontrolle 50
3. Genetische Manipulation 52

VIII. Die »utopische« Dynamik technischen Fortschritts und das Übermass der Verantwortung 54

IX. Das ethische Vakuum 57

Zweites Kapitel:
Grundlagen- und Methodenfragen

I. Idealwissen und Realwissen in der »Zukunftsethik« 61
1. Vordringlichkeit der Prinzipienfrage 61
2. Tatsachenwissenschaft von den Fernwirkungen technischer Aktion 62
3. Beitrag dieser Wissenschaft zum Prinzipienwissen: Die Heuristik der Furcht 63
4. Die »erste Pflicht« der Zukunftsethik: Beschaffung der Vorstellung von den Fernwirkungen . . . 64
5. Die »zweite Pflicht«: Aufbietung des dem Vorgestellten angemessenen Gefühls 65
6. Die Unsicherheit der Zukunftsprojektionen 66
7. Das Wissen vom Möglichen heuristisch zureichend für die Prinzipienlehre 67
8. Jedoch anscheinend unbrauchbar für die Anwendung auf die Politik 68

II. Vorrang der schlechten vor der guten Prognose 70
1. Die Wahrscheinlichkeiten bei den großen Wagnissen 70
2. Die kumulative Dynamik technischer Entwicklungen 71
3. Die Sakrosanktheit des Subjektes der Entwicklung 72

III. Das Element der Wette im Handeln 76
1. Darf ich die Interessen Anderer in meiner Wette einsetzen? 77
2. Darf das Ganze der Interessen Anderer von mir aufs Spiel gesetzt werden? 78
3. Meliorismus rechtfertigt nicht totalen Einsatz . . . 79
4. Kein Recht der Menschheit zum Selbstmord 80
5. Die Existenz »des Menschen« darf nicht zum Einsatz gemacht werden 81

IV. Die Pflicht zur Zukunft 84
1. Fortfall der Reziprozität in der Zukunftsethik . . . 84
2. Die Pflicht gegenüber den Nachkommen 85
3. Die Pflicht zum Dasein und Sosein einer Nachkommenschaft überhaupt 86
a. Bedarf die Pflicht zur Nachkommenschaft einer Begründung? 87
b. Priorität der Pflicht zum Dasein 88
c. Der erste Imperativ: daß eine Menschheit sei 90
4. Ontologische Verantwortung für die Idee des Menschen 91
5. Die ontologische Idee erzeugt einen kategorischen, nicht hypothetischen Imperativ 91
6. Zwei Dogmen: »keine metaphysische Wahrheit«; »kein Weg vom Ist zum Soll« 92
7. Zur Notwendigkeit der Metaphysik 94

V. Sein und Sollen 96
1. Das Seinsollen von Etwas 96
2. Vorzug des Seins vor dem Nichts und das Individuum 97
3. Sinn der Leibnizischen Frage »warum ist etwas und nicht nichts?« 97
4. Die Frage eines möglichen Seinsollens ist unabhängig von der Religion zu beantworten 99
5. Die Frage verwandelt sich in die nach dem Status von »Wert« 101

Drittes Kapitel:
Über Zwecke und ihre Stellung im Sein

I. Der Hammer 107
1. Durch Zweck konstituiert 107
2. Sitz des Zweckes nicht im Ding 107

II. Der Gerichtshof 109
1. Immanenz des Zweckes 109

2. Unsichtbarkeit des Zweckes im körperlichen Apparat 110
3. Das Mittel überdauert nicht die Zweckimmanenz 111
4. Anzeige des Zwecks durch dingliche Instrumente . 112
5. Gerichtshof und Hammer: Sitz des Zweckes bei beiden der Mensch 113

III. Das Gehen 115
1. Künstliche und natürliche Mittel 115
2. Der Unterschied von Mittel und Funktion (Gebrauch) 115
3. Werkzeug, Organ und Organismus 117
4. Subjektive Zweck-Mittel-Kette im menschlichen Handeln 118
5. Aufteilung und objektive Mechanik der Kette im tierischen Handeln 119
6. Die kausale Macht subjektiver Zwecke 127

IV. Das Verdauungsorgan 130
1. Die These bloßer Scheinbarkeit des Zweckes im physischen Organismus 130
2. Zweckkausalität beschränkt auf subjektbegabte Wesen? 131
a. Die dualistische Auslegung 132
b. Die monistische Emergenz-Theorie 133
3. Zweckkausalität auch in der vorbewußten Natur . 136
a. Die naturwissenschaftliche Abstinenz 136
b. Der Fiktionscharakter der Abstinenz und seine Selbstberichtigung durch die wissenschaftliche Existenz 137
c. Der Zweckbegriff jenseits der Subjektivität: Vereinbarkeit mit der Naturwissenschaft 138
d. Der Zweckbegriff jenseits der Subjektivität: Sinn des Begriffs 140
e. Wollen, Gelegenheit und Kanalisierung der Kausalität 143

V. Naturwirklichkeit und Gültigkeit:
von der Zweckfrage zur Wertfrage 146
1. Universalität und Rechtmäßigkeit 146
2. Freiheit zur Verneinung des Spruches der Natur . 148
3. Unerwiesenheit der Pflicht zur Bejahung des Spruches 149

Viertes Kapitel:
Das Gute, das Sollen und das Sein:
Theorie der Verantwortung

I. Sein und Sollen 153
1. »Gut« oder »Schlecht« relativ zum Zweck 153
2. Zweckhaftigkeit als Gut-an-sich 154
3. Selbstbejahung des Seins im Zweck 155
4. Das Ja des Lebens: emphatisch als Nein zum Nichtsein 156
5. Sollenskraft des ontologischen Ja für den Menschen 157
6. Fraglichkeit eines Sollens im Unterschied vom Wollen 158
7. »Wert« und »Gut« 160
8. Tun des Guten und Sein des Täters: Die Prävalenz der »Sache« 161
9. Die Gefühlsseite der Sittlichkeit in bisheriger ethischer Theorie 165
a. Liebe zum »höchsten Gut« 165
b. Handlung um des Handelns willen 167
c. Kants »Ehrfurcht vor dem Gesetz« 167
d. Standpunkt der folgenden Untersuchung 170

II. Theorie der Verantwortung:
Erste Unterscheidungen 172
1. Verantwortung als kausale Zurechnung begangener Taten 172
2. Verantwortung für Zu-Tuendes: Die Pflicht der Macht 174

3. Was heißt »unverantwortlich handeln«? 176
4. Verantwortung ein nicht-reziprokes Verhältnis .. 177
5. Natürliche und vertragliche Verantwortung 178
6. Die selbstgewählte Verantwortung des Politikers 180
7. Politische und elterliche Verantwortung: Kontraste 182

III. Theorie der Verantwortung: Eltern und Staatsmann als eminente Paradigmen 184
1. Primär ist Verantwortung von Menschen für Menschen 184
2. Existenz der Menschheit: das »Erste Gebot« 186
3. »Verantwortung« des Künstlers für sein Werk ... 187
4. Eltern und Staatsmann: *Totalität* der Verantwortungen 189
5. Überschneidung der beiden im Gegenstand 190
6. Analogien der beiden im Gefühl 192
7. Eltern und Staatsmann: *Kontinuität* 196
8. Eltern und Staatsmann: *Zukunft* 197

IV. Theorie der Verantwortung: Der Horizont der Zukunft 199
1. Das Ziel der Aufzucht: Erwachsensein 199
2. Geschichtliches mit organischem Werden nicht vergleichbar 200
3. »Jugend« und »Alter« als geschichtliche Metaphern 202
4. Die geschichtliche Gelegenheit: Erkennung ohne Vorwissen (Philipp von Mazedonien) 204
5. Die Rolle der Theorie in der Voraussicht: Das Beispiel Lenins 205
6. Vorhersage aus analytischem Kausalwissen 206
7. Vorhersage aus spekulativer Theorie: Der Marxismus 207
8. Selbsterfüllende Theorie und Spontaneität des Handelns 209
V. Wie weit reicht politische Verantwortung in die Zukunft? 214

1. Alle Staatskunst verantwortlich für die Möglichkeit künftiger Staatskunst 214
2. Nah- und Fernhorizonte bei Herrschaft fortwährender Veränderung 215
3. Erwartung wissenschaftlich-technischer Fortschritte 218
4. Allgemein erweiterte Zeitspanne heutiger Kollektiv-Verantwortung 220

VI. Warum »Verantwortung« bisher nicht im Zentrum ethischer Theorie stand 222
1. Engerer Umkreis von Wissen und Macht; das Ziel der Dauerhaftigkeit 222
2. Abwesenheit der Dynamik 224
3. »Vertikale«, nicht »horizontale« Ausrichtung früherer Ethik (Platon) 225
4. Kant, Hegel, Marx: Geschichtsprozeß als Eschatologie 227
5. Die heutige Umkehrung des Satzes »Du kannst, denn du sollst« 230
6. Die Macht des Menschen – Wurzel des Soll der Verantwortung 231

VII. Das Kind – Urgegenstand der Verantwortung 234
1. Das elementare »Soll« im »Ist« des Neugeborenen . 234
2. Weniger eindringliche Anrufe eines Seinsollens . . 237
3. Archetypische Evidenz des Säuglings für das Wesen der Verantwortung 240

Fünftes Kapitel: Verantwortung heute: Gefährdete Zukunft und Fortschrittsgedanke

I. Zukunft der Menschheit und Zukunft der Natur 245
1. Solidarität des Interesses mit der organischen Welt 245

2. Egoismus der Arten und sein symbiotisches Gesamtergebnis 246
3. Störung des symbiotischen Gleichgewichts durch den Menschen 247
4. Die Gefahr enthüllt das Nein zum Nichtsein als primäre Pflicht 249

II. Die Unheilsdrohung des Baconischen Ideals . 251
1. Drohung der Katastrophe vom Übermaß des Erfolgs 251
2. Dialektik von Macht über die Natur und Zwang zu ihrer Ausübung 253
3. Die gesuchte »Macht über die Macht« 254

III. Kann der Marxismus oder der Kapitalismus der Gefahr besser begegnen? 256
1. Der Marxismus als Vollstrecker des Baconischen Ideals 256
2. Marxismus und Industrialisierung 257
3. Abwägung der Chancen zur Meisterung der technologischen Gefahr 259
a. Bedürfniswirtschaft contra Profitwirtschaft. Bürokratie contra Unternehmertum 260
b. Der Vorteil totaler Regierungsgewalt 262
c. Der Vorteil einer asketischen Moral bei den Massen und die Frage ihrer Dauer im Kommunismus 263
d. Kann Enthusiasmus für die Utopie in Enthusiasmus für die Bescheidung umgemünzt werden? (Politik und Wahrheit) 265
e. Der Vorteil der Gleichheit für die Bereitschaft zu Verzichten 267
4. Bisheriges Ergebnis der Abwägung: Plus des Marxismus 270
IV. Konkrete Überprüfung der abstrakten Chancen 271
1. Profitmotiv und Maximierungsantriebe im kommunistischen Nationalstaat 271

2. Weltkommunismus kein Schutz gegen regionalen ökonomischen Egoismus 273
3. Der Kult der Technik im Marxismus 275
4. Die Verführung der Utopie im Marxismus 278

V. Die Utopie vom erst kommenden »eigentlichen Menschen« 280
1. Nietzsches »Übermensch« als künftiger eigentlicher Mensch 280
2. Die klassenlose Gesellschaft als Bedingung für den kommenden eigentlichen Menschen 281
a. Kulturelle Überlegenheit der klassenlosen Gesellschaft? 282
b. Sittliche Überlegenheit der Bürger einer klassenlosen Gesellschaft? 284
c. Materieller Wohlstand als Kausalbedingung der marxistischen Utopie 285

VI. Utopie und Fortschrittsgedanke 287
1. Notwendigkeit des Abschieds vom utopischen Ideal 287
a. Die psychologische Gefahr des Wohlstandsversprechens 287
b. Wahrheit oder Unwahrheit des Ideals und die Aufgabe der Verantwortlichen 288
2. Zur Problematik des »sittlichen Fortschritts« 289
a. Fortschritt im Individuum 290
b. Fortschritt in der Zivilisation 292
3. Fortschritt in Wissenschaft und Technik 293
a. Wissenschaftlicher Fortschritt und sein Preis 293
b. Technischer Fortschritt und seine sittliche Ambivalenz 295

4. Von der Sittlichkeit gesellschaftlicher Einrichtungen 297
a. Demoralisierende Wirkungen der Despotie 298
b. Demoralisierende Wirkungen ökonomischer Ausbeutung 299

c. Der »gute Staat«: Politische Freiheit und bürgerliche Sittlichkeit 302
d. Der Kompromißcharakter freiheitlicher Systeme .. 306
5. Von den Arten der Utopie 307
a. Der ideale Staat und der bestmögliche Staat 307
b. Das Novum marxistischer Utopie 309

Sechstes Kapitel: Kritik der Utopie und die Ethik der Verantwortung

I. Die Verdammten dieser Erde und die Weltrevolution 316
1. Veränderung der »Klassenkampf«-Situation durch die neue planetarische Verteilung des Leidens ... 317
a. Pazifizierung des westlichen »Industrieproletariats« 317
b. Klassenkampf als Kampf der Nationen 319
2. Politische Antworten auf die neue Klassenkampflage 322
a. Global-konstruktive Politik im nationalen Selbstinteresse 322
b. Appell an die Gewalt im Namen der Utopie 323

II. Kritik des marxistischen Utopismus 327

A. Erster Schritt: Realbedingungen, oder von der Möglichkeit der Utopie 327
1. »Umbau des Sterns Erde« durch entfesselte Technologie 327
2. Toleranzgrenzen der Natur: Utopie und Physik .. 329
a. Das Nahrungsproblem 331
b. Das Rohstoffproblem 332
c. Das Energieproblem 333
d. Das ultimative Thermalproblem 336
3. Das Dauergebot sparsamer Energiewirtschaft und sein Veto gegen die Utopie 337

a. Fortschritt mit Vorsicht 337
b. Bescheidung in den Zielen gegen die Unbescheidenheit der Utopie 338
c. Warum nach erwiesener äußerer Unmöglichkeit die innere Kritik des Ideals noch nötig ist 339

B. ZWEITER SCHRITT: DER TRAUM IN DIE WIRKLICHKEIT ÜBERSETZT, ODER VON DER WÜNSCHBARKEIT DER UTOPIE 342
1. Inhaltliche Bestimmung des utopischen Zustandes 342
a. Das Reich der Freiheit bei Karl Marx 343
b. Ernst Bloch und das irdische Paradies der tätigen Muße 348
(i) »Die glückliche Ehe mit dem Geist« 349
(ii) Das »Steckenpferd« und das Menschenwürdige 353
2. Das »Steckenpferd als Beruf« kritisch beleuchtet . 357
a. Verlust der Spontaneität 357
b. Verlust der Freiheit 360
c. Verlust der Wirklichkeit und der Menschenwürde . . 362
d. Ohne Notwendigkeit keine Freiheit: Die Würde der Wirklichkeit 364
3. Andere Inhalte der Muße: Die zwischenmenschlichen Beziehungen 366
4. Die humanisierte Natur 369
5. Warum nach Widerlegung des Zukunftsbildes die Kritik des Vergangenheitsbildes noch nötig ist . . 374

C. DRITTER SCHRITT: DIE NEGATIVE FOLIE DES TRAUMES, ODER VON DER VORLÄUFIGKEIT ALLER BISHERIGEN GESCHICHTE 376
1. Ernst Blochs Ontologie des Noch-Nicht-Seins . . 376
a. Unterscheidung dieses »Noch Nicht« von sonstigen Lehren des unvollendeten Seins 377
b. »Vor-Schein des Rechten« und »Heuchelei« in der Vergangenheit 378
2. Vom »Schon Da« des eigentlichen Menschen 381

a. Zweideutigkeit gehört zum Menschen 381
b. Der anthropologische Irrtum der Utopie 383
c. Die Vergangenheit als Quelle des Wissens vom Menschen 384
d. Die »Natur« des Menschen offen für Gut und Böse 385
e. Verbesserung der Bedingungen ohne Köder der Utopie . 385
f. Vom Selbstzweck jeder geschichtlichen Gegenwart . . 386

III. Von der Kritik der Utopie zur Ethik der Verantwortung 388
1. Die Kritik der Utopie war Kritik der Technik im Extrem 388
2. Der praktische Sinn der Widerlegung des Traumes 389
3. Die nichtutopische Ethik der Verantwortung . . . 390
a. Furcht, Hoffnung und Verantwortung 391
b. Um die Hütung des »Ebenbildes« 392

Register

Alexander der Große 204
Anders, Günther 412
Arendt, Hannah 49, 378
Aristoteles 24, 117, 165, 247, 354, 377, 396
Assisi, Franz von 186, 387
Augustinus, Aurelius 395

Bacon, Francis 251, 253, 256, 258, 275
Bellini, Giovanni 381
Birdwood, George Sir 401
Bismarck, Otto von 407
Bloch, Ernst 256, 331, 343, 347 f., 350, 353, 357 f., 362-64, 366, 370, 371 f., 374, 376, 378-81, 405-07, 409–12
Brecht, Arnold 401
Brecht, Bertolt 301, 406
Buddha 387
Bunyan, John 290

Calvin, Jean 203
Churchill, Winston 181
Comte, Isidore-Auguste-Marie-Xavier 402
Conrad, Joseph 411

Descartes, René 81, 127, 395 f.
Dostojewskij, Fedor 379 f., 403, 411
Duns Scotus, Johannes 98

Einstein, Albert 379
Eisenstadt, Serge 276
Engels, Friedrich 406-08
Euklid 379, 387
Euripides 379

Goethe, Johann Wolfgang von 77, 369, 409
Goya y Lucientes, Francisco José von 379
Grünewald, Matthias 379
Gurion, Ben 403

Hegel, Georg Wilhelm Friedrich 210, 228, 229, 303
Heidegger, Martin 167, 378
Heine, Heinrich 45, 159, 406
Hobbes, Thomas 65, 412
Huxley, Aldous 68, 356

Jesaia 387
Jonas, Hans 397, 404 f.

Kafka, Franz 379 f.
Kant, Immanuel 24, 35, 37, 39, 47, 65, 91 f., 94, 159, 165, 167-69, 205, 227, 229, 230 f., 234, 302, 378, 395, 411
Kierkegaard, Søren 165

Leibniz, Gottfried Wilhelm 97, 99, 378, 397
Lenin, Wladimir 204, 206 f., 211-13
Leonardo da Vinci 387
Lowe, Adolph 405, 411
Luxemburg, Rosa 211, 399
Lykurg 42
Lyssenko 276 f.

Machiavelli, Nicoló 303
Mandeville, Jean de 406
Marcuse, Herbert 410

Marx, Karl 228, 343, 345, 347-49, 353, 357, 361, 364, 369 f., 408, 410
Morgan, Lloyd 133
Moses 402
Mozart, Wolfgang Amadeus 399

Newton, Isaac 294, 379, 387
Nietzsche, Friedrich 165, 167, 226, 256, 280, 282, 300, 403

Occam, William von 92, 94, 136

Pascal, Blaise 40, 81
Perikles 42 f.
Philipp von Mazedonien 204
Platon 49, 98, 165, 225 f., 231, 266, 281, 298, 308, 395, 405

Raffael 189, 401
Ranke, Leopold von 402
Rembrandt, Harmensz van Rijn 387
Riemann 379

Sartre, Jean Paul 167, 412
Scheler, Max 399
Schopenhauer, Arthur 101
Shaftesbury, Anthony Ashley Cooper Earl of 165
Shakespeare, William 379, 387
Shaw, George Bernhard 48
Smith, Adam 406
Smuts, Jan 396
Sokrates 43, 290, 298, 300, 387
Solon 42
Sophokles 17, 387
Spengler, Oswald 402 f.
Spinoza, Benedictus de 139, 165, 281
Stalin, Iosif V. 329
Swift, Jonathan 48

Toynbee, Arnold 403
Trotzki, Leo 211

Weber, Max 148, 398 f.
Whitehead, Alfred North 377
Wilhelm II. 407

Bücher von Hans Jonas
Friedenspreis des Deutschen Buchhandels 1987

Augustin und das paulinische Freiheitsproblem
Eine philosophische Studie zum pelagianischen Streit. Zweite, neubearbeitete und erweiterte Auflage mit einer Einleitung von James M. Robinson. Göttingen, Vandenhoeck & Ruprecht 1965.

Gnosis und spätantiker Geist
Erster Teil: Die mythologische Gnosis. Dritte, verbesserte und vermehrte Auflage. Ebenda 1964.

Gnosis und spätantiker Geist
Zweiter Teil, erste Hälfte: Von der Mythologie zur mystischen Philosophie. Ebenda 1954, 1966.

Zwischen Nichts und Ewigkeit
Zur Lehre vom Menschen. Kl. Vandenhoeck-Reihe 165. Ebenda 1963.

Macht oder Ohnmacht der Subjektivität
Das Leib-Seele-Problem im Vorfeld des Prinzips Verantwortung. Frankfurt, Insel 1981.
Auch: Frankfurt, Suhrkamp 1987 (suhrkamp taschenbuch 1513)

Organismus und Freiheit
Ansätze zu einer philosophischen Biologie. Ebenda 1973.

Das Prinzip Verantwortung
Versuch einer Ethik für die technologische Zivilisation. Neuauflage Frankfurt, Insel 1985.
Auch: Frankfurt, Suhrkamp 1984 (suhrkamp taschenbuch 1085)

Technik, Medizin und Ethik
Zur Praxis des Prinzips Verantwortung. Frankfurt, Insel 1986. Auch: Frankfurt, Suhrkamp 1987 (suhrkamp taschenbuch 1514)

Wandel und Bestand
Vom Grunde der Verstehbarkeit des Geschichtlichen. Wissenschaft und Gegenwart. Geistesw. Reihe H. 46. Frankfurt, Vittorio Klostermann 1970.

The Gnostic Religion: The Message of the Alien God and the Beginnings of Christianity
Zweite, vermehrte Auflage. Boston, Beacon Press 1963.

The Phenomenon of Life: Towards a Philosphical Biology
New York, Dell Publishing Co. 1968

Philosophical Essays: From Ancient Creed to Technological Man
Englewood Cliffs, N. J., Prentice-Hall 1974

On Faith, Reason, and Responsibility: Six Essays
Missoula, Montana, Scholars Press (im Druck)